Otto Stolz

Vorlesungen über allgemeine Arithmetik; nach den neueren Ansichten

Ansichten

Band 2

Otto Stolz

Vorlesungen über allgemeine Arithmetik; nach den neueren Ansichten
Band 2

ISBN/EAN: 9783743338180

Hergestellt in Europa, USA, Kanada, Australien, Japan

Cover: Foto ©berggeist007 / pixelio.de

Manufactured and distributed by brebook publishing software
(www.brebook.com)

Otto Stolz

Vorlesungen über allgemeine Arithmetik; nach den neueren Ansichten

VORLESUNGEN

ÜBER

ALLGEMEINE ARITHMETIK.

NACH DEN NEUEREN ANSICHTEN

BEARBEITET VON

DR. OTTO STOLZ,

ORD. PROFESSOR AN DER UNIVERSITÄT ZU INNSBRUCK.

ZWEITER THEIL:

ARITHMETIK DER COMPLEXEN ZAHLEN

MIT GEOMETRISCHEN ANWENDUNGEN.

LEIPZIG,

DRUCK UND VERLAG VON B. G. TEUBNER.

1886.

Vorwort.

Nicht lange nach dem ersten Theile dieser Vorlesungen erschien J. Tannery's Introduction à la théorie des fonctions d'une variable, ein Werk, dessen erste Hälfte in Plan und Ausführung vielfach mit demselben übereinstimmt. Tannery berücksichtigt nur die reellen Zahlen, doch ist die Darstellung so eingerichtet, daſs man die Verallgemeinerung auf die complexen ohne Mühe vornehmen kann; man hat zumeist nur an Stelle der Worte „valeur absolue" das Wort „module" zu setzen. Als Nachtrag zum ersten Theile führe ich aus der Vorrede dieses Werkes die Bemerkung an, daſs der Grundgedanke der von mir Dedekind zugeschriebenen Theorie der irrationalen Zahlen, welcher Tannery, sowie vor ihm Dini, Pasch, Peano den Vorzug vor der indeſs auch von ihm vorgeführten Cantor'schen einräumt, schon von J. Bertrand in seinen Lehrbüchern der Arithmetik und Algebra vorgetragen wurde.

Die Darstellung in dem ersten Theile meines Werkes ist, soweit es eben möglich ist, ebenfalls so gehalten, daſs sie sich unmittelbar in den zweiten, den complexen Zahlen gewidmeten, übertragen läſst und zwar, da statt „Modul" einer solchen Zahl nach dem Beispiele von Weierstraſs „absoluter Betrag" gesagt wird, ohne Aenderung.

Ich behandele in diesem zweiten Theile die folgenden Gegenstände. Zunächst wird gezeigt, daſs es auſser dem Systeme der gemeinen complexen Zahlen kein anderes giebt, wofür dieselben Rechnungsregeln gelten, wie für die reellen Zahlen. Daran schlieſst sich der Nachweis der Behauptung, daſs Zahlensysteme mit vier und mehr Einheiten und gewöhnlicher Multiplication überflüssig sind. Ich führe denselben nach Weierstraſs, deute jedoch auch an, wie er sich nach Dedekind gestaltet. Einen eingehenden Commentar der bez. Abhandlungen von Weierstraſs und Dedekind bietet, wie ich schon hier hervorheben möchte, die Thèse von Berloty: Théorie des quantités complexes à n unités principales (Paris 1886).

Im zweiten Abschnitte ist die Methode der Aequipollenzen d. h. das Rechnen mit den Strecken der Ebene entwickelt und sind daran einige geometrische Anwendungen geknüpft. Dazu gehören die Grundformeln der Trigonometrie, welche sich hier besonders einfach ergeben. Der dritte Abschnitt beschäftigt sich mit den Grundbegriffen über die complexen Veränderlichen und Functionen, der vierte mit den ganzen rationalen Functionen, den arithmetischen Reihen und der Interpolation.

Der fünfte Abschnitt ist der wichtigen Theorie der unendlichen Reihen mit complexen Gliedern gewidmet. Als Ziel desselben hat mir vorgeschwebt die Erledigung der zum Theile schon im ersten Bande aufgeworfenen Fragen über den Giltigkeitsbereich der Entwickelungen gewisser Functionen in Potenzreihen. Um dasselbe zu erreichen, muſs man über diejenigen Sätze der complexen Reihentheorie, welche als bloſse Verallgemeinerungen von solchen der reellen erscheinen, hinausgehen, und zwei, nur bei Gebrauch von complexen Werthen der Veränderlichen mögliche Sätze entwickeln, den Cauchy'schen über die Coefficienten der Glieder einer Potenzreihe und das Weierstraſs'sche Kriterium des Convergenzbereiches einer solchen. Es sind noch aufgenommen Weierstraſs' Doppelreihensatz, Cauchy's und Laurent's Sätze über die Entwickelung der monogenen Functionen in Potenzreihen, die letzteren als der natürliche Abschluſs der gerade erwähnten Frage.

Hierauf verwende ich das bisher Gewonnene zur Begründung der Lehre von den Potenzen mit complexen Exponenten und den complexen Logarithmen und schlieſse daran die Theorie der unendlichen Producte. Der achte Abschnitt enthält die Theorie der Kettenbrüche in der Gestalt, welche sie durch die Arbeiten vornehmlich von Seidel und Stern erhalten hat; neu oder doch wenig bekannt ist indeſs die vollständige Lösung der Frage nach der Convergenz oder Divergenz der periodischen Kettenbrüche.

Innsbruck, im October 1886.

O. Stolz.

Inhalt.

I. Abschnitt.

Analytische Theorie der complexen Zahlen.

—

1. Complexe Zahlensysteme mit zwei Einheiten.

Da die Gleichung $x^2 = -1$ keine reelle Wurzel hat, so sucht man ihr durch Erweiterung des Systemes der reellen Zahlen Auflösungen zu verschaffen. In der allgemeinen Arithmetik ist dabei so vorzugehen, daſs sämmtliche Regeln über das Rechnen mit den reellen Zahlen auch für die neuen Zahlen Giltigkeit erhalten. Es ist, wie sich sofort zeigen wird, in der That möglich, diese Forderung zu erfüllen und zwar nur auf eine Weise.

Um zu den neuen Zahlen zu gelangen, fügen wir zu den Einheiten $+1$ und -1 eine weitere, von jeder reellen Zahl verschiedene Einheit i und ihre Gegeneinheit $-i$, deren jede, wie die beiden ersteren, in irgend eine Anzahl von Untereinheiten zerlegt werden kann. Wir wollen jedoch, um die Untersuchung allgemeiner zu halten, von zwei willkürlichen Einheiten (oder Elementen) $c_1\, c_2$ ausgehen[1]), deren jeder wir alle möglichen Untereinheiten, sowie eine Gegeneinheit und ihre Untereinheiten zugesellen. Die Gegeneinheiten werden mit $-c_1$, $-c_2$ bezeichnet. Ist ϱ eine positive rationale Zahl, so bedeute ϱc_1 die ihr entsprechende Vielheit von c_1 oder von einer Untereinheit von c_1. Auch wenn ϱ eine positive irrationale Zahl (φ_n) ist, soll das Zeichen $(\varphi_n e_1)$ oder ϱe_1 eine Bedeutung haben. $\varrho(-e_1) = (-\varrho)e_1$ stehe in der nämlichen Beziehung zur Gegeneinheit $-c_1$, wie ϱe_1 zu e_1. $0c_1$ endlich sei soviel wie $c_1 + (-e_1)$ oder 0.

Daraus folgt, daſs $\alpha_1 e_1$, wo jetzt α_1 jede reelle Zahl sein kann, nur dann gleich 0 ist, wenn $\alpha_1 = 0$ ist. Das Zeichen $\alpha_1 e_1$ ist natürlich nicht als Product des Coefficienten α_1 in die Einheit e_1 aufzufassen. Auſserdem setzen wir noch die folgenden Erklärungen fest:

$$\alpha_1 e_1 + \beta_1 e_1 = (\alpha_1 + \beta_1)e_1, \quad \beta_1(\alpha_1 e_1) = (\beta_1 \alpha_1)e_1;$$

erstere mit dem besonderen Falle $(-\alpha_1)e_1 = -\alpha_1 e_1$. Hinsichtlich der Bezeichnungen $(\pm \varrho)e_2$, $\alpha_2 e_2$ gelte Aehnliches.

Jedem Systeme aus je einer Zahl $\alpha_1 e_1$ der ersten und je einer $\alpha_2 e_2$ der zweiten Reihe ordnen wir ein neues Ding zu, das eine **complexe Zahl** genannt und mit $\alpha_1 e_1 + \alpha_2 e_2$ oder $\alpha_2 e_2 + \alpha_1 e_1$ bezeichnet wird. $\alpha_1 \alpha_2$ heiſsen ihre **Coordinaten**. Zur Vergleichung der neuen Zahlen unter einander stellen wir die folgenden Definitionen auf:

„1) Es ist

$$\alpha_1 e_1 + \alpha_2 e_2 = \beta_1 e_1 + \beta_2 e_2$$

dann und nur dann, wenn $\alpha_1 = \beta_1 \quad \alpha_2 = \beta_2$ ist. Insbesondere ist

$$\alpha_1 e_1 + \alpha_2 e_2 = 0$$

dann und nur dann, wenn $\alpha_1 = 0$, $\alpha_2 = 0$ ist. 2) $\alpha_1 e_1 + \alpha_2 e_2$ heiſst gröſser (kleiner) als $\beta_1 e_1 + \beta_2 e_2$, wenn α_1 gröſser (kleiner) als β_1 und falls $\alpha_1 = \beta_1$, wenn α_2 gröſser (kleiner) als β_2 ist.“

Daſs sie den in I. 2, 3 d. l. T. verzeichneten Forderungen genügen, springt in die Augen. In der That hat man, wenn

$$\alpha_1 e_1 + \alpha_2 e_2 > \beta_1 e_1 + \beta_2 e_2, \quad \beta_1 e_1 + \beta_2 e_2 > \gamma_1 e_1 + \gamma_2 e_2$$

ist, entweder $\alpha_1 > \beta_1 \quad \beta_1 \geqq \gamma_1$, also $\alpha_1 > \gamma_1$ oder $\alpha_1 = \beta_1 \quad \beta_1 > \gamma_1$ also wieder $\alpha_1 > \gamma_1$ oder endlich neben $\alpha_1 = \beta_1 = \gamma_1 \quad \alpha_2 > \beta_2 \quad \beta_2 > \gamma_2$ also $\alpha_2 > \gamma_2$, sodaſs in jedem Falle sich ergiebt

$$\alpha_1 e_1 + \alpha_2 e_2 > \gamma_1 e_1 + \gamma_2 e_2.$$

Wir werden nun versuchen, die Summe und das Product der neuen Zahlen so zu definiren, daſs die für die Addition und Multiplication der reellen Zahlen geltenden formalen Gesetze bestehen bleiben. — Im Folgenden werden in der Regel die griechischen Buchstaben reelle, die lateinischen (neben natürlichen Zahlen, insbesondere als Indices) complexe Zahlen bedeuten.

2. **Als Summe der complexen Zahlen**

$$a = \alpha_1 c_1 + \alpha_2 c_2, \quad b = \beta_1 c_1 + \beta_2 c_2,$$

betrachten wir die Zahl

$$(\alpha_1 + \beta_1)c_1 + (\alpha_2 + \beta_2)c_2.$$

Dann bestehen, wie leicht ersichtlich ist, die zuletzt in VII, 6 d. I. T. aufgeführten Additionsregeln auch hier. Man hat also die Sätze:

1) $a + b = b + a$;
2) $(a + b) + c = a + (b + c)$.
3) Neben $a = a'$ ist $a + b = a' + b$.
4) Neben $a > a'$ ist $a + b > a' + b$. — Der letzte Satz folgt daraus, dafs wenn $a' = \alpha_1' c_1 + \alpha_2' c_2$ ist, neben $\alpha_1 > \alpha_1'$

$$\alpha_1 + \beta_1 > \alpha_1' + \beta_1 \text{ und neben } \alpha_1 = \alpha_1', \alpha_2 > \alpha_2'$$

$$\alpha_1 + \beta_1 = \alpha_1' + \beta_1, \quad \alpha_2 + \beta_2 > \alpha_2' + \beta_2$$

sein mufs.

Die **Subtraction der complexen Zahlen** ist stets möglich und eindeutig. Der Gleichung

$$b + x = a$$

genügt nämlich die Zahl $x = \xi_1 c_1 + \xi_2 c_2$ dann und nur dann, wenn

$$\beta_1 + \xi_1 = \alpha_1, \quad \beta_2 + \xi_2 = \alpha_2,$$

also

$$\xi_1 = \alpha - \beta_1, \quad \xi_2 = \alpha_2 - \beta_2$$

ist. — Die Zahl

$$0 - a = (-\alpha_1)c_1 + (-\alpha_2)c_2$$
$$= (-\alpha_1 c_1) + (-\alpha_2 c_2) = -\alpha_1 c_1 - \alpha_2 c_2$$

wird mit $- a$ bezeichnet und heifst „a entgegengesetzt" oder „Gegenzahl zu a".

Bedeutet ϱa diejenige complexe Zahl, welche aus a so abgeleitet ist, wie die positive rationale Zahl ϱ aus $+ 1$, so findet man nach dem Vorstehenden leicht, dafs

$$\varrho a = (\varrho \alpha_1)c_1 + (\varrho \alpha_2)c_2$$

ist. Verstehen wir unter ϱ eine andere reelle Zahl, so möge diese Gleichung zur Erklärung von ϱa dienen. Hieraus erkennt man, dafs ϱa nur dann 0 ist, wenn $\varrho = 0$ ist.

Ferner ergiebt sich, wenn $\sigma \varrho_1 \varrho_2 \ldots \varrho_m$ reelle Zahlen bedeuten, zunächst, daſs

$$\varrho a + \sigma a = (\varrho + \sigma) a$$

ist, und hieraus, daſs

$$\varrho_1 a + \varrho_2 a + \cdots + \varrho_m a = (\varrho_1 + \varrho_2 + \cdots + \varrho_m) a$$

ist. Auf ähnliche Art weist man nach, daſs

$$\varrho(a + b) = \varrho a + \varrho b$$
$$\varrho(a_1 + a_2 + \cdots + a_m) = \varrho a_1 + \varrho a_2 + \cdots + \varrho a_m$$

ist. Endlich hat man den Satz: „Ist ϱ eine positive reelle Zahl und $a > a'$, so ist $\varrho a > \varrho a'$," welcher unmittelbar aus dem besonderen Falle, daſs $a' = 0$ ist, folgt. Ist nämlich $a > 0$, so ist entweder $\alpha_1 > 0$ oder $\alpha_1 = 0$, $\alpha_2 > 0$, also bezw. $\varrho \alpha_1 > 0$ oder $\varrho \alpha_1 = 0$, $\varrho \alpha_2 > 0$, somit ist immer $\varrho a > 0$.

Zwischen den Einheiten $e_1 e_2$ besteht keine lineare Gleichung; denn jede solche kann auf die Form $\xi_1 e_1 + \xi_2 e_2 = 0$ gebracht werden, woraus sich lediglich $\xi_1 = \xi_2 = 0$ ergiebt. Dieser Satz gestattet in gewissem Sinne eine Umkehrung. Wenn über die Einheiten $e_1 e_2$ die bisherigen Annahmen gemacht sind, so lassen sie sich durch jedes Paar von Zahlen $a\,b$ ersetzen, zwischen denen keine Gleichung von der Form

$$\alpha a + \beta b = 0$$

besteht, oder was dasselbe besagt, deren Determinante

$$\delta = \alpha_1 \beta_2 - \beta_1 \alpha_2$$

von Null verschieden ist. Unter dieser Voraussetzung findet man nämlich aus den Gleichungen

$$a = \alpha_1 e_1 + \alpha_2 e_2, \quad b = \beta_1 e_1 + \beta_2 e_2$$

$$\left(\frac{\beta_2}{\delta}\right) a - \left(\frac{\alpha_2}{\delta}\right) b = e_1, \quad \left(\frac{\alpha_1}{\delta}\right) b - \left(\frac{\beta_1}{\delta}\right) a = e_2,$$

sodaſs man jeder Zahl $\xi_1 e_1 + \xi_2 e_2$ die Gestalt $\xi a + \eta b$ ertheilen kann.

3. Multiplication der complexen Zahlen mit zwei Einheiten.

Wir setzen zunächst fest, daſs die Einheitsproducte

$$e_1 \cdot e_1 \quad e_1 \cdot e_2 \quad e_2 \cdot e_1 \quad e_2 \cdot e_2$$

Zahlen des Systemes $\xi_1 c_1 + \xi_2 c_2$ sein sollen. Mittelst derselben erklären wir dann die nachstehenden Producte

$$(\alpha_1 e_1) \cdot (\beta_1 e_1) = (\alpha_1 \beta_1)(e_1 \cdot e_1)$$
$$(\alpha_1 e_1) \cdot (\beta_2 e_2) = (\alpha_1 \beta_2)(e_1 \cdot e_2)$$
$$(\alpha_2 e_2) \cdot (\beta_1 e_1) = (\alpha_2 \beta_1)(e_2 \cdot e_1) \tag{1}$$
$$(\alpha_2 e_2) \cdot (\beta_1 e_2) = (\alpha_2 \beta_2)(e_2 \cdot e_2).$$

Endlich werde zufolge des distributiven Gesetzes festgesetzt, dafs

$$(\alpha_1 e_1 + \alpha_2 e_2) \cdot (\beta_1 e_1 + \beta_2 e_2) = (\alpha_1 e_1) \cdot (\beta_1 e_1)$$
$$+ (\alpha_1 e_1) \cdot (\beta_2 e_2) + (\alpha_2 e_2) \cdot (\beta_1 e_1) + (\alpha_2 e_2) \cdot (\beta_2 e_2)$$
$$= (\alpha_1 \beta_1)(e_1 \cdot e_1) + (\alpha_1 \beta_2)(e_1 \cdot e_2) + (\alpha_2 \beta_1)(e_2 \cdot e_1) \tag{2}$$
$$+ (\alpha_2 \beta_2)(e_2 \cdot e_2)$$

sei. Damit haben wir erreicht, dafs das Product von je zwei Zahlen des neuen Systemes auch eine Zahl desselben ist.

Aus (1) und (2) folgt zunächst die Regel

$$(\varrho a) \cdot (\sigma b) = (\varrho \sigma)(a \cdot b),$$

worin $\varrho\ \sigma$ reelle Zahlen bedeuten; ferner die beiden Formeln des distributiven Gesetzes

$$(a + b) \cdot c = a \cdot c + b \cdot c \qquad a \cdot (b + c) = a \cdot b + a \cdot c,$$

unter $a\ b\ c$ beliebige Zahlen des neuen Systemes verstanden.

Sollen auch das associative und commutative Gesetz bei dieser Multiplication allgemein gelten, so müssen die Formeln

$$(a \cdot b) \cdot c = a \cdot (b \cdot c) \qquad a \cdot b = b \cdot a$$

bestehen. Die Einheitsproducte $e_r \cdot e_s$ sind demnach so zu wählen, dafs für die Einheiten die soeben erwähnten Relationen erfüllt sind, was, wie leicht ersichtlich ist (vgl. Nr. 9), auch hinreichend ist. Wir nehmen mithin an, dafs

$$e_1 \cdot e_2 = e_2 \cdot e_1 \tag{3}$$

und

$$(e_1 \cdot e_1) \cdot e_2 = e_1 \cdot (e_1 \cdot e_2)$$
$$(e_2 \cdot e_2) \cdot e_1 = e_2 \cdot (e_2 \cdot e_1) \tag{4}$$

sei, woraus die sechs weiteren Gleichungen des associativen Gesetzes für $e_1\ e_2$ von selbst folgen (s. Nr. 9). Setzt man

$$e_1 \cdot e_1 = \lambda_1 e_1 + \lambda_2 e_2 \qquad e_2 \cdot e_2 = \nu_1 e_1 + \nu_2 e_2$$
$$e_1 \cdot e_2 = e_2 \cdot e_1 = \mu_1 e_1 + \mu_2 e_2, \tag{5}$$

so erhält man durch Gleichsetzung der Coefficienten von c_1 und c_2 auf beiden Seiten der Gleichungen (4) die Relationen

$$\mu_1 \mu_2 = \lambda_2 \nu_1 \qquad (6)$$

$$\mu_2(\lambda_1 - \mu_2) = \lambda_2(\mu_1 - \nu_2)$$
$$\nu_1(\lambda_1 - \mu_2) = \mu_1(\mu_1 - \nu_2), \qquad (7)$$

deren erste eine Folge der beiden letzteren ist, falls nicht $\lambda_1 - \mu_2$ $\mu_1 - \nu_2$ beide 0 sind. Es muß dann die Determinante derselben $\mu_1 \mu_2 - \lambda_2 \nu_1$ verschwinden. Wenn $\mu_2 = \lambda_1$ $\mu_1 = \nu_2$ ist, so bleibt Gleichung (6).

Multiplicirt man die erste der Gleichungen (7) mit μ_1, so ergiebt sich mittelst (6)

$$\lambda_2(\mu_1 \nu_2 - \nu_1 \mu_2) = - \mu_1(\lambda_1 \mu_2 - \mu_1 \lambda_2). \qquad (8)$$

Mit Hilfe der nämlichen Gleichungen, welche Ausdrücke für $\lambda_2 \nu_1$ und $\lambda_2 \nu_2$ liefern, findet man noch

$$\lambda_2(\nu_1 \lambda_2 - \lambda_1 \nu_2) = (\lambda_1 - \mu_2)(\lambda_1 \mu_2 - \mu_1 \lambda_2). \qquad (9)$$

Zunächst zeigen wir den Satz: „Die nothwendige und hinreichende Bedingung dazu, daß in dem Zahlensysteme aus den zwei Elementen e_1 e_2 ein und nur ein Modulus e der Multiplication — d. h. eine Zahl e von der Art, daß was immer auch a sein mag, stets die Gleichung

$$a \cdot e = e \cdot a = a$$

gilt — vorhanden sei, besteht darin, daß mindestens eine der Determinanten

$$\Lambda = \mu_1 \nu_2 - \nu_1 \mu_2 \qquad M = \nu_1 \lambda_2 - \lambda_1 \nu_2$$
$$N = \lambda_1 \mu_2 - \mu_1 \lambda_2 \qquad (10)$$

nicht Null ist."

Beweis. Es sei

$$a = \alpha_1 c_1 + \alpha_2 c_2 \qquad e = \varepsilon_1 c_1 + \varepsilon_2 c_2.$$

Entwickelt man $a \cdot e$ mit Hilfe der Formeln (1) (2) (5) und setzt es gleich a, so folgt nothwendig

$$\alpha_1(\lambda_1 \varepsilon_1 + \mu_1 \varepsilon_2) + \alpha_2(\mu_1 \varepsilon_1 + \nu_1 \varepsilon_2) = \alpha_1$$
$$\alpha_1(\lambda_2 \varepsilon_1 + \mu_2 \varepsilon_2) + \alpha_2(\mu_2 \varepsilon_1 + \nu_2 \varepsilon_2) = \alpha_2.$$

Diese Gleichungen sollen für jedes System von reellen Werthen $\alpha_1 \alpha_2$ gelten; demnach muß nach X. 28 d. I. T.

$$\lambda_1 \varepsilon_1 + \mu_1 \varepsilon_2 = 1 \qquad \mu_1 \varepsilon_1 + \nu_1 \varepsilon_2 = 0$$
$$\lambda_2 \varepsilon_1 + \mu_2 \varepsilon_2 = 0 \qquad \mu_2 \varepsilon_1 + \nu_2 \varepsilon_2 = 1 \qquad (11)$$

sein. Aus den beiden Gleichungen links folgt

$$N\varepsilon_1 = \mu_2 \qquad N\varepsilon_2 = -\lambda_2.$$

Wenn N nicht 0 ist, so genügen ihnen nur die Werthe

$$\varepsilon_1 = \mu_2 : N \qquad \varepsilon_2 = -\lambda_2 : N,$$

welche auch die beiden Gleichungen rechts zufolge (6) und (7) erfüllen. In diesem Falle existirt also ein Modulus der Multiplication. Ist $N = 0$, so widersprechen sich die Gleichungen links in (11), es sei denn $\lambda_2 = \mu_2 = 0$. Wenn aber neben $\lambda_2 = \mu_2 = 0$ entweder $\mu_1 \nu_2$ nicht Null oder

$$\mu_1 = \nu_1 = 0 \qquad \lambda_1 \nu_2 \gtrless 0$$

ist, so ist gleichfalls der genannte Modulus vorhanden. In allen anderen Fällen giebt es keinen solchen.

Wenn mindestens einer der Ausdrücke (10) nicht Null ist, so hat die Multiplication einen Modulus. Das gilt hinsichtlich Λ ebenso, wie hinsichtlich N. Wenn M und λ_2 nicht Null sind, so ist nach (9) auch N nicht Null. Sollte aber $M \gtrless 0$ und $\lambda_2 = 0$ sein, so darf $\nu_2 \lambda_1$ nicht Null sein. Ist nun μ_2 nicht Null, so auch N nicht. Wenn aber $\mu_2 = 0$ ist, so existirt, wie gerade bemerkt wurde, ein Modulus e. — Bei Fehlen einer solchen Zahl e sind die Ausdrücke (10) sämmtlich Null. Das ergiebt sich aus (8) und (9) sofort, wenn $N = 0$ und λ_2 nicht 0 ist. Ist $\lambda_2 = 0$, so hat man wegen $N = 0$ stets $\mu_2 = 0$; denn $\lambda_1 = 0$ liefert jetzt nach der ersten Gleichung (7) $\mu_2^2 = 0$. Wenn aber $\lambda_2 = \mu_2 = 0$ ist, so muß nach dem Vorstehenden $\mu_1 \nu_2 = 0$ d. i. $\Lambda = 0$ und nach der zweiten Gleichung (7) $\nu_1 \lambda_1 = \mu_1^2$ sein. Daraus folgt weiter $\nu_2 = 0$ oder $\mu_1 = 0$ $\lambda_1 = 0$, also jedenfalls $M = 0$.

4. Zahlensysteme mit zwei Einheiten, die eine distributive, associative und commutative Multiplication ohne Modulus zulassen.

Es giebt davon drei verschiedene Arten, welche durch die folgenden Einheitsproducte charakterisirt sind:

$$e_1 \cdot e_1 = 0 \qquad e_1 \cdot e_2 = e_2 \cdot e_1 = 0 \qquad e_2 \cdot e_2 = 0 \qquad \text{(I)}$$
$$e_1 \cdot e_1 = e_1 \qquad e_1 \cdot e_2 = e_2 \cdot e_1 = 0 \qquad e_2 \cdot e_2 = 0 \qquad \text{(II)}$$
$$e_1 \cdot e_1 = e_2 \qquad e_1 \cdot e_2 = e_2 \cdot e_1 = 0 \qquad e_2 \cdot e_2 = 0. \qquad \text{(III)}$$

Zu diesem Resultat gelangt man durch Einführung neuer Elemente anstatt $e_1 e_2$. Wenn λ_2 nicht 0 ist, so liefern die Gleichungen $M = 0$ $N = 0$

$$\lambda_1 = \varrho \lambda_2 \qquad \mu_1 = \varrho \mu_2 \qquad \nu_1 = \varrho \nu_2,$$

wo ϱ jede reelle Zahl sein kann. Demnach hat man nach (5)

$$e_1 \cdot c_1 = \lambda_2(\varrho e_1 + e_2) \qquad e_1 \cdot c_2 = \mu_2(\varrho e_1 + c_2)$$
$$e_2 \cdot e_2 = \nu_2(\varrho e_1 + e_2).$$

Dabei muß nach (6) $\mu_2^2 = \lambda_2 \nu_2$ sein. Nun führen wir die neuen Einheiten

$$e_1' = \xi(\varrho e_1 + e_2) \qquad e_2' = \eta_1 e_1 + \eta_2 e_2$$

ein, indem wir uns die Bestimmung von $\xi \eta_1 \eta_2$ vorbehalten. Es ist

$$e_1' \cdot e_1' = \left[\frac{\xi}{\lambda_2}(\lambda_2 \varrho + \mu_2)^2\right] e_1' \qquad e_2' \cdot e_2' = \left[\frac{1}{\lambda_2 \xi}(\lambda_2 \eta_1 + \mu_2 \eta_2)^2\right] e_1'$$

$$e_1' \cdot e_2' = \left[\left(\eta_1 + \frac{\mu_2}{\lambda_2}\eta_2\right)(\lambda_2 \varrho + \mu_2)\right] e_1'.$$

Zunächst setzen wir

$$\eta_1 = -\frac{\mu_2 \eta_2}{\lambda_2},$$

sodaß wir $e_1' \cdot e_2' = 0$ $\ e_2' \cdot e_2' = 0$ erhalten. Wenn $\lambda_2 \varrho + \mu_2$ nicht Null ist, so darf man

$$\xi = \frac{\lambda_2}{(\lambda_2 \varrho + \mu)^2}$$

annehmen, wodurch $e_1' \cdot e_1' = e_1'$ wird. Wir sind somit zu System (II) gelangt; während die Annahme $\lambda_2 \varrho + \mu_2 = 0$ (d. i. $\mu_2 = -\varrho\lambda_2$ $\nu_2 = \varrho^2\lambda_2$) auf (I) führt.

Aehnlich verfährt man in den beiden anderen Fällen, daß

$$\lambda_2 = 0 \qquad \mu_2 = 0 \qquad \nu_2 = 0$$

oder

$$\lambda_1 = 0 \qquad \lambda_2 = 0 \qquad \mu_1 = 0 \qquad \mu_2 = 0.$$

5. Zahlensysteme mit zwei Einheiten, welche eine distributive, associative, commutative Multiplication mit Modulus zulassen.

Indem wir jetzt den Modulus

$$c = \varepsilon_1 c_1 + \varepsilon_2 c_2$$

als vorhanden ansehen, so dürfen wir ihn, da $\varepsilon_1 \varepsilon_2$ nicht zugleich 0 sein können, als das eine Element wählen. Bezeichnen wir das andere mit g, so nehmen die Einheitsproducte die folgende Form an

$$c \cdot c = c \qquad c \cdot y = y \cdot c = g \qquad g \cdot g = \mu c + \nu g.$$

Das Quadrat der zunächst beliebigen Zahl

$$a = \alpha c + \beta g,$$

wo nur β nicht 0 sein soll, ist

$$a \cdot a = (\alpha^2 + \mu\beta^2)c + [\beta(2\alpha + \beta\nu)]g.$$

Nehmen wir

$$\alpha = -\tfrac{1}{2}\beta\nu,$$

so reducirt sich $a \cdot a$ auf die Einheit c:

$$a \cdot a = \beta^2\left(\frac{\nu^2}{4} + \mu\right)e. \tag{11}$$

Nun sind drei Fälle zu unterscheiden.

1) Wenn $\frac{\nu^2}{4} + \mu > 0$ ist, so kann man β so an-nehmen, daſs

$$\beta^2\left(\frac{\nu^2}{4} + \mu\right) = 1.$$

Betrachtet man also als zweite Einheit die Zahl

$$a = \frac{\pm\,(\tfrac{1}{2}\,\nu e - g)}{\sqrt{\dfrac{\nu^2}{4} + \mu}},$$

so erscheinen die Einheitsproducte

$$c \cdot e = c \qquad e \cdot a = a \cdot e = a \qquad a \cdot a = e.$$

Demnach ist

$$c \cdot e - a \cdot a = 0 \quad \text{d. i.} \quad (e - a) \cdot (e + a) = 0.$$

Es giebt somit zwei Zahlen $e - a$, $e + a$ — beide von 0 verschieden —, deren Product gleichwohl 0 ist. — Als definitive Einheiten wählt man die Zahlen

$$j_1 = \frac{e + a}{2} \qquad j_2 = \frac{e - a}{2},$$

wofür man erhält

$$j_1 \cdot j_1 = j_1 \qquad j_1 \cdot j_2 = j_2 \cdot j_1 = 0 \qquad j_2 \cdot j_2 = j_2. \tag{IV}$$

Nunmehr ergiebt sich als Multiplicationsregel die Formel

$$(\alpha_1 j_1 + \alpha_2 j_2) \cdot (\beta_1 j_1 + \beta_2 j_2) = (\alpha_1\beta_1)j_1 + (\alpha_2\beta_2)j_2. \tag{12}$$

Modulus ist jetzt die Zahl $j_1 + j_2$. Die Gleichung

$$b \cdot x = x \cdot b = a$$

d. i.

$$(\beta_1 j_1 + \beta_2 j_2)(\xi_1 j_1 + \xi_2 j_2) = \alpha_1 j_1 + \alpha_2 j_2$$

hat eine und nur eine Lösung, wenn ξ_1 ξ_2 sich so bestim-men lassen, daſs

$$\beta_1\xi_1 = \alpha_1 \qquad \beta_2\xi_2 = \alpha_2$$

ist, also stets wenn nicht $\beta_1 = 0$ und α_1 von 0 verschieden
oder $\beta_2 = 0$ und α_2 von Null verschieden ist. Ist $\beta_1 = 0$
und $\alpha_1 \gtrless 0$ oder $\beta_2 = 0$ und $\alpha_2 \gtrless 0$, so ist die Division unmöglich. Die Gleichung

$$x^2 = \alpha_1 j_1 + \alpha_2 j_2$$

hat nur dann Wurzeln, wenn keine der Coordinaten α_1
α_2 negativ ist, was sich aus der Formel

$$x^2 = (\xi_1 j_1 + \xi_2 j_2)^2 = \xi_1^2 j_1 + \xi_2^2 j_2$$

sofort ergiebt. Sind α_1 und α_2 positiv, so hat sie die vier
Wurzeln

$$x = (\pm \sqrt{\alpha_1}) j_1 + (\pm \sqrt{\alpha_2}) j_2.$$

Man hätte auch ohne die vorhergehende Untersuchung
auf das Zahlensystem mit den Einheiten $j_1 j_2$ kommen können; es entsteht ja einfach durch zweimalige Setzung des
Systemes der reellen Zahlen. Von Interesse ist lediglich,
dafs die bisher gemachten Annahmen nur auf dieses tri-
viale System führen.

2) Wenn $\frac{\nu^2}{4} + \mu = 0$ ist, so hat die Gleichung $x^2 = 0$
zufolge (11) unzählige Wurzeln, die nicht Null sind. Wählt
man eine solche

$$\beta \left(-\frac{\nu}{2} e + g \right) = j$$

als zweite Einheit, so ergeben sich die Einheitsproducte

$$e \cdot e = e \qquad e \cdot j = j \cdot e = j \qquad j \cdot j = 0. \qquad \text{(V)}$$

Die Multiplicationsregel lautet jetzt

$$(\alpha e + \beta j) \cdot (\alpha' e + \beta' j) = (\alpha \alpha') e + (\alpha \beta' + \beta \alpha') j. \quad \text{(13)}$$

Die Division durch die Zahlen βj ist demnach im Allgemeinen unmöglich und die Gleichung $x^2 = -\alpha e (\alpha > 0)$ hat
keine Wurzel.

3) Wenn $\frac{\nu^2}{4} + \mu < 0$ ist, so kann man β in (11) so
annehmen, dafs

$$\beta^2 \left(\frac{\nu^2}{4} + \mu \right) = -1$$

ist. Führt man eine der Quadratwurzeln aus $-e$

$$i = \frac{\pm \left(\tfrac{1}{2}\nu e - g\right)}{\sqrt{-\tfrac{1}{4}\nu^2 - \mu}}$$

als zweite Einheit ein, so gelangt man zu den Einheits-
producten

$$e \cdot e = e \qquad e \cdot i = i \cdot e = i \qquad i \cdot i = -e \qquad \text{(VI)}$$

und damit zur Formel

$$\begin{aligned}
(\alpha e + \beta i) \cdot (\alpha' e + \beta' i) \\
= (\alpha \alpha' - \beta \beta')e + (\alpha \beta' + \beta \alpha')i.
\end{aligned} \qquad (14)$$

Daraus ergeben sich sofort die folgenden Sätze.

a) **Wenn der Divisor nicht Null ist, so läfst
sich die Division stets ausführen und zwar in einer
einzigen Weise.** Wenn nämlich zu den Zahlen

$$\alpha e + \beta i, \qquad \gamma e + \delta i$$

eine dritte $\xi e + \eta i$ zu suchen ist, so beschaffen dafs

$$(\gamma e + \delta i) \cdot (\xi e + \eta i) = \alpha e + \beta i$$

ist, so müssen ξ η nach (14) den Gleichungen

$$\gamma \xi - \delta \eta = \alpha \qquad \delta \xi + \gamma \eta = \beta \qquad (15)$$

genügen. Man hat also

$$(\gamma^2 + \delta^2)\xi = \alpha \gamma + \beta \delta \qquad (\gamma^2 + \delta^2)\eta = \beta \gamma - \alpha \delta,$$

woraus ersichtlich ist, dafs falls $\gamma e + \delta i$ nicht Null, also
$\gamma^2 + \delta^2 > 0$ ist, ξ η bestimmte Werthe besitzen.

b) **Wenn das Product zweier Zahlen Null ist, so
mufs eine davon Null sein.** Denn ist in den Gleichungen
(15) $\alpha = \beta = 0$ und wird $\gamma e + \delta i$ von Null verschieden vorausgesetzt, so folgt daraus

$$\xi = 0 \qquad \eta = 0 \qquad \text{d. i.} \qquad \xi e + \eta i = 0.$$

Wir haben somit drei wesentlich verschiedene Zahlensysteme mit zwei Einheiten kennen gelernt, die eine Multiplication von den angegebenen Eigenschaften zulassen. Sie
mögen der Reihe nach als **hyperbolisches, paraboli-
sches, elliptisches System** bezeichnet werden. Nur das
letzte hat die Eigenschaft, dafs für das Rechnen mit den
Zahlen desselben genau dieselben Regeln gelten, wie in der
Arithmetik der reellen Zahlen.

Der Ungleichung 5) in VII. 8 d. I. T. entspricht hier der Satz:
„Ist ϱ eine positive reelle Zahl und es besteht unter den complexen

Zahlen $a\,a'$ die Relation $a > a'$, so hat man $\varrho e . a > \varrho e . a'$ — welcher mit einem Satze in Nr. 2 zusammenfällt.

Uebrigens läfst sich auch direct leicht beweisen der Satz: „Wenn in einem Zahlensystem mit den Elementen $e\,i$, wovon e der Modulus der Multiplication und $i = \sqrt{-e}$ ist, das Product nach der Formel (2) bezw. (14) zu bilden ist, so mufs das System nothwendig das elliptische sein.

Die Zahlen eines jeden der drei Systeme lassen sich geometrisch darstellen. Construirt man in der Ebene den Punkt mit den Parallelcoordinaten $\alpha_1\ \alpha_2$, so wird er selbst oder die ihn mit dem Anfangspunkte der Coordinaten verbindende Strecke ihrer Gröfse und Lage nach als Repräsentant der Zahl $\alpha e_1 + \alpha_2 e_2$ betrachtet. Auf diese Weise kann man auch die Resultate der vier Rechnungsarten geometrisch deuten. Die Darstellung der Summe und Differenz ist in allen Systemen dieselbe (vgl. II. 3), die des Productes und Quotienten fällt natürlich verschieden aus.

6. Die gemeinen complexen Zahlen.

Bezeichnet man den Modulus e des elliptischen Systemes mit 1, so hat man $i \cdot i = -1$; i ist somit eine Wurzel der Gleichung $x^2 = -1$. Da

$$x^2 + 1 = (x - i) \cdot (x + i)$$

nur dadurch Null werden kann, dafs ein Factor Null wird, so hat diese Gleichung nur noch die Wurzel $x = -i$.

Die Zahlen mit diesen Einheiten 1 und i heifsen gemeine complexe oder schlechtweg complexe Zahlen; i heifst die imaginäre, auch laterale Einheit, die Zahlen $\beta\,i$ imaginäre Zahlen. Von der complexen Zahl $\alpha + \beta i$ heifst α der reelle, βi der imaginäre Theil. Man bezeichnet den letzteren als positiv, Null oder negativ, je nachdem β positiv, Null oder negativ ist, was mit der in Nr. 1 durch die 2. Definition festgesetzten Vergleichung einer Zahl βi mit 0 im Einklange steht.

Die gemeinen complexen Zahlen, welche unter sich als besondere Fälle die reellen und imaginären Zahlen enthalten, sind die einzige Zahlenart, welche in der allgemeinen Arithmetik berücksichtigt zu werden braucht. Es läfst sich nämlich zeigen, dafs es aufser ihnen kein System von Zahlen giebt, mit denen genau in derselben Weise gerechnet werden kann, wie mit den reellen. Durch diesen Satz haben wir auch auf dem formalen Wege die natürliche Begrenzung der allgemeinen Arithmetik gefunden, so daſs wenn uns später Gleichungen begegnen werden, welche durch keine gemeine complexe Zahl befriedigt werden, wir sie als unlösbar betrachten dürfen und an eine fernere Erweiterung des Zahlensystems nicht mehr zu denken brauchen.

7. Da für das Rechnen mit den gemeinen complexen Zahlen dieselben Regeln gelten wie für das mit den reellen Zahlen, so läſst sich auch hier der Begriff der Potenz, zunächst mit positivem ganzen Exponenten einführen und es werden die in VIII. 1 und 3 d. I. T. erwähnten Sätze auch dann bestehen, wenn die Basen der Potenzen complexe Zahlen sind.

Aus jeder complexen Zahl a läſst sich die Quadratwurzel ziehen; sie hat, wenn a nicht 0 ist, zwei entgegengesetzte Werthe. Setzt man nämlich

$$a = \alpha + \beta i = (\xi + \eta i)^2,$$

so ergeben sich nach (14) zur Bestimmung der reellen Zahlen ξ η die Gleichungen

$$\alpha = \xi^2 - \eta^2 \qquad \beta = 2\xi\eta,$$

woraus man schlieſst

$$(\xi^2 + \eta^2)^2 = (\xi^2 - \eta^2)^2 + 4\xi^2\eta^2 = \alpha^2 + \beta^2.$$

Somit ist

$$\xi^2 = \tfrac{1}{2}\left(\sqrt{\alpha^2 + \beta^2} + \alpha\right) \qquad \eta^2 = \tfrac{1}{2}\left(\sqrt{\alpha^2 + \beta^2} - \alpha\right). \quad (16)$$

Beim Ziehen der Wurzel aus den rechten Seiten sind, falls β nicht 0 ist, solche Vorzeichen zu wählen, dass in der That $2\xi\eta = \beta$ ist, so daſs auch in diesem Falle nur zwei Werthsysteme ξ η möglich sind.

Hieraus ergiebt sich, daſs jede quadratische Gleichung

$$ax^2 + 2bx = -c \ (|a| > 0),$$

deren Discriminante $ac - b^2$ nicht Null ist, zwei ungleiche Wurzeln hat. Multiplicirt man nämlich die Gleichung mit a und addirt beiderseits b^2, so erhält man

$$(ax + b)^2 = b^2 - ac,$$

$$x = \frac{-b \pm \sqrt{b^2 - ac}}{a}.$$

Wenn $b^2 - ac$ nicht Null ist, so hat die Quadratwurzel daraus, folglich auch x zwei Werthe. Ist $b^2 - ac = 0$, so läfst unsere Gleichung nur die eine Lösung $x = -b : a$ zu. Man nennt diese Wurzel wiederholt, weil der Ausdruck $ax^2 + 2bx + c$ in die Form

$$a\left(x + \frac{b}{a}\right)^2$$

gebracht werden kann (vgl. IV. 3).

Diejenigen höheren Wurzeln aus a, welche nicht auf Quadratwurzeln zurückführbar sind, lassen sich im Allgemeinen nicht so darstellen, wie die Quadratwurzeln.

Versucht man die Cubikwurzel aus a d. i. zwei reelle Zahlen $\xi\ \eta$ zu ermitteln, wofür

$$(\xi + \eta i)^3 = a = \alpha + \beta i$$

ist, so stöfst man auf die Gleichungen

$$\xi^3 - 3\xi\eta^2 = \alpha \qquad 3\xi^2\eta - \eta^3 = \beta . \qquad (17)$$

Daraus ergiebt sich

$$\alpha^2 + \beta^2 = (\xi^2 + \eta^2)^3 .$$

Setzt man den hieraus folgenden Werth von η^2 in die erste der Gleichungen (17) ein, so findet man

$$4\xi^3 - 3\varrho\xi = \alpha ,$$

unter ϱ die reelle $\sqrt[3]{\alpha^2 + \beta^2}$ verstanden. In der Algebra wird gezeigt, dafs diese Gleichung nur reelle und zwar im Allgemeinen drei Wurzeln hat. Bisher ist es jedoch, besondere Werthe von $\alpha\ \beta$ z. B. $\alpha = 0$ oder $\beta = 0$ abgerechnet, nicht gelungen, für $\xi\ \eta$ endliche reelle algebraische Formeln zu erhalten. Die in Rede stehende Aufgabe führt auf den Casus irreducibilis der cubischen Gleichungen. $\xi\ \eta$ lassen sich aber durch unendliche Reihen reelle ausdrücken (vgl. VI. 6).

8. Absoluter Betrag einer complexen Zahl.

Der absolute Werth von $\sqrt{\alpha^2 + \beta^2}$ heifst **absoluter Betrag** der complexen Zahl $a = \alpha + \beta i$ und wird kurz mit $|a|$ bezeichnet. Dieser von Weierstrass[2]) vorgeschlagene Name für $\sqrt{\alpha^2 + \beta^2}$ drückt, da die Quadratwurzel im Falle $\beta = 0$ den absoluten Betrag der reellen Zahl α darstellt, eine naturgemässe Verallgemeinerung dieses Begriffes aus, was sich im Folgenden bestätigen wird, und ist dem Argand'schen[3]) „Modul von a" vorzuziehen.

Zunächst finden wir die in III. 14 d. I. T. für rationale Zahlen ausgesprochenen und später auf die reellen Zahlen ausgedehnten Sätze wieder, auf die wir uns in der Folge häufig berufen werden.

1) „Der absolute Betrag der Summe von com-plexen Zahlen ist nicht gröfser als die Summe der absoluten Beträge derselben — und zwar ihr gleich dann und nur dann, wenn für je zwei der von 0 verschie-denen Addenden, $a = \alpha + \beta i$ und $a' = \alpha' + \beta' i$, die Rela-tionen

$$\alpha' = \omega\alpha \quad \beta' = \omega\beta \quad (\omega > 0) \tag{18}$$

bestehen." — Es genügt offenbar, den Satz für ein Binom nachzuweisen. Man hat

$$|a + a'|^2 = (\alpha + \alpha')^2 + (\beta + \beta')^2$$
$$= (\alpha^2 + \beta^2) + (\alpha'^2 + \beta'^2) + 2(\alpha\alpha' + \beta\beta'),$$

worin

$$\alpha^2 + \beta^2 = |a|^2 \quad \alpha'^2 + \beta'^2 = |a'|^2$$

ist. Vermöge der bekannten Identität

$$(\alpha^2 + \beta^2)(\alpha'^2 + \beta'^2) = (\alpha\alpha' + \beta\beta')^2 + (\alpha\beta' - \beta\alpha')^2$$

hat man

$$(\alpha\alpha' + \beta\beta')^2 \leq (\alpha^2 + \beta^2)(\alpha'^2 + \beta'^2),$$

also sicher

$$\alpha\alpha' + \beta\beta' < |a| \cdot |a'|$$

und somit

$$|a + a'|^2 \leq \{|a| + |a'|\}^2, \text{ w. z. b. w.}$$

Das Zeichen $=$ steht hier dann und nur dann, wenn

$$\alpha\beta' - \beta\alpha' = 0 \quad \alpha\alpha' + \beta\beta' > 0$$

d. i. wenn entweder $\alpha = \beta = 0$ oder die Bedingung (18) er-füllt ist.

2) „Wenn $|a| \geq |a'|$ ist, so ist der absolute Be-trag der Summe $a + a'$ nicht kleiner als die Diffe-renz $|a| - |a'|$ und zwar ihr gleich, wenn die Zahlen a und $-a'$ den den Relationen (18) analogen genügen." Da

$$a = (a + a') - a'$$

ist, so hat man nach einander

$$|a| \leq |a + a'| + |a'| \quad |a| - |a'| \leq |a + a'|.$$

3) Der absolute Betrag eines Productes ist gleich dem Producte der absoluten Beträge seiner Fac-

toren. — Es genügt wieder die Betrachtung des Productes von zwei Factoren. Nach (14) ist

$$a \cdot a' = (\alpha\alpha' - \beta\beta') + (\alpha\beta' + \beta\alpha')i;$$

demnach hat man

$$|a \cdot a'|^2 = (\alpha\alpha' - \beta\beta')^2 + (\alpha\beta' + \beta\alpha')^2$$
$$= (\alpha^2 + \beta^2)(\alpha'^2 + \beta'^2)$$

und somit

$$|a \cdot a'| = |a| \cdot |a'|.$$

Aus diesem Satze ergiebt sich unmittelbar:

4) „Der absolute Betrag eines Quotienten ist gleich dem Quotienten: absoluter Betrag des Dividends gebrochen durch den des Divisors."

Die vorstehenden Sätze lassen sich zu folgendem zusammenfassen:

5) „Bildet man aus reellen und complexen Zahlen a, a', a'' .... in endlicher Anzahl ein Aggregat von Monomen $F(a, a', a'' \ldots)$, so hat man stets

$$|F(a, a', a'' \ldots)| \leq \Phi(|a|, |a'|, |a''| \ldots),$$

wo Φ den aus F dadurch hervorgehenden Ausdruck bedeutet, daſs das Zeichen — überall durch $+$ ersetzt wird."

6) Wenn der absolute Betrag einer complexen Zahl $a = \alpha + \beta i$ kleiner ist als eine jede positive Zahl, so ist $a = 0$. — Denn die Annahme verträgt sich nicht damit, daſs auch nur eine der Zahlen $\alpha\beta$ von 0 verschieden ist. Der Satz giebt ein Mittel an die Hand, die Gleichheit von zwei complexen Zahlen zu erweisen; es folgt nämlich daraus

7) Wenn die Differenz zweier complexen Zahlen $a \, a'$ ihrem absoluten Betrage nach kleiner ist als eine jede positive Zahl, so ist $a = a'$.

9. Complexe Zahlen mit n Einheiten und distributiver, associativer, commutativer Multiplication.[4])

1. Def. Denkt man sich n Elemente $e_1 e_2 \ldots e_n$ gegeben, aus deren jedem e_r ein Zahlensystem $a_r e_r$ entspringt, so kann man jedem Systeme

$$\alpha_1 e_1, \quad \alpha_2 e_2 \ldots \quad \alpha_n e_n,$$

worin für $\alpha_1\,\alpha_2\ldots\alpha_n$ beliebige reelle Werthe gesetzt werden dürfen, ein neues Object zuordnen — die complexe Zahl

$$a = \alpha_1 e_1 + \alpha_2 e_2 + \cdots + \alpha_n e_n,$$

wobei die Anordnung der einzelnen Glieder als unwesentlich zu betrachten ist. $\alpha_1\,\alpha_2\ldots\alpha_n$ heifsen die Coordinaten von a. — Auch in den Nr. 9—12 bedeuten die griechischen Buchstaben ausschliefslich reelle, die lateinischen complexe Zahlen.

2. Def. „Zwei complexe Zahlen a und

$$b = \beta_1 e_1 + \beta_2 e_2 + \cdots + \beta_n e_n$$

sind dann und nur dann einander gleich, wenn

$$\alpha_1 = \beta_1 \quad \alpha_2 = \beta_2 \cdots \alpha_n = \beta_n$$

ist. Insbesondere ist a dann und nur dann 0, wenn

$$\alpha_1 = 0 \quad \alpha_2 = 0 \cdots \alpha_n = 0$$

ist.“

3. Def. „a heifst gröfser (kleiner) als b, wenn die erste von 0 verschiedene Differenz in der Reihe

$$\alpha_1 - \beta_1 \quad \alpha_2 - \beta_2 \cdots \alpha_n - \beta_n$$

einen positiven (negativen) Werth hat.“

Hierbei ist zu bemerken, dafs wenn man die Elemente in eine von $e_1\,e_2\cdots e_n$ verschiedene Anordnung bringt und dann die vorstehende Regel noch einmal anwendet, die zwischen a und b auf dem ersten Wege hergestellte Ungleichung im Allgemeinen nicht bestehen bleiben wird.

4. Def. „Als Summe $a + b$ der Zahlen $a\,b$ erklären wir die Zahl

$$(\alpha_1 + \beta_1)e_1 + (\alpha_2 + \beta_2)e_2 + \cdots\cdot(\alpha_n + \beta_n)e_n.“$$

Unter diesen Voraussetzungen bestehen hinsichtlich der Addition und Subtraction dieselben Regeln, wie bei den reellen Zahlen.

5. Def. „Unter ϱa, worin ϱ eine beliebige reelle Zahl vorstellt, hat man die Zahl

$$(\varrho\alpha_1)e_1 + (\varrho\alpha_2)e_2 + \cdots + (\varrho\alpha_n)e_n$$

zu verstehen.“ — Daraus ergeben sich die Formeln

$$\varrho a + \sigma a = (\varrho + \sigma)a \qquad \varrho(a + b) = \varrho a + \varrho b \qquad (\mathrm{a})$$

Unter den n Einheiten $e_1 e_2 \ldots e_n$ besteht keine lineare Gleichung; denn eine jede läfst sich auf die Form

$$\xi_1 e_1 + \xi_2 e_2 + \cdots + \xi_n e_n = 0$$

bringen, woraus sich lediglich

$$\xi_1 = 0 \quad \xi_2 = 0 \ldots \xi_n = 0$$

ergiebt. Auch ist nunmehr ersichtlich, dafs je n Zahlen $a_1 a_2 \cdots a_n$ des Systemes:

$$a_r = \alpha_{r,1} e_1 + \alpha_{r,2} e_2 + \cdots + \alpha_{r,n} e_n, \qquad (\mathfrak{a}^*)$$

welche so gewühlt sind, dafs die Determinante

$$|\alpha_{r,s}| \quad (r, s = 1, 2 .. n)$$

nicht Null ist, als Elemente des Systemes betrachtet werden dürfen. Man kann nämlich die n Gleichungen (a^*) so nach den $e_1 e_2 .. e_n$ auflösen, als wenn darin nur reelle Zahlen vorkommen würden.

Damit das in Rede stehende Zahlensystem in Beziehung auf die Multiplication geschlossen sei, setzen wir fest (6. Def.):

1) dafs jedes Einheitsproduct eine Zahl des Systemes sei

$$e_r \cdot e_s = \lambda_{r,s}^{(1)} e_1 + \lambda_{r,s}^{(2)} e_2 + \cdots + \lambda_{r,s}^{(n)} e_n; \qquad (b)$$
$$(r, s = 1, 2 .. n)$$

und die beiden Formeln

2) $\qquad (\alpha_r e_r \cdot \alpha_s e_s) = (\alpha_r \alpha_s)(e_r \cdot e_s) \qquad (c)$

3) $\quad a \cdot b = \sum_{r,s} (\alpha_r \beta_s)(e_r \cdot e_s) \quad (r, s = 1, 2 .. n) \qquad (d)$

d. h. um $a \cdot b$ zu bilden, hat man jeden Bestandtheil des Multiplicands a mit jedem des Multiplicators zu multipliciren und die so erhaltenen Producte zu addiren.

Aus (d) folgt mit Hilfe von (c) zunächst die Formel

$$\varrho a \cdot \sigma b = (\varrho \sigma)(a \cdot b), \qquad (e)$$

worin $\varrho \sigma$ reelle Zahlen bedeuten; ferner die beiden Seiten des distributiven Gesetzes d. i. die Relationen

$$(a + b) \cdot c = a \cdot c + b \cdot c \qquad a \cdot (b + c) = a \cdot b + a \cdot c,$$

unter c irgend eine dritte Zahl des Systemes

$$c = \gamma_1 c_1 + \gamma_2 c_2 + \cdots + \gamma_n e_n$$

verstanden. In der That ist z. B. das allgemeine Glied von
$(a + b) \cdot \bar{c}$

$$[(\alpha_r + \beta_r)\gamma_s] (c_r \cdot c_s) = (\alpha_r \gamma_s) (e_r \cdot c_s) + (\beta_r \gamma_s) (e_r \cdot e_s).$$

Aus der weiteren (7.) Annahme, dafs die Einheitsproducte commutativ seien d. i. dafs

$$e_r \cdot e_s = e_s \cdot e_r \quad (r, s = 1, 2 \ldots n \text{ und } r \gtreqless s) \qquad \text{(f)}$$

sei, ergiebt sich nach (d) die Formel

$$a \cdot b = b \cdot a. \qquad \text{(g)}$$

Fügen wir (8) die Associativität der Einheitsproducte
hinzu d. h. setzen wir, soweit es noch nöthig ist, voraus dafs

$$(e_r \cdot e_s) \cdot e_t = e_r \cdot (e_s \cdot e_t) \quad (r, s, t = 1, 2 \ldots n) \qquad \text{(h)}$$

sei, so dürfen wir behaupten, dafs überhaupt

$$(a \cdot b) \cdot c = a \cdot (b \cdot c)$$

ist. Denn die allgemeinen Glieder von $(a . b) . c$ und $a . (b . c)$
sind nach (e) bezw.

$$[(\alpha_r \beta_s) (e_r \cdot e_s)] \cdot (\gamma_t e_t) = (\alpha_r \beta_s \gamma_t) [(e_r \cdot e_s) \cdot e_t]$$
$$(\alpha_r e_r) \cdot [(\beta_s \gamma_t) (e_s \cdot e_t)] = (\alpha_r \beta_s \gamma_t) [e_r \cdot (e_s \cdot e_t)],$$

erweisen sich mithin nach (h) als identisch.

Die Gleichungen (f) erfordern die Annahme

$$\lambda_{s,r}^{(t)} = \lambda_{r,s}^{(t)}, \quad (r, s, t = 1, 2 \ldots n \text{ und } r \gtreqless s).$$

Vermöge der Formel (g) sind von den Gleichungen (h) die
folgenden erfüllt:

$$(e_r \cdot e_r) \cdot e_r = e_r \cdot (e_r \cdot e_r) \quad (e_r \cdot e_s) \cdot e_r = e_r \cdot (e_s \cdot e_r);$$
$$(r, s = 1, 2 \ldots n);$$

andere fallen mit einander zusammen. So ergiebt sich aus

$$(e_r \cdot e_r) \cdot e_s = e_r \cdot (e_r \cdot e_s) \quad e_s \cdot (e_r \cdot e_r) = (e_s \cdot e_r) \cdot e_r$$

und wenn $r \, s \, t$ drei verschiedene unter den Nummern $1, 2 \ldots n$
bezeichnen, aus

$$(e_r \cdot e_s) \cdot e_t = (e_s \cdot e_t) \cdot e_r = (e_t \cdot e_s) \cdot e_r$$

alle sechs Gleichungen (h), in denen die Indices r, s, t neben
einander vorkommen. Gelingt es den übrigen $\frac{1}{3}n(n^2 - 1)$
Gleichungen (h) durch schicklich gewählte Werthe der noch
unbestimmten $\frac{1}{2}n^2(n + 1)$ Coefficienten in den Einheitspro-

ducten Rechnung zu tragen, so dürfen wir nach III. 2, 6 d.
I. T. behaupten, daß das Product der neuen Zahlen dem
distributiven, associativen und commutativen Gesetze ge-
horche.

Daß das in der That möglich ist, zeigt die Annahme

$$e_r \cdot e_r = e_r \qquad e_r \cdot e_s = 0 \quad (r \gtrless s),$$

wodurch nicht allein die Gleichungen (f), sondern auch (h) erfüllt
sind. Man hat nämlich

$$(e_r \cdot e_r) \cdot e_s = 0 \qquad e_r \cdot (e_r \cdot e_s) = 0 \qquad (e_r \cdot e_s) \cdot e_t = 0.$$

Unter diesen Voraussetzungen ergiebt sich die Multiplicationsregel

$$a \cdot b = \sum_{1}^{n} {}_r^{} (\alpha_r \beta_r) e_r.$$

Die Multiplication hat einen Modulus, nämlich die Zahl

$$e = e_1 + e_2 + \cdots + e_n;$$

denn es ist bei beliebigem a

$$a \cdot e = e \cdot a = a.$$

10. **Für jedes Zahlensystem mit mehr als zwei Einheiten,
das die acht Forderungen der vorigen Nr. befriedigt, treffen
einige, für die gemeinen complexen Zahlen geltenden Sätze
nicht mehr zu, oder erleiden mindestens weitere
Ausnahmen.**

Betrachten wir zunächst die Division der Zahlen
$\sum \alpha_r e_r$[5]) d. h. untersuchen wir, ob es in unserem Systeme
eine Zahl

$$x = \xi_1 e_1 + \xi_2 e_2 + \cdots + \xi_n e_n$$

giebt, welche die Gleichung $x \cdot b = b \cdot x = a$ befriedigt. Hierzu ist nach den Formeln (b) (d) nothwendig und hinreichend,
daß die $\xi_1 \xi_2 \ldots \xi_n$ den n linearen Gleichungen

$$\sum_{1}^{n} {}_r^{} \xi_r \sum_{1}^{n} {}_s^{} \beta_s \lambda_{r,s}^{(t)} = \alpha_t \quad (t = 1, 2 \ldots n)$$

genügen. Bekanntlich giebt es ein und nur ein System solcher Zahlen ξ_r, wenn die Determinante n^{ter} Ordnung

$$\lambda = \left| \sum_{1}^{n} {}_s^{} \beta_s \lambda_{r,s}^{(t)} \right| (r, t = 1, 2 \ldots n) \tag{A}$$

nicht Null ist. In diesem Falle ist also die Division möglich und eindeutig. Ist aber $\lambda = 0$, so ist sie nur dann ausführbar, wenn unter den $\alpha_1 \alpha_2 .. \alpha_n$ eine Relation besteht; es hat aber dann der Quotient $a:b$ unendlich viele Werthe.

Fügen wir zu den früheren Annahmen als neunte die, dafs λ nicht für jedes Werthsystem $\beta_1 \beta_2 \cdot \cdot \beta_n$ Null ist, so hat die Multiplication der Zahlen $\varSigma \alpha_r c_r$ einen und nur einen Modulus. Wählt man nämlich die Zahl b so, dafs λ nicht 0 ist, so giebt es nach dem Vorstehenden eine Zahl e, welche die Gleichung

$$b \cdot e = e \cdot b = b$$

befriedigt. Bezeichnet nun a eine beliebige, von Null verschiedene Zahl des Systemes und setzt man $a \cdot e = z$, so hat man

$$b \cdot z = a \cdot (b \cdot e) = a \cdot b,$$

also $z = a$, da diese Gleichung nur für einen Werth von z bestehen kann. Somit bleibt eine Zahl a bei Multiplication mit e ungeändert. Dieses Ergebnifs stimmt im Falle $n = 2$ mit dem Satze am Schlusse von Nr. 3 überein.

Fassen wir insbesondere die Gleichung $x \cdot b = 0$ ins Auge, so ist klar, dafs im Falle des identischen Verschwindens von λ zu jeder von Null verschiedenen Zahl b andere solche Zahlen x gehören, die ihr Genüge leisten. **Es giebt somit von Null verschiedene Zahlen, deren Product Null ist. Dass das im Falle $n \geqq 3$ auch gelte, wenn λ nicht Null ist,** läfst sich nach Hankel[6]) folgendermaafsen zeigen.

Denken wir uns in (b) r constant und $s = 1, 2 .. n$ gesetzt, so ergeben sich n Gleichungen, die wir so schreiben dürfen

$$(\lambda_{r,1}^{(1)} e - e_r) \cdot e_1 + \lambda_{r,1}^{(2)} e_2 + \cdots + \lambda_{r,1}^{(n)} e_n = 0$$
$$\lambda_{r,2}^{(1)} e_1 + (\lambda_{r,2}^{(2)} e - e_r) \cdot e_2 + \cdots + \lambda_{r,2}^{(n)} e_n = 0$$
$$\cdot \quad \cdot \quad \cdot \quad \cdot \quad \cdot \quad \cdot \quad \cdot \quad \cdot \quad \cdot \quad \cdot$$
$$\lambda_{r,n}^{(1)} e_1 + \lambda_{r,n}^{(2)} e_2 + \cdots + (\lambda_{r,n}^{(n)} e - e_r) \cdot e_n = 0.$$

Multipliciren wir diese Gleichungen der Reihe nach mit den zu den Elementen der ersten Spalte der Determinante

$$E_r = \begin{vmatrix} \lambda_{r,1}^{(1)} e - e_r & \ldots & \lambda_{r,1}^{(n)} e \\ \cdot & \cdot & \cdot \\ \lambda_{r,n}^{(1)} e & \ldots & \lambda_{r,n}^{(n)} e - e_r \end{vmatrix}$$

gehörigen Unterdeterminanten $(n-1)^{\text{ter}}$ Ordnung, so finden wir, wie bekannt, die Gleichung

$$E_r \cdot e_1 = 0.$$

Denn abgesehen von der Division wird mit den neuen Zahlen so gerechnet, wie mit den gemeinen complexen. In $E_r \cdot e_1$ ist E_r entweder nicht Null oder Null. Im ersten Falle ist der Satz schon bewiesen, im zweiten zeigen wir ihn dadurch, dass wir wenigstens einen der n Ausdrücke E_r als Product nicht verschwindender Factoren darstellen.

Nehmen wir zunächst an, dafs im Systeme der Zahlen $\Sigma \alpha_r e_r$ eine Zahl $j = \sqrt{-e}$ vorhanden sei. Das setzt voraus, dafs n gerade sei, denn in jedem Zahlensysteme von der angegebenen Beschaffenheit mit einer ungeraden Anzahl von Einheiten ist neben dem Modulus e der Multiplication $\sqrt{-e}$ unmöglich[7]. — E_r ist eine homogene ganze Function n^{ter} Dimension von $e\, e_r : F_r(e, e_r)$ mit reellen Coefficienten. Der Ausdruck $F_r(x, y)$, worin $x\, y$ gemeine complexe Zahlen bedeuten, läfst sich somit nach dem Fundamentalsatze der Algebra (IV. 9) als ein Product von n linearen Factoren $(\varrho + \sigma i)\, x - y$ darstellen. Ersetzen wir darin x, xi, y bezw. durch e, j, e_r, so erhalten wir eine Reihe von Zahlen $\varrho e + \varrho j - e_r$ des in Rede stehenden Systemes, deren Product E_r sein mufs. Nun darf man allerdings etwa

$$e_1 = \varrho_1 e + \sigma_1 j \qquad e_2 = \varrho_2 e + \sigma_2 j$$

setzen, wodurch man $E_1 = 0$ $E_2 = 0$ erhält; dann kann aber für $r \geq 3$ kein Ausdruck $\varrho e + \sigma j - e_r$ Null sein. Also sind $E_3 \ldots E_n$ Producte aus von Null verschiedenen Factoren.

Ist $\sqrt{-e}$ in unserem Zahlensysteme nicht vorhanden, so betrachte man die Function $F_r(\xi, \eta)$, worin $\xi\ \eta$ reelle Zahlen seien und zerlege sie in Factoren erster und zweiter Dimension in $\xi\ \eta$ mit reellen Coefficienten, von denen die letzteren nicht mehr in Factoren erster Dimension aufgelöst werden können. Ersetzt man in ihnen allen $\xi\ \eta$ bezw. durch $e\ e_r$, so erkennt man, dafs sich möglicher Weise eine der Gleichungen $E_r = 0$ durch Nullsetzen eines linearen Factors $\varrho e - e_r$ befriedigen läfst, von den übrigen aber keine mehr.

Durch den soeben erwiesenen Satz beantwortete Hankel die Frage, deren Lösung Gauss versprochen[8], aber nicht gegeben hat: „warum die Relationen zwischen Dingen, die eine Mannigfaltigkeit von mehr als zwei Dimensionen darbieten, nicht noch andere in der allgemeinen Arithmetik zulässige Arten von Gröfsen liefern können."

Schon seit 1861 hat Weierstrass ebenfalls die Ansicht

vorgetragen, dafs „Gauss diese Unzulässigkeit als dadurch begründet angesehen habe, dafs das Product zweier Grössen, sobald $n > 2$, verschwinden kann, ohne dafs einer seiner Factoren den Werth Null hat." Der Umstand, dafs die Arithmetik der complexen Zahlen mit mehr als zwei Einheiten von der der gemeinen complexen Zahlen wesentlich abweichen mufs, ist jedoch kein Grund, um dieselben als überflüssig zu erklären. Bezüglich der in Rede stehenden Gattung dieser Zahlen darf man das aber desswegen behaupten, weil solche Zahlensysteme, wie Weierstrass a. a. O. gezeigt hat, sich im Allgemeinen als eine selbstverständliche Verallgemeinerung der reellen und gemeinen complexen Zahlen darstellen lassen. Zu dieser Einsicht gelangt man, wie wir sehen werden, dadurch, dafs man die ursprünglichen Einheiten $e_1 e_2 .. e_n$ durch zweckmäfsig gewählte neue ersetzt.

R. Dedekind[9]) schliefst sich der obigen Vermuthung hinsichtlich der Meinung von Gauss nicht an und erklärt die hier betrachteten complexen Zahlen aus einem anderen Grunde für überflüssig.

11. Einführung der neuen Elemente $g_0 g_1 \cdots g_{n-1}$ für die complexen Zahlen von Nr. 9.

Es ist leicht, beliebig viele Zahlensysteme mit n Einheiten aufzufinden, welche den bisher aufgestellten neun Forderungen genügen, also auch einen und nur einen Modulus der Multiplication $e = g_0$ zulassen. Es sei g eine reelle oder gemeine complexe Zahl und Wurzel einer beliebigen algebraischen Gleichung n^{ten} Grades mit reellen Coefficienten

$$F(g) = g^n + \varepsilon_1 g^{n-1} + \cdots + \varepsilon_n = 0 \qquad \text{(i)}$$

ohne wiederholte Wurzeln. Schreibt man für $1\, g\, g^2 \cdots g^{n-1}$ bezw. $g_0\, g_1\, g_2 \cdots g_{n-1}$, so läfst sich, wie unmittelbar ersichtlich ist, jede ganze Function φ von g mit reellen Coefficienten als eine lineare homogene Function von $g_0\, g_1 \cdots g_{n-1}$ mit reellen Coefficienten darstellen:

$$\varphi(g) = \alpha_0 g_0 + \alpha_1 g_1 + \cdots + \alpha_{n-1} g_{n-1}.$$

Und zwar nur auf eine Art, denn die n Gleichungen

$$\varphi^{(k)} = \alpha_0 + \alpha_1 g^{(k)} + \cdots + \alpha_{n-1} g^{(k)\, n-1}, \quad (k = 0, 1 .. n-1),$$

worin $g, g' \ldots g^{(n-1)}$ die n von einander verschiedenen Wurzeln der Gleichung (i), $\varphi \, \varphi' \ldots \varphi^{(n-1)}$ die ihnen entsprechenden Werthe von $\varphi(g)$ bedeuten, lassen nur ein System von
Auflösungen für die $\alpha_0 \, \alpha_1 \ldots \alpha_{n-1}$ zu, weil die Determinante
aus ihren Coefficienten nicht Null ist. Bilden wir nun com-
plexe Zahlen aus n Elementen $g_0 \, g_1 \ldots g_{n-1}$, so möge, wenn
$r + s < n$ ist,

$$g_r \cdot g_s = g_s \cdot g_r = g_{r+s} \qquad \text{(k)}$$

sein. Falls $r + s$ einen der Werthe $n, n + 1 \ldots 2n - 2$ annimmt, wollen wir

$$g_r \cdot g_s = g_s \cdot g_r = \sum_0^{n-1} \mu_{r+s}^{(t)} g_t \qquad \text{(l)}$$

setzen, worin die rechte Seite den der Function g^{r+s} zufolge
des Vorstehenden entsprechenden linearen Ausdruck darstellt.
Wenn wir nun die der ganzen Function $\varphi(g)$ entsprechende
complexe Zahl $a = \Sigma \alpha_r g_r$ mit einer andern $b = \Sigma \beta_s g_s$, welche
der Function $\psi(g)$ zugeordnet ist, nach der Formel (c) multipliciren, so entspricht das Product $a \cdot b$ der ganzen Function $\varphi(g)\psi(g)$. Es ist nämlich

$$a \cdot b = \Sigma (\alpha_r \beta_s)(g_r \cdot g_s) \qquad \varphi(g)\psi(g) = \Sigma \alpha_r \beta_s g^{r+s}.$$

Bezeichnen wir insbesondere die ganze Function vom
höchstens $(n-1)^{\text{ten}}$ Grade in g

$$\Phi(g) = \alpha_0 + \alpha_1 g + \cdots \alpha_{n-1} g^{n-1} \qquad \text{(m)}$$

als zur Zahl a gehörig und lassen demgemäß zur Zahl (b)
die Function $\Psi(g)$ gehören, so wird zur Zahl $a \cdot b$ die Function $X(g)$ gehören, welche bei der Division von $\Phi\Psi$ durch
F als Rest verbleibt (IV. 2), so daß man hat

$$\Phi(g) \, \Psi(g) = \Theta(g) \, F(g) + X(g), \qquad \text{(n)}$$

worin $\Theta(g)$ höchstens vom $(n-2)^{\text{ten}}$ Grade in g ist.

Definirt man die Einheitsproducte im Zahlensysteme
$g_0 \, g_1 \ldots g_{n-1}$ durch die Formeln (k) (l), so genügt dasselbe
den bisher aufgestellten neun Forderungen. Dabei über-
nimmt g_0 die Rolle des Modulus der Multiplication. Daß
die Gleichungen

$$(g_r \cdot g_s) \cdot g_t = g_r \cdot (g_s \cdot g_t)$$

bestehen, erkennt man daraus, daß sowohl die rechte als

die linke Seite einer jeden von ihnen bezw. der Function g^{r+s+t} entspricht. Auch ist die Determinante, in welche (A) jetzt übergeht, von Null verschieden; denn hat die ganze Function (m) mit $F(g)$ keinen Theiler gemein, so hat die Gleichung

$$a \cdot x = a \cdot b$$

nur die eine Lösung $x = b$. Hätte man nämlich noch $x = b'$, welcher Zahl die Function $\Psi'(g)$ entspreche, so würde neben (n)

$$\Phi\Psi' = \Theta'F + \mathsf{X} \quad \text{also} \quad \Phi(\Psi' - \Psi) = (\Theta' - \Theta)F$$

sein, was hier nur möglich ist für $\Psi = \Psi' \Theta = \Theta'$ (IV. 6).

Umgekehrt läfst sich zeigen, dafs wenn in einem Zahlensysteme von der hier betrachteten Beschaffenheit mit den Elementen g_0 (zugleich Modulus der Multiplication) $c_1 c_2 \cdots c_{n-1}$ eine Zahl g vorhanden ist, wofür die nachstehende Determinante (B) nicht Null ist — was im Folgenden stets vorausgesetzt werden soll — im Allgemeinen eine der Gleichung (i) entsprechende angegeben werden kann, so dafs bei passender Abänderung der Elemente für die Producte derselben die Formeln (k) und (l) gelten. Man bilde von einer zunächst beliebigen Zahl

$$g = \xi_0 g_0 + \xi_1 e_1 + \cdots + \xi_{n-1} c_{n-1}$$

die Potenzen

$$g^r = \xi_0^{(r-1)} g_0 + \xi_1^{(r-1)} e_1 + \cdots + \xi_{n-1}^{(r-1)} e_{n-1} \quad (p)$$
$$(r = 2, 3 \ldots n - 1).$$

Wenn nun die Determinante $(n-1)^{\text{ter}}$ Ordnung

$$\mathsf{X}_0 = |\xi_s^{(r)}| \quad (r, s = 0, 1 \ldots n - 1) \quad (B)$$

nicht identisch verschwindet, so kann man g so wählen, dass man die vorstehenden $n-1$ Gleichungen nach $e_1 c_2 \cdots c_{n-1}$ auflösen, somit an Stelle der Einheiten $e_1 e_2 \cdots c_{n-1}$ die Zahlen

$$g_1 = g \quad g_2 = g^2 \cdots g_{n-1} = g^{n-1}$$

neben g_0 als Elemente des Systemes einführen kann. Die neuen Einheitsproducte ergeben sich mit Hilfe der Formel

$$g^r \cdot g^s = g_r \cdot g_s = g^{r+s},$$

welche für $r + s < n$ in (k) übergeht. Ist $r + s \geq n$, so setze man in den Ausdruck

$$g^{r+s} = \xi_0^{(r+s-1)} g_0 + \xi_1^{(r+s-1)} c_1 + \cdots + \xi_{n-1}^{(r+s-1)} c_{n-1}$$

die für $c_1 c_2 \ldots c_{n-1}$ aus den Gleichungen (p) gefundenen Werthe ein. So erhält man insbesondere für g^n eine Gleichung

$$\mathsf{X}_0 \, g^n + \mathsf{X}_1 \, g^{n-1} + \cdots + \mathsf{X}_n g_0 = 0 . \qquad (\mathrm{C})$$

Man braucht demnach in (i) nur $\varepsilon_r = \mathsf{X}_r : \mathsf{X}_0$ zu setzen, wobei jedoch vorausgesetzt ist, daß die ξ_r überhaupt so gewählt werden können, daß die auf diese Weise erhaltene Gleichung keine wiederholten Wurzeln hat.

Hieraus lässt sich nach **Dedekind** die **Ueberflüssigkeit der complexen Zahlen mit mehr als zwei Einheiten von der hier vorausgesetzten Beschaffenheit** darthun [10]). Sie erweisen sich nämlich im Grunde als identisch mit den ganzen Functionen $(n-1)^{\text{ten}}$ Grades von g, wo g eine Wurzel einer Gleichung n^{ten} Grades $F(g) = 0$ bedeutet. Diese Ausdrücke werden in der höheren Algebra in der That manchmal als aus $g \, g^2 \ldots g^{n-1}$ gebildete complexe Zahlen bezeichnet.

Das Ergebniß der vorstehenden Ueberlegung läßt sich auch so ausdrücken: „Es sei das aus den Einheiten $e_1 e_2 \ldots e_n$ gebildete Zahlensystem den Forderungen 1—6, 8, 9 unterworfen, also seine **Multiplication distributiv und associativ und sie besitze einen und nur einen Modulus** g_0, so daß, was für eine Zahl des Systemes a auch sein mag,

$$a \cdot g_0 = g_0 \cdot a = a$$

ist. Wenn außerdem in dem Systeme eine Zahl g vorkommt, wofür die Determinante (B) nicht Null ist, so muß das Product auch dem commutativen Gesetze gehorchen." — Daraus schließt man, daß wenn die Multiplication gleichwohl nicht commutativ ist, die Determinante (B) identisch verschwinden muß; was sich an den **Hamilton**'schen Quaternionen bewährt.

Die Quaternionen sind ein System von complexen Zahlen aus vier Einheiten, der numerischen Einheit 1, zugleich Modulus der Multiplication, und drei imaginären Einheiten $i_1 \, i_2 \, i_3$, deren Producte in folgender Art definirt sind:

$$
\begin{aligned}
i_1 \cdot i_1 &= -1 & i_1 \cdot i_2 &= i_3 & i_1 \cdot i_3 &= -i_2 \\
i_2 \cdot i_1 &= -i_3 & i_2 \cdot i_2 &= -1 & i_2 \cdot i_3 &= i_1 \\
i_3 \cdot i_1 &= i_2 & i_3 \cdot i_2 &= -i_1 & i_3 \cdot i_3 &= -1 .
\end{aligned}
$$

Das Product zweier Quaternionen wird mit Hilfe dieser Werthe nach den Formeln (c) und (d) in Nr. 9 entwickelt. Es ist leicht zu zeigen, dafs es dem associativen Gesetze gehorcht. Da das commutative Gesetz nicht erfüllt ist, so mufs die Determinante (B) identisch verschwinden, was man durch Rechnung bestätigen kann. Die Quaternion

$$g = \xi_0 + \xi_1 i_1 + \xi_2 i_2 + \xi_3 i_3$$

genügt der Gleichung

$$g^2 - (3\xi_0^2 - \xi_1^2 - \xi_2^2 - \xi_3^2)\, g + 2\xi_0 (\xi_0^2 + \xi_1^2 + \xi_2^2 + \xi_3^2) = 0.$$

12. Zerlegung der Zahlen $\Sigma \alpha_r g_r$ in ihre Componenten nach Weierstrass.

Wir fügen zu den bisherigen Annahmen über das Zahlensystem mit den Elementen $g_0\, e_1 .. e_{n-1}$ noch die, dafs in demselben eine Zahl g vorhanden ist, wofür die aus der linken Seite der Gleichung (C) durch Division mit X_0 hervorgehende ganze Function

$$F(\xi) = \xi^n + \varepsilon_1 \xi^{n-1} + \cdots + \varepsilon_n,$$

worin ξ eine reelle Veränderliche bedeutet, keine wiederholten Factoren enthält, somit nach IV. 9 in Factoren ersten oder zweiten Grades mit reellen Coefficienten

$$F_1(\xi), F_2(\xi) \ldots F_k(\xi)$$

zerlegt werden kann, die sämmtlich von einander verschieden sind. In jedem derselben sei der Coefficient der höchsten Potenz von ξ gleich 1.

Bezeichnet $\Phi(\xi)$ eine beliebige ganze Function von ξ, nicht höheren als $(n-1)^{ten}$ Grades, mit reellen Coefficienten, so läfst sich $\Phi(\xi) : F(\xi)$ vermittelst der Zerlegung in Partialbrüche (V. 12) auf die Form bringen

$$\frac{\Phi(\xi)}{F(\xi)} = \frac{\Phi_1(\xi)}{F_1(\xi)} + \frac{\Phi_2(\xi)}{F_2(\xi)} + \cdots + \frac{\Phi_k(\xi)}{F_k(\xi)}, \qquad (q)$$

worin $\Phi_r(\xi)$ eine reelle Constante oder eine lineare ganze Function von ξ mit reellen Coefficienten ist, je nachdem $F_r(\xi)$ vom ersten oder zweiten Grade in ξ ist.

Nachdem wir $g_0\, g_1 \ldots g_{n-1}$ als Elemente für das Zahlensystem eingeführt haben, gehört zu jeder Zahl a desselben eine ganze Function $\Phi(\xi)$ höchstens $(n-1)^{ten}$ Grades. Die Gesammtheit der Zahlen, für welche die zugehörige Function von ξ die Form

$$\frac{F(\xi)}{F_r(\xi)} \Phi_r(\xi) \quad (r = 1, 2 \ldots k)$$

hat, heiße das Theilsystem $\mathfrak{G}_r$. Es entspringt, je nachdem $F_r(\xi)$ vom ersten oder zweiten Grade ist, aus einem
oder zwei Elementen, nämlich entweder aus der zur Func-
tion $F(\xi) : F_r(\xi)$, oder aus den zu den Functionen $F(\xi) : F_r(\xi)$
und $\xi F(\xi) : F_r(\xi)$ gehörigen Zahlen. Die Gleichung (q) lehrt,
daß jede Zahl a des Systemes in einziger Weise als Summe
von k anderen : $a_1 a_2 \ldots a_k$ dargestellt werden kann, welche
bezw. den Theilsystemen $\mathfrak{G}_1 \mathfrak{G}_2 \ldots \mathfrak{G}_k$ angehören und die
Componenten von a genannt werden mögen.

Sind nun a_r, b_s zwei Zahlen, die verschiedenen
Theilsystemen $\mathfrak{G}_r$, $\mathfrak{G}_s$ angehören, so ist ihr Product Null:

$$a_r . b_s = 0 .$$

Denn das Product der ihnen zugehörigen Functionen

$$\Phi(\xi) = \frac{F(\xi)}{F_r(\xi)} \Phi_r(\xi) \quad \Psi(\xi) = \frac{F(\xi)}{F_s(\xi)} \Psi_s(\xi)$$

ist durch $F(\xi)$ theilbar. Wenn a_r b_r Zahlen des Theilsystemes $\mathfrak{G}_r$ bedeuten, so gehört auch die Zahl
$a_r . b_r$ ihm an. Ist das Product zweier solchen Zahlen
Null, so muß mindestens einer der Factoren Null
sein. Wenn nämlich zu b_r die Function

$$\Psi(\xi) = \frac{F(\xi)}{F_r(\xi)} \Psi_r(\xi)$$

gehört, so ist das Product $\Phi\Psi$ durch $F(\xi) : F_r(\xi)$ theilbar,
somit auch der Divisionsrest $X(\xi)$ in (n). Durch $F(\xi)$ aber
kann $\Phi\Psi$ nur so theilbar sein, dass $\Phi_r(\xi)$ oder $\Psi_r(\xi)$ identisch Null ist. Das ist unmittelbar klar, wenn $F_r(\xi)$ vom
ersten Grade ist; im anderen Falle erhellt es daraus, daß
$F_r(\xi)$ nicht in zwei Factoren ersten Grades $\Phi_r(\xi)$ $\Psi_r(\xi)$ mit
reellen Coefficienten zerfallen kann.

Sind $g_1^{(0)} g_2^{(0)} \ldots g_k^{(0)}$ die Componenten des Modulus der
Multiplication g_0, so daß

$$y_0 = g_1^{(0)} + g_2^{(0)} + \cdots + g_k^{(0)}$$

ist und bezeichnet a_r eine dem Theilsysteme $\mathfrak{G}_r$ angehörige
Zahl, so hat man nebeneinander

$$a_r \cdot g_0 = a_r \qquad a_r \cdot g_0 = a_r \cdot g_r^{(0)},$$

also

$$a_r \cdot g_r^{(0)} = a_r,$$

d. h. die Zahl $g_0^{(r)}$ ist der Modulus der Multiplication im Theilsysteme $\mathfrak{G}_r$.

Wenn nun $F_r(\xi)$ vom ersten Grade ist, so kann jede dem Theilsysteme $\mathfrak{G}_r$ angehörige Zahl a_r in der Form $a g_r^{(0)}$ dargestellt werden.

Wenn dagegen $F_r(\xi)$ vom zweiten Grade ist, so bilden die Zahlen a_r des Theilsystemes $\mathfrak{G}_r$ zufolge der vorstehenden Sätze nach Nr. 5 ein elliptisches System aus zwei Elementen, demnach lassen sie sich auf die Form bringen

$$a_r = a g_r^{(0)} + \beta k_r,$$

wo

$$k_r \cdot k_r = - g_r^{(0)}$$

ist.

Es lassen sich mithin die ursprünglichen Einheiten $e_1 e_2 .. e_n$ ersetzen durch n andere, welche in k Gruppen zerfallen, dergestalt dafs jedem Factor ersten Grades von $F(\xi)$ eine, jedem zweiten Grades zwei Einheiten entsprechen. Die Producte aus je zwei neuen Einheiten verschiedener Gruppen sind Null, während jede eine Gruppe bildende Einheit bei der Multiplication mit sich selbst sich wie 1, je zwei zu einer Gruppe gehörige Einheiten bei der Multiplication mit sich selbst und untereinander sich wie 1 und $i = \sqrt{-1}$ verhalten. Die bisher betrachteten complexen Zahlen aus n Einheiten — unter denjenigen, deren Multiplication den drei bekannten Gesetzen gehorcht, die allgemeinsten — erweisen sich demnach als eine nichtssagende Zusammenstellung aus den mehrmals gesetzten Systemen der reellen und der gemeinen complexen Zahlen.[11])

Die hier betrachteten Zahlensysteme haben die Eigenschaft, dafs die Gleichung $x^m = 0$ nur die Wurzel $x = 0$ zuläfst. Wenn die Function $F(\xi)$ einen k-fachen Factor $F_1(\xi)$ enthält, so hat die Gleichung $x^k = 0$ unendlich viele von Null verschiedene Wurzeln, nämlich die den Functionen $\Phi(\xi) F(\xi) : F_1(\xi)^{k-1}$, worin $\Phi(\xi)$ eine beliebige ganze Function von niedrigerem Grade als $F_1(\xi)^{k-1}$ sein kann, entsprechenden Zahlen.

II. Abschnitt.

Synthetische Theorie der gemeinen complexen Zahlen.

1. **Die complexen Zahlen wurden auf dem analytischen Wege erfunden.** Solange man ihnen keine anschauliche Bedeutung beizulegen vermochte, wurden sie den reellen Zahlen gegenüber als unmögliche Gröfsen bezeichnet. Es war zweifelhaft, ob sie überhaupt in der Analysis zuzulassen seien. Gauss, dem es 1799 lediglich räthlicher schien die complexen Zahlen beizubehalten als sie zu verwerfen[1]), wurde durch die Theorie der biquadratischen Reste von ihrer Nothwendigkeit überzeugt. So spricht er sich namentlich 1831 in der Anzeige der zweiten Abhandlung über diese Reste aus, wo er auch die geometrische Darstellung der complexen Zahlen auseinandersetzte[2]). Hierin war ihm R. Argand vorangegangen, der 1806 die vier Species mit den Strecken der Ebene lehrte[3]). Mit demselben Gegenstande und insbesondere seinen geometrischen Anwendungen beschäftigte sich seit 1835 O. Bellavitis, welcher der Theorie den Namen „Metodo delle equipollenze" beilegte[4]). Auch mehrere Abhandlungen von A. F. Möbius enthalten geometrische Anwendungen derselben[5]).

Von der soeben erwähnten geometrischen Darstellung der complexen Zahlen und der damit zusammenfallenden Streckenrechnung ist zu unterscheiden die geometrische Interpretation der complexen Elemente der Grundgebilde des Raumes in der analytischen Geometrie, welche in verschiedener Weise bewerkstelligt worden ist. Möbius construirte die complexen Punkte $x = \alpha + \beta i$ der Geraden als Punkte $\xi = \alpha$, $\eta = \beta$ der Ebene, indem er ein rechtwinkliges Coordinatensystem XOY zu Grunde legte. Wie man zu den complexen Elementen dieser Grundgebilde, welche v. Staudt in die reine Geometrie eingeführt hat, auf analytischem Wege gelangt, hat der Verfasser im IV. B. d. Math. Ann. gezeigt. Abgesehen von der Unterscheidung der

conjugirten Elemente, reicht man mit der Annahme aus, dafs die geometrische Bedeutung einer Gleichung zwischen Veränderlichen dadurch
ungeändert bleibt, dafs man sie mit einer beliebigen, also auch einer
complexen Constanten multiplicirt.

2. Die Strecken in der Euclid'schen Ebene nach Gröfse und Lage.

1. Def. Sind $A\,B$ die Endpunkte einer Strecke in der
gegebenen Ebene, so bedeute nunmehr AB diese Strecke
auch der Lage nach und zwar von dem zuerstgenannten
Punkte A aus beschrieben. — Die Strecken in diesem Sinne
bilden gemäfs der folgenden Definition ein Gröfsensystem,
zu welchem noch die sogleich zu erklärende uneigentliche
Strecke „Null" zu rechnen ist.

2. Def. Zwei Strecken $AB\ A'B'$ in einer Ebene
sind dann und nur dann einander gleich[6]), wenn sie
gleich lang sind, in derselben oder in parallelen
Geraden liegen und gleichgerichtet sind, d. h. falls
AB und $A'B'$ in derselben Geraden sich befinden, so mufs
der Uebergang von A' zu B' in demselben Sinne stattfinden,
wie der von A zu B; falls aber $AB\ A'B'$ nicht eine Gerade bilden, so mufs $AB B'A'$ ein Parallelogramm sein und
demnach BB' auf der nämlichen Seite der Geraden AA'
liegen. — Die Berechtigung dieser
Definition (vgl. I. 2 d. I. T.) steht
aufser Zweifel. Insbesondere hat
man neben

$$AB = A'B' \quad A'B' = A''B''$$

auch $AB = A''B'$. Es sind nämlich, falls $AA'A''$ nicht eine Gerade
ist (Fig. 1), die Dreiecke $AA'A''$
und $BB'B''$ einstimmig congruent,
so dafs $AB\ A''B''$ entweder der-

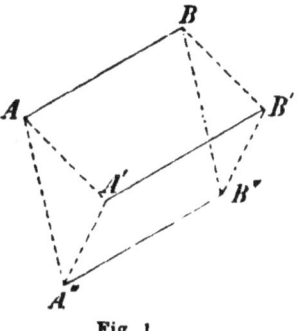

Fig. 1.

selben Geraden angehören, gleich lang und gleich gerichtet
sind oder $AB B''A''$ ein Parallelogramm ist. Aehnliches gilt,
wenn $AA'A''$ und somit auch $BB'B''$ auf einer Geraden
liegen.

3. Def. Die Strecken $AB\ A'B'$ heifsen einander ent-

gegengesetzt, wenn sie gleich lang, in derselben oder in
parallelen Geraden gelegen und entgegengesetzt gerichtet
sind d. h. falls AB $A'B'$ derselben Geraden angehören, so
mufs der Uebergang von A' zu B' in entgegengesetztem
Sinne stattfinden wie von A zu B; falls aber AB $A'B'$ nicht
eine Gerade bilden, so müssen BB' auf entgegengesetzten
Seiten der Geraden AA' liegen. Insbesondere sind die
Strecken AB und BA einander entgegengesetzt.

Von jedem Punkte der Ebene läfst sich zu jeder nicht
in demselben entspringenden Strecke eine und nur eine
gleiche und zu jeder Strecke eine und nur eine ihr entgegengesetzte construiren.

Der Kürze wegen werden auch die kleinen deutschen
Buchstaben $\mathfrak{a}$ $\mathfrak{b}$ $\mathfrak{c}$.. zur Bezeichnung der neuen Gröfsen AB
verwendet werden.

3. Addition und Subtraction der Strecken in der Ebene.

4. Def. „Die Summe je zweier entgegengesetzten Strecken
wird mit 0 bezeichnet, z. B. es ist

$$AB + BA = 0.$$

Ferner sei

$$AB + 0 = 0 + AB = AB \qquad 0 + 0 = 0.$$

Als Summe von AB und BC gilt die Strecke AC:

$$AB + BC = AC.$$

Unter der Summe $AB + DE$ ist zu verstehen die Strecke

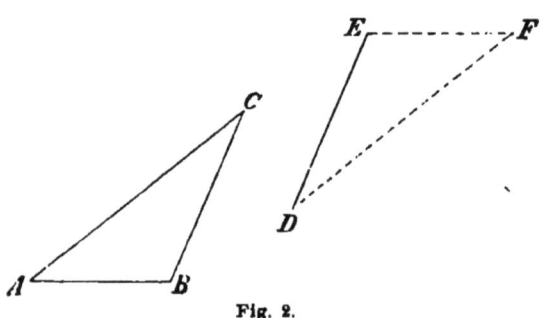

Fig. 2.

AC, deren Endpunkt durch die Construction der Strecke
$BC = DE$ gefunden wird (Fig. 2) und jede ihr gleiche.“

Die hier definirte Addition gehorcht denselben Gesetzen, wie die in V. 7 d. I. T. aufgestellte Addition der relativen Strecken in parallelen Geraden. Auf die letztere kommen wir auch hier zurück, wenn die in Betracht gezogenen Strecken sämmtlich in derselben oder in parallelen Geraden liegen. Aber auch in dem allgemeinen Falle findet man leicht:

1) $$AB + DE = DE + AB;$$

denn macht man $EF = AB$, so sind die Dreiecke ABC und FED einstimmig congruent.

2) Neben $DE = D'E'$ ist

$$AB + DE = AB + D'E'.$$

3) $$(AB + BC) + CD = AB + (BC + CD);$$

denn links steht

$$AC + CD = AD \quad \text{und rechts} \quad AB + BD = AD.$$

Das associative Gesetz ist auch erfüllt, wenn unter den drei Gröfsen in der 3. Gleichung Null vorkommt oder bei der Berechnung der beiden Summen auftritt. Es ist z. B.

$$(AB + BC) + CA = AC + CA = 0$$
$$AB + (BC + CA) = AB + BA = 0,$$

so dass man für drei beliebige Punkte $A\,B\,C$ der Ebene hat

$$AB + BC + CA = 0.$$

Die Subtraction ist stets ausführbar und zwar nur in einer Weise. Soll eine Strecke $\mathfrak{x}$ gefunden werden, welche die Gleichung

$$AB + \mathfrak{x} = AC$$

erfüllt, so denke man sich $\mathfrak{x}$ in die Form BX gebracht, wodurch man $AX = AC$ findet. Demnach mufs der Punkt X auf C fallen, so dafs $\mathfrak{x} = BC$ ist, welche Strecke in der That der Gleichung genügt. Mithin besteht die Formel

$$AC - AB = BC.$$

Offenbar sind auch die Differenzen

$$0 - 0 = 0 \quad AB - 0 = AB \quad AB - AB = 0$$
$$0 - AB = BA$$

eindeutig. Die letzte hat zur Bezeichnung $-AB$ für jede AB entgegengesetzte Strecke geführt; demnach schreibt man z. B.

$$BA = -AB.$$

Eine Strecke von einer anderen subtrahiren ist gleichbedeutend damit, zu dieser die jener entgegengesetzte Strecke zu addiren. In der That ist

$$AC - AB = AC + BA = BC.$$

Zufolge des Vorstehenden gelten nach III. 3, 4 d. I. T. dieselben Regeln über die Addition und Subtraction der neuen Gröfsen wie bei den reellen Zahlen, von den Ungleichungen jedoch vorläufig abgesehen.

4. Die Strecken in einer und in parallelen Geraden.

Wie bereits bemerkt, gelten für die Strecken AB in einer und in parallelen Geraden die in V. 7 d. I. T. aufgeführten Formeln. Nur haben wir bis jetzt kein Verfahren angegeben, um in den Geraden je eine Richtung als die positive auszuzeichnen, so dass die a. a. O. vorkommenden Ungleichungen vorläufig entfallen. Wir verstehen ferner unter mAB, wo m eine natürliche Zahl bedeutet, die Summe

$$\overset{1}{\overbrace{AB}} + \overset{2}{\overbrace{AB}} + \cdots + \overset{m}{\overbrace{AB}}$$

d. i. die in der Art entstehende Strecke, dass man auf der Verlängerung von AB diese Strecke noch $m-1$ Male unmittelbar hintereinander aufträgt. Theilt man die Strecke AB in m gleiche Theile und bezeichnet die Theilpunkte von A gegen B fortschreitend mit $A'A'' \ldots A^{(m-1)}$, so bedeutet $\frac{1}{m} AB$ jede Strecke $A^{(r)}A^{(r+1)}$ ($r = 0, 1, \ldots m - 1$), wobei $A^{(0)} = A$, $A^{(m)} = B$ ist.

5. Def. „Allgemein sei αAB (worin die von Null verschiedene, sonst beliebige reelle Zahl α als Coefficient, nicht als Factor zu betrachten ist) die Strecke AC, deren Endpunkt C auf AB so gewählt ist, dafs das Verhältnifs der Strecke AC zu AB in dem VII. 13 d. I. T. erklärten Sinne gleich ist α — und jede AC gleiche Strecke. — Es sei ferner $0AB = 0$, $\alpha 0 = 0$." — Macht man irgend eine der relativen Strecken auf der Geraden AB zur Einheit, so ist das genannte Verhältnifs, somit α der Quotient der den Strecken AC und AB entsprechenden Zahlen. Wie wir

sehen werden, darf α auch als Quotient der neuen Gröfsen $AC : AB$ bezeichnet werden. Demnach kann man in der Formel

$$\alpha = AC : AB$$

AB AC sowohl als relative Strecken nach V. 7 d. I. T., als auch als solche im neuen Sinne betrachten. Dabei ist die positive Richtung für die ersteren noch willkürlich. Da später Formeln mit Strecken der ersten und zweiten Art vorkommen werden, worin die einen nicht durch die anderen ersetzt werden können, so wollen wir für die ersteren eine eigene Bezeichnung, nämlich $\overline{AB}$, einführen. Demnach hat man

$$AC = (\overline{AC} : \overline{AB})\, AB.$$

Nach dem Vorstehenden folgt aus der Gleichung

$$\alpha\, AB = 0$$

nothwendig $\alpha = 0$. Aus der Gleichung

$$\alpha AB + \alpha' A' B' = 0$$

ergiebt sich, wenn die Strecken AB $A'B'$ nicht in parallelen Geraden liegen, nothwendig $\alpha = 0$, $\alpha' = 0$, da die Strecken αAB, $\alpha' A' B'$ unmöglich einander entgegengesetzt sein können.

Man findet ferner ohne Mühe die Relationen

1) $$(\alpha + \beta)AB = \alpha AB + \beta AB$$

mit dem besonderen Falle für $\beta = -\alpha$

$$(-\alpha)AB = -\alpha AB;$$

2) $$\beta(\alpha AB) = (\beta\alpha)AB;$$

3) $$\alpha(AB + BC) = \alpha AB + \alpha BC.$$

Die zweite wird beispielsweise so gezeigt. Sie ist offenbar richtig, wenn eine der beiden Zahlen α β Null ist. Wenn keine von ihnen Null ist, so sei

$$\alpha = \overline{AC} : \overline{AB} \qquad \beta = \overline{AD} : \overline{AC},$$

so dass

$$\beta\alpha = \overline{AD} : \overline{AB}$$

ist. Also hat man

$$\alpha AB = AC \quad AD = \beta AC = \beta(\alpha AB) = (\beta\alpha)AB.$$

Der 3. Satz ergiebt sich daraus, dafs wenn man die Strecken

$$\alpha AB = A'B \qquad \alpha BC = BC'$$

construirt, so dass

$$\alpha = \overline{BA'} : \overline{BA} = \overline{BC'} : \overline{BC}$$

ist, auch

$$\overline{A'C'} : \overline{AC} = \alpha \qquad A'C' = \alpha AC$$

sein muss, mag B in der Geraden AC liegen oder nicht (Fig. 3). Der 1. und 3. Satz lassen sich sofort auf mehrgliedrige Summen ausdehnen.

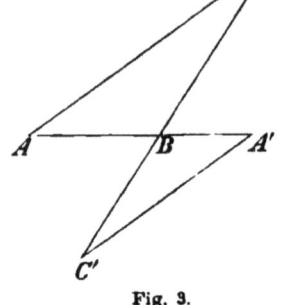

Fig. 3.

Anmerkung. Bedeutet C den Mittelpunkt der Strecke AB und O einen willkürlichen Punkt der Ebene, so hat man wegen $AC = CB$

$$OC - OA = OB - OC,$$

also

$$OC = \frac{OA + OB}{2}.$$

5. Systematische Darstellung der Strecken der Ebene.

Durch einen gegebenen Punkt O der Ebene kann man zu jeder Strecke AB eine und nur eine ihr gleiche OM ziehen.

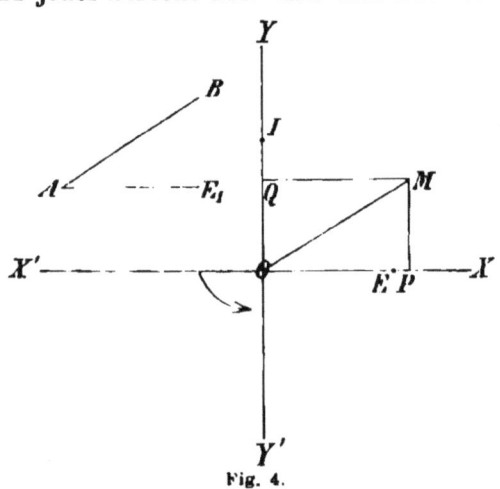

Fig. 4.

Legt man durch O (Fig. 4) zwei Gerade, die Axen $XX'\ YY'$, welche aus einem später zu erwähnenden Grunde auf einander senkrecht stehen sollen, und zieht vom Punkte M zu ihnen die Parallelen $MP\ MQ$, so findet man

$$OM = OP + PM$$
$$= OP + OQ.$$

Nehmen wir auf den Axen die festen Punkte EJ an — der Einfachheit wegen gleichweit von O entfernt —, bezeichnen die Strecken OE OJ mit e bezw. i und führen die recht-winkligen Coordinaten von M in Bezug auf die Axen XX' YY'

$$\overline{OP} : \overline{OE} = \xi \qquad \overline{OQ} : \overline{OJ} = \eta$$

ein, so ergiebt sich nach Nr. 4

$$AB = OM = \xi e + \eta i.$$

Es erscheinen somit die Strecken der Ebene als complexe Gröfsen mit den zwei Elementen e i. Ordnet man diesen Fundamentalgröfsen bezw. die Zahlen 1 und i und zugleich jeder Strecke OP auf der „reellen" Axe XX' mit rationalem ξ diese Zahl, jeder Strecke OQ auf der „imaginären" Axe YY' mit rationalem η die Zahl ηi zu, so entspricht jeder Gröfse OM und den ihr gleichen eine complexe Zahl, nämlich $\xi + \eta i$, welchen Satz man mit Hilfe des entsprechenden in VII. 13 d. I. T. sofort umkehren kann. ξ η nennt man die Coordinaten der complexen Gröfse OM, ξ die erste oder reelle, η die zweite oder imaginäre.

Nunmehr läfst sich nach dem in II. 1 angewandten Verfahren von je zwei ungleichen Strecken der Ebene die eine als die gröfsere, die andere als die kleinere erklären. Die Unterscheidung hängt je-doch von der Wahl der positiven Axenrichtungen ab, so dafs bei einer Abänderung derselben die zwischen zwei ungleichen Strecken aufgestellte Relation in ihr Gegentheil übergehen kann. Man bezeich-net nämlich von den Strecken

$$OM = \xi e + \eta i \qquad OM' = \xi' e + \eta' i$$

OM' als die gröfsere oder kleinere, je nachdem die erste von Null verschiedene unter den Differenzen $\xi' - \xi$, $\eta' - \eta$ positiv oder nega-tiv ist. — Durch diese Regel wird zugleich auf jeder Geraden MM' eine positive Richtung festgestellt, so dass die ihr angehörigen Strecken allen in V. 7 d. I. T. gemachten Voraussetzungen entsprechen. Es ist nämlich auf einer nicht zu YY' parallelen Geraden

$$MM' = OM' - OM = (\xi' - \xi)e + (\eta' - \eta)i \qquad (1)$$

gröfser als Null oder positiv, wenn $\xi' - \xi > 0$ ist d. i. die positive Richtung in MM' ist so angenommen, dass die Projection jeder posi-tiven Strecke auf die reelle Axe ebenfalls positiv ist. In allen durch den Nullpunkt gehenden Geraden aufser YY' tritt die posi-tive Richtung von der negativen Seite der Axe YY' auf die positive.

In der Geometrie reicht man mit den folgenden Festsetzungen bezüglich der positiven Richtungen in den Geraden der Ebene aus:

1) In parallelen Geraden läfst man sie nach derselben Seite laufen;
2) in jeder Geraden, die auf einer Geraden mit bekannter positiver
Richtung a senkrecht steht, wird die positive Richtung in die positive Normale n gelegt, welche wir sogleich erklären werden. Wir
haben ohnehin die bereits in V. 7 d. I. T. erwähnten relativen Win-
kelgröfsen näher zu besprechen. Nachdem in jeder Geraden der
Ebene eine positive Richtung angenommen ist, führen wir als Winkel
$a{\frown}b$ ein den Betrag der Drehung (in Theilen der Peripherie oder des

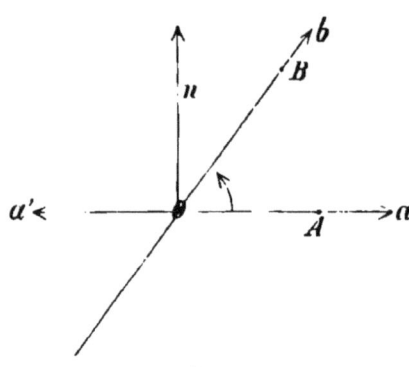

Fig. 5.

Radius), welche von der Richtung a d. i. dem Halbstrahle OA
(Fig. 5) an in dem für die
Ebene nach Belieben festgesetzten positiven Drehungs-
sinne bis zur Richtung b d. i.
dem Halbstrahle OB zurückzu-
legen ist. Gewöhnlich betrachtet
man die Drehung von rechts nach
links als positiv. Wenn Vielfache
von 360° bezw. 2π nicht in Betracht kommen, was gewöhnlich
der Fall ist, so gilt mit der soeben erhaltenen positiven Zahl

als gleichbedeutend der mit dem Zeichen — versehene Betrag der
Drehung von der Richtung a bis zur b in negativem Sinne. Als positive Normale zur Richtung a wird die Richtung n bezeichnet, wo-
für $a{\frown}n = + 90^{\circ}$ oder $- 270^{\circ}$ ist; wobei zu bemerken ist, dafs positive Normale zu n nicht die Richtung a ist, sondern die ihr entgegengesetzte a'. Unter diesen Voraussetzungen hat man

$$b{\frown}a = - a{\frown}b \quad \text{oder} \quad a{\frown}b + b{\frown}a = 0$$

und für irgend drei Richtungen $a\ b\ c$ in der Ebene

$$a{\frown}b = a{\frown}c + c{\frown}b.$$

Die von den Alten überkommene Winkelbezeichnung $\widehat{AOB}$ werden
wir als gleichbedeutend mit $OA{\frown}OB$ im obigen Sinne gebrauchen,
wobei unter $OA\ OB$ die Richtungen von O nach A bezw. von O nach
B zu verstehen sind. Gewöhnlich nimmt man den Winkel $\widehat{AOB}$ zwischen $- 180^{\circ}$ und $+ 180^{\circ}$. Man hat nun ebenfalls

$$\widehat{BOA} = - \widehat{AOB} \quad \text{oder} \quad \widehat{AOB} + \widehat{BOA} = 0$$

und wenn C einen vierten Punkt der Ebene bezeichnet

$$\widehat{AOB} = \widehat{AOC} + \widehat{COB}.$$

Häufig ist es zweckmäfsiger, eine Strecke AB zu cha-
rakterisiren durch ihre Polarcoordinaten: die Länge oder
den absoluten Betrag (d. i. das Verhältnifs der Strecke

AB zu OE, beide im absoluten Sinne genommen), welcher
mit $|AB|$ (oder falls die Längeneinheit unbestimmt bleibt,
mit $|AB'|:'OE')$ bezeichnet wird, und die Neigung
$E_1\widehat{A}B$, wo $AE_1 = OE$ gemacht ist (Fig. 4). Die positive
Richtung für diesen Winkel giebt an die Drehung von OX zu
OY auf dem kürzeren Wege, welche man gewöhnlich von
rechts nach links vor sich gehen läfst. Für gleiche Strecken
haben die Coordinaten die nämlichen Werthe. Für die
Strecke OM ist der absolute Betrag zufolge des pythagoräischen Satzes (der in Nr. 6 selbst durch eine Streckenrechnung bewiesen werden wird)

$$|OM| = |OM| : |OE| = \sqrt{\xi^2 + \eta^2},$$

die Neigung $E\widehat{O}M$. Für die Strecke MM' hat man demnach zufolge (1)

$$|MM'| = \sqrt{(\xi' - \xi)^2 + (\eta' - \eta)^2}.$$

Construirt man (Fig. 6)

$$ON = OM + OM' = (\xi + \xi')e + (\eta + \eta')i,$$

so erkennt man unmittelbar die Richtigkeit der Sätze über
den absoluten Betrag der Summe in I. 8; denn in einem

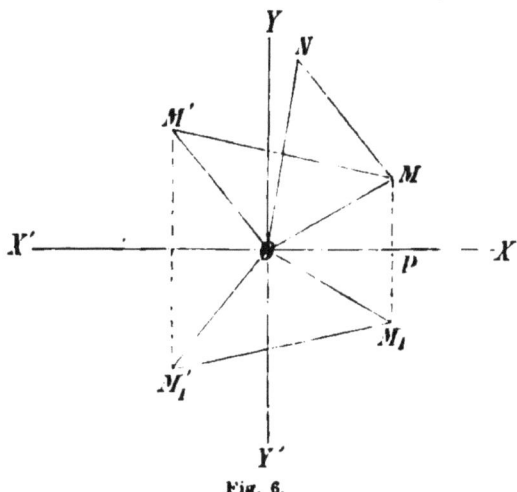

Fig. 6.

Dreiecke ist jede Seite kleiner als die Summe der beiden
andern und gröfser als ihre Differenz.

Zwei Strecken MM' und M_1M_1' von gleicher Länge und

entgengesetzter Neigung heifsen nach Cauchy[7]) zu einander conjugirt. Man gebraucht für M_1M_1' auch die Bezeichnung conj. MM', so dafs

$$\text{conj. } M_1M_1' = MM'.$$

Zwei conjugirte Strecken können stets in eine solche Lage
gebracht werden, dafs sie zur reellen Axe symmetrisch sind,
wie MM' und M_1M_1' in Fig. 5. Dann sind auch OM und
OM_1, sowie OM' und OM_1' zu einander conjugirt und man
hat wegen

$$OM_1 = \xi e + (-\eta)i = \xi e - \eta i \quad OM_1' = \xi'e - \eta'i$$
$$M_1M_1' = (\xi' - \xi)e - (\eta - \eta')i.$$

Conjugirte Strecken haben somit gleiche reelle und entgegengesetzte imaginäre Coordinaten. Eine zur reellen Axe paral-
lele Strecke ist zu sich selbst conjugirt. — Die Summe
zweier conjugirten Strecken ist reell:

$$MM' + \text{conj. } MM' = [2(\xi' - \xi)]e.$$

Anmerkung. Wenn n Punkte $M_1 \, M_2 .. M_n$ mit den Coordi-
naten $\xi_1 \, \eta_1, \, \xi_2 \eta_2 .. \xi_n \, \eta_n$ gegeben sind, so sind bekanntlich die Coordinaten ihres Schwerpunktes G

$$\frac{1}{n}(\xi_1 + \xi_2 + \cdots + \xi_n) \quad \frac{1}{n}(\eta_1 + \eta_2 + \cdots + \eta_n).$$

Man hat somit für denselben

$$OG = \frac{1}{n}(OM_1 + OM_2 + \cdots + OM_n),$$

woraus, wenn OM_1 durch $OG + GM_1, \ldots OM_n$ durch $OG + GM_n$
ersetzt wird, sich ergiebt

$$0 = GM_1 + GM_2 + \cdots GM_n.$$

6. Multiplication der Strecken.

Zunächst wird festgesetzt

$$0.0 = 0 \qquad 0.\mathfrak{a} = \mathfrak{a}.0 = 0$$
$$\mathfrak{a}.\alpha e = \alpha e.\mathfrak{a} = \alpha\mathfrak{a}.$$

Ist

$$\mathfrak{a} = AB \qquad \alpha = \overline{OP} : \overline{OE},$$

so wird die Gröfse $\alpha\mathfrak{a} = AR$ auf AB durch die Proportion

$$\overline{AR} : \overline{AB} = \overline{OP} : \overline{OE}$$

gefunden. Wie man sieht, ist e Modulus der Multiplication.

Wenn die Strecke CD (Fig. 7) nicht der reellen Axe parallel ist, so wird das Product $AB \cdot CD$ durch die folgende Construction gefunden. „Zieht man von C eine Strecke

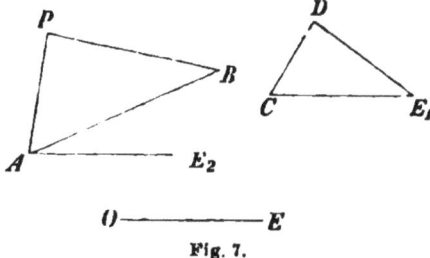

Fig. 7.

$CE_1 = \mathfrak{e}$ und construirt das dem Dreiecke CE_1D einstimmig ähnliche ($\doteq$) ABP, so sei

$$AP = AB \cdot CD.“$$

Dadurch ist der Punkt P vollständig bestimmt; denn es müssen nicht allein die absoluten Längen jedes Paares homologer Seiten der Dreiecke CE_1D, ABP das nämliche Verhältnifs haben, sondern auch die homologen Winkel in dem Sinne von Nr. 5 einander gleich sein.

$$E_1\widehat{C}D = B\widehat{A}P \quad C\widehat{D}E_1 = A\widehat{P}B \quad D\widehat{E}_1C = P\widehat{B}A.$$

Aus der vorstehenden Regel folgt unmittelbar, dafs

$$|AP| = |AB| \,|CD| \tag{2}$$

und dafs, wenn man $AE_2 = \mathfrak{e}$ macht,

$$E_2\widehat{A}P = E_2\widehat{A}B + B\widehat{A}P = E_2\widehat{A}B + E_1\widehat{C}D \tag{3}$$

ist. Der absolute Betrag des Productes ist das Product der absoluten Beträge der Factoren, die Neigung desselben die Summe ihrer Neigungen. Dieser Satz pafst auch auf den Fall, dafs der Multiplicator reell ist; man hat nur, je nachdem α in $\alpha\mathfrak{e}$ positiv oder negativ, dafür die Neigung Null oder 180^0 anzusetzen. — Conjugirte Strecken liefern ein reelles Product:

$$AB \cdot \mathrm{conj.}\,AB = AB^{\,2}\mathfrak{e}.$$

Zunächst ist zu zeigen, dafs die soeben erklärte Verknüpfung der Strecken, deren Ergebnifs von der Wahl der Strecke $\mathfrak{e}$ abhängt, als eine Multiplication bezeichnet werden darf. Dafs sie dem commutativen und associativen Gesetze gehorcht, folgt aus den Gleichungen

$$AB \cdot CD = CD \cdot AB$$
$$(AB \cdot CD) \cdot EF = AB \cdot (CD \cdot EF),$$

deren beide Seiten gemäfs der Relationen (2) (3) Strecken von dem nämlichen absoluten Betrage und der nämlichen Neigung sind. Man hat ferner aus demselben Grunde neben

$$AB = A'B'$$
$$AB \cdot CD = A'B' \cdot CD.$$

Zufolge des letzten Satzes brauchen wir nur Producte von Strecken zu betrachten, die in O entspringen. Es ist

$$OM \cdot OM' = OK,$$

wenn

$$\triangle OEM' \underset{\sim}{\pm} OMK$$

ist, wobei sich ergiebt

$$|OK| = |OM| \, |OM'| \quad E\widehat{O}K = E\widehat{O}M + E\widehat{O}M'. \quad (4)$$

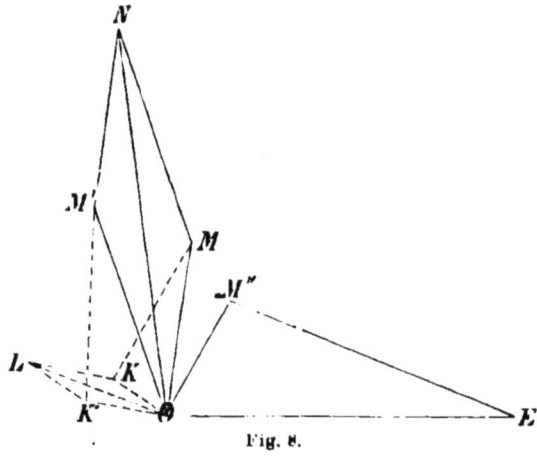

Fig. 8.

Zum Nachweise der Grundformel des distributiven Gesetzes, wofür wir nunmehr schreiben dürfen:

$$(OM + OM') \cdot OM'' = OM \cdot OM'' + OM' \cdot OM'', \quad (5)$$

haben wir im Falle dafs M' nicht auf OM und M'' nicht auf der reellen Axe liegt, folgende Construction (Fig. 8) vorzunehmen.[7*)]

Es sei
$$O M . O M'' = O K \qquad O M' . O M'' = O K',$$
so dafs nach (4)
$$|O K| = |O M| |O M''| \qquad |O K'| = |O M'| |O M''|$$
$$\widehat{E O K} = \widehat{E O M} + \widehat{E O M''} \qquad \widehat{E O K'} = \widehat{E O M'} + \widehat{E O M''}.$$
Daraus folgt
$$|O K| : |O K'| = |O M| : |O M'|$$
$$\widehat{K O K'} = \widehat{E O K'} - \widehat{E O K} = \widehat{E O M'} - \widehat{E O M} = \widehat{M O M'}.$$
Somit sind die Dreiecke $M O M'$ und $K O K'$ einstimmig ähn-lich. Vollendet man die Parallelogramme $O M N M'$ und $O K L K'$, worin
$$O N = O M + O M' \qquad O L = O K + O K'$$
ist, so sind auch sie einstimmig ähnlich, folglich auch die Dreiecke $O M N$ und $O K L$. Es ist demnach
$$|O L| : |O N| = |O K| : |O M|$$
d. i.
$$|O L| = |O N| |O M''|$$
und
$$\widehat{E O L} = \widehat{E O K} + \widehat{K O L} = \widehat{E O M} + \widehat{E O M''} + \widehat{M O N}$$
$$= \widehat{E O N} + \widehat{E O M''},$$
also
$$O L = O N . O M'',$$
was mit (5) übereinstimmt. — Auf (5) führen wir zurück die Formel
$$(O M - O M') . O M'' = O M . O M'' - O M' . O M''$$
mittelst der Relation
$$(- O M') . O M'' = - O M' . O M'',$$
welche einen besonderen Fall des unmittelbar aus (2) und (3) folgenden Satzes
$$(\alpha O M) . (\alpha' O M') = (\alpha \alpha')(O M . O M') \qquad (6)$$
bildet. Je nachdem $\alpha \alpha'$ gleiche oder entgegengesetzte Zeichen haben, ist die Neigung der Strecken auf beiden Seiten von (6) in der That $\widehat{E O M} + \widehat{E O M'}$ oder $\widehat{E O M} + \widehat{E O M'} + 180^0$.

Mit Hilfe des distributiven Gesetzes und der Formel (6) können wir die Coordinaten des Productes $OM \cdot OM'$ ermitteln, wenn nur die des Productes $i \cdot i$ bekannt sind. Man hat nämlich

$$OM \cdot OM' = (\xi e + \eta i) \cdot (\xi' e + \eta' i) = (\xi \xi') (e \cdot e)$$
$$+ (\xi \eta') (e \cdot i) + (\eta \xi')(i \cdot e) + (\eta \eta') (i \cdot i)$$
$$= (\xi \xi') e + (\xi \eta' + \eta \xi') i + (\eta \eta') (i \cdot i).$$

Nun ist, weil die Strecken e i gleich lang und aufeinander senkrecht sind[8]), nach der obigen Regel

$$i \cdot i = - e,$$

so dafs man schliefslich

$$(\xi e + \eta i) \cdot (\xi' e + \eta' i) = (\xi \xi' - \eta \eta') e + (\xi \eta' + \eta \xi') i \quad (7)$$

erhält. — Als Product der conjugirten Strecken (Fig. 6)

$$OM = \xi e + \eta i \qquad OM_1 = \xi e - \eta i$$

findet man

$$OM \cdot OM_1 = (\xi e)^2 - (\eta i)^2 = (\xi^2 + \eta^2) e,$$

aus welcher Formel der Pythagoräische Satz abgeleitet werden kann. Denn da, wie oben bemerkt,

$$OM \cdot OM_1 = | OM|^2 e$$

ist, so hat man

$$| OM|^2 = \xi^2 + \eta^2 = | OP|^2 + | PM|^2.$$

Associirt zu einer gegebenen Strecke

$$OM = \xi e + \eta i$$

heifsen nach Gaufs[9]) die drei Strecken, welche aus OM nach einander durch dreimalige Multiplication mit i hervorgehen. Man erhält dafür (Fig. 9)

$$OM_1 = OM \cdot i = - \eta e + \xi i$$
$$OM_2 = OM_1 \cdot i = \quad OM \cdot (- e) = - \xi e - \eta i$$
$$OM_3 = OM_2 \cdot i = \quad OM_1 \cdot (- e) = OM \cdot (- i) = \eta e - \xi i.$$

$OM_3 \cdot i$ fällt wieder mit OM zusammen u. s. w. OM_2 ist die entgegengesetzte Strecke zu OM. M_1 und M_3 liegen auf dem in O zu OM lotbrechten Strahle und zwar so, dafs

$$\widehat{MOM_1} = + 90^0 \qquad \widehat{MOM_3} = - 90^0.$$

Die Endpunkte der vier zu einander associirten Strecken OM OM_1 OM_2 OM_3 sind von O gleich weit entfernt. — Mit Hilfe derselben läfst sich die Formel (7) auch durch die folgende Definition einführen: eine Strecke OM mit einer anderen OM' multipliciren heifst aus ihr und den ihr associirten Strecken eine neue Strecke so ableiten, wie der Multiplicator OM' aus der Fundamentalstrecke e und den ihr associirten i, $-e$, $-i$ entstanden ist. In der That hat man z. B. wenn ξ' η' positiv sind,

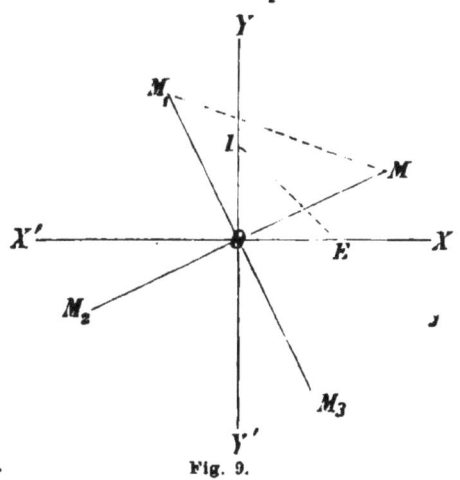

$$OM . OM' = \xi' OM$$
$$+ \eta' OM_1$$
$$= (\xi\xi' - \eta\eta') e$$
$$+ (\xi\eta' + \eta\xi') i.$$

Fig. 9.

7. Division der Strecken.

Der Quotient der beliebigen Strecke $\mathfrak{a}$ durch die reelle ξe ist $(1 : \xi)\mathfrak{a}$. $\mathfrak{a} : 0$ ist unmöglich, $0 : 0$ wegen seiner Vieldeutigkeit unzulässig. Um eine Strecke AQ zu finden, deren Product mit einer nicht zur reellen Axe parallelen Strecke CD gleich einer gegebenen AB ist, ziehe man (Fig. 10)

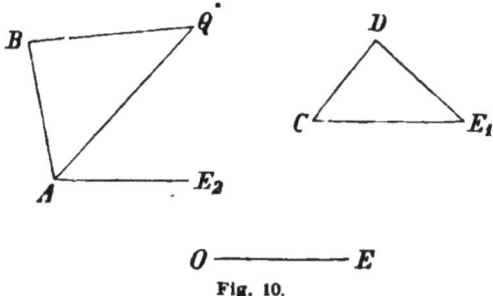

Fig. 10.

$CE_1 = e$ und construire das mit $CE_1 D$ einstimmig ähnliche Dreieck AQB. Dann und nur dann ist

$$AQ . CD = AB.$$

Wenn $AB \parallel CD$ ist, so ist AQ parallel der reellen Axe und zwar hat man

$$AB : CD = (\overline{AB} : \overline{CD}) e.$$

Wenn $AB \perp CD$ ist, so stehen auch die anderen Paare homologer Seiten der obigen ähnlichen Dreiecke auf einander senkrecht, also ist $AQ \perp CE_1$, so dafs

$$AQ = (\overline{AQ} : OJ)\,\mathfrak{i} = (\overline{AQ} : \overline{CE_1})\,\mathfrak{i} = (\overline{AB} : \overline{CD})\,\mathfrak{i},$$

worin das Zeichen von $\overline{AB}$ nach der positiven Normale zur positiven Richtung in der Geraden CD zu bestimmen ist.

Die Division ist stets ausführbar, wenn der Divisor nicht Null ist und zwar nur in einer Weise. Somit gelten hinsichtlich der Multiplication und Division der Strecken dieselben Regeln, wie für die reellen Zahlen.

Die Polarcoordinaten des Quotienten AQ ergeben sich vermittelst der Gleichungen (2) (3). Ist $AE_2 = OE$, so erhält man dafür

$$|AQ| = |AB| : |CD| \qquad E_2\widehat{A}Q = E_2\widehat{A}B - E_1\widehat{C}D.$$

„Der absolute Betrag des Quotienten ist gleich dem Quotienten: absoluter Betrag des Dividends durch den des Divisors,

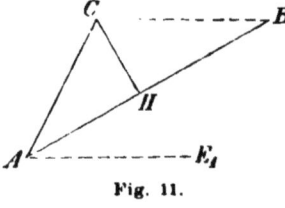

Fig. 11.

die Neigung desselben gleich der Differenz: Neigung des Dividends weniger der des Divisors.“ Wenn Dividend und Divisor von dem nämlichen Punkte A ausgehen wie beim Quotienten $AQ = AC : AB$ (Fig. 11), so findet man für die Neigung

$$E_1\widehat{A}Q = E_1\widehat{A}C - E_1\widehat{A}B = B\widehat{A}C.$$

Die rechtwinkligen Coordinaten desselben Quotienten ergeben sich aus der Figur, indem man von C das Loth CH auf AB fällt. Es ist nämlich

$$\frac{AC}{AB} = \frac{AH + HC}{AB} = \frac{AH}{AB} + \frac{HC}{AB} = \frac{AH}{AB}\,\mathfrak{e} + \frac{HC}{AB}\,\mathfrak{i}. \qquad (9)$$

Dabei ist die Strecke $\overline{HC}$ mit demjenigen Zeichen zu versehen, das ihr gemäfs der positiven Normale zu einer in der Geraden AB angenommenen positiven Richtung z. B. AB zukommt.

Man hat also auch die Regel: „Der Punkt C liegt auf der positiven oder negativen Normale zur Richtung AB, je nachdem der imaginäre Theil des Quotienten $AC : AB$ positiv oder negativ ist." Mittelst der Formel (9) erhält man die Dreiecksfläche ABC (mit dem Zeichen $+$ oder $-$ versehen, je nachdem der Umlauf $ABCA$ einem innerhalb des Dreiecks befindlichen Beobachter positiv oder negativ erscheint) ausgedrückt durch die Coordinaten der Eckpunkte ABC, welche bezw. $\alpha\beta$, $\alpha'\beta'$, $\alpha''\beta''$ sein mögen. Für diese relative Dreiecksfläche ABC ergiebt sich

$$2 \triangle ABC = \overline{AB} : \overline{HC}.$$

Ermittelt man nun die Coordinaten von $AB : AC$ durch die Bemerkung

$$\frac{AC}{AB} = \frac{AC \cdot \text{conj.} \, AB}{AB \cdot \text{conj.} \, AB} = \frac{AC \cdot \text{conj.} \, AB}{|AB|^2},$$

worin

$$AC = (\alpha'' - \alpha)\,e + (\beta'' - \beta)\,i$$
$$AB = (\alpha' - \alpha)\,e + (\beta' - \beta)\,i$$

ist, so findet man

$$\frac{\overline{HC}}{\overline{AB}} = \frac{(\alpha' - \alpha)(\beta'' - \beta) - (\beta' - \beta)(\alpha'' - \alpha)}{|AB|^2}$$

und

$$2 \triangle ABC = (\alpha' - \alpha)(\beta'' - \beta) - (\beta' - \beta)(\alpha'' - \alpha)$$
$$= \alpha(\beta' - \beta'') + \alpha'(\beta'' - \beta) + \alpha''(\beta - \beta').$$

Eine Proportion zwischen vier Strecken, d. i. die Gleichung

$$\frac{AC}{AB} = \frac{A'C'}{A'B'} \qquad (10)$$

bedeutet, wenn die Quotienten nicht reell sind, dafs die Dreiecke ABC, $A'B'C'$ einstimmig ähnlich (bezw. congruent) sind. Denn ist

$$AB \cdot AQ = AC \qquad A'B' \cdot AQ = A'C',$$

so hat man sowohl

$$\triangle AE_1Q \overset{\sim}{\pm} ABC,$$

als auch

$$\triangle AE_1Q \overset{\sim}{\pm} A'B'C'.$$

Umgekehrt: sind die Dreiecke ABC, $A'B'C'$ einstimmig ähnlich, so besteht die Proportion (10), woraus unmittelbar die Gleichungen

$$\frac{C'A'}{CA} = \frac{A'B'}{AB} = \frac{B'C'}{BC}$$

folgen. In der That hat man unter den genannten Umständen

$$|AC| : |A'C'| = |AB| : |A'B'| \qquad B\widehat{A}C = B'\widehat{A'}C'$$

u. s. w.

Aus (10) ergiebt sich ein arithmetischer Ausdruck für die Thatsache, dafs zwei Dreiecke ABC, $A'B'C'$ symmetrisch ähnlich ($\approx$) sind. Wendet man das letztere durch Drehung um die reelle Axe um, so erhält man ein zu ABC einstimmig ähnliches Dreieck $A''B''C''$. Da

$$B''C'' = \text{conj.} \ B'C' \qquad C''A'' = \text{conj.} \ C'A'$$
$$A''B'' = \text{conj.} \ A'B'$$

ist, so ergeben sich mithin nach (10) die Gleichungen

$$\frac{\text{conj.} \ B'C'}{BC} = \frac{\text{conj.} \ C'A'}{CA} = \frac{\text{conj.} \ A'B'}{AB}. \qquad (11)$$

Mit demselben Rechte können wir auch behaupten, dafs

$$\frac{B'C'}{\text{conj.} \ BC} = \frac{C'A'}{\text{conj.} \ CA} = \frac{A'B'}{\text{conj.} \ AB}. \qquad (11^*)$$

8. Conjugirte Gleichungen unter den Strecken.

Die letzte Gleichung wird aus (11) auch gewonnen mittelst des allgemeinen Satzes:

Aus jeder Gleichung unter Strecken kann eine zweite dadurch abgeleitet werden, dafs an Stelle einer jeden Strecke die zu ihr conjugirte gesetzt wird.

Um sich von der Richtigkeit desselben zu überzeugen, genügt die Bemerkung, dafs Summe, Differenz, Product, Quotient zweier Strecken conjugirt ist der aus den conjugirten Strecken gebildeten entsprechenden Verknüpfung. Das erkennt man u. A. aus den Coordinaten dieser Ausdrücke, indem beim Uebergange zu den conjugirten Strecken die erste Coordinate ungeändert bleibt, die zweite ihr Zeichen wechselt.

9. Die Verhältnisse der Strecken in der Ebene.

Schon in Nr. 5 ist hervorgehoben, dafs wenn einer beliebigen Strecke $OE = e$ die Zahl $+1$, jeder Strecke OP auf der Geraden OE, wofür das reelle Verhältnifs $\overline{OP} : \overline{OE}$ eine rationale Zahl ist, diese Zahl, der Strecke $OJ = i$, welche in die positive Normale zur Richtung OE fällt und gleich lang ist wie OE, die Zahl i, endlich den Strecken ηi bei rationalem η die Zahlen ηi zugeordnet werden, jeder Strecke $OM = \xi e + \eta i$ (und den ihr gleichen) eine gemeine complexe Zahl nämlich $\xi + \eta i$, entspricht und umgekehrt. Man nennt diese Zahl das Verhältnifs der Strecke OM zur Einheitsstrecke e und bezeichnet sie mit $OM : OE$, wobei man jedoch nicht an einen Quotienten denken darf:

$$OM : OE = \xi + \eta i.$$

Die Strecke OM wird auch durch $(\xi + \eta i)e$ dargestellt, welcher Ausdruck wieder nicht ein Product bedeutet.

Insbesondere hat man, wenn M auf OE liegt,

$$OM : OE = \xi = \overline{OM} : \overline{OE},$$

letzteres ein Verhältnifs im Sinne von VII, 13 d. I. T.

Für die Verhältnisse der Strecken in der Ebene gelten die nämlichen Sätze, wie für die von relativen Gröfsen (vgl. a. a. O.). Man hat also, unter $a\,b\,m$ gemeine complexe Zahlen, unter $\mathfrak{a}\,\mathfrak{b}$ Strecken verstanden,

$$(a + b)\,e = a\mathfrak{e} + b\mathfrak{e} \qquad b\,(a\mathfrak{e}) = (ba)\,\mathfrak{e}$$
$$m\,(\mathfrak{a} + \mathfrak{b}) = m\mathfrak{a} + m\mathfrak{b}.$$

Die zweite Formel wird durch die Bemerkung bewiesen, dafs wenn $b = \alpha' + \beta' i$ ist, $b(a\mathfrak{e})$ aus der Strecke $a\mathfrak{e}$ und den ihr associirten so hervorgeht, wie $\alpha'\mathfrak{e} + \beta' i$ aus $\mathfrak{e}$ und seinen associirten. Demnach ist

$$b\,(a\mathfrak{e}) = a\mathfrak{e} \, . \, (\alpha'\mathfrak{e} + \beta' i) = (ba)\,\mathfrak{e}.$$

Setzt man hier $ba = \xi + \eta i$, so folgt, dafs wenn man der Strecke

$$OA = \alpha\mathfrak{e} + \beta i = a\mathfrak{e}$$

$+ 1$ zuordnet und im Uebrigen wie oben verfährt, der Strecke OM die Zahl

$$(\xi + \eta i) : (\alpha + \beta i)$$

entspricht; es ist demnach das Verhältnifs

$$OM : OA = \frac{OM : OE}{OA : OE}. \tag{12}$$

Auf diese Weise erscheint das Verhältnifs als Quotient zweier Zahlen; umgekehrt läfst sich jeder solche Quotient als ein Verhältnifs auffassen. Dies ist der Grund, warum die Bezeichnung „Verhältnifs" oft gleichbedeutend mit „Quotient" gebraucht wird (sowie „Proportion" gleichbedeutend mit „Gleichung unter zwei Quotienten").

Die soeben dargestellte Beziehung zwischen den Strecken in der Ebene und den gemeinen complexen Zahlen läfst sich kurz so aussprechen, dafs wir, um von den ersteren zu den letzteren überzugehen, nur an Stelle von $e\,i$ bezw. $1\,i$ zu setzen oder anstatt der concreten Elemente abstracte zu Grunde zu legen brauchen. Unter solchen Umständen ist die äufserliche Unterscheidung der beiden Gröfsensysteme überflüssig; wir werden daher in Zukunft die Fundamentalstrecken $e\,i$ einfach mit $1\,i$ bezeichnen.

Geometrische Anwendungen.

10. Planimetrische Aufgaben.

Auf das im Vorstehenden betrachtete Gröfsensystem läfst sich eine Arithmetik der Lage in der Ebene gründen, welche, wie die folgenden Beispiele zeigen, bei Auflösung von Aufgaben von wesentlichem Nutzen sein kann.

1. „Ein Dreieck XYZ zu construiren, wenn gegeben ist sein Schwerpunkt G und von den Seiten XY, XZ je ein Punkt (M, N), der die bezügliche Seite in einem vorgeschriebenen Verhältnisse theilt." Es sei also

$$YM : MX = \alpha \qquad ZN : NX = \beta, \qquad (1)$$

worin $\alpha\,\beta$ reelle, von Null und -1 verschiedene Zahlen bedeuten.

Nach Nr. 5 Anm. hat man zunächst

$$GX + GY + GZ = 0. \qquad (2)$$

Es ist leicht GY, GZ auf GX zurückzuführen. Man findet

$$GY = GM + MY = GM + \alpha XM = (1 + \alpha) GM + \alpha XG$$
$$GZ = GN + NZ = GN + \beta XN = (1 + \beta) GN + \beta XG.$$

Setzt man diese Ausdrücke in (2) ein, so folgt

$$(\alpha + \beta - 1) GX = (1 + \alpha) GM + (1 + \beta) GN. \qquad (3)$$

$\alpha + \beta - 1$ ist Null oder nicht Null, je nachdem die Punkte $G\,M\,N$ in gerader Linie liegen oder nicht. Bilden sie nämlich eine Gerade, so müfste, wenn $\alpha + \beta - 1$ nicht $= 0$ wäre, X zufolge (3) auf $G\,M\,N$ liegen, was unmöglich ist. Wir haben somit den Satz: „Wenn man durch den Schwerpunkt G des Dreiecks XYZ die Gerade MN zieht, so muſs

$$(\overline{YM} : \overline{MX}) + (\overline{ZN} : \overline{NX}) = 1$$

sein." Umgekehrt, ist $\alpha + \beta = 1$, so hat nach (3) $GM : GN$ einen reellen Werth, also liegen GMN in einer Geraden. — Wenn GMN nicht in einer Geraden liegen, so liefert Gleichung (3) die Strecke

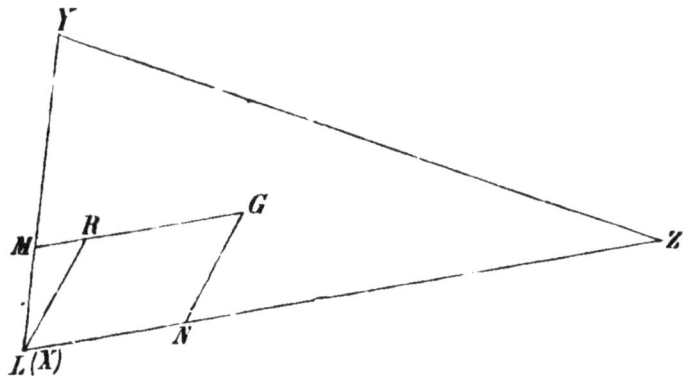

Fig. 12.

GX, also X, worauf YZ mittelst der Gleichungen (1) gefunden werden. Ist z. B. $\alpha = 2$, $\beta = 3$, so hat man

$$4GX = 3GM + 4GN \qquad GX = \tfrac{3}{4}GM + GN.$$

Construirt man (Fig. 12) $GR = \tfrac{3}{4}GM \quad RL = GN$, so folgt $GX = GL$, also fällt X nach L. Endlich hat man

$$YM = 2MX \qquad ZN = 3NX.$$

2. „Zwei ungleiche Strecken AB $A'B'$, welche weder in einer Geraden liegen, noch den nämlichen Anfangs- oder Endpunkt haben, sind gegeben. Es soll ein Punkt X gefunden werden, so dafs die Dreiecke ABX und $A'B'X$ einstimmig ähnlich sind."

Wegen der einstimmigen Aehnlichkeit der Dreiecke ABX und $A'B'X$ hat man nach Nr. 7

$$AX : A'X = AB : A'B',$$

also

$$AX . A'B' = A'X . AB$$

$$AX . A'B' = (A'A + AX) . AB$$
$$AB . AA' = AX . (AB - A'B'). \tag{4}$$

Sind AB $A'B'$ ungleich, so giebt es einen und nur einen Punkt X, der sich auf folgende Art construiren läfst. Wenn $BC = B'A'$ ist, so hat man nach (4)

$$AB . AA' = AX . AC \qquad \frac{AB}{AC} = \frac{AX}{AA'}. \tag{5}$$

Sind die Geraden AB $A'B'$ nicht parallel (Fig. 13), so bilden ABC

4*

ein Dreieck, mithin sind nach (5) die Dreiecke CAB und $A'AX$ einstimmig ähnlich. Man construire also

$$A\widehat{A'}X = A\widehat{C}B \qquad A'\widehat{A}X = C\widehat{A}B.$$

Liegen die ungleichen Strecken AB $A'B'$ in parallelen Geraden, so muſs nach (5) $AX : AA'$ reell sein, somit X auf AA' fallen. Auf

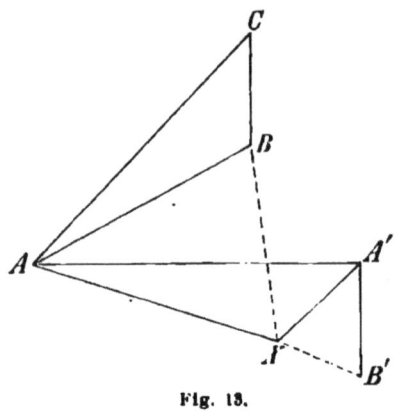

Fig. 13.

ähnliche Art ergiebt sich, daſs X auf BB' liegen muſs. Demnach ist X der Schnittpunkt von AA' und BB'. — Wenn $AB = A'B'$ ist, so giebt es nach (4) keinen Punkt X.

3. „Zwei Strecken, die weder gleiche Länge, noch denselben Anfangs- oder Endpunkt haben, sind gegeben. Es wird ein Punkt X gesucht, so daſs die Dreiecke ABX und $A'B'X$ symmetrisch ähnlich sind."

Nach Nr. 7 hat man

$$AX : \text{conj. } A'X = AB : \text{conj. } A'B'$$
$$AX \cdot \text{conj. } A'B' = AB \cdot \{\text{conj. } A'A + \text{conj. } AX\} \qquad (6)$$

und dazu nach dem Satze von Nr. 8

$$\text{conj. } AX \cdot A'B' = \text{conj. } AB \cdot \{A'A + AX\}.$$

Löst man diese linearen Gleichungen nach AX und conj. AX auf, so erhält man

$$(AB \cdot \text{conj. } AB - A'B' \cdot \text{conj. } A'B') \cdot AX$$
$$= AB \cdot (AA' \cdot \text{conj. } AB + A'B' \cdot \text{conj. } AA').$$

Der Coefficient von AX ist $|AB|^2 - |A'B'|^2$; somit hat die Auf-

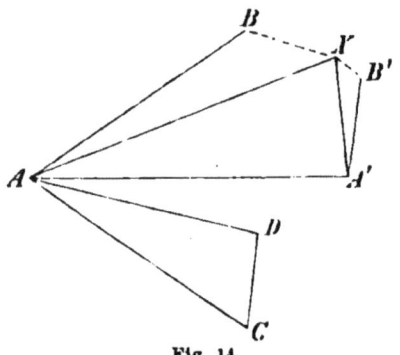

Fig. 14.

gabe eine Lösung, wenn die gegebenen Strecken nicht gleich lang sind. Ordnet man der Strecke AA' die positive Einheit zu, so daſs

$$AA' = \text{conj. } AA' = 1$$

ist, so ergiebt sich

$$(|AB|^2 - |A'B'|^2)AX$$
$$= AB \cdot (\text{conj. } AB + A'B'). \qquad (7)$$

Construirt man (Fig. 14)

$$AC = \text{conj. } AB, \quad A'B' = CD,$$
$$AC + A'B' = AD,$$

so findet man

$$(|AB|^2 - |A'B'|^2)AX = AB \cdot AD.$$

Je nachdem $|AB|$ grőfser oder kleiner als $|A'B'|$ ist, ist also $A'\widehat{A}X$ gleich

$$A'\widehat{A}B + A'\widehat{A}D - C\widehat{A}A' + A'\widehat{A}D - C\widehat{A}D$$

oder um 180° davon verschieden, wodurch man einen Halbstrahl findet, auf dem X liegt. Vermittelst der Gleichung

$$B'\widehat{A}X - - B\widehat{A}X = X\widehat{A}B$$

ergiebt sich ein zweiter Halbstrahl, auf dem X sich befindet, so dafs der verlangte Punkt nunmehr gefunden ist.

Wenn $|AB| - |A'B'|$, ohne dafs A und A' zusammenfallen, so giebt es nach (7) keinen Punkt X, es sei denn

$$A'B' = - \text{conj. } AB - CA$$

(Fig. 15).

Nunmehr mufs nach (6)

$$AX + \text{conj. } AX = 1$$

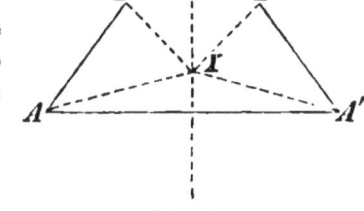

Fig. 15.

sein. D. h. es genügt jeder Punkt der im Mittelpunkte von AA' auf diese Strecke errichteten Senkrechten der Forderung:

$$\triangle ABX \leftrightarrows A'B'X.$$

Nach diesen Aufgaben ersten Grades möge noch eine zweiten Grades behandelt werden.

4) „Ein Dreieck zu construiren, wenn eine Seite AB, die Differenz der ihr anliegenden Winkel und das Product γ der beiden anderen Seiten gegeben ist."

Vom gesuchten Dreieck sind somit zwei Ecken AB gegeben, die dritte X zu bestimmen. Dabei sind gegeben

$$|AX| . |BX| - \gamma$$

$$B\widehat{A}X - X\widehat{B}A = (B\widehat{A}E + E\widehat{A}X) - (X\widehat{B}E_1 + E_1\widehat{B}A)$$

$$- E\widehat{A}X + E_1\widehat{B}X - \{E\widehat{A}B + E_1\widehat{B}A\},$$

(worin die Punkte EE_1 der Bedingung $AE - BE_1 = 1$ genügen), somit $E\widehat{A}X + E_1\widehat{B}X$. Construirt man den Winkel

$$B\widehat{A}D - B\widehat{A}X - X\widehat{B}A$$

(Fig. 16), welche Differenz als auch dem Zeichen nach gegeben anzusehen ist, und nimmt man dabei den Punkt D so an, dafs

$$|AD| . |BA| - \gamma,$$

so hat man

$$|AX| . |BX| - |AD| . |BA|$$

$$E\widehat{A}X + E_1\widehat{B}X - E\widehat{A}D + E_1\widehat{B}A,$$

demnach

$$AX . BX - AD . BA.$$

Bedeutet C den Mittelpunkt von AB, so daſs $AC = CB$

$$AX = AC + CX \qquad BX = BC + CX = CX - AC$$

ist, so erhält man

$$CX^2 - AC^2 = AD \cdot BA = 2AD \cdot CA$$
$$CX^2 = CA \{CA + 2AD\} = CA \cdot CF,$$

wobei $AF = 2AD$ gemacht ist. Aus dieser Gleichung folgt für $CE_2 = 1$

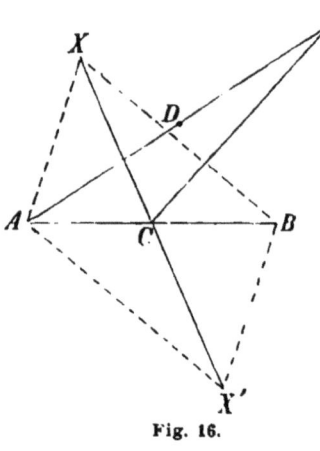

$$2E_2\widehat{C}X = E_2\widehat{C}A + E_2\widehat{C}F$$
$$|CX|^2 = |CA| \cdot |CF|.$$

Addirt man in der ersteren Gleichung beiderseits $2\widehat{ACE_2}$, so ergiebt sich

$$2\widehat{ACX} = \widehat{ACF}$$
$$\widehat{ACX} = \tfrac{1}{2}\widehat{ACF} + \left\{ \begin{matrix} 0 \\ 180^0 \end{matrix} \right. .$$

Unsere Aufgabe läſst somit zwei Lösungen XX' zu, welche Punkte auf der Halbirungslinie des Winkels $\widehat{ACF}$ liegen, zu beiden Seiten von C und je in einem Abstande, welcher gleich

Fig. 16.

ist der mittleren geometrischen Proportionale von $|CA|$ und $|CF|$. Demnach sind die Dreiecke ABX und ABX' einstimmig congruent, also nur der Lage nach verschieden.

11. Die trigonometrischen Functionen.

Sind zwei Richtungen a b durch den Punkt O gegeben (Fig. 17) und fällt man von einem beliebigen Punkte M der letzteren eine Senkrechte MP auf die erstere, so haben

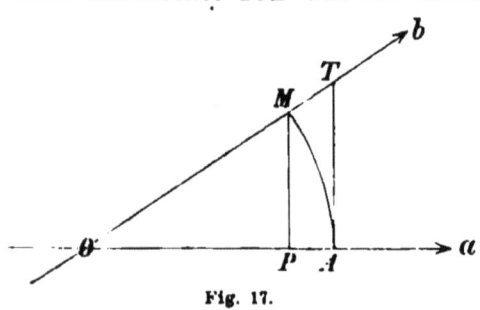

Fig. 17.

nach einem bekannten Satze der Planimetrie die Verhältnisse

$$\overline{OP} : \overline{OM} \qquad \overline{PM} : \overline{OM},$$

worin das Zeichen von $\overline{PM}$ gemäfs der positiven Normale zur Richtung a zu bestimmen ist (vgl. Nr. 5), von M unabhängige Werthe, sind somit lediglich vom Winkel $a\frown b$ abhängig. Man bezeichnet den Werth der ersteren als den Cosinus, den der letzteren als den Sinus desselben:

$$\overline{OP}:\overline{OM} = \cos a\frown b \qquad \overline{PM}:\overline{OM} = \sin a\frown b.$$

Wenn die Richtungen $a\,b$ in eine Gerade fallen oder auf einander senkrecht stehen, so verlieren diese Erklärungen zum Theil ihren Sinn. Man setzt aber fest

$$\cos 0 = 1 \quad \sin 0 = 0, \quad \cos 180^0 = -1 \quad \sin 180^0 = 0,$$
$$\cos(\pm 90^0) = 0 \quad \sin(\pm 90^0) = \pm 1,$$

und zwar deshalb, weil die Functionen $\cos a\frown b \, \sin a\frown b$ die rechts stehenden Werthe zu Grenzwerthen haben, wenn bei Festhaltung von a der Strahl b sich einer der bezeichneten Lagen unbeschränkt nähert. Wird endlich angenommen, dafs unter n eine beliebige ganze Zahl verstanden,

$$\cos(\alpha + n \cdot 360^0) = \cos \alpha$$
$$\sin(\alpha + n \cdot 360^0) = \sin \alpha$$

ist, so sind die Functionen $\cos \alpha \, \sin \alpha$ für beliebige positive und negative Winkel α erklärt. Mit Rücksicht auf die letzten Gleichungen bezeichnet man sie als periodische Functionen von α und zwar mit der Periode 360^0.

Kein Werth des Cosinus und des Sinus liegt aufserhalb des Intervalles $(-1, +1)$. Zufolge des pythagoräischen Satzes besteht zwischen beiden Functionen die Gleichung[11])

$$\cos \alpha^2 + \sin \alpha^2 = 1. \tag{1}$$

Es seien die Polarcoordinaten der Strecke OM (Fig. 4 in Nr. 5) $|OM| = \varrho \quad \widehat{EOM} = \theta$. Dann hat man, wenn $\widehat{XOY} = +90^0$ ist,

$$\xi = \overline{OP} = \varrho \cos \theta \qquad \eta = \overline{PM} = \varrho \sin \theta; \tag{2}$$

so dafs die complexe Gröfse $OM = \xi + \eta i$ in der Form

$$OM = \varrho \{\cos \theta + i \sin \theta\} \tag{3}$$

erscheint. Der Factor $\cos \theta + i \sin \theta$ soll nach R. Argand[10]) Richtungsfactor, der ganze Ausdruck $\varrho (\cos \theta + i \sin \theta)$

die trigonometrische Form der complexen Größe OM heißen. Um die complexe Zahl $\xi + \eta i$ auf die Form (3) zu bringen, hat man eine positive Zahl ϱ und einen Winkel θ zu bestimmen, welche den Gleichungen (2) genügen. Hieraus findet man nach (1)

$$\varrho = \left| \sqrt{\xi^2 + \eta^2} \right| \qquad \cos \theta = \frac{\xi}{\left| \sqrt{\xi^2 + \eta^2} \right|} .$$

$$\sin \theta = \frac{\eta}{\left| \sqrt{\xi^2 + \eta^2} \right|} .$$

Es giebt zwischen den Grenzen $- 180^0$ bis $+ 180^0$ stets einen und nur einen Werth von θ, welcher die beiden letzten Gleichungen befriedigt.

Manchmal läßt man die positive Richtung r in der Geraden OM willkürlich. Dann erhält man

$$OM = \overline{OM} \, (\cos x{\frown}r + i \sin x{\frown}r), \qquad (4)$$

unter x die positive Richtung der reellen Axe verstanden. Aehnlich ist für eine beliebige Strecke AB mit der positiven Richtung g

$$AB = \overline{AB} \, (\cos x{\frown}g + i \sin x{\frown}g). \qquad (4^*)$$

Für die conjugirten Strecken $\xi + \eta i$, $\xi - \eta i$ sind die Neigungen entgegengesetzt, man hat daher

$$\cos (- \theta) = \cos \theta \quad \sin (- \theta) = - \sin \theta.$$

Aehnlich findet man mittelst der zu $\xi + \eta i$ associirten Strecken die Formeln

$$\cos (\theta \pm 90^0) = \mp \sin \theta \quad \sin (\theta \pm 90^0) = \pm \cos \theta$$
$$\cos (\theta + 180^0) = - \cos \theta \quad \sin (\theta + 180^0) = - \sin \theta,$$

welche auch besondere Fälle der folgenden Theoreme sind.

Die Fundamentalsätze der ebenen Trigonometrie sind bekanntlich die Additionstheoreme des Cosinus und Sinus. Dieselben sind enthalten in der Formel (7) von Nr. 6, wodurch die Coordinaten des Productes zweier Strecken gegeben sind. Hierbei reicht die Formel (3) aus, da der Winkel θ alle möglichen Werthe annehmen kann. — In der That, multiplicirt man die Strecken

$$OM = \varrho \, (\cos \theta + i \sin \theta) \quad OM' = \varrho' \, (\cos \theta' \pm i \sin \theta'),$$

so hat das Product $OM . OM'$ den absoluten Betrag $\varrho \varrho'$ und die Neigung $\theta \pm \theta'$. Demnach ergiebt sich nach (7) in Nr. 6

$$\varrho \varrho' \, [\cos (\theta \pm \theta') + i \sin (\theta \pm \theta')]$$
$$= \varrho \varrho' \{ \cos \theta \cos \theta' \mp \sin \theta \sin \theta' + i \, (\sin \theta \cos \theta' \pm \cos \theta \sin \theta') \},$$

woraus die genannten Additionstheoreme d. i. die Formeln

$$\cos (\theta \pm \theta') = \cos \theta \cos \theta' \mp \sin \theta \sin \theta'$$
$$\sin (\theta \pm \theta') = \sin \theta \cos \theta' \pm \cos \theta \sin \theta' \tag{5}$$

folgen.

Damit in der Formel (3) und den daraus abgeleiteten nur Längenverhältnisse erscheinen, wählt man als Argument des Cosinus und Sinus den Quotienten

$$\tau = \overline{\operatorname{arc} AM} : |OA|,$$

welcher ebenfalls für jeden Punkt M von b denselben Werth hat. Zufolge der Cyclometrie besteht zwischen ihm und dem Winkel $a \frown b$ in Secunden die Beziehung

$$\tau = a \frown b . \operatorname{arc} 1'', \quad \text{wo } \operatorname{arc} 1'' = \frac{\pi}{180 . 60^2} = \frac{1}{206264,8}$$

ist. π bedeutet die Ludolphsche Zahl $3,1415926536 \cdots$ — Häufig wird an Stelle von arc $1''$ die davon wenig verschiedene Zahl sin $1''$ gesetzt.

cos τ, sin τ sind eindeutige und stetige Functionen von τ für jeden Werth von τ und periodisch mit der Periode 2π. cos τ nimmt von $\tau = 0$ bis $\tau = \pi$ beständig ab, von $\tau = \pi$ bis $\tau = 2\pi$ beständig zu; sin τ nimmt zu von $\tau = -\frac{\pi}{2}$ bis $\tau = \frac{\pi}{2}$, ab von $\tau = \frac{\pi}{2}$ bis $\tau = \frac{3\pi}{2}$ u. s. f.

Die Stetigkeit von cos τ und sin τ für jeden Werth von τ folgt unmittelbar aus den Gleichungen (5). Darnach hat man bekanntlich z. B.

$$\cos (\tau + \varDelta\tau) - \cos \tau = - 2 \sin \tfrac{1}{2} \varDelta\tau \sin (\tau + \tfrac{1}{2} \varDelta\tau),$$

also, da allgemein $| \sin \tau | < | \tau |$ ist,

$$| \cos (\tau + \varDelta\tau) - \cos \tau | < | \varDelta\tau |.$$

Wird eine positive Zahl ε vorgelegt, so genügt mithin die Annahme $| \varDelta\tau | < \varepsilon$, damit $| \cos (\tau + \varDelta\tau) - \cos \tau | < \varepsilon$ ist (vgl. IX, 12 d. I. T).

Wegen späterer Anwendung ist noch zu erwähnen die Formel

$$\lim_{\tau \,=\, 0} \frac{\sin \tau}{\tau} = 1.$$

Errichtet man in A (Fig. 17) das Loth AT auf a, so hat man bekanntlich

$$|MP| < |\text{arc } AM| < |AT|,$$

also nach Division durch $|OA|$

$$\sin \tau < \tau < \frac{\sin \tau}{\cos \tau},$$

wobei man sich τ positiv und kleiner als π denkt, was ausreicht. Somit ergiebt sich

$$\cos \tau < \frac{\sin \tau}{\tau} < 1,$$

woraus wegen $\lim \cos \tau = 1$ bei $\lim \tau = 0$ die vorstehende Formel folgt. -- Wir brauchen auch noch den Satz, daß die Function $\sin \tau : \tau$, während τ von Null bis $\frac{\pi}{2}$ wächst, beständig abnimmt. Es ist nämlich, falls

$$0 < \tau < \tfrac{1}{2}\pi \quad \text{und} \quad 0 < \varDelta\tau < \tfrac{1}{2}(\pi - \tau)$$

ist, die Differenz

$$\frac{\sin(\tau + \varDelta\tau)}{\tau + \varDelta\tau} - \frac{\sin \tau}{\tau} < \frac{\varDelta\tau \cos \tau}{\tau(\tau + \varDelta\tau)}\left\{\tau - \frac{\sin \tau}{\cos \tau}\right\},$$

also sicher negativ.

Die übrigen trigonometrischen Functionen werden als rationale Functionen von $\cos \tau$ $\sin \tau$ eingeführt:

$$\tan \tau = \frac{\sin \tau}{\cos \tau} \qquad \cot \tau = \frac{\cos \tau}{\sin \tau} \qquad \sec \tau = \frac{1}{\cos \tau} \qquad \operatorname{cosec} \tau = \frac{1}{\sin \tau}.$$

Im Folgenden sind die Argumente der trigonometrischen Functionen, wenn nicht das Gegentheil bemerkt ist, stets als in Theilen des Radius gegeben anzusehen.

12. Die cyclometrischen Functionen.

Während ω von $-\frac{\pi}{2}$ zu $+\frac{\pi}{2}$ übergeht, wächst $\sin \omega$ beständig und zwar von -1 bis $+1$. Demnach bildet zufolge IX. 14 d. l. T. die den Werthen von τ im Intervalle $(-1, +1)$ entsprechende, zwischen $-\frac{\pi}{2}$ und $+\frac{\pi}{2}$ gelegene Wurzel der Gleichung

$$\tau = \sin \omega$$

eine eindeutige und stetige Function von τ, welche im Intervalle: $-1 \leq \tau \leq +1$ zugleich mit τ wächst. Bedeutet ω diese Wurzel der vorstehenden Gleichung, so genügt ihr aber auch jeder der Werthe

$$\omega + 2k\pi \qquad (2k+1)\pi - \omega,$$

unter k eine beliebige ganze Zahl verstanden. Es ist demnach die umgekehrte Function zum Sinus, welche Arcus sinus heifst, als unendlich-vieldeutig zu betrachten. Zu jedem Werthe von τ im Intervalle $(-1, +1)$ gehört, wie bemerkt, ein und nur ein Werth der neuen Function, der im Intervalle $\left(-\frac{\pi}{2}, +\frac{\pi}{2}\right)$ liegt. Er heifst der Hauptwerth derselben und wird mit arc sin τ bezeichnet, während Arc sin τ irgend einen zu τ gehörigen Werth des Arcus sinus bedeuten soll.

Aehnliche Bemerkungen lassen sich an die Gleichung

$$\tau = \tan \omega$$

knüpfen. Zu jedem reellen Werthe von τ gehört nicht allein ein und nur ein Werth ω zwischen $-\frac{\pi}{2}$ und $\frac{\pi}{2}$, sondern alle Werthe $\omega + k\pi$. Sie bilden zusammen die unendlich vieldeutige Function Arcus tangens. Der zwischen $-\frac{\pi}{2}$ und $\frac{\pi}{2}$ liegende Werth derselben heifst ihr Hauptwerth und wird mit arc tan τ bezeichnet, während Arc tan τ irgend einen zu τ gehörigen Werth des Arcus tangens bedeuten soll.

Die Hauptwerthe der durch Umkehrung des Cosinus und der Cotangente entstehenden Functionen Arcus cosinus und Arcus cotangens sind bezw. durch die Gleichungen

$$\text{arc cos } \tau + \text{arc sin } \tau = \frac{\pi}{2} \qquad \text{arc cot } \tau + \text{arc tan } \tau = \frac{\pi}{2}$$

erklärt, liegen also zwischen Null und π.

13. Producte und Quotienten von complexen Zahlen in trigonometrischer Form.

Durch wiederholte Anwendung der aus den Gleichungen (2) (3) in Nr. 6 folgenden Formel

$$\varrho\,[\cos\theta + i\sin\theta]\cdot\varrho'\,[\cos\theta' + i\sin\theta']$$
$$=\varrho\varrho'\,[\cos(\theta+\theta') + i\sin(\theta+\theta')] \tag{6}$$

ergiebt sich

$$\varrho_1(\cos\theta_1 + i\sin\theta_1)\cdot\varrho_2(\cos\theta_2 + i\sin\theta_2)\cdots\varrho_m(\cos\theta_m + i\sin\theta_m)$$
$$=\varrho_1\varrho_2\cdots\varrho_m\,[\cos(\theta_1+\theta_2+\cdots+\theta_m) \tag{7}$$
$$+\,i\sin(\theta_1+\theta_2+\cdots+\theta_m)].$$

Wird hier

$$\varrho_1 = \varrho_2 = \cdots = \varrho_m = \varrho,\qquad \theta_1 = \theta_2 = \cdots = \theta_m = \theta$$

gesetzt, so erhält man die Moivre'sche Formel

$$[\varrho\,(\cos\theta + i\sin\theta)]^m = \varrho^m(\cos m\theta + i\sin m\theta). \tag{8}$$

Wir haben ferner nach Nr. 7 die Formel

$$\frac{\varrho'\,(\cos\theta' + i\sin\theta')}{\varrho\,(\cos\theta + i\sin\theta)} = \frac{\varrho'}{\varrho}\,[\cos(\theta'-\theta) + i\sin(\theta'-\theta)]; \tag{9}$$

denn der absolute Betrag des links stehenden Quotienten ist $\varrho':\varrho$, seine Neigung $\theta'-\theta$. Es ist leicht, sie mit Hilfe der Formeln (5) zu verificiren. Besondere Fälle von (9) sind die Formeln

$$\frac{1}{\varrho\,(\cos\theta + i\sin\theta)} = \frac{1}{\varrho}\,(\cos\theta - i\sin\theta) \tag{10}$$

$$\frac{1}{\varrho^m\,(\cos\theta + i\sin\theta)^m} = \frac{1}{\varrho^m}\,(\cos m\theta - i\sin m\theta). \tag{11}$$

Die Formeln (7) und (8) können wie (6) zur Entwickelung der rechts stehenden Cosinusse und Sinusse benutzt werden. So liefert die Formel

$$(\cos\theta + i\sin\theta)^m$$
$$= \cos\theta^m + m\cos\theta^{m-1}\sin\theta\,i - \binom{m}{2}\cos\theta^{m-2}\sin\theta^2 + \cdots,$$

indem man den reellen Theil und den Coefficienten von i mit den entsprechenden Zahlen in (8) vergleicht, die Entwickelungen

$$\cos m\theta = \cos\theta^m - \binom{m}{2}\cos\theta^{m-2}\sin\theta^2$$
$$+ \binom{m}{4}\cos\theta^{m-4}\sin\theta^4 - \cdots$$
$$\sin m\theta = m\cos\theta^{m-1}\sin\theta - \binom{m}{3}\cos\theta^{m-3}\sin\theta^3 \tag{12}$$
$$+ \binom{m}{5}\cos\theta^{m-5}\sin\theta^5 - \cdots$$

Die Ausdrücke rechts sind soweit fortzusetzen, als der Index der Binomialcoefficienten m nicht übersteigt. Man hat also

$$\cos 2\theta = \cos\theta^2 - \sin\theta^2 \qquad \sin 2\theta = 2\sin\theta\cos\theta$$

u. s. f.

Ist m gerade, so können $\cos m\theta$ und $\sin m\theta : \sin\theta \cos\theta$ u. s. f. als ganze Functionen sowohl von $\sin\theta$ als auch von $\cos\theta$ dargestellt werden, z. B.

$$\cos 2\theta = 1 - 2\sin\theta^2 = 2\cos\theta^2 - 1.$$

Ist m ungerade, so sind $\cos m\theta : \cos\theta$ und $\sin m\theta : \sin\theta$ ganze Functionen sowohl von $\sin\theta$ als auch von $\cos\theta$. Vgl. VI. 11.

Mittelst der Formel (7) kann man ein jedes Glied einer ganzen Function einer endlichen Anzahl von complexen Zahlen in die Form

$$P(\cos\Theta + i\sin\Theta)$$

überführen, wo P ein Monom aus ihren absoluten Beträgen und Θ ein Aggregat von Vielfachen ihrer Neigungen ist. Hängt der Ausdruck nur von einer complexen Zahl t ab, so wird er auf diese Art in eine endliche trigonometrische Reihe verwandelt. Eine solche kann man z. B. für $\cos\theta^m$ und $\sin\theta^m$ erhalten, unter m eine natürliche Zahl verstanden [12]. Setzt man nämlich

$$\cos\theta + i\sin\theta = t \qquad \cos\theta - i\sin\theta = \text{conj.}\ t = t',$$

so ist

$$2\cos\theta = t + t' \qquad 2i\sin\theta = t - t'.$$

Man hat also, indem $tt' = 1$ ist,

$$(2\cos\theta)^m = (t + t')^m = t^m + m t^{m-2}$$
$$+ \binom{m}{2} t^{m-4} + \cdots + \binom{m}{2} t'^{m-4} + m t'^{m-2} + t'^m.$$

Hier stehen, falls $2r < m$ ist, nebeneinander die Glieder

$$\binom{m}{r}\{t^{m-2r} + t'^{m-2r}\} = 2\binom{m}{r}\cos(m-2r)\theta,$$

wie sich nach den Gleichungen (8) und (11) ergiebt. Wir finden daher bei ungeradem $m (= 2k - 1)$

$$2^{2k-2}\cos\theta^{2k-1} = \cos(2k-1)\theta + (2k-1)\cos(2k-3)\theta$$
$$+ \binom{2k-1}{2}\cos(2k-5)\theta + \cdots + \binom{2k-1}{k-1}\cos\theta.$$

Ist m gerade und $= 2k$, so kommt im Ausdrucke rechts auch das Glied $\binom{2k}{k}$ vor, so dafs man hat

$$2^{2k-1}\cos\theta^{2k} = \cos 2k\theta + 2k\cos(2k-2)\theta$$
$$+ \binom{2k}{2}\cos(2k-4)\theta + \cdots + \binom{2k}{k-1}\cos 2\theta + \tfrac{1}{2}\binom{2k}{k}.$$

Auf ähnliche Art ergeben sich die Formeln

$$(-1)^{k-1}\,2^{2k-2}\sin\theta^{2k-1} = \sin(2k-1)\theta - (2k-1)\sin(2k-3)\theta$$
$$+ \binom{2k-1}{2}\sin(2k-5)\theta - \cdots + (-1)^{k-1}\binom{2k-1}{k-1}\sin\theta$$

$$(-1)^k\,2^{2k-1}\sin\theta^{2k} = \cos 2k\theta - 2k\cos(2k-2)\theta$$
$$+ \binom{2k}{2}\cos(2k-4)\theta - \cdots + (-1)^{k-1}\binom{2k}{k-1}\cos 2\theta + \tfrac{1}{2}(-1)^k\binom{2k}{k}.$$

14. Die Hauptsätze der Trigonometrie im engeren Sinne folgen aus der Gleichung in Nr. 3

$$BC + CA + AB = 0, \tag{13}$$

wenn die Punkte $A\,B\,C$ nicht in gerader Linie liegen. Bezeichnen wir die positiven Richtungen in den Dreiecksseiten $BC\ CA\ AB$ bezw. mit $a\ b\ c$, so hat man nach (4*)

$$BC = \overline{BC}\ \{\cos x {\frown} a + i \sin x {\frown} a\}$$
$$CA = \overline{CA}\ \{\cos x {\frown} b + i \sin x {\frown} b\}$$
$$AB = \overline{AB}\ \{\cos x {\frown} c + i \sin x {\frown} c\}\,.$$

Setzt man diese Ausdrücke in (13) ein und zerlegt in reellen und imaginären Theil, so ergeben sich die Gleichungen

$$\overline{BC} \cos x {\frown} a + \overline{CA} \cos x {\frown} b + \overline{AB} \cos x {\frown} c = 0 \tag{14}$$

$$\overline{BC} \sin x {\frown} a + \overline{CA} \sin x {\frown} b + \overline{AB} \sin x {\frown} c = 0. \tag{15}$$

Multiplicirt man die erste mit $\sin x {\frown} a$ (bezw. $\sin x {\frown} b$), die zweite mit $\cos x {\frown} a$ (bezw. $\cos x {\frown} b$) und subtrahirt, so erhält man durch Anwendung der Formeln (5), da

$$x {\frown} a - x {\frown} b = a {\frown} b$$

ist u. s. w.,

$$CA \sin b {\frown} a + \overline{AB} \sin c {\frown} a = 0$$
$$\overline{BC} \sin a {\frown} b + \overline{AB} \sin c {\frown} b = 0$$

d. i. den verallgemeinerten Sinussatz:

$$\frac{BC}{\sin b {\frown} c} = \frac{CA}{\sin c {\frown} a} = \frac{AB}{\sin a {\frown} b}. \tag{16}$$

Multiplicirt man aber (14) mit $\cos x {\frown} a$ (bezw. $\cos x {\frown} b$, $\cos x {\frown} c$) und (15) mit $\sin x {\frown} a$ (bezw. $\sin x {\frown} b$, $\sin x {\frown} c$) und addirt, so ergeben sich nach (1) und (5) die Formeln

$$\left.\begin{array}{l} \overline{BC} + \overline{CA} \cos b {\frown} a + \overline{AB} \cos c {\frown} a = 0\\ \overline{BC} \cos a {\frown} b + CA + \overline{AB} \cos c {\frown} b = 0\\ BC \cos a {\frown} c + CA \cos b {\frown} c + \overline{AB} = 0 \end{array}\right\} \cdot \tag{17}$$

Multiplicirt man die erste derselben mit BC, die zweite mit AC, die dritte mit BA und addirt, so findet man den verallgemeinerten Cosinussatz

$$BC^2 = \overline{CA}^2 + AB^2 + 2\,CA \cdot \overline{AB} \cos b {\frown} c.$$

Für die Dreieeksfläche ABC hat man nach Nr. 7 (Fig. 11)

$$2\triangle ABC = \overline{AB} \cdot \overline{HC} = \overline{AB} \cdot \overline{AC} \sin c \frown b$$
$$= \overline{CA} \cdot \overline{AB} \sin b \frown c.$$

15. [13]) Die Gleichung (13) ergiebt sich auch vermittelst eines von Bellavitis und Möbius ausgesprochenen Uebertragungsprincipes aus der Geometrie der Geraden in die der Ebene: „Wenn man in einer Gleichung zwischen der von beliebigen Punkten einer Geraden gebildeten Strecken $M\overline{N}$ anstatt der $\overline{MN}$ Strecken MN zwischen beliebigen Punkten MN der Ebene setzt, so erhält man eine Gleichung unter diesen Strecken MN der Ebene."

Vermöge dieses Uebertragungsprincipes leitet man aus der bekannten quadratischen Relation zwischen den von vier Punkten $A\ B\ C\ D$ einer Geraden gebildeten sechs Strecken

$$\overline{BC} \cdot \overline{AD} + \overline{CA} \cdot \overline{BD} + \overline{AB} \cdot \overline{CD} = 0$$

die Streckengleichung

$$BC \cdot AD + CA \cdot BD + AB \cdot CD = 0 \qquad (18)$$

ab, worin $A\ B\ C\ D$ vier beliebige Punkte der Ebene und zwar, wenn wir etwas von der ersteren Formel Verschiedenes haben wollen, solche die nicht in einer Geraden liegen, bedeuten. Sie geht in der That gerade wie die erstere aus der Identität

$$\left(\frac{1}{DB} - \frac{1}{DC}\right) + \left(\frac{1}{DC} - \frac{1}{DA}\right) + \left(\frac{1}{DA} - \frac{1}{DB}\right) = 0$$

hervor.

Bezeichnet man die positiven Richtungen in den Strecken BC $CA\ AB\ AD\ BD\ CD$ bezw. mit $a\ b\ c\ a'\ b'\ c'$, so hat man nach (4*) und (16)

$$BC \cdot AD = \overline{BC} \cdot \overline{AD} [\cos (x \frown a + x \frown a')$$
$$+ i \sin (x \frown a + x \frown a')] = B_1 C_1$$
$$CA \cdot BD = \overline{CA} \cdot \overline{BD} [\cos (x \frown b + x \frown b')$$
$$+ i \sin (x \frown b + x \frown b')] = C_1 A_1$$

und somit nach (18)

$$AB \cdot CD = \overline{AB} \cdot \overline{CD} [\cos (x \frown c + x \frown c')$$
$$+ i \sin (x \frown c + x \frown c')] = A_1 B_1.$$

Bei der geometrischen Interpretation der Gleichung (18) hat man zu unterscheiden, ob die Punkte $A_1 B_1 C_1$ eine Gerade oder ein Dreieck bilden. Im ersten Falle muſs

$$(x \wedge c + x \wedge c') - (x \wedge b + x \wedge b') = 0 \text{ oder } \pi$$

d. i.

$$2(x \wedge c + x \wedge c') - 2(x \wedge b + x \wedge b')$$
$$= 2b \wedge c + 2b' \wedge c' = 2b \wedge c' + 2b' \wedge c = 0$$

sein. Die Gleichung $2b \wedge c = 2c' \wedge b'$ besagt, daſs die vier Punkte $A B C D$ auf einem Kreise liegen. — Im zweiten Falle erfahren wir, daſs „es ein Dreieck $A_1 B_1 C_1$ giebt, dessen Seiten

$$\overline{B_1 C_1} = \overline{BC} . \overline{AD} \quad \overline{C_1 A_1} = \overline{CA} . \overline{BD} \quad \overline{A_1 B_1} = \overline{AB} . \overline{CD}$$

und dessen Winkel

$$b_1 \wedge c_1 = x \wedge c_1 - x \wedge b_1 = b \wedge c + b' \wedge c' = b \wedge c' + b' \wedge c$$
$$c_1 \wedge a_1 = x \wedge a_1 - x \wedge c_1 = c \wedge a + c' \wedge a' = c \wedge a' + c' \wedge a$$
$$a_1 \wedge b_1 = x \wedge b_1 - x \wedge a_1 = a \wedge b + a' \wedge b' = a \wedge b' + a' \wedge b$$

sind, wenn mit $a_1 b_1 c_1$ die positiven Richtungen in den Seiten $B_1 C_1$ $C_1 A_1 A_1 B_1$, welche nach den soeben angeführten Werthen derselben zu bestimmen sind, bezeichnet werden.“ Es ist leicht, Dreiecke $A_2 B_2 C_2$ zu construiren, welche mit $A_1 B_1 C_1$ einstimmig ähnlich sind, so daſs man hat

$$\frac{B_2 C_2}{\overline{BC} . \overline{AD}} = \frac{C_2 A_2}{\overline{CA} . \overline{BD}} = \frac{A_2 B_2}{\overline{AB} . \overline{CD}}.$$

Da man zwei Ecken willkürlich annehmen darf, so möge B_2 mit B, C_2 mit C zusammenfallen. Dann folgt wegen $B_2 C_2 = BC$

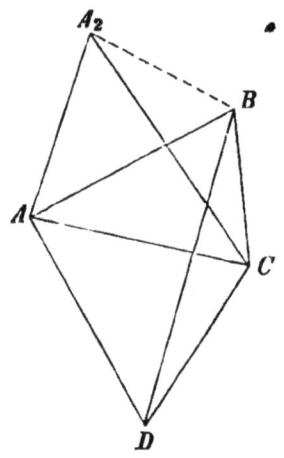

Fig. 18.

$$\frac{1}{\overline{AD}} = \frac{CA_2}{\overline{CA} . \overline{BD}}$$

d. i.

$$\frac{DB}{DA} = \frac{CA_2}{CA}.$$

A_2 wird somit nach Nr. 7 gefunden, indem man das Dreieck $ACA_2 \eqsim ADB$ construirt (Fig. 18). Das gesuchte Dreieck ist mithin $A_2 BC$. Man kann auch für $B_2 A$, $C_2 D$; für $C_2 C$, für $A_2 A$ u. s. w. nehmen, so daſs man sechs Dreiecke $A_2 B_2 C_2$ erhält. Wenn $A B C$ in einer Geraden liegen, D aber nicht in ihr, so ist zu $A_1 B_1 C_1$ ein Dreieck einstimmig ähnlich, dessen Seiten $B_1 C_1 C_1 A_1$ $A_1 B_1$ bezw. mit $AD BD CD$ parallel sind. Denn, indem die Richtungen $a b c$ zusammenfallen, hat man

$$b_1 \wedge c_1 = b' \wedge c' \quad c_1 \wedge a_1 = c' \wedge a' \quad a_1 \wedge b_1 = a' \wedge b'.$$

Setzt man den reellen Theil und den Coefficienten von i in der rechten Seite von (18) gleich Null, so erhält man zwei Gleichungen aus welchen man auf ähnliche Weise, wie (16) (17) aus (14) (15), die Formeln

$$\frac{\overline{BC}.\overline{AD}}{\sin b_1 \frown c_1} = \frac{\overline{CA}.\overline{BD}}{\sin c_1 \frown a_1} = \frac{\overline{AB}.\overline{CD}}{\sin a_1 \frown b_1}$$

$$\overline{BC}.\overline{AD} + \overline{CA}.\overline{BD} \cos b_1 \frown a_1 + \overline{AB}.\overline{CD} \cos c_1 \frown a_1 = 0$$

u. s. w. gewinnt. — Im Falle daſs $ABCD$ ein Kreisviereck ist, verlieren die ersteren jegliche Bedeutung, jede der letzteren liefert den Ptolemäischen Satz, indem

$$\cos b_1 \frown c_1 = \pm 1 \qquad \cos c_1 \frown a_1 = \pm 1 \qquad \cos a_1 \frown b_1 = \pm 1$$

ist. Um die Zeichen der drei Glieder näher zu bestimmen, lassen wir die sechs Seiten des Vierecks $\overline{BC}$, $\overline{AD}$ u. s. w. positiv sein. Demnach hat man

$$b_1 \frown c_1 = b \frown c + b' \frown c' = CA \frown AB + BD \frown CD$$
$$= \pi + B\widehat{D}C - B\widehat{A}C,$$

woraus ersichtlich ist, daſs $\cos b_1 \frown c_1 = -1$ oder $+1$ ist, je nachdem A und D auf der gleichen oder auf entgegengesetzten Seiten von BC liegen d. i. je nachdem die Dreiecksflächen BCA und BCD gleich oder entgegengesetzt bezeichnet sind. Analog ist

$$\cos c_1 \frown a_1 = -1 \text{ oder } +1,$$

je nachdem die Dreiecksflächen CAB und CAD;

$$\cos a_1 \frown b_1 = -1 \text{ oder } +1,$$

je nachdem ABC und ABD gleiche oder entgegengesetzte Zeichen haben. Mithin sind in dem Ptolemäischen Satze

$$\pm |BC.AD| \pm |CA.BD| \pm |AB.CD| = 0 \qquad (19)$$

die Glieder $|BC.AD|$ u. s. w. nacheinander mit den Zeichen der Dreiecksflächen ABC, ADB, ACD zu versehen. — Der Ptolemäische Satz läſst sich umkehren: „Besteht für ein Viereck die Gleichung (19), so muſs es ein Kreisviereck sein." Denn in jedem anderen Falle bilden A_1 B_1 C_1 ein Dreieck, also kann die Länge einer Seite nicht gleich der Summe oder Differenz der Längen der beiden anderen sein.

16. Schnitt- und Doppelverhältnisse von Punkten der Ebene.

Aus den Formeln (4*) (9) folgt, daſs wenn $g\,h$ die positiven Richtungen in den Geraden AB CD bedeuten,

$$\frac{AB}{CD} = \frac{\overline{AB}}{\overline{CD}} (\cos h \frown g + i \sin h \frown g)$$

ist. Insbesondere erhält man für das Schnittverhältniſs der drei Punkte ABC in der Ebene

$$\frac{AC}{CB} = \frac{\overline{AC}}{\overline{CB}}\,(\cos b \frown a + i \sin b \frown a), \qquad (20)$$

unter $a\,b$ die positiven Richtungen in den Geraden $AC\ CB$ verstanden. Nimmt man $a \equiv CA$, $b \equiv CB$, so folgt

$$\frac{AC}{CB} = - \left|\frac{AC}{CB}\right|\,(\cos \widehat{BCA} + i \sin \widehat{BCA}). \qquad (21)$$

Wenn die Punkte $A\,B$ fest bleiben, so kann das Schnittverhältnifs $AC:CB$ durch passende Annahme von C jeden beliebigen Werth aufser Null und -1 erhalten. Liegt C in der Geraden AB, so ist, wie schon in Nr. 4 hervorgehoben wurde,

$$AC:CB = \overline{AC}:\overline{CB},$$

so dafs in diesem Falle $AC:CB$ jeden reellen Werth aufser Null und -1 annimmt (vgl. VII. 13 d. I. T.). Um

$$AC:CB = \varrho\,(\cos \theta + i \sin \theta)\ (\varrho > 0)$$

zu machen, wo $\sin \theta$ nicht Null ist, construire man (Fig. 19) den Winkel $\widehat{BAT} = \pi + \theta$ und beschreibe einen Kreis, der

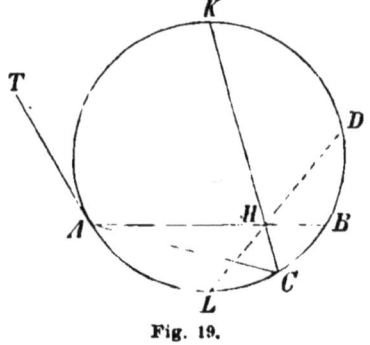

Fig. 19.

durch die Punkte $A\,B$ geht und AT berührt. Ermittelt man den Punkt H auf AB, wofür

$$\overline{AH}:\overline{HB} = \varrho$$

ist, halbirt denjenigen der Kreisbögen AB, der auf derselben Seite von AB liegt wie T, in K und zieht KH, so ist der zweite Schnittpunkt dieser Geraden mit dem Kreise der gesuchte Punkt C. In der That ist

$$\widehat{BCA} = \widehat{BAT} = \pi + \theta$$
$$|AC|:|CB| = \overline{AH}:\overline{HB} = \varrho.$$

Den Zahlen Null, -1 ordnen wir die uneigentlichen Schnittverhältnisse zu, das des Punktes A und das des einzigen uneigentlichen Punktes U der Ebene (vgl. III. 5) gegen die festen Punkte $A\,B$. Da für sie der bisher benutzte Ausdruck des Schnittverhältnisses mittelst der Strecken $AC\ CB$ keinen

Sinn hat, so führen wir für dasselbe die neue Bezeichnung (AB, C) ein, so daſs man hat

$$(AB, C) = AC : CB$$

auſser

$$(AB, A) = 0 \qquad (AB, U) = -1.$$

Endlich sagt man, (AB, B) sei unendlich d. i.

$$1 : (AB, B) = 0$$

oder, wenn man jedes Schnittverhältniſs durch einen Quotienten $x_1 : x_2$ ersetzt und hinterher in den Formeln die Nenner weggeschafft, so entspreche dem Punkte B das Werthsystem $x_1 = a \; x_2 = 0$, wo a jede von Null verschiedene Zahl sein darf.

Der Quotient der beiden Schnittverhältnisse

$$(AB, C) : (AB, D)$$

heiſst das Doppelverhältniſs der vier Punkte $AB\,CD$ der Ebene und wird kurz mit $(ABCD)$ bezeichnet. Hat man es mit vier eigentlichen Punkten zu thun, so seien die positiven Richtungen in den Geraden $AC\;CB\;AD\;DB\;a\;b$ $a'\;b'$, so daſs man neben (20) hat

$$\frac{AD}{DB} = \frac{\overline{AD}}{\overline{BD}} (\cos b' {\frown} a' + i \sin b' {\frown} a')$$

$$(ABCD)$$
$$= \left(\frac{\overline{AC}}{\overline{CB}} : \frac{\overline{AD}}{\overline{DB}} \right) [\cos (b {\frown} a - b' {\frown} a') + \sin (b {\frown} a - b' {\frown} a')].$$

Setzt man

$$OA = a \quad OB = b \quad OC = c \quad OD = d,$$

so hat man

$$(ABCD) = \frac{a-c}{c-b} : \frac{a-d}{d-b}. \qquad (22)$$

Liegen die vier Punkte $A\;B\;C\;D$ in einer Geraden, so ist ihr Doppelverhältniſs reell. Sonst hat es dann und nur dann einen reellen Werth, wenn sie auf einem Kreise liegen. Soll nämlich der vorstehende Ausdruck reell sein, so muſs

$$b {\frown} a - b' {\frown} a' = 0 \text{ oder } \pi \text{ d. i. } 2b {\frown} a = 2b' {\frown} a'$$

sein. Die uneigentlichen Doppelverhältnisse sind

$$(ABAC) = (ABCB) = 0 \quad (AABC) = (ABCC) = 1$$
$$(ABCA) = (ABBC) = \infty.$$

Auf dieselbe Art, wie in der neueren Geometrie, gelangt man zu den singulären Doppelverhältnissen. Es sind einerseits die harmonischen — 1, 2, $\frac{1}{2}$; andererseits die äquianharmonischen

$$\tfrac{1}{2}(1 \pm i \sqrt{3}).$$

Wenn

$$(ABCD) = -1$$

ist und es liegen die Punkte $A\ B\ C\ D$ nicht auf einer Geraden, so liegen sie auf einem Kreise. Sind $A\ B\ C$ gegeben, so findet man D, indem man den Kreis durch ABC construirt (Fig. 19), den Bogen ACB in L halbirt, L mit dem Punkte H, wo AB von der Halbirungslinie des Winkels $\widehat{ACB}$ getroffen wird, verbindet. Der zweite Schnittpunkt von LH mit dem Kreise ABC ist der gesuchte Punkt D.

Allgemeine Wurzeln und Potenzen mit reellen Exponenten.

17. Die Wurzeln aus complexen Zahlen.

Die Gleichung

$$x^m = a,$$

worin a eine beliebige, von Null verschiedene complexe Zahl bedeutet, hat genau m von einander verschiedene Auflösungen.

Sind in der trigonometrischen Form

$$a = A (\cos \alpha + i \sin \alpha)$$
$$x = \varrho (\cos \theta + i \sin \theta),$$

so ist dazu dafs $x^m = a$ sei, nothwendig und hinreichend, dafs

$$\varrho^m = A \qquad m\theta = \alpha + 2k\pi$$

ist, wo k jede ganze Zahl sein kann. Man findet mithin, dafs ϱ nur die absolute m^{te} Wurzel aus der positiven Zahl A, θ aber ein jeder der Werthe

$$\theta = \frac{\alpha + 2k\pi}{m}$$

sein kann. Dabei darf man sich auf die Annahmen

$$k = 0, 1, \ldots\ m - 1$$

beschränken, da bei jeder anderen wieder eine der diesen Werthen von k entsprechenden Zahlen herauskommt. Diese

m Werthe_ von $\sqrt[m]{a}$ sind aber unter sich verschieden; demnach ist die m^{te} Wurzel aus a m-deutig. Das Gesagte gilt auch, wenn a reell, insbesondere gleich der positiven Zahl A ist. Von dem m Werthen von $\sqrt[m]{A}$ ist nur einer reell und positiv. Dieser Werth giebt den absoluten Betrag aller übrigen an, so dafs wir ihn mit $\left|\sqrt[m]{A}\right|$ bezeichnen können. Somit läfst sich die allgemeine $\sqrt[m]{a}$ durch die Formel

$$\sqrt[m]{a} = \left|\sqrt[m]{A}\right| \cdot \left\{ \cos\frac{\alpha + 2k\pi}{m} + i\sin\frac{\alpha + 2k\pi}{m} \right\} \qquad (a)$$

darstellen. Denken wir uns α so angenommen, dafs

$$-\pi < \alpha \leqq \pi$$

ist, so heifst der $k = 0$ entsprechende Werth von $\sqrt[m]{a}$ d. i.

$$\left|\sqrt[m]{A}\right| \left\{ \cos\frac{\alpha}{m} + i\sin\frac{\alpha}{m} \right\} \qquad (b)$$

der **Hauptwerth** dieser Wurzel. Ist a reell und positiv, so ist darunter die positive reelle m^{te} Wurzel aus a zu verstehen.

Aus jedem Werthe von $\sqrt[m]{a}$ gehen die anderen hervor durch Multiplication mit den Factoren

$$e_k = \cos\frac{2k\pi}{m} + i\sin\frac{2k\pi}{m}$$

$$(k = 1, 2 \ldots m - 1),$$

welche neben $x = 1$ die Auflösungen der Gleichung $x^m = 1$ bilden und daher m^{te} **Wurzeln der Einheit** heifsen. **Primitiv** unter ihnen heifsen diejenigen, von welchen keine niedrigere als die m^{te} Potenz gleich 1 ist. Soll

$$e_k^n = \cos\frac{2nk\pi}{m} + i\sin\frac{2nk\pi}{m} = 1$$

sein, so mufs $nk : m$ eine ganze Zahl sein, was falls k m relative Primzahlen sind, nur möglich ist, wenn n durch m theilbar ist. Primitiv sind somit alle Wurzeln e_k, worin k m relativ prim sind und, wie leicht ersichtlich, nur diese. Bezeichnet man mit c irgend eine primitive m^{te} Wurzel der Einheit, so sind sämmtliche m^{te} Wurzeln der Einheit durch

$$1 \; c \; c^2 \ldots c^{m-1}$$

dargestellt. Dafs jede Potenz e^r die Gleichung $x^m = 1$ befriedigt, erhellt unmittelbar; dafs e^r und e^s, falls r und s kleiner als m sind, von einander verschieden sind, folgt daraus, dafs $r — s$ nicht durch m theilbar ist.

Satz. „Die Summe der n^{ten} Potenzen der m verschiedenen m^{ten} Wurzeln der Einheit ist m oder 0, je nachdem n durch m theilbar ist oder nicht." — Der erste Theil des Satzes ist unmittelbar ersichtlich. Hinsichtlich des zweiten bemerke man, dafs wenn e eine primitive m^{te} Wurzel der Einheit ist,

$$e_0 = 1 \quad e_1 = e \quad e_2 = e^2 \dots e_{m-1} = e^{m-1}$$

gesetzt werden kann, so dafs man hat

$$e_0^n + e_1^n + \cdots + e_{m-1}^n = 1 + e^n + e^{2n} + \cdots + e^{(m-1)n}$$
$$= (1 — e^{mn}) : (1 — e^n) = 0.$$

Denn es ist $e^m = 1$, e^n aber von 1 verschieden.

Um die m^{ten} Wurzeln aus der Strecke a geometrisch darzustellen, schlägt man vom Nullpunkte einen Kreis mit dem Radius $\left| \sqrt[m]{A} \right|$, bestimmt darauf den Endpunkt des Hauptwerthes (b) mittelst seiner Neigung $\alpha : m$ und theilt von ihm aus den Kreis in m gleiche Theile. Die m Punkte dieser Theilung bezeichnen die Endpunkte der m verschiedenen, in dem Ausdrucke (a) enthaltenen Werthe.

18. Sätze über die allgemeinen Wurzeln.

Wegen der Vieldeutigkeit der m^{ten} Wurzeln erleiden die Sätze 1) — 5) in VIII. 5 d. I. T. einige Veränderungen.

1) Jede m^{te} Wurzel aus a^n ist auch eine mp^{te} Wurzel aus a^{np}, das Umgekehrte gilt dann und nur dann, wenn in dem Ausdrucke

$$\sqrt[mp]{a^{np}} = \left| \sqrt[m]{A^n} \right| \left(\cos \frac{np\alpha + 2h\pi}{mp} + i \sin \frac{np\alpha + 2h\pi}{mp} \right)$$

die ganze Zahl h durch p theilbar ist." — Setzt man hier für h Vielfache von p, so erhält man alle Werthe von

$$\sqrt[m]{a^n} = \left| \sqrt[m]{A^n} \right| \left(\cos \frac{n\alpha + 2l\pi}{m} + i \sin \frac{n\alpha + 2l\pi}{m} \right). \qquad \text{(c)}$$

Soll aber der erste Ausdruck bei gegebenem h in den zweiten übergehen, so müssen ganze Zahlen l l' existiren, wofür

$$\frac{np\alpha + 2h\pi}{mp} = \frac{n\alpha + 2l\pi}{m} + 2l'\pi,$$

also

$$h = p(l + l'm)$$

ist. Demnach muß h durch p theilbar sein. Ist das der Fall, so giebt es bekanntlich immer ganze Zahlen $l\ l'$, welche die letzte Gleichung befriedigen.

2) „Die n^{te} Potenz einer jeden m^{ten} Wurzel aus a ist eine m^{te} Wurzel aus a^n", umgekehrt ist eine m^{te} Wurzel aus a^n dann und nur dann die n^{te} Potenz einer m^{ten} Wurzel aus a, wenn die Zahl l in (c) durch den gemeinsamen Theiler von $m\ n$ theilbar ist, also stets falls $m\ n$ relative Primzahlen sind." — Um aus (c) die Werthe von

$$\left(\sqrt[m]{a}\right)^n = \left|\sqrt[m]{A^n}\right| \cdot \left(\cos\frac{n\alpha + 2nk\pi}{m} + i\sin\frac{n\alpha + 2nk\pi}{m}\right) \quad \text{(d)}$$

zu erhalten, braucht man nur l Vielfache von n sein zu lassen. Damit aber (c) bei gegebenem l ein Werth von (d) sei, ist nothwendig und hinreichend, daß es ganze Zahlen $k\ k'$ gebe, wofür

$$l = nk + mk'$$

ist. Das ist bekanntlich stets der Fall, wenn $m\ n$ relative Primzahlen sind und falls sie das nicht sind, wenn l durch den gemeinsamen Theiler von m und n theilbar ist.

Die Gleichungen

$$3)\ \sqrt[n]{\sqrt[m]{a}} = \sqrt[nm]{a} \qquad 4)\ \sqrt[m]{a} \cdot \sqrt[m]{b} = \sqrt[m]{ab}$$

$$5)\ \sqrt[m]{a} : \sqrt[m]{b} = \sqrt[m]{a : b}$$

sind nach der Bezeichnung von M. Ohm[14]) vollkommen d. h. jeder Werth der linken Seite ist auch ein Werth der rechten, und umgekehrt. — Ist $\sqrt[m]{a} = x$ und $\sqrt[n]{x} = y$, so hat man

$$a = x^m \quad x = y^n \quad \text{also} \quad a = y^{mn} \quad y = \sqrt[mn]{a}.$$

Ist umgekehrt y eine mn^{te} Wurzel aus a, so hat man

$$a = y^{mn} = (y^n)^m,$$

also

$$y^n = \sqrt[m]{a} \quad y = \sqrt[n]{\sqrt[m]{a}}.$$

Auf ähnliche Weise werden 4) und 5) bewiesen, wovon die letztere auch als eine unmittelbare Folgerung aus der ersteren dargestellt werden kann.

Gewöhnlich wird unter $\sqrt[m]{a}$ der Hauptwerth der m^{ten} Wurzel verstanden, also wenn a reell und positiv ist, der reelle und positive Werth von $\sqrt[m]{a}$. Von den Sätzen 1)—5) gilt nur der dritte für die Hauptwerthe der bez. Wurzeln unbedingt.

19. Potenzen von complexen Zahlen mit reellen Exponenten.

Um den Begriff der Potenz auf reelle Werthe des Exponenten zu erweitern, reichen ähnliche Betrachtungen, wie die in VIII, 6—8 d. I. T. angestellten, aus. Damit gelangen wir zugleich zur Lösung der Aufgabe [15]), sämmtliche eindeutigen und stetigen (reellen oder complexen) Functionen $f(\xi)$ (vgl. III, 1) der alle endlichen Werthe durchlaufenden reellen Veränderlichen ξ zu bestimmen, welche, was $\xi\ \eta$ für reelle Zahlen auch sein mögen, der Functionalgleichung

$$f(\xi) \cdot f(\eta) = f(\xi + \eta)$$

und aufserdem der Bedingung

$$f(1) = a$$

genügen — unter a irgend eine von Null verschiedene complexe Zahl verstanden. Daraus ergiebt sich nothwendig

$$f(0) = 1 \quad f(n) = a^n \quad a^{-n} = f(-n) = 1 : a^n, \qquad \text{(e)}$$

worin n irgend eine natürliche Zahl bedeutet. Ferner hat man, wenn

$$A (\cos \alpha + i \sin \alpha)$$

die trigonometrische Form der Zahl a ist,

$$a^{\frac{1}{n}} = f\left(\frac{1}{n}\right) = \sqrt[n]{a} = \sqrt[n]{A} \left(\cos \frac{\alpha + 2k\pi}{n} + i \sin \frac{\alpha + 2k\pi}{n}\right) \text{(f)}$$

und falls m irgend eine ganze Zahl bedeutet,

$$a^{\frac{m}{n}} = f\left(\frac{m}{n}\right) = \left(\sqrt[n]{a}\right)^m \qquad\qquad \text{(g)}$$
$$= \sqrt[n]{A^m} \left(\cos \frac{m}{n} (\alpha + 2k\pi) + i \sin \frac{m}{n} (\alpha + 2k\pi)\right),$$

wo k eine beliebige ganze Zahl sein kann. Die rechte Seite der letzten Gleichung hängt in der That nur vom Werthe $m : n$ ab.

Bedeutet ξ die reelle irrationale Zahl (φ_n), wo φ_n rational ist, so bilden wir zunächst

$$a^{\varphi_n} = f(\varphi_n)$$
$$= |A^{\varphi_n}| \left\{\cos \varphi_n (\alpha + 2k\pi) + i \sin \varphi_n (\alpha + 2k\pi)\right\}.$$

Denken wir uns hier die ganze Zahl k constant und lassen n ins Unendliche wachsen, so nähert sich der absolute Betrag des Ausdruckes auf der rechten Seite dem Grenzwerthe A^ξ im Sinne von VIII. 8 d. I. T. und es haben

$$\cos \varphi_n (\alpha + 2k\pi)$$
$$\sin \varphi_n (\alpha + 2k\pi)$$

wegen der Stetigkeit des Cosinus und Sinus bei jedem reellen Werthe des Argumentes bezw. die Grenzwerthe

$$\cos \xi (\alpha + 2k\pi)$$
$$\sin \xi (\alpha + 2k\pi).$$

Wir erhalten demnach, jedem Werthe von k entsprechend, bei $\lim n = +\infty$ einen Grenzwerth, der sich nicht ändert, wenn ξ durch eine gleiche Zahl ersetzt wird. Keine zwei dieser Grenzwerthe sind einander gleich, jedoch alle vom nämlichen absoluten Betrage. Jeder von ihnen soll ein Werth von a^ξ heifsen. Das Gesagte gilt insbesondere auch von A^ξ. Von den Werthen dieser Potenz ist nur der $k = 0$ entsprechende reell und zwar positiv. Dieser Werth von A^ξ stimmt überein mit der a. a. O. definirten Potenz von A zum Exponenten ξ und kann, da er den absoluten Betrag aller Werthe von A^ξ angiebt, mit $|A^\xi|$ bezeichnet werden. Somit definiren wir a^ξ durch die Formel [16])

$$a^\xi = |A^\xi| \{\cos \xi(\alpha + 2k\pi) + i \sin \xi(\alpha + 2k\pi)\}, \quad \text{(h)}$$

unter k irgend eine ganze Zahl verstanden. Sie umfafst als besondere Fälle die Formeln (e) (f) (g). Die obige Aufgabe wird nun zufolge der Formel (6) in Nr. 13 und III. 1 durch alle Functionen

$$f(\xi) = |A^\xi| \{\cos \xi(\alpha + 2k\pi) + i \sin \xi(\alpha + 2k\pi)\}, \quad \text{(i)}$$

worin k eine constante ganze Zahl bedeutet, gelöst und nur durch sie.

Die Potenz a^ξ hat, je nachdem ξ eine ganze, gebrochene oder irrationale Zahl ist, einen, endlich oder unendlich viele Werthe. Beschränkt man α auf solche Bögen, dafs

$$-\pi < \alpha \leq +\pi$$

ist, so heifst der zu $k = 0$ gehörige Werth von a^ξ der Hauptwerth dieser Potenz. (Vgl. VI. 4.) Bei positivem a ist es der reelle positive Werth von a^ξ. Für $\xi = 1 : n$ (natürliche Zahl) geht er in den Hauptwerth $\overset{n}{\sqrt{a}}$ über. Gewöhnlich bedeutet das Zeichen a^ξ den Hauptwerth dieser Potenz. — 0^ξ ist 0 oder ∞, je nachdem ξ positiv oder negativ ist, 0^0 bleibt unbestimmt.

Was die für Potenzen bisher als giltig erwiesenen Relationen

$$a^\xi \cdot a^\eta = a^{\xi+\eta} \qquad a^\xi : a^\eta = a^{\xi-\eta}$$
$$(a^\xi)^\eta = a^{\xi\eta} \qquad a^\xi \cdot b^\xi = (ab)^\xi$$

betrifft, so ist nur die letzte eine vollkommene Gleichung. In den anderen bildet wohl jeder Werth der rechten Seite einen der linken, aber nicht umgekehrt jeder Werth der linken Seite stets einen der rechten. Sind $\xi\ \eta$ rational und zwar in reducirter Form $\xi = m : n$, $\eta = p : q$, so ist $a^\xi \cdot a^\eta$ sicher ein Werth von $a^{\xi+\eta}$ und $a^\xi : a^\eta$ von $a^{\xi-\eta}$, wenn $n\ q$ relative Primzahlen sind, und $(a^\xi)^\eta$ einer von $a^{\xi\eta}$, wenn $m\ q$ relative Primzahlen sind. Bedeuten die Zeichen a^ξ u. s. w. die Hauptwerthe, so gilt die erste und zweite Formel stets, die dritte sicher dann, wenn η eine ganze Zahl ist.

Gestützt auf die Formel (b) kann man nach Schlömilch[17]) zur Definition des Hauptwerthes der Potenz e^x oder der Exponentialfunction (vgl. VI. 4) für nicht-reelle Werthe von x gelangen. Man versteht darunter den Grenzwerth des Hauptwerthes von $\left(1 + \dfrac{x}{\tau}\right)^\tau$, wo τ eine reelle Veränderliche bedeutet, bei

$$\lim \tau = +\infty \ (\text{oder} - \infty).$$

In der That stimmt dieser Grenzwerth bei reellem x mit e^x überein. Es ist dann nicht schwer zu zeigen, daß wenn

$$x = \xi + \eta i$$

gesetzt wird,

$$e^x = \lim_{\tau = +\infty} \left(1 + \frac{x}{\tau}\right)^\tau = e^\xi (\cos \eta + i \sin \eta)$$

ist.

III. Abschnitt.

Complexe Veränderliche und Functionen.

1. Unter einer eindeutigen complexen Function der reellen Veränderlichen τ versteht man die Gesammtheit der Werthe

$$f(\tau) = \varphi(\tau) + i\psi(\tau),$$

worin $\varphi(\tau)$ und $\psi(\tau)$ eindeutige reelle Functionen von τ bedeuten, welche für denselben Bereich von τ definirt sind.

Man sagt, dafs die complexe Function $f(\tau)$ bei irgend einem Grenzübergange von τ z. B.

$$\lim \tau = \tau_0 + 0$$

einen endlichen Grenzwerth

$$b = \varkappa + \lambda i$$

hat, wenn bei demselben $\varphi(\tau)\ \psi(\tau)$ bez. den Grenzwerthen $\varkappa\ \lambda$ sich nähern. Diese Erklärung stimmt überein mit der folgenden, die gleichlautend ist mit der des endlichen Grenzwerthes einer reellen Function von τ (vgl. IX. 5 d. I. T.): „$f(\tau)$ hat bei

$$\lim \tau = \tau_0 + 0$$

den Grenzwerth b, wenn zu jeder positiven Zahl ε eine positive Zahl δ gehört, derart dafs

$$f(\tau) - b\,| < \varepsilon$$

ist, wenn τ irgend einen zwischen τ_0 und $\tau_0 + \delta$ gelegenen Werth seines Bereiches erhält.“ Denn man schliefst hieraus wegen

$$f(\tau) - b\,| = \sqrt{[\varphi(\tau) - \varkappa]^2 + [\psi(\tau) - \lambda]^2},$$

dafs wenn τ einen der soeben erwähnten Werthe annimmt,

$$| \varphi(\tau) - \varkappa | < \varepsilon \qquad | \psi(\tau) - \lambda | < \varepsilon$$

ist, somit

$$\lim \varphi(\tau) = \varkappa \qquad \lim \psi(\tau) = \lambda$$

bei

$$\lim \tau = \tau_0 + 0$$

ist. — Wenn $| f(\tau) |$ bei $\lim \tau = \tau_0 + 0$ den Grenzwerth $+ \infty$ besitzt, so sagt man, dafs $f(\tau)$ beim genannten Grenzübergang unendlich wird. — Diese Erklärungen führen zu den nämlichen Folgerungen, wie die entsprechenden a. a. O. (Vgl. Nr. 7.)

$f(\tau)$ heifst stetig bei $\tau = \tau_0$, wenn sowohl die Function $\varphi(\tau)$, als auch $\psi(\tau)$ bei $\tau = \tau_0$ stetig ist, was durch dieselbe Definition wie in IX. 12 d. I. T. ersetzt werden kann. Eine für alle endlichen Werthe des reellen Argumentes stetige Function ist in II. 19 angeführt, der durch die Gleichung (i) erklärte eindeutige Zweig der Exponentialfunction.

Auf ähnliche Weise werden complexe Functionen von zwei und von mehreren reellen Veränderlichen gebildet. Auf dieselben lassen sich die in IX. 18—21 d. I. T. aufgeführten Begriffe und Bezeichnungen unmittelbar übertragen.

2. Geometrische Darstellung der complexen Functionen einer reellen Veränderlichen τ.

Wir nehmen an, dafs τ innerhalb des ihm zugewiesenen Intervalles (α, β) beständig zunehme und abgesehen von dem darin vielleicht vorkommenden Sprung von

$$\tau = + \infty \quad \text{zu} \quad \tau = - \infty$$

stetig sei. Verzeichnet man in der Constructionsebene der complexen Zahlen mit den rechtwinkligen Axen $XX'\ YY'$ die Curve, deren Punkte durch die Coordinaten

$$\xi = \varphi(\tau) \qquad \eta = \psi(\tau)$$

bestimmt sind, während τ das Intervall (α, β) durchläuft; so liefern die vom Nullpunkte O zu diesen Punkten gezogenen Strecken oder kürzer die von ihren Endpunkten gebildete Curve eine Darstellung der complexen Function

$$\varphi(\tau) + i\psi(\tau) = f(\tau).$$

Umgekehrt kann man verlangen, zu einer geometrisch definirten Curve eine Function $f(\tau)$ zu finden.

Beispiele. 1) Die Gerade AB, wovon M ein beliebiger
Punkt sein soll, läfst sich darstellen durch die Gleichung

$$x = a + (b - a)\tau, \tag{1}$$

wenn $x = OM$ $a = OA$ $b = OB$ ist. Beschränkt man τ
auf das Intervall $(0, 1)$, so giebt die Formel die Strecke
AB; geht τ von $-\infty$ bis 0, so giebt sie die Verlängerung
von AB über A hinaus; geht τ von 1 bis $+\infty$, so die
Verlängerung von AB über B hinaus. Für die Gerade durch
den Punkt A mit der positiven Richtung g findet man nach
(4*) in II, 11

$$x = a + \tau \{\cos x^\frown g + i \sin x^\frown g\}, \tag{2}$$

worin $\tau = \overline{AM}$ ist. Umgekehrt bedeutet die Gleichung

$$x = a + b\tau$$

die Gerade, welche durch A parallel zur Strecke $OB = b$
gezogen ist.

2.¹) Für die Punkte M eines Kreises vom Mittelpunkte
C und Radius ϱ besteht die Relation

$$|x - c| = \varrho \quad (OM = x \quad OC = c).$$

Denken wir uns den Kreis von einem Punkte R aus in
positivem bezw. negativem Sinne beschrieben, so ergiebt sich
dafür die Gleichung

$$x - c = r (\cos \theta \pm i \sin \theta),$$

wo $OR = r$ ist und θ von 0 bis 2π geht. Um für $x - c$
einen in τ rationalen Ausdruck zu erhalten, führt man in
diese Gleichung

$$\tan \tfrac{1}{2}\theta = \tau \quad \cos \theta = \frac{1 - \tau^2}{1 + \tau^2} \quad \sin \theta = \frac{2\tau}{1 + \tau^2}$$

ein, so dafs

$$x - c = r \frac{1 \pm \tau i}{1 \mp \tau i} \tag{3}$$

ist. Während τ von $-\infty$ bis $+\infty$ übergeht, durchläuft
x den ganzen Kreis im Falle des oberen Zeichens im posi-
ven, im Falle des unteren im negativen Sinne.

Um umgekehrt die Bedeutung der gebrochenen linearen Function von τ

$$x = \frac{a + b\tau}{c + d\tau},$$

worin c, d, $ad - bc$ nicht 0 sein und τ von $-\infty$ bei $+\infty$ gehen soll, zu untersuchen, dividirt man im Zähler und Nenner durch c. Man setze

$$\frac{a}{c} = p = OP \quad \frac{d}{c} = -r \quad \frac{b}{c} = -qr \quad q = OQ,$$

sodafs man

$$x = \frac{p - qr\tau}{1 - r\tau} \qquad r\tau = \frac{p - x}{q - x} \qquad (4)$$

findet. Ist r reell, so stellt die Function die Gerade PQ dar. Denn schreibt man für $-r\tau \; \omega$, so ergiebt sich

$$\omega = PM : MQ.$$

Ist $r = OR$ eine complexe Zahl $\varrho + \sigma i$, so beschreibt der Punkt M, während τ von $-\infty$ bis $+\infty$ übergeht, einen Kreis und zwar im positiven oder negativen Sinne, je nachdem σ positiv oder negativ ist. Bringen wir nämlich (4) nach Gleichung (21) in II. 16 auf die Form

$$r\tau = \frac{MP}{MQ} = \left|\frac{MP}{MQ}\right|\left\{\cos Q\widehat{M}P + i\sin Q\widehat{M}P\right\},$$

so erkennt man, dafs

$$E\widehat{O}R + \left\{\begin{matrix}0\\\pi\end{matrix}\right. = Q\widehat{M}P \quad 2E\widehat{O}R = 2Q\widehat{M}P,$$

ist. Demnach liegt M auf dem Kreise, welcher durch die Punkte PQ

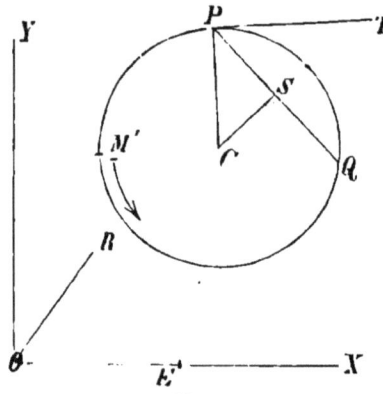

geht und dessen Tangente in P durch den Winkel

$$Q\widehat{P}T = E\widehat{O}R$$

bestimmt ist (Fig. 20), denn es ist bekanntlich für alle Punkte dieses Kreises

$$2Q\widehat{M}P = 2Q\widehat{P}T = 2E\widehat{O}R.$$

Der Mittelpunkt C des Kreises ist der Schnittpunkt des im Mittelpunkte S von PQ auf PQ errichteten Perpendikels und der Normalen auf PT in P. Wenn $\varrho = 0$ ist, fällt C mit S zusammen. Der

Fig. 20.

Sinn, in welchem der Kreis entsprechend den wachsenden Werthen von τ beschrieben wird, läfst sich angeben durch die Folge der Punkte

$$P, \quad OM' = \frac{p - qr\tau'}{1 - r\tau'} \; (\tau' > 0), \quad Q,$$

deren letzter zum Werthe $\tau = \pm \infty$ gehört. Er ist positiv oder negativ, je nachdem M' auf der positiven oder negativen Seite der Strecke QP liegt, stimmt also nach II. 7 im Zeichen überein mit dem imaginären Theile von

$$\frac{QM'}{QP} = \frac{1}{p-q}\left\{\frac{p - qr\tau'}{1 - r\tau'} - q\right\} = \frac{1}{1 - r\tau'} = \frac{1 - \varrho\tau' + \sigma\tau' i}{(1 - \varrho\tau')^2 + \sigma^2\tau'^2},$$

also mit σ.

Um die Coordinaten des Mittelpunktes C zu finden, führen wir in (4) für τ die neue Veränderliche ω ein durch die reelle Substitution

$$\tau = \omega : (\mu + \nu\omega),$$

wodurch der Nenner in

$$(\mu + \nu\omega) - (\varrho + \sigma i)\omega = \mu + (\nu - \varrho)\omega - \sigma\omega i$$

übergeht. Um ihn auf die Form $\varkappa(1 \mp \omega i)$ zu bringen, haben wir

$$\nu = \varrho \qquad \varkappa = \mu = \varepsilon\sigma$$

zu setzen, wo $\varepsilon = \pm 1$ und zwar im Zeichen mit σ übereinstimmen soll, damit τ zugleich mit ω wächst. Nunmehr ergiebt sich

$$x - c = \frac{\varepsilon\sigma(p - c) + [\varrho p - (\varrho + \sigma i)q + \sigma c i]\omega}{\varepsilon\sigma(1 - \varepsilon\omega i)}.$$

Nach (3) ist c die Strecke vom Nullpunkte zum Mittelpunkte C, wenn

$$\varrho p - (\varrho + \sigma i)q + \sigma c i = \varepsilon\sigma(p - c)\varepsilon i = (p - c)\sigma i$$

d. i.

$$c = \frac{p + q}{2} + \frac{\varrho i}{\sigma}\cdot\frac{p - q}{2}$$

ist. Als Radius des Kreises erhält man

$$|p - c| = \tfrac{1}{2}\left|\frac{PQ}{\sigma}\sqrt{\varrho^2 + \sigma^2}\right|.$$

3) Man bestimme den Ort derjenigen Punkte M, deren Entfernungen von zwei festen Punkten $A B$ das constante Verhältniß λ haben. Man findet, wenn

$$O\lambda = a \qquad OB = b \qquad OM = x$$

ist,

$$\left|\frac{AM}{MB}\right| = \left|\frac{x - a}{b - x}\right| = \lambda$$

d. i.

$$\frac{x - a}{b - x} = \lambda u \qquad x = \frac{a + b\lambda u}{1 + \lambda u},$$

worin u jede Zahl vom absoluten Betrage 1 sein darf. Denkt man sich, was zulässig ist, $\lambda < 1$ und setzt

$$u = \frac{1 + \tau i}{1 - \tau i},$$

so ergiebt sich

$$x = \frac{(a + b\lambda) - (a - b\lambda)\tau i}{1 + \lambda - (1 - \lambda)\tau i}.$$

Falls $\lambda = 1$ ist, erhält man

$$x = \frac{a+b}{2} - \frac{a-b}{2}\,\tau i$$

d. h. die Punkte M erfüllen die im Mittelpunkte AB auf diese Strecke errichtete Normale. Falls $\lambda < 1$ ist, ist der Ort der Punkte M ein Kreis, für welchen die bezüglich der Punkte AB conjugirten Punkte

$$p = \frac{a+b\lambda}{1+\lambda} \qquad q = \frac{a-b\lambda}{1-\lambda}$$

einen Durchmesser bilden, da die obige Zahl ϱ hier Null ist.

3. Die geometrische Darstellung einer vorgelegten Function $x = f(\tau)$ wird manchmal durch Abänderung des Coordinatensystems XOY erleichtert. Der Verschiebung des Nullpunktes von O nach O' unter Beibehaltung der Fundamentalstrecken, also auch der Axenrichtungen, entspricht die Substitution

$$OM = OO' + O'M \qquad (5)$$

d. i.

$$x = a + x'.$$

Die Drehung des von den Axen gebildeten rechten Winkels um den Punkt O bei gleichzeitiger Verschiebung der Punkte EJ nach $E'J'$ auf den neuen Axen OX', OY' wobei

$$|OE'| = |OJ'|$$

bleiben soll, wird durch die Substitution

$$x = bx' \qquad (6)$$

ausgedrückt, wo b jede complexe, nicht reelle Zahl sein kann.

Es ist nämlich (Fig. 21)

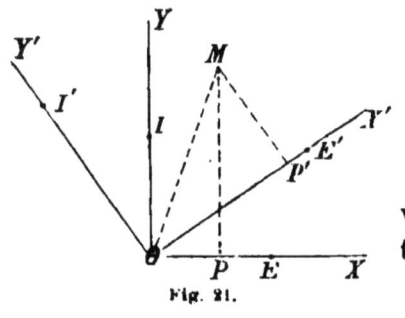

Fig. 21.

$$x = OM = \xi + \eta i$$

$$\xi = \left|\frac{OM}{OE'}\right| \cdot \left|\frac{OE'}{OE}\right| \cos x^\frown r$$

$$\eta = \left|\frac{OM}{OE'}\right| \cdot \left|\frac{OE'}{OE}\right| \sin x^\frown r,$$

wo r die Richtung OM bedeutet. Setzt man hier

$$x^\frown r = x^\frown x' + x'^\frown r,$$

$$\xi' = \left|\frac{OM}{OE'}\right| \cos x'^\frown r$$

$$\eta' = \left|\frac{OM}{OE'}\right| \sin x'^\frown r$$

und
$$\left|\frac{OE'}{OE}\right| (\cos x^\frown x' + i \sin x^\frown x') = b$$
$$\xi' + \eta' i = x' (= OM),$$

so erhält man unmittelbar die Formel (6), welche übrigens auch aus (12) in II, 9 folgt.

Beide Aenderungen zusammen werden durch die Formel
$$x = a + b x'$$
dargestellt.

Handelt es sich z. B. um Construction der Function
$$x = a + b\tau + c\tau^2,$$
wo
$$c = \gamma (\cos \alpha + i \sin \alpha)$$

nicht Null sein soll, so ersetzt man sie mittelst passender Drehung des Winkels XOY um O durch die folgende
$$x' = x (\cos \alpha - i \sin \alpha) = a' + b'\tau + \gamma\tau^2.$$

Diese bedeutet, wie man durch Zerlegung von x' in reellen und imaginären Theil leicht erkennt, wenn b' nicht reell ist, eine Parabel, deren Axe der neuen reellen Axe OX' parallel ist.

4. Complexe Veränderliche.

Ein Zeichen, welches unbegrenzt viele reelle oder complexe Zahlen, deren jede völlig bestimmt sein muß, bedeuten kann, heißt eine complexe Veränderliche; die ihr zu ertheilenden Werthe der Bereich derselben. Geometrisch wird jeder einzelne Werth a, den die Veränderliche annehmen kann, durch eine Strecke OA in der Ebene XOY oder, wie man der Kürze wegen gewöhnlich sich ausdrückt, durch den Endpunkt A derselben dargestellt. Dabei werden oft complexe Zahlen und die ihnen entsprechenden Punkte der Ebene mit den nämlichen Zeichen versehen. Der Bereich einer Veränderlichen wird geometrisch durch Punkte eines ebenen Flächenstückes, in besonderen Fällen durch Punkte einer ebenen Linie dargestellt. Eine ebene Fläche (ein Bereich) heißt einfach begrenzt, wenn der Rand derselben sich selbst nicht schneidet. Doch darf der Rand in einzelnen Punkten oder längs ganzer Linienstücke sich selbst berühren. Eine solche Fläche ist auch einfach zusammenhängend d. h. sie zerfällt durch jeden Querschnitt (d. i. von einem

Randpunkt zu einem anderen geführten Schnitt) in zwei getrennte Stücke.

Der absolute Betrag einer jeden complexen Veränderlichen hat als eine reelle, nicht negative Veränderliche eine obere und untere Grenze, wovon die obere $+ \infty$, die untere Null sein kann.

Complexe Veränderliche werden unter $x\,y\,z\,t$ u. dgl., reelle im Gegensatze zu ihnen unter $\xi\,\eta\,\zeta\,\tau$ u. dgl. verstanden.

Die Veränderliche x heißt **stetig auf einer von den Punkten $A\,B$ begrenzten Linie**, wenn zum Bereiche von x alle Punkte von $A\,B$, die Endpunkte eingeschlossen, zu rechnen sind. x heißt **stetig in der ebenen Fläche $\mathfrak{F}$**, wenn zum Bereiche von x alle Punkte von $\mathfrak{F}$ mit Einschluß des Randes gehören. Im ersten Falle ist der Bereich von x eine Linie $A\,B$, im zweiten eine ebene Fläche $\mathfrak{F}$.

5. Functionen complexer Veränderlichen.

Ordnet man jedem Werthe einer Veränderlichen x, der ein gewisser Bereich zugewiesen ist, durch eine Regel **einen** Werth y zu, so bilden diese Werthe eine **eindeutige Function** $y = f(x)$ der ersteren Veränderlichen, welche die **unabhängige** heißt. Setzt man

$$x = \xi + \eta i,$$

so ist y zugleich eine Function der Veränderlichen $\xi\,\eta$. Umgekehrt kann jede eindeutige (complexe oder reelle) Function zweier reellen Veränderlichen $\xi\,\eta$

$$y = F(\xi, \eta) = \varphi(\xi, \eta) + i\psi(\xi, \eta)$$

als Function der complexen Veränderlichen

$$x = \xi + \eta i$$

betrachtet werden[2]). Da jedem der Werthsysteme $\xi\,\eta$, wofür y definirt ist, ein Werth von x entspricht, so ist hierdurch ein gewisser Bereich von x bestimmt, zu dessen jedem Punkte ein und nur ein Werth von y gehört. Man darf daher $F(\xi, \eta)$ auch mit $f(x)$ bezeichnen. — Werden jedem Werthe der unabhängigen Veränderlichen x zwei oder

mehrere Werthe y zugeordnet, so nennt man y eine zwei-
oder mehrdeutige Function von x.

Die Function $y = f(x)$ wird in dem gegebenen Bereiche
von x analytisch dargestellt durch einen Ausdruck, welcher die Berechnung von y aus x für alle genannten
Werthe von x mittelst einer endlichen oder unendlichen
Anzahl von Fundamentaloperationen einer jeden der vier
Arten lehrt. Hier drängt sich nun sofort die Bemerkung
auf, dafs der analytische Ausdruck in x für die in einer
ebenen Fläche $\mathfrak{F}$ definirte Function $F(\xi, \eta)$ im Allgemeinen
von Linie zu Linie wechselt. In jedem endlichen Bereiche
ist zunächst jede der Coordinaten ξ η selbst eine eindeutige
(und stetige) Function von x. Um einen analytischen Ausdruck dafür, giltig z. B. längs der Geraden (2) in Nr. 2,
wofür, $a = \alpha + \beta i$ $x \frown g = \varphi$ gesetzt

$$\xi = \alpha + \tau \cos \varphi \quad \eta = \beta + \tau \sin \varphi$$

ist, zu erhalten, braucht man nur in diese Formeln den für
τ aus (7) sich ergebenden Ausdruck

$$\tau = (x - a)(\cos \varphi - i \sin \varphi)$$

einzuführen, wodurch man findet

$$\xi = \alpha + \cos \varphi (\cos \varphi - i \sin \varphi)(x - a)$$
$$\eta = \beta + \sin \varphi (\cos \varphi - i \sin \varphi)(x - a).$$

Wie man sieht, kommen in den letzten Formeln die Constanten der Geraden a φ vor, sie ändern sich also beim Uebergange von einer Geraden zu einer anderen. Auf ähnliche
Art ergiebt sich, dafs längs des Kreises (3) vom Mittelpunkte

$$c = \gamma + \delta i$$

und dem Radius ϱ die Ausdrücke gelten

$$\xi = \gamma + \frac{\varrho^2 + (x - c)^2}{2(x - c)} \quad \eta = \delta + i \frac{\varrho^2 - (x - c)^2}{2(x - c)}.$$

Vermittelst der Formeln für ξ η läfst sich aber jede Function $F(\xi, \eta)$ als solche von x darstellen und zwar wird der
hierfür erlangte Ausdruck im Allgemeinen von der Linie
abhängen, auf welche x beschränkt ist.

Im Falle dafs nicht in sämmtlichen innerhalb einer be-
stimmten Fläche $\mathfrak{F}$ verlaufenden Linien für $F(\xi, \eta)$ ein und

6*

derselbe Ausdruck $f(x)$ sich ergiebt, ist es überflüssig, diese Function von $\xi\,\eta$ auch noch als solche von x zu betrachten. Besondere Aufmerksamkeit werden vielmehr nur solche Functionen von x verdienen, die mindestens in einer Fläche oder einem Flächensysteme $\mathfrak{F}$ durch einen und denselben analytischen Ausdruck in x dargestellt sind. Indefs sind diese Functionen selbst dann, wenn der Ausdruck vermittelst der vier Rechnungsarten in unendlich häufiger Wiederholung gebildet ist, durch keine bemerkenswerthen gemeinsamen Eigenschaften ausgezeichnet (s. u.). Aber durch erneute Einschränkung des Functionsbegriffes ist eine eigentliche Functionentheorie zu Stande gebracht worden, was bei ausschliefslichem Gebrauche von reellen Veränderlichen gar nicht möglich wäre. Die Functionen, mit denen sie sich beschäftigt, werden nach **Weierstrass** als **analytische** bezeichnet. Den von ihm eingeführten Begriff der allgemeinen analytischen, ein- oder mehrdeutigen, Function zu entwickeln, gehört nicht zur Aufgabe dieses Werkes. Für uns wird Folgendes genügen.

Die **eindeutige analytische Function** $f(x)$ von x hat die Eigenschaft, dafs jedem nicht-singulären Punkte $x = a$ eine positive Zahl δ sich so zuordnen läfst, dafs die Werthe von $f(x)$, welche zu solchen Werthen von x gehören, wofür der absolute Betrag von $x - a$ kleiner als δ ist, durch eine endliche oder unendliche Reihe nach ganzen positiven Potenzen von $x - a$ dargestellt werden. Der Kürze wegen sagt man in einem solchen Falle, $f(x)$ sei im Punkte $x = a$ vom **Charakter der ganzen Functionen** oder **holomorph**[3]). Die hier vorkommenden eindeutigen analytischen Functionen gehören sämmtlich zu den mit **isolirten singulären Punkten im Endlichen** d. h. ist $x = c$ ein Punkt, wo die eindeutige Function $f(x)$ nicht den Charakter der ganzen besitzt, so kommt ihm eine positive Zahl γ so zu, dafs die Function in allen Punkten x, wofür $|x - c|$ kleiner als γ ist, holomorph ist. Dadurch sind diese Functionen vollständig charakterisirt. Wir werden in V. 20 sehen, dafs $f(x)$ für die Werthe von x, wofür $|x - c|$ kleiner als γ ist, durch eine Reihe nach ganzen Potenzen von $x - c$ dargestellt wird.

Enthält dieselbe die Potenzen mit negativen Exponenten in endlicher Anzahl, so legt man der Function $f(x)$ im Punkte $x = c$ den Charakter der rationalen (nicht-ganzen) Functionen bei und nennt $x = c$ einen aufserwesentlichen singulären Punkt oder einen Pol derselben. Im anderen Falle heifst er ein wesentlicher singulärer Punkt von $f(x)$.

Eine mehrdeutige analytische Function $y = f(x)$ von x mufs der Forderung genügen, dafs jedem nicht-singulären Werthsysteme (Stelle) $x = a$ $y = b$ eine positive Zahl δ so zugeordnet werden kann, dafs zu jedem Werthe von x, wofür $|x - a|$ kleiner als δ ist, ein Werth von $f(x)$ gehört, welcher durch eine und dieselbe Reihe nach ganzen positiven Potenzen von $x - a$, die für $x = a$ in $y = b$ übergeht, dargestellt wird. Wollte man nun als einfachste Klasse der vieldeutigen Functionen die mit isolirten singulären Punkten, ähnlich wie oben die eindeutigen definiren, so würde man nichts erreichen. Denn in dieser Ausdehnung wäre der Begriff werthlos, da man z. B. aus je zwei eindeutigen Functionen von x mit isolirten singulären Punkten eine zweideutige bilden könnte. Hier mufs noch eine Eigenschaft hinzutreten, die bei den eindeutigen Functionen mit isolirten singulären Punkten von selbst zutrifft, nämlich die Monogeneität der Function. Darunter ist nach Weierstrass zu verstehen, dafs alle Werthe der Function aus einem Functionenelemente d. i. aus einer gewöhnlichen Potenzreihe abgeleitet werden können, woraus dann weiter folgt (vgl. V. 14), dafs die ganze Function bestimmt ist durch ihre Werthe auf jeder, noch so kleinen, Linie. Wir können auf diesen Gegenstand hier nicht eingehen, sondern werden uns darauf beschränken, einige vieldeutige Functionen aufzuführen, welche man zu den analytischen rechnet, insbesondere die algebraischen, welche Bezeichnung, sowie die schon oben benutzten: „ganze und rationale Function", in dem in IX. 3 d. I. T. festgesetztem Sinne auch ferner gebraucht wird. Dasselbe gilt von dem Begriffe „zusammengesetzte Function".

Jede analytische Function, die nicht algebraisch ist, heifst transcendent.

Hat eine eindeutige Function in den Punkten innerhalb eines Kreises durchaus den Werth 1, in den aufserhalb desselben durchaus den Werth Null, so kann sie nicht eine analytische sein. Denn zufolge des Merkmales der Monogeneïtät mufs eine solche Function, die in allen Punkten innerhalb des Kreises den Werth 1 hat, in jedem Punkte der Ebene (mit Einschlufs von $x = \infty$) gleich 1 sein. Daraus ergiebt sich, wie Weierstrass[4]) bemerkt hat, dafs ein analytischer Ausdruck nicht eine analytische Function darzustellen braucht. Das kann dann eintreten, wenn der Bereich derjenigen Punkte, wofür er definirt ist, aus getrennten Gebieten besteht (vgl. V. 17). Riemann war in dieser Frage anderer Ansicht[5]).

Hinsichtlich des allgemeinen Begriffes der **Function von zwei und von mehreren unabhängigen Veränderlichen** möge auf IX. 18 d. l. T. verwiesen werden. Die eindeutige analytische Function z. B. der zwei Veränderlichen x y hat in jeder nicht-singulären Stelle $x = a$ $y = b$ die Eigenschaft, dafs es positive Zahlen $\delta\ \varepsilon$ giebt, derart dafs die Werthe der Function für die in Rede stehende Stelle und für alle Stellen xy, welche der Bedingung

$$|\,x - a\,| < \delta \qquad |\,y - b\,| < \varepsilon$$

genügen, durch eine nach ganzen positiven Potenzen von $x - a$ und $y - b$ fortschreitende endliche oder unendliche Potenzreihe dargestellt werden.

6. Die uneigentliche Zahl ∞.

Wenn eine eindeutige Function $y = f(x)$ für den Werth $x = a$ nicht definirt, ihrem reciproken Werthe $1 : f(x)$ aber der Werth Null beigelegt ist, so sagt man, $f(x)$ sei für $x = a$ unendlich:

$$f(a) = \infty.$$

Das gilt insbesondere für die Function

$$x' = 1 : x,$$

wenn x den Werth Null annimmt. Wird der Veränderlichen x irgend ein endlicher Bereich zugewiesen, zu dem $x = 0$ gehört, so hat nun auch $1 : x$ für alle Werthe von x einen bestimmten Werth, denn zu $x = 0$ gehört $x' = \infty$. Wie früher zu den reellen Zahlen, so wird also auch zu den complexen die uneigentliche Zahl ∞ gefügt. — Die Function $y = f(x)$ hat für $x = \infty$ den endlichen Werth b oder den Werth ∞, je nachdem für $x' = 0$ der Function

$$g(x') = f\left(\frac{1}{x'}\right)$$

der Werth b oder der Function

$$g_1(x') = 1 : f\left(\frac{1}{x'}\right)$$

der Werth Null zukommt. — Der Werth $x = \infty$ gilt für eine eindeutige analytische Function $f(x)$ als nicht-singulär und sie selbst als holomorph in $x = \infty$, wenn $f(\infty)$ eine endliche Zahl b ist und es eine positive Zahl δ giebt, derart dafs alle Werthe $f(x)$, wofür

$$|x| > \delta$$

ist, durch eine endliche oder unendliche Reihe nach ganzen positiven Potenzen von $1 : x$ dargestellt werden, welche für

$$1 : x = 0$$

b liefert. $x = \infty$ heifst ein aufserwesentlicher singulärer Punkt oder Pol von $f(x)$, wenn in dieser Reihe noch positive Potenzen von x in endlicher Anzahl vorkommen.

Entsprechend der vorstehenden Erweiterung des Systemes der complexen Zahlen wird die Ebene der Euklidischen Geometrie um einen uneigentlichen Punkt, den „Unendlichkeitspunkt" U, bereichert. Ihm legen wir das in II. 16 noch nicht vergebene Schnittverhältnifs — 1 zu jedem Paare eigentlicher Punkte bei. Es sei also

$$(AB, U) = -1$$

und ferner

$$(AU, C) = 0$$
$$1 : (UB, C) = 0.$$

Um das System der eigentlichen Punkte der Ebene zu vervollständigen, verfährt die Functionentheorie anders als die neuere Geometrie, die bekanntlich jedem Büschel von Parallelstrahlen einen uneigentlichen Schnittpunkt beilegt und die auf diese Art einer Ebene zugetheilten uneigentlichen Punkte eine uneigentliche Gerade bilden läfst. Diese Ansicht hat den Zweck, so viele uneigentliche Elemente ins Leben zu rufen, dafs jedem Elemente eines eigentlichen räumlichen Strahlbüschels ein und nur ein Element der Ebene entspricht und zwar jedem Strahle ein Punkt, jeder Ebene eine Gerade. Das von der Functionentheorie eingeschlagene Verfahren dagegen fällt zusammen mit der stereographischen Projection der Kugel auf eine Ebene (wobei die Punkte der Kugel von einem beliebigen derselben A auf die in seinem Gegenpunkte die Kugel berührende Ebene projicirt werden). Soll nämlich hier einem jeden Punkte der Kugel ein Punkt der Ebene ent-

sprechen, so ist nur dem Projectionscentrum ein uneigentlicher Punkt
zuzuordnen. Dann entspricht jeder in's Unendliche gehenden Linie
der Ebene eine in A endende Linie der Kugel, jeder ins Unendliche
sich erstreckenden Fläche der Ebene ein endlicher, den Punkt A ent-
haltender Theil der Kugel.

Bequemer ist es, anstatt einer Veränderlichen x den Werth ∞
beizulegen, sie durch einen Quotienten $x_1 : x_2$ zu ersetzen und das
Werthsystem $x_1 = a\, x_2 = 0$ (wo a irgend eine von Null verschiedene
Zahl sein darf) zuzulassen, welches in den oben erwähnten Fällen in
der That auftritt.

7. Grenzwerthe der Functionen complexer Veränder-
lichen[6]).

Hinsichtlich des Grenzüberganges der unabhängigen
Veränderlichen x, zunächst $\lim x = a$, wo a eine endliche
Zahl bedeutet, sind zwei Fälle zu unterscheiden, je nachdem
der Bereich von x nur Punkte einer von a ausgehenden endlichen Linie, welche wir stets entweder als convex (vgl. IX;
17 d. I. T.) oder doch aus endlichen Anzahl von convexen
Bögen zusammengesetzt annehmen werden, enthält oder sich
über eine ebene Fläche erstreckt, innerhalb oder auf deren
Begrenzung a liegt. In jedem Falle muß zu jeder positiven
Zahl δ mindestens ein Werth x' im Bereiche von x gehören,
wofür

$$| x' - a | < \delta$$

ist. $\lim x = \infty$ bezeichnet den Umstand, daß es zu jeder
Zahl $\Gamma > 0$ mindestens einen Werth x' im Bereiche von x
giebt, wofür

$$| x' | > \Gamma$$

ist. Dabei hat man wieder zu unterscheiden, ob der Bereich
von x nur Punkte einer von einem Punkte x_0 aus ins Unendliche sich erstreckenden Linie (von welcher jedes endliche Stück die obige Beschaffenheit haben soll) enthält
oder sich über eine Fläche verbreitet, die jeden vom Nullpunkte beschriebenen Kreis überschreitet.

Wie immer auch der Bereich der unabhängigen Veränderlichen beschaffen sein mag, so wird der endliche
Grenzwerth b einer für jeden Punkt desselben eindeutig

definirten Function von $x : f(x)$ auf folgende Weise erklärt. Wir sagen: 1) Es ist

$$\lim f(x) = b \quad \text{bei} \quad \lim x = a,$$

wenn jeder positiven Zahl ε eine positive Zahl δ
entspricht, derart dafs

$$| f(x) - b | < \varepsilon$$

ist für alle dem Bereiche von x angehörigen Werthe,
welche der Bedingung

$$| x - a | < \delta$$

genügen. 2) Es ist

$$\lim f(x) = b \quad \text{bei} \quad \lim x = \infty,$$

wenn jeder positiven Zahl ε eine positive Zahl Γ entspricht,
derart dafs

$$| f(x) - b | < \varepsilon$$

ist für alle dem Bereiche von x angehörigen Werthe, deren
absoluter Betrag Γ übersteigt.

Unter dem Unendlich-Werden einer Function von
$x : f(x)$, das durch die Formeln

$$\lim_{x = a} f(x) = \infty \qquad \lim_{x = \infty} f(x) = \infty$$

ausgedrückt wird, versteht man, dafs jeder positiven Zahl Γ
eine positive Zahl δ entspricht, derart dafs

$$| f(x) | > \Gamma$$

ist für alle dem Bereiche von x angehörigen Werthe, welche
der Bedingung

$$| x - a | < \delta \quad \text{bezw.} \quad | x | > \delta$$

genügen.

Die den vorstehenden Definitionen analogen in IX. 5
d. I. T. erscheinen als besondere Fälle derselben. Auch ist
offenbar, dafs sich aus ihnen eine Reihe von Sätzen ableiten
läfst, welche als Verallgemeinerungen einiger im IX. 9 d.
I. T. anzusehen sind. Wir meinen zunächst die in dem folgenden vereinigten Sätze:

Satz. „Wenn bei einem, sonst beliebigen Grenzübergange z. B. $\lim x = a$ die Functionen

$$f_1(x), \quad f_2(x) \cdots f_m(x)$$

bez. die endlichen Grenzwerthe $b_1\, b_2 \ldots b_m$ besitzen, so hat die Function von x

$$F(x) = R(f_1(x), f_2(x) \cdots f_m(x)),$$

wo R eine rationale Function der Veränderlichen $f_1\, f_2 \ldots f_m$ bedeutet, bei $\lim x = a$ den Grenzwerth $R(b_1, b_2 \ldots b_m)$, wenn nur der Nenner von $R(f_1\, f_2 \ldots f_m)$ sich nicht dem Grenzwerthe Null nähert. Hat dieser Nenner bei $\lim x = a$ den Grenzwerth Null, der Zähler einen von Null verschiedenen Grenzwerth, so ist

$$\lim R = \infty \quad \text{bei} \quad \lim x = a.\text{“}$$

Auch der Satz über die Substitution für die unabhängige Veränderliche in einer Grenzwerthformel gilt hier.

Die nothwendige und hinreichende Bedingung dazu, daſs bei einem vorgeschriebenen Grenzübergange von x z. B.

$$\lim x = a \quad f(x) = \varphi(\xi, \eta) + i\psi(\xi, \eta)$$

einen endlichen Grenzwerth hat, besteht darin, daſs zu jeder positiven Zahl ε eine positive Zahl δ gehört, derart daſs für alle dem Bereiche der Veränderlichen x angehörigen Werthe $x\ x'$, welche den Ungleichungen

$$|x - a| < \delta \qquad |x' - a| < \delta$$

genügen,

$$|f(x') - f(x)| < \varepsilon$$

ist. Daſs diese Ungleichungen nebeneinander bestehen müssen, ergiebt sich auf die nämliche Art, wie die entsprechende Bemerkung in IX. 8 d. I. T. Die in Rede stehende Bedingung ist aber auch hinreichend. Setzt man nämlich

$$x = \xi + \eta i \quad x' = \xi' + \eta' i \quad a = \alpha + \beta i,$$

so ist für irgend zwei Werthsysteme $\xi\eta$, $\xi'\eta'$, welche den Ungleichungen

$$|\xi - \alpha| < \tfrac{1}{2}\delta \qquad |\eta - \beta| < \tfrac{1}{2}\delta,$$
$$|\xi' - \alpha| < \tfrac{1}{2}\delta \qquad |\eta' - \beta| < \tfrac{1}{2}\delta$$

genügen, nach dem Vorstehenden sowohl

$$|\varphi(\xi', \eta') - \varphi(\xi, \eta)| < \varepsilon,$$

als auch

$$| \psi(\xi', \eta') - \psi(\xi, \eta) | < \varepsilon.$$

Somit existiren bei denjenigen Grenzübergängen

$$\lim \xi = \alpha \quad \lim \eta = \beta,$$

welche dem oben vorausgesetzten $\lim x = a$ entsprechen, endliche Grenzwerthe[7])

$$\lim \varphi(\xi, \eta) = \alpha' \quad \lim \psi(\xi, \eta) = \beta'.$$

Also gehört zu jeder Zahl $\varepsilon' > 0$ eine Zahl $\delta' > 0$, so daß, wenn für Werthsysteme dieses Bereiches von ξ η

$$| \xi - \alpha | < \delta' \quad | \eta - \beta | < \delta'$$

ist, sowohl

$$| \varphi(\xi, \eta) - \alpha' | < \varepsilon',$$

als auch

$$| \psi(\xi, \eta) - \beta' | < \varepsilon'$$

ist. Man hat also sicher neben

$$| x - a | < \delta' \quad | f(x) - \alpha' - \beta' i | < \varepsilon' \sqrt{2};$$

es ist somit

$$\lim_{x = a} f(x) = \alpha' + \beta' i.$$

Die hinsichtlich der Grenzwerthe von Functionen mehrerer unabhängigen Veränderlichen in IX. 19, 20 d. I. T. vorgetragenen Sätze lassen sich ebenfalls ohne Schwierigkeit auf den Fall ausdehnen, daß unter den Veränderlichen auch complexe vorkommen.

8. Stetige Functionen complexer Veränderlichen[8]).

Die für alle Punkte eines den Punkt $x = a$ enthaltenden stetigen Bereiches von x — sei derselbe eine Linie oder Fläche — eindeutig definirte Function $f(x)$ heißt dann und nur dann stetig im Punkte $x = a$, wenn $f(x)$ bei stetigem Grenzübergange $\lim x = a$ den Grenzwerth $f(a)$ hat d. i. zu jeder positiven Zahl ε eine positive Zahl δ gehört, derart daß

$$| f(x) - f(a) | < \varepsilon$$

ist für alle der Bedingung

$$| x - a | < \delta$$

genügenden Punkte des Bereiches von x. Auch diese Erklärung läfst sich als Verallgemeinerung der entsprechenden für die Functionen reeller Veränderlichen in IX. 12 d. I. T. ansehen.

Wenn für jedes Werthsystem $x_1 \, x_2 \ldots x_m$, das sich zusammenstellen läfst aus den Werthen von x_1 in einem den Punkt $x_1 = a_1$ enthaltenden stetigen Bereiche, den Werthen von x_2 in einem den Punkt $x_2 = a_2$ enthaltenden stetigen Bereiche $\ldots\ldots$, den Werth von x_m in einem den Punkt $x_m = a_m$ enthaltenden stetigen Bereiche, eine Function $f(x_1 \, x_2 \ldots x_m)$ eindeutig definirt ist, so heifst sie dann und nur dann an der Stelle $x_1 = a_1 \quad x_2 = a_2 \cdots x_m = a_m$ stetig, wenn zu jeder positiven Zahl ε positive Zahlen $\delta_1 \, \delta_2 \ldots \delta_m$ gehören, derart dafs für alle den Relationen

$$|x_1 - a_1| < \delta_1 \quad |x_2 - a_2| < \delta_2 \cdots |x_m - a_m| < \delta_m$$

genügenden Werthsysteme

$$|f(x_1 \, x_2 \ldots x_m) - f(a_1 \, a_2 \ldots a_m)| < \varepsilon$$

ist.

Auf die nämliche Weise wie a. a. O. Nr. 21 leiten wir daraus den wichtigen Satz ab: „Ist die eindeutige Function $\varphi(y_1, y_2 \cdots y_n)$ an der Stelle

$$y_1 = b_1 \quad y_2 = b_2 \cdots y_n = b_n$$

stetig und haben die Functionen

$$f_1(x_1 \, x_2 \cdots x_m), \quad f_2(x_1 \, x_2 \cdots x_m) \cdots f_n(x_1 \, x_2 \cdots x_m) \qquad (7)$$

bei denselben von einander unabhängigen Grenzübergängen der Veränderlichen $x_1 \, x_2 \ldots x_m$

$$\lim x_1 = a_1 \quad \lim x_2 = a_2 \cdots \lim x_m = a_m$$

bezw. die endlichen Grenzwerthe $b_1 \, b_2 \ldots b_n$, so hat auch die zusammengesetzte Function der $x_1 . x_2 \ldots x_m$

$$\varphi \{ f_1(x_1 \cdots x_m) \cdots \cdot f_n(x_1 \cdots x_m) \} \qquad (8)$$

bei diesen Grenzübergängen einen Grenzwerth und zwar ist er $\varphi(b_1 \, b_2 \ldots b_n)$.“ — Ein besonderer Fall des Satzes ist: „Ist jede der Functionen (7) an der Stelle

$$x_1 = a_1 \quad x_2 = a_2 \cdots x_m = a_m$$

stetig, so auch die Function (8).“

Wenn

$$f(x) = \varphi(\xi, \eta) + i \, \psi(\xi, \eta)$$

im Punkte $x = \alpha + \beta i$ stetig ist, so sind $\varphi(\xi, \eta)$ und $\psi(\xi, \eta)$
stetige Functionen von $\xi \, \eta$ an der Stelle $\xi = \alpha \, \eta = \beta$, somit zufolge des soeben erwähnten Satzes d. I. T. auch

$$| f(x) | = | \sqrt{\varphi(\xi, \eta)^2 + \psi(\xi, \eta)^2} | .$$

Daraus ergiebt sich nach einem a. a. O. bewiesenen Satze
der folgende: „Wenn für alle Punkte eines stetigen Bereiches von x mit Einschluſs der Begrenzung $f(x)$
eindeutig definirt und stetig ist, so ist die obere Grenze
von $| f(x) |$ eine endliche Zahl γ und es giebt mindestens
einen Punkt $x = x_0$ in dem Bereiche, so daſs

$$| f(x_0) | = \gamma$$

ist." Ein ähnlicher Satz gilt für die untere Grenze von
$| f(x) |$.

Es ist auch leicht einzusehen, daſs für die obige Function $f(x)$
ein dem Theoreme in IX. 16 d. I. T. analoges besteht.

Wenn für alle Punkte auſserhalb einer beliebigen endlichen
Fläche, also auch für $x = \infty$, eine Function $f(x)$ eindeutig definirt ist,
so heiſst sie in $x = \infty$ stetig, wenn $f(x)$ bei dem Grenzübergange
$\lim x = \infty$ in diesem Bereiche den endlichen Grenzwerth $f(\infty)$ hat.

9. Stetigkeitsunterbrechungen.

Da die Stetigkeit von $f(x)$ im Punkte $x = a$ voraussetzt, daſs 1) $f(x)$ für $x = a$ definirt und 2) bei stetigem
Grenzübergange $\lim x = a$ in dem für x festgesetztem Bereiche

$$\lim f(x) = f(a)$$

ist, so wird sie aufgehoben, wenn $f(x)$ für $x = a$ nicht definirt ist oder falls $f(x)$ für $x = a$ definirt ist, wenn $f(x)$ bei
obigem Grenzübergange $\lim x = a$ keinen oder einen von
$f(a)$ verschiedenen Grenzwerth hat, insbesondere unendlich
wird. Zur Darstellung der Discontinuitäten von $f(x)$ in
einem Punkte

$$x = a = \alpha + \beta i$$

hat man das Verhalten ihrer Coordinaten $\varphi(\xi, \eta)$, $\psi(\xi, \eta)$ als
Functionen der reellen Veränderlichen $\xi \, \eta$ an der Stelle
$\xi = \alpha \, \eta = \beta$ zu untersuchen.

Die einfachste Unstetigkeit ist folgende. Eine Function $f(x)$ ist
für alle Punkte einer geschlossenen Linie eindeutig definirt und für

alle stetig mit Ausnahme eines einzigen $x = a$, wo sie nur nach einer Seite hin stetig ist, während von der anderen Seite her $f(x)$ sich einem von $f(a)$ verschiedenen Grenzwerthe nähert.

Eine solche Function bildet z. B. der auf dem vom Nullpunkte mit dem Radius σ^2 $(\sigma > 0)$ beschriebenen Kreise

$$x = \sigma^2 \{ \cos \theta + i \sin \theta \} \qquad (0 \leqq \theta < 2\pi)$$

eindeutig definirte Zweig der Quadratwurzel aus x

$$f(x) = \sqrt{x} = \sigma \{ \cos \tfrac{1}{2}\theta + i \sin \tfrac{1}{2}\theta \} \, .$$

Man hat nämlich

$$f(0) = \sigma \qquad \lim_{\theta \,=\, +\, 0} f(x) = \sigma \qquad \lim_{\theta \,=\, 2\pi \,-\, 0} f(x) = -\, \sigma \, .$$

10. Conforme oder isogonale Abbildung einer Ebene.

Um eine Function der complexen Veränderlichen x

$$x' = f(x)$$

geometrisch darzustellen, construirt man die Punkte x' in einer zweiten Ebene oder auch in der Ebene der x selbst. Dadurch werden sämmtlichen Punkten der letzteren oder wenigstens einem Theile von ihnen je ein, bezw. mehrere Punkte der ersteren zugeordnet und so jene auf diese abgebildet. Wenn $f(x)$ eine analytische Function von x ist, so bezeichnet man die Abbildung als conform oder isogonal, was an den einfachsten Fällen, der Aehnlichkeit und Kreisverwandtschaft, erläutert werden soll. Dabei construiren wir die Punkte x' ebenfalls in der Ebene der x und gebrauchen für beide Schaaren von Punkten dasselbe Coordinatensystem XOY.

1) Durch die Gleichung

$$x' = a + bx \qquad\qquad (10)$$

wird die x-Ebene einstimmig ähnlich auf sich selbst abgebildet.

Sind nämlich $x\,y\,z$ drei beliebige Punkte, $x'\,y'\,z'$ die ihnen entsprechenden, so daß

$$x' = a + bx \qquad y' = a + by \qquad z' = a + bz$$

ist, so hat man

$$\frac{x' - y'}{x - y} = \frac{z' - x'}{z - x} = \frac{y' - z'}{y - z} = b \, , \qquad (11)$$

woraus nach II. 7 folgt, daß die Dreiecke $x\,y\,z$ und $x'\,y'\,z'$ einstimmig ähnlich und insbesondere falls $|b| = 1$ ist, einstimmig congruent sind. — Setzt man in (10) $x' = x$, so findet man den sich selbst entsprechenden eigentlichen Punkt (das Aehnlichkeitscentrum)

$$x' = x = a : (1 - b).$$

Hierbei ist jedoch b als von 1 verschieden vorausgesetzt. Im Falle $b = 1$ giebt es keinen solchen Punkt. — Die ähnlichen Systeme $x \, x'$ befinden sich in perspectiver Lage d. h. je zwei entsprechende Geraden $x \, y$, $x' \, y'$ sind einander parallel dann und nur dann, wenn b reell ist, wie man aus (11) unmittelbar erkennt.

2) Durch die Gleichung

$$x' = \frac{a + bx}{c + dx} \qquad (12)$$

worin $ad - bc$ und d nicht Null sein sollen, wird die eigentliche **Kreisverwandtschaft** definirt[9]). Der Name rührt davon her, dafs wenn vier Punkte x auf einem Kreise liegen, so auch die entsprechenden vier Punkte x'. Das folgt sowohl daraus, dafs nach Gleichung (22) in II. 16 das Doppelverhältnifs von vier beliebigen Punkten x gleich ist dem der vier entsprechenden x', als auch aus der Formel (4) in Nr. 2. Beschreibt nämlich x den Kreis (4), so verharrt x' auf der Curve

$$x' = \frac{a + bp - (a + bq)r\iota}{c + dp - (c + dq)r\iota},$$

welche im Allgemeinen d. i. falls $c + dp$ nicht Null und

$$(c + dq)r : (c + dp)$$

nicht reell ist, ebenfalls ein Kreis ist. Dafs kreisverwandte Figuren nicht ähnlich sind, zeigt die Formel (13) unten, wonach der Quotient entsprechender Strecken nicht constant ist.

Die wichtigste Eigenschaft der Kreisverwandtschaft, welche sie mit allen conformen Verwandtschaften theilt, ist in dem folgenden Satze enthalten: „Zieht man durch einen eigentlichen Punkt M_0 irgend eine convexe Curve $M_0 M$, wobei

$$OM = x = g(\tau) \qquad OM_0 = x_0 = g(\tau_0)$$

sein soll und durch den M_0 entsprechenden, auch als eigentlich vorausgesetzten Punkt M_0' die entsprechende Curve $M_0 M_0'$; so ist der Grenzwerth

$$\lim_{\tau = \tau_0 + 0} \frac{M_0{}' M'}{M_0 M}$$

nur vom Punkte M_0, nicht aber von der Curve $M_0 M$ abhängig." In der That hat man nach (12)

$$O M_0{}' = x_0{}' = \frac{a + b x_0}{c + d x_0}$$

$$\frac{x' - x_0{}'}{x - x_0} = - \frac{a d - b c}{(a + d x)(a + d x_0)}, \qquad (13)$$

also nach Nr. 6

$$\lim_{\tau = \tau_0 + 0} \frac{M_0{}' M'}{M_0 M} = - \frac{a d - b c}{(a + d x_0)^2}.$$

Daraus ergiebt sich, wenn die Polarcoordinaten der rechten Seite mit A, α und die positiven Richtungen in den Strecken $M_0 M$, $M_0{}' M'$ mit r, r' bezeichnet werden,

$$\lim_{\tau = \tau_0 + 0} \frac{| M_0{}' M_0{}' |}{| M_0 M |} = A \qquad \lim_{\tau = \tau_0 + 0} (x ^\frown r' - x ^\frown r) = \alpha.$$

Die letztere Gleichung ist identisch mit

$$t ^\frown t' = x ^\frown t' - x ^\frown t = \alpha,$$

unter $t\, t'$ passend gewählte Richtungen in der Tangente der Curve $M_0 M$ in M_0 und der der Curve $M_0{}' M'$ in $M_0{}'$ verstanden. Denkt man sich durch $M_0 M_0{}'$ noch ein Paar entsprechender Curven $M_0 M_1$, $M_0{}' M_1{}'$ gezogen und bezeichnet gewisse Richtungen in der Tangente der ersteren in M_0 und der der letzteren in $M_0{}'$ mit $t_1\, t_1{}'$, so hat man

$$\lim_{\tau = \tau_0 + 0} \frac{| M_0{}' M' |}{| M_0 M |} = \lim_{\tau = \tau_0 + 0} \frac{| M_0{}' M_1{}' |}{| M_0 M_1 |}$$

$$t ^\frown t_1 = t' ^\frown t_1{}'.$$

Die irgend zweien durch einen Punkt gehenden Curven entsprechenden schneiden sich unter demselben Winkel, wie diese selbst: die Kreisverwandtschaft ist isogonal oder conform.

Um die Kreisverwandtschaft eingehender zu untersuchen, ersetzt man durch zweckmäfsige Wahl der Fundamentalstrecken in der Constructionsebene die Gleichung (12) durch eine einfachere. Setzen wir darin

$$x = k + l y \qquad x' = k + l y',$$

so erhalten wir anstatt (12) die Gleichung

$$k' + l y' = \frac{a + b k + b l y}{c + d k + d l y}$$

und wenn $k\, l$ so angenommen werden, dafs

$$c + d k = 0 \qquad a + b k = d l^2$$

ist,

$$y' = \frac{1}{y} + \frac{b + c}{d\, l}.$$

Somit läfst sich die Abbildung (12) auch dadurch erzielen, dafs man nach einander die beiden Abbildungen

$$y_1 = \frac{1}{y} \qquad y' = y_1 + \frac{b + c}{d\, l}$$

ausführt. Die letztere erheischt lediglich eine Verschiebung der ersteren in ihrer Ebene. Wir brauchen uns demnach nur mit dieser d. i. mit der **Abbildung**

$$x' = \frac{1}{x} \qquad\qquad (14)$$

zu beschäftigen. Sie ist involutorisch d. h. je zwei zugeordnete Punkte $x\, x'$ entsprechen einander wechselseitig, z. B. die Punkte $x = 0$ und $x = \infty$.

Setzen wir in (14) für x den Ausdruck (4) ein, so ergiebt sich als dem Kreise entsprechende Curve

$$x' = \frac{1 - r\tau}{p - q r \tau}$$

d. i. wieder ein Kreis, falls $p\, q$ nicht Null und $q r : p$ nicht reell ist d. i. der Kreis (4) nicht durch den Nullpunkt geht. In der That, soll die rechte Seite von (4) für einen reellen Werth von τ ($\pm \infty$ eingeschlossen) Null liefern, so mufs

$$p - q r \tau = 0 \quad \text{oder} \quad \frac{p}{\tau} - q r = 0$$

sein, also entweder $p = 0$ oder $q = 0$ oder $q r : p$ reell sein. Jedem durch den Nullpunkt gehenden Kreise entspricht eine Gerade, die nicht durch den Nullpunkt geht. Denn wir haben neben

$$x = \frac{p}{1 - r\tau} \qquad x' = \frac{1 - r\tau}{p}.$$

Umgekehrt entspricht jeder nicht durch den Nullpunkt gehenden Geraden (2) ein Kreis durch den Nullpunkt. Nur der durch den Nullpunkt gehenden Geraden

$$x = \tau (\cos \varphi + i \sin \varphi)$$

entspricht wieder eine solche Gerade, nämlich

$$x' = \frac{1}{\tau} (\cos \varphi - i \sin \varphi)$$

d. i. die zur reellen Axe symmetrisch mit der ersteren liegende. Die beiden Axen OX, OY entsprechen sich selbst, auf der ersteren befinden sich die sich selbst entsprechenden Punkte $x = \pm 1$. — Geht der Kreis (4) nicht durch den Nullpunkt, so entspricht ihm wieder ein Kreis. Sind $c \varrho$ Mittelpunkt und Radius des ersteren, $m'\, \sigma'$ Mittelpunkt und Radius des letzteren, so hat man nach Nr. 2

$$m' = \frac{c}{c^2 - \varrho^2} \qquad \sigma' = \frac{\varrho}{\mid c^2 - \varrho^2 \mid}.$$

Wenn der Kreis (4) den Mittelpunkt O hat, so auch der ihm entsprechende, welcher, wie Formel (3) zeigt, im entgegengesetzten Sinne beschrieben ist.

Aus (14) folgt

$$\mid OM \mid \cdot \mid OM' \mid = 1,$$

eine Relation, welche auch bei der Abbildung der Ebene mittelst **reciproker Radienvectoren** vorkommt. Da bei dieser jedem Punkte $M(\xi\, \eta)$ ein Punkt $M'(\xi'\, \eta')$ auf dem Strahle OM durch die Gleichung

$$\overline{OM} \cdot \overline{O\!\cdot\! M'} = 1$$

zugeordnet wird, so hat man

$$\frac{\xi'}{\xi} = \frac{\eta'}{\eta} = \frac{\overline{OM'}}{\overline{OM}} = \frac{1}{\xi^2 + \eta^2},$$

so dafs

$$\xi' + \eta'\, i = x' = 1 : (\xi - \eta i)$$

ist. Die Abbildung der Ebene durch reciproke Radienvectoren gehört mithin nicht zu den conformen, sie läfst sich jedoch zerlegen in die conforme Abbildung (14)

$$\xi_1 + \eta_1 i = x_1 = 1 : x$$

und die nicht-conforme Spiegelung

$$\xi' = \xi_1 \qquad \eta' = -\eta_1.$$

IV. Abschnitt.

Die ganzen rationalen Functionen.

1. Ein Ausdruck, welcher aus einer endlichen Anzahl von Veränderlichen

$$x_1 \, x_2 \ldots x_m \; (m \geq 1),$$

deren jede alle complexen Werthe annehmen kann, und von Constanten mittelst der vier Species, jede endlich oft angewandt, gebildet ist, heifst eine rationale Function dieser Veränderlichen. Ein Aggregat aus einer endlichen Anzahl von Gliedern von der Form

$$a_{r_1, r_2 \ldots r_m} \, x_1^{r_1} \, x_2^{r_2} \ldots x_m^{r_m},$$

worin der erste Factor eine Constante, $r_1 \, r_2 \ldots r_m$ ganze positive Zahlen oder Null bedeuten, heifst eine ganze rationale oder schlechthin ganze Function von $x_1 \, x_2 \ldots x_m$ und zwar von dem Grade in Bezug auf jede Veränderliche, welche der gröfste Exponent von ihr angiebt und von der Dimension in Bezug auf $x_1 \, x_2 \ldots x_m$, welche der gröfste Werth der Summe

$$r_1 + r_2 + \cdots + r_m$$

angiebt. Eine ganze Function, die in Bezug auf eine Veränderliche z. B. x_1 vom ersten Grade ist, heifst auch eine lineare Function derselben und eine, welche diese Veränderliche gar nicht enthält, eine ganze Function derselben vom Grade „Null“. Eine ganze Function heifst ganzzahlig, wenn die Coefficienten ihrer Glieder ganze Zahlen sind. Hat die Summe

$$r_1 + r_2 + \cdots + r_m$$

in allen Gliedern denselben Werth n, so nennt man die ganze Function $\qquad F(x_1, x_2 \ldots x_m)$

7 *

homogen in Bezug auf die Veränderlichen; man hat nun, was auch t sein mag,

$$F(tx_1, tx_2 \ldots tx_m) = t^n F(x_1, x_2 \ldots x_m).$$

Der Quotient zweier ganzen Functionen von $x_1, x_2 \ldots x_m$ heifst eine gebrochene rationale oder schlechthin rationale Function dieser Veränderlichen. Ist der Nenner vom ersten, der Zähler nicht von höherem als vom ersten Grade in Bezug auf eine Veränderliche, so nennt man sie auch eine gebrochene lineare Function derselben. Der Quotient zweier homogenen Functionen der $x_1 x_2 \ldots x_m$ heifst ebenfalls eine homogene Function derselben und zwar von der Dimension, welche der Unterschied: Dimension des Zählers weniger der des Nenners angiebt.

Eine rationale Function der $x_1 x_2 \ldots x_m$ heifst symmetrisch, wenn sie bei Vertauschung von je zweien der Veränderlichen ihren Werth nicht ändert; alternirend, wenn sie dabei das Zeichen wechselt und falls sie Null ist, Null bleibt.

2. Rechnungsoperationen mit den ganzen Functionen.

Bezeichnen $F(x_1, x_2 \ldots x_m)$, $G(x_1, x_2 \ldots x_m)$ ganze Functionen von $x_1, x_2 \ldots x_m$ von den Dimensionen n, p und ist $n \geq p$, so können die Summe und Differenz $F + G$ nicht von höherer als der n^{ten} Dimension hinsichtlich $x_1 x_2 \ldots x_m$ sein; das Product FG hat genau die Dimension $n + p$.

Läfst sich eine ganze Function $H(x_1, x_2 \ldots x_m)$ von $x_1, x_2 \ldots x_m$ als Product einer ganzen Function $F(x_1, x_2 \ldots x_m)$ mit einer andern $G(x_1, x_2 \ldots x_m)$ darstellen, so heifst sie durch F theilbar, F ein Theiler von H. Dabei ist gemeint, dafs die Coefficienten von H F G rationale Functionen irgend welcher als bekannt angesehener Zahlen seien. In der Functionentheorie und analytischen Geometrie gelten zumeist alle reellen und complexen Zahlen als bekannt, bei algebraischen Untersuchungen jedoch oft nur gewisse Classen derselben z. B. die rationalen Zahlen oder neben ihnen die Wurzeln aus ihnen u. dgl. Im letzteren Falle hängt natürlich die Theilbarkeit einer ganzen Function davon ab, welche

Zahlenarten benutzt werden dürfen. So ist $x^3 - 2$ durch keine ganze ganzzahlige Function von x theilbar, erscheint aber als das Product $(x - \sqrt{2})(x + \sqrt{2})$, wenn man $\sqrt{2}$ als bekannt betrachtet.

Division der ganzen Functionen. „Sind die ganzen Functionen einer Veränderlichen x vom n^{ten} und p^{ten} Grade $(n > p)$

$$F(x) = a_0 x^n + a_1 x^{n-1} + \cdots + a_n$$
$$G(x) = b_0 x^p + b_1 x^{p-1} + \cdots + b_p$$

vorgelegt, so giebt es stets ein und nur ein Paar ganze Functionen $Q\,G_1$ von x, die erste genau vom Grade $n - p$, die zweite nicht von höherem Grade als $p - 1$, wofür man hat

$$F = QG + G_1.\text{“}$$

Die Coefficienten von $Q G_1$ sind ganze Functionen von

$$a_0\, a_1 \ldots a_n\ b_1 \ldots b_p\,,$$

gebrochene von b_0.

Beweis. Der Ausdruck

$$F_1 = F - \frac{a_0}{b_0}\, x^{n-p} G$$

ist eine ganze Function höchstens $(n-1)^{\text{ten}}$ Grades von x. Ist $a_0^{(1)}$ der Coefficient der höchsten Potenz von x in F_1, so ist

$$F_2 = F_1 - \frac{a_0^{(1)}}{b_0}\, x^{n-p-r} G \qquad (r \geq 1)$$

eine ganze Function höchstens $(n-p-r-1)^{\text{ten}}$ Grades von x u. s. f. Schliefslich gelangt man zu zwei ganzen Functionen $F_{k-1}(x)$, $F_k(x)$, die erste in x vom Grade

$$p + s \quad (s \geq 0),$$

die zweite höchstens vom Grade $p - 1$, so dafs

$$F_k = F_{k-1} - \frac{a_0^{(k-1)}}{b_0}\, x^s G$$

ist. Setzt man

$$\frac{a_0}{b_0}\, x^{n-p} + \frac{a_0^{(1)}}{b_0}\, x^{n-p-r} + \cdots + \frac{a_0^{(k-1)}}{b_0}\, x^s = Q(x)$$

und addirt die vorstehenden Gleichungen, so erhält man in der That

$$F_k = F - QG.$$

Gäbe es noch ein anderes Functionenpaar $Q' G_1'$, erstere in x vom Grade $n - p$, letztere höchstens vom Grade $p - 1$, welche die Gleichung

$$F = Q' G + G_1'$$

befriedigen, so hätte man

$$(Q' - Q)G = G_1 - G_1'.$$

Das ist aber nur möglich, wenn $Q' \doteq Q$, $G_1' = G_1$ ist; denn eine Function von höchstens $(p - 1)^{\text{tem}}$ Grade in x kann nicht durch eine p^{ten} Grades theilbar sein.

Für ein Paar von Functionen von mehreren Veränderlichen

$$F(x_1\, x_2 \ldots x_m) \qquad G(x_1, x_2 \ldots x_m) \qquad (m \geq 2)$$

besteht eine der vorstehenden ähnliche Relation nur insofern, als man sie als ganze Functionen einer und derselben Veränderlichen z. B. x_1 (mit Coefficienten, die ganze Functionen der übrigen Veränderlichen sind) betrachtet. Dies ist unmittelbar klar, wenn F und G in x_1 je von demselben Grade sind, als die Dimension in Beziehung auf alle Veränderliche beträgt. Sollte das nicht der Fall sein, so läfst es sich durch eine lineare Substitution

$$x_1 = c_1 x_1', \qquad x_2 = x_2' + c_2 x_1,$$
$$x_3 = x_3' + c_3 x_1' \ldots \ldots x_m = x_m' + c_m x_1'$$

bei passender Wahl der Coefficienten $c_1\, c_2 \ldots c_m$ erreichen. Nimmt man diese Zahlen nur so an, dafs weder das Aggregat der Glieder höchster Dimension in F, noch das in G für

$$x_1 = c_1 \qquad x_2 = c_2 \ldots x_m = c_m$$

Null ist, so ist in jeder der transformirten Functionen der höchste Exponent von x_1' gleich der Dimension der ursprünglichen Function hinsichtlich $x_1\, x_2 \ldots x_m$.

3. Die Ableitungen einer ganzen Function einer Veränderlichen.

Setzen wir in

$$F(x) = a_0 x^n + a_1 x^{n-1} + \cdots + a_n$$

anstatt x $x + h$, unter x einen bestimmten Werth verstehend, und ordnen $F(x + h)$ mit Hilfe des binomischen Satzes für ganze positive Exponenten (I. 7) nach Potenzen von h, so treten als Coefficienten von $h\ h^2 \ldots h^n$ ganze Functionen von x bezw. den Graden $n - 1$, $n - 2 \ldots 0$ auf, welche mit

1, 2!...n! multiplicirt, die erste, zweite ...n^{te} Ableitung von $F(x)$ heißen und mit

$$D F(x), D^2 F(x) \ldots D^n F(x)$$

oder kürzer

$$F'(x), F''(x) \ldots F^{(n)}(x)$$

bezeichnet werden. Man schreibt also

$$F(x + h)$$
$$= F(x) + F'(x) . h + \frac{F''(x)}{2!} h^2 + \cdots + \frac{F^{(n)}(x)}{n!} h^n , \qquad (1)$$

wo

$$F'(x) = n a_0 x^{n-1} + (n-1) a_1 x^{n-2} + \cdots + 2 a_{n-2} x + a_{n-1} \qquad (2)$$

$$F^{(r)}(x) = \sum_r^n k (k-1) \ldots (k - r + 1) a_{n-k} x^{k-r}$$
$$(r = 1, 2 \ldots n) \qquad (3)$$

ist. — Aus den Formeln (2) (3) erkennt man, daß $F^{(r)}(x)$ aus $F^{(r-1)}(x)$ nach demselben Gesetze hervorgeht, wie $F'(x)$ aus $F(x)$.

Beispiele. 1) Setzt man in $(x - a)^n$ statt x $x + h$, so ergiebt sich die Formel

$$D_x^r (x - a)^n = n(n-1) \ldots (n - r + 1) (x - a)^{n-r}$$
$$(r = 1, 2 \ldots n). \qquad (4)$$

2) Bedeuten $F(x)$ $G(x)$ zwei ganze Functionen von x, so hat man für $r = 1, 2 \ldots$

$$D_x^r F(x) G(x)$$
$$= F^{(r)}(x) G(x) + r F^{(r-1)}(x) G'(x) + \cdots + \binom{r}{k} F^{(r-k)}(x) G^{(k)}(x)$$
$$+ \cdots + r F'(x) G^{(r-1)}(x) + F(x) G^{(r)}(x). \qquad (5)$$

Die Formel ergiebt sich sofort, wenn man in

$$F(x + h) G(x + h)$$

für $F(x + h)$ den Ausdruck (1) und für $G(x + h)$ den analogen einsetzt und das Product nach Potenzen von h ordnet.

3) Für das Product

$$P(x) = a_0 (x - c_1)^{k_1} (x - c_2)^{k_2} \cdots (x - c_l)^{k_l},$$

wo a_0 eine Constante, $k_1 k_2 \ldots k_l$ natürliche Zahlen bedeuten, ist

$$P'(x) = a_0 \sum_1^l k_l (x - c_1)^{k_1} \ldots (x - c_{r-1})^{k_{r-1}} (x - c_r)^{k_r - 1}$$
$$(x - c_{r+1})^{k_{r+1}} \cdots (x - c_l)^{k_l}, \qquad (6)$$

so dafs sich ergiebt

$$\frac{P'(x)}{P(x)} = \frac{k_1}{x - c_1} + \frac{k_2}{x - c_2} + \cdots + \frac{k_l}{x - c_l}. \qquad (7)$$

Wenn für einen bestimmten Werth $x = x_0$ $F(x)$ verschwindet, so heifst er eine **Wurzel** von $F(x)$. Bestehen neben der Gleichung $F(x_0) = 0$ noch die folgenden

$$F'(x_0) = 0 \quad F''(x_0) = 0 \cdot \cdots \cdot F^{(k-1)}(x_0) = 0, \quad (n \geq k \geq 1)$$

während $F^{(k)}(x_0)$ nicht 0 ist, so heifst x_0 eine k-fache **Wurzel** von $F(x)$. Setzt man in (1) zuerst $x = x_0$, hierauf

$$h = x - x_0,$$

so erkennt man, dafs in dem in Rede stehenden Falle **$F(x)$ durch $(x - x_0)^k$ theilbar ist.** Man nennt k die **Ordnung des Verschwindens** von $F(x)$ für $x = x_0$.

Dafs die **ganze Function $F(x)$ für jeden Werth $x = x_0$ stetig ist**, folgt schon aus dem ersten Satze in III. 8. Insbesondere hat man den Satz: „Die ganze Function n^{ten} Grades von h

$$G(h) = b_m h^m + b_{m+1} h^{m+1} + \cdots + b_n h^n, \quad (1 \leq m \leq n)$$

welche für $h = 0$ Null ist, hat bei $\lim h = 0$ den Grenzwerth 0." Dieser Satz, mittelst dessen auch die Stetigkeit von $F(x)$ für jeden Werth von x und zwar aus (1) sich ergiebt, wird manchmal direct bewiesen (vgl. p. 279 d. I. T.).

4. Ableitungen von ganzen Functionen mehrerer Veränderlichen.

Setzen wir in der ganzen Function n^{ter} Dimension von

$$x_1 \, x_2 \, . \, . \, x_m$$

$F(x_1 \, x_2 \, . \, . \, x_m)$ anstatt $x_1 \, x_2 \, . \, . \, x_m$ bezw.

$$x_1 + h_1, \; x_2 + h_2 \ldots x_m + h_m$$

und ordnen

$$F(x_1 + h_1, \quad x_2 + h_2 \ldots x_m + h_m) \qquad (8)$$

mit Hilfe des polynomischen Satzes für ganze positive Exponenten nach Potenzen von $h_1 \, h_2 \ldots h_m$, so nennen wir den Coefficienten des Gliedes

$$r_1! \, r_2! \ldots h_{k_1}^{r_1} \, h_{k_2}^{r_2} \ldots,$$

worin die Exponenten natürliche Zahlen sind, deren Summe s n nicht übersteigt, eine **partielle Ableitung** s^{ter} **Ordnung** von F und zwar k_1 mal nach x_1, k_2 mal nach x_2 ... und bezeichnen ihn gewöhnlich mit

$$F(\underset{k_1 \dots k_2 \dots}{x_1 \, x_2 \dots x_m}),$$

indem zuerst $k_1 \, r_1$ mal, hierauf $k_2 \, r_2$ mal .... als Index angesetzt wird. Manchmal erscheint als zweckmäßiger die folgende Bezeichnung des allgemeinen Gliedes von (8):

$$\frac{h_1^{r_1} h_2^{r_2} \dots h_m^{r_m}}{r_1! \, r_2! \dots r_m!} \, F(\underset{r_1, r_2 \dots r_m}{x_1 \, x_2 \dots x_m}), \qquad (9)$$

worin $r_1 \, r_2$ ... natürliche Zahlen oder Null bedeuten und $0! = 1$ zu setzen ist. Hervorzuheben sind die m partiellen Ableitungen erster Ordnung, nämlich nach x_1, nach x_2 ... nach x_m, welche man aus $F(x_1 \dots x_m)$ dadurch erhält, daß man sich alle Veränderlichen bis auf eine constant denkt, hinsichtlich dieser aber $F(x_1 \dots x_m)$ demselben Processe unterwirft, welcher in Nr. 6 von $F(x)$ auf $F'(x)$ geführt hat. Auf die nämliche Art gelangt man von der partiellen Ableitung in (9) auf eine solche, in der irgend ein Index um eine Einheit größer ist.

Daß die **ganze Function**

$$F(x_1 \, x_2 \dots x_m)$$

für jedes System bestimmter Werthe von $x_1 \, x_2 \dots x_m$ stetig ist, folgt schon aus dem ersten Satze in III. 8. Insbesondere hat man den Satz: „Die ganze Function von h_1 $h_2 \dots h_m$, in h_1 vom Grade n_1, in h_2 vom Grade n_2 ..., in h_m vom Grade n_m

$$G(h_1, h_2 \dots h_m),$$

welche für

$$h_1 = 0 \qquad h_2 = 0 \dots \qquad h_m = 0$$

Null ist, hat bei

$$\lim h_1 = 0 \qquad \lim h_2 = 0 \dots \qquad \lim h_m = 0$$

den Grenzwerth 0." Dieser Satz, mittelst dessen auch die Stetigkeit von $F(x_1 \dots x_m)$ für jedes Werthsystem $x_1 \dots x_m$ sich ergiebt, läßt sich direct, wie folgt, beweisen.

Bezeichnen wir den gröfsten der absoluten Beträge der Coefficienten von G mit B und die absoluten Beträge von $h_1\ h_2 \ldots h_m$ mit $H_1\ H_2 \ldots H_m$, so finden wir, wie leicht ersichtlich ist,

$$| G(h_1 \ldots h_m) |$$
$$\leq B\,[(1 + H_1 + \cdots + H_1^{n_1}) \ldots (1 + H_m + \cdots + H_m^{n_m}) - 1]\,,$$

somit vermöge der Formel

$$1 + H_r + \cdots + H_r^{n}{}_r = \frac{1 - H_r^{n}{}_r}{1 - H_r}\,, \qquad (r = 1, 2 \ldots m),$$

wenn $H_r < 1$ vorausgesetzt wird,

$$| G(h_1 \ldots h_m) | < B\left\{\frac{1}{(1 - H_1)\ldots(1 - H_m)} - 1\right\}.$$

Demnach ist

$$| G(h_1 \ldots h_m) | < \varepsilon\,,$$

wenn nur $| h_r | < H$ ist, wo die Zahl H so zu wählen ist, dafs sie kleiner als 1 ist und die Ungleichung

$$B\left\{\frac{1}{(1 - H)^m} - 1\right\} < \varepsilon$$

befriedigt, also

$$H < 1 - \sqrt[m]{\frac{B}{B + \varepsilon}}$$

zu denken ist. Demnach ist nach III. 7

$$\lim_{h_1 = 0 \ldots\; h_m = 0} G(h_1 \ldots h_m) = 0\,.$$

Satz von den homogenen ganzen Functionen n^{ter} Dimension der Veränderlichen $x_1\ x_2 \ldots x_m$. Nach Nr. 1 hat man für eine solche bei beliebigem t

$$F(tx_1,\ tx_2 \ldots tx_m) = t^n\, F(x_1\ x_2 \ldots x_m)\,. \tag{10}$$

Setzt man hier $t = 1 + u$, also $tx_1 = x_1 + ux_1$ u. s. w. und entwickelt auf beiden Seiten nach Potenzen von u, so findet man zufolge des Vorstehenden

$$F + u(x_1 F_1 + x_2 F_2 + \cdots + x_m F_m) + \cdots = (1 + nu + \cdots) F\,,$$

worin $F_1\ F_2 \ldots F_m$ die partiellen Ableitungen 1. Ordnung von F sind. Vermöge der Willkürlichkeit von u müssen nach dem 2. Satze der folgenden Nr. 5 die nämlichen Potenzen von u auf beiden Seiten dieser Gleichung gleiche Coefficienten haben. Man findet demnach

$$x_1 F_1 + x_2 F_2 + \cdots + x_m F_m = nF$$

und eine Reihe ähnlicher Formeln.

Diese Formeln gelten im Allgemeinen auch für nicht ganze analytische Functionen

$$F(x_1 \ldots x_m)\,,$$

welche der Gleichung (10) Genüge leisten und zwar auch im Falle daſs n keine natürliche Zahl ist.

5. Identitätssätze für ganze Functionen.

Hilfssatz. „Wenn die ganze Function n^{ten} Grades von x

$$F(x) = a_0 x^n + a_1 x^{n-1} + \cdots + a_n \qquad (11)$$

die k_0-fache Wurzel $x = x_0$, die k_1-fache Wurzel $x = x_1 \ldots$ die k_r-fache Wurzel $x = x_r$ $(r \geq 0)$ hat, wobei

$$k_0 + k_1 + \cdots + k_r$$

die Zahl n nicht übersteigt, so ist $F(x)$ durch

$$(x - x_0)^{k_0} (x - x_1)^{k_1} \ldots (x - x_r)^{k_r}$$

theilbar.“

Beweis. Man hat zunächst nach (1) in Nr. 3

$$F(x) = (x - x_0)^{k_0} F_1(x), \qquad (12)$$

wo $F_1(x)$ eine ganze Function $(n - k_0)^{\text{ten}}$ Grades von x ist, in welcher das Glied x^{n-k_0} den Coefficienten a_0 hat. Nach Voraussetzung soll ferner

$$F(x_1) = 0 \qquad F'(x_1) = 0 \ldots \qquad F^{(k_1-1)}(x_1) = 0 \quad (13)$$

sein. Aus der ersten Gleichung folgt nach Formel (12) wegen der Ungleichheit von x_0 und x_1

$$F_1(x_1) = 0.$$

Nunmehr ergiebt sich aus den Relationen (5) d. i.

$$F'(x) = k_0 (x - x_0)^{k_0-1} F_1(x) + (x - x_0)^{k_0} F_1'(x)$$
$$F''(x) = k_0(k_0 - 1)(x - x_0)^{k_0-2} F_1(x) + 2 k_0 (x - x_0)^{k_0-1} F_1'(x)$$
$$+ (x - x_0)^{k_0} F_1''(x)$$

. . . .

wegen der Gleichungen (13) nacheinander

$$F_1'(x_1) = 0 \qquad F_1''(x_1) = 0 \ldots. \qquad F_1^{(k_1-1)}(x_1) = 0.$$

Da $F^{(k_1)}(x_1)$ nicht Null ist, so kann jetzt auch $F_1^{(k_1)}(x_1)$ nicht Null sein. Demnach ist $x = x_1$ k_1-fache Wurzel auch von $F_1(x)$ und man hat

$$F_1(x) = (x - x_1)^{k_1} F_2(x), \qquad (14)$$

wo $F_2(x)$ eine ganze Function $(n - k_0 - k_1)^{\text{ten}}$ Grades von x

ist, in welcher das Glied höchsten Grades den Coefficienten a_0 besitzt. Mithin ist

$$F(x) = (x - x_0)^{k_0} (x - x_1)^{k_1} F_2(x).$$

Denkt man sich hier $(x - x_0)^{k_0} (x - x_1)^{k_1}$ als eine ganze Function und wendet wieder den Satz (5) an, so ergiebt sich, dafs $x = x_2$ k_2-fache Wurzel von $F_2(x)$, also

$$F_2(x) = (x - x_2)^{k_2} F_3(x) \qquad (15)$$

ist, wo $F_3(x)$ eine ganze Function $(n - k_0 - k_1 - k_2)^{ten}$ Grades von x ist, in welcher das Glied höchsten Grades den Coefficienten a_0 hat u. s. f. Auf diese Art gelangt man schliefslich zu ganzen Functionen $F_r(x)$ $F_{r+1}(x)$ von x, bezw. von den Graden

$$n - k_0 - k_1 - \cdots - k_{r-1},$$
$$n - k_0 - k_1 - \cdots - k_r,$$

in deren jeder das Glied höchsten Grades den Coefficienten a_0 hat und unter denen die Beziehung besteht:

$$F_r(x) = (x - x_r)^{k_r} F_{r+1}(x). \qquad (16)$$

Aus den Gleichungen (13) (14)—(16) folgt dann die Formel

$$F(x) = (x - x_0)^{k_0} (x - x_1)^{k_1} \ldots (x - x_r)^{k_r} F_{r+1}(x). \quad (17)$$

1. Satz. „Wenn eine ganze Function n^{ten} Grades von x, wie $F(x)$ in (11), $l + 1$ $(l \geq 0)$ Wurzeln und zwar die k_0-fache Wurzel $x = x_0$, die k_1-fache $x = x_1 \ldots$ die k_l-fache $x = x_l$ hat und es ist

$$k_0 + k_1 + \cdots + k_l = n + 1,$$

so ist $F(x)$ identisch Null d. h. man hat in (11)

$$a_0 = 0 \qquad a_1 = 0 \ldots. \qquad a_n = 0.$$

Insbesondere besteht der Satz: „Wenn eine ganze Function n^{ten} Grades von x für $n + 1$ ungleiche Werthe von x:

$$x = x_0 \qquad x = x_1 \ldots. \qquad x = x_n$$

Null ist, so ist sie identisch Null.“

Beweis. Wir haben nach (17)

$$F(x) = a_0(x - x_0)^{k_0} (x - x_1)^{k_1} \ldots.$$
$$(x - x_{l-1})^{k_{l-1}} (x - x_l)^{k_l - 1}. \qquad (18)$$

Ist $l = 0$ $k_l = n + 1$, so hat man

$$F^{(k_l-1)}(x_l) = (k_l - 1)! \, a_0,$$

also, da

$$F^{(k_l-1)}(x_l) = 0 \qquad (19)$$

sein soll, $a_0 = 0$. Ist $l > 1$, so denke man sich in (18) alle Factoren bis auf den letzten zu einer ganzen Function $P(x)$ vereinigt. Dann zeigen die Formeln (4) (5) in Nr. 3, daſs

$$F(x_l) = 0 \qquad F'(x_l) = 0 \ldots \quad F^{(k_l-2)}(x_l) = 0$$

ist. Vermöge der Gleichung (19) muſs $P(x_l) = 0$, somit, da $x_0 \, x_1 \ldots x_l$ als ungleiche Zahlen zu betrachten sind, $a_0 = 0$ sein. — Es hat demnach auch die Function

$$a_1 x^{n-1} + a_2 x^{n-2} + \cdots + a_n$$

die k_0-fache Wurzel $x = x_0$, die k_1-fache Wurzel $x = x_1 \ldots$, die k_l-fache Wurzel $x = x_l$, wobei

$$k_0 + k_1 + \cdots + k_l > (n-1) + 1$$

ist, also muſs $a_1 = 0$ sein u. s. f.

2. Satz. Die ganzen Functionen von x, jede höchstens vom n^{ten} Grade,

$$G(x) = b_0 x^n + b_1 x^{n-1} + \cdots + b_n$$
$$H(x) = c_0 x^n + c_1 x^{n-1} + \cdots + c_n$$

sollen für $l + 1$ $(l \geq 0)$ Werthe

$$x = x_0 \qquad x = x_1 \ldots \qquad x = x_l$$

gleiche Werthe haben:

$$G(x_r) = H(x_r) \qquad (r = 0, 1 \ldots l).$$

Sind nun $k_0 \, k_1 \ldots k_l$ $l+1$ natürliche Zahlen, deren Summe $n+1$ beträgt, und bestehen auſser diesen Gleichungen noch die folgenden

$$G'(x_r) = H'(x_r), \qquad G''(x_r) = H''(x_r) \ldots$$
$$G^{(k_r-1)}(x_r) = H^{(k_r-1)}(x_r) \qquad (r = 0, 1 \ldots l),$$

so sind die ganzen Functionen $G(x)$ und $H(x)$ identisch d. h. es ist

$$b_0 = c_0 \qquad b_1 = c_1 \ldots \qquad b_n = c_n.$$

Insbesondere besteht der Satz[1]): Wenn zwei ganze Functionen von x, jede höchstens vom n^{ten} Grade, für $n+1$ von einander verschiedene Werthe von x

$$x_0, x_1 \ldots x_n$$

gleiche Werthe haben, so sind sie identisch.

Die Sätze folgen unmittelbar durch Anwendung des vorhergehenden auf die Differenz

$$G(x) - H(x)$$
$$= (b_0 - c_0)x^n + (b_1 - c_1)x^{n-1} + \cdots + (b_n - c_n).$$

3. Satz. „Wenn die ganze Function $F(x_1 x_2 \ldots x_m)$, in $x_1 x_2 \ldots x_m$ bezw. von den Graden $n_1 n_2 \ldots n_m$, Null ist für alle Werthsysteme $x_1 x_2 \ldots x_m$, worin $x_1 x_2 \ldots x_m$ bezw. aus den Reihen

$$x_0^{(1)} x_1^{(1)} \ldots x_{n_1}^{(1)}$$
$$x_0^{(2)} x_1^{(2)} \ldots x_{n_2}^{(2)}$$
$$\cdot \quad \cdot \quad \cdot \quad \cdot \quad \cdot$$
$$x_0^{(m)} x_1^{(m)} \ldots x_{n_m}^{(m)},$$

deren jede unter sich verschiedene Zahlen enthält, entnommen sind, so ist sie identisch Null d. h. alle ihre Coefficienten sind Null."

Der Satz wird schrittweise bewiesen. Denkt man sich zunächst $m = 2$, so sei

$$F(x_1, x_2) = \sum_{0}^{n_2} x_2^{n_2 - r} F_r(x_1).$$

Da
$$F(x_r^{(1)}, x_2) = 0 \qquad (r = 0, 1 \ldots n_1)$$
ist für die Werthe
$$x_2 = x_0^{(2)} \quad x_2 = x_1^{(2)} \ldots x_2 = x_{n_2}^{(2)},$$
so hat man nach dem 1. Satze
$$F_0(x_r^{(1)}) = 0 \qquad F_1(x_r^{(1)}) = 0 \ldots \qquad F_{n_2}(x_r^{(1)}) = 0.$$

Jedes der Polynome $F_r(x_1)$ ist höchstens vom Grade n_1 in x_1 und verschwindet für die Werthe
$$x_1 = x_0^{(1)} \qquad x_1 = x_1^{(1)} \ldots \qquad x_1 = x_{n_1}^{(1)},$$
ist also identisch Null d. i. alle Coefficienten von $F(x_1, x_2)$ sind Null. Denselben Schlufs wiederholt man im Falle $m = 3$ u. s. f.

4. Satz.[2]). „Wenn zwei ganze Functionen von m Veränderlichen

$$G(x_1\, x_2 \ldots x_m) \qquad H(x_1\, x_2 \ldots x_m),$$

deren Grad in x_1 die Zahl n_1, in x_2 die Zahl $n_2 \ldots$ in x_m die Zahl n_m nicht übersteigt, für alle im 3. Satze genannten Werthsysteme von $x_1\, x_2 \ldots x_m$ einander gleich sind, so sind sie identisch d. h. die Coefficienten eines jeden Gliedes

$$x_1{}^{r_1}\, x_2{}^{r_2} \ldots x_m{}^{r_m}$$

sind in beiden einander gleich." — Der Satz folgt aus dem vorhergehenden ebenso wie der 2. aus dem 1.

6. Theilbarkeit der ganzen Functionen einer Veränderlichen x.

An den in Nr. 2 vorgeführten Satz über die Division zweier ganzen Functionen einer Veränderlichen knüpft sich eine Theorie, welche der in II. 11 d. I. T. entwickelten über die Theilbarkeit der natürlichen Zahlen analog ist. — Zunächst bemerke man die aus dem Begriffe der Theilbarkeit unmittelbar hervorgehenden Sätze: „Es seien $F(x)$, $G(x)$, $H(x) \ldots$ ganze Functionen von x. Ist $F(x)$ durch $G(x)$ theilbar, so auch das Product $F(x)\, H(x)$. Ist $F(x)$ durch $G(x)$, $G(x)$ durch $H(x)$ theilbar, so auch $F(x)$ durch $H(x)$. Sind $F(x)$, $G(x)$ durch $H(x)$ theilbar, so auch jede ganze Function

$$P(x)\, F(x) + Q(x)\, G(x)."$$

Wenn von den ganzen Functionen $F(x)$, $G(x)$ des n^{ten} und p^{ten} Grades ($n \geq p$) die erste nicht durch die zweite theilbar ist, so hat man

$$F(x) = Q(x)\, G(x) + G'(x), \qquad \text{(a)}$$

worin Q eine Function vom Grade $n-p$, G' eine solche höchstens vom Grade $p-1$ bedeutet. Jeder gemeinsame Theiler von F und G ist auch Theiler von G'. Ist G durch G' theilbar, so auch F und zwar ist G' der beiden Functionen gemeinsame Theiler höchsten Grades. Ist aber G durch G' nicht theilbar, so hat man

$$G(x) = Q'(x)\, G'(x) + G''(x),$$

wo G'' von niedrigerem Grade als G' und durch jeden gemcinsamen Theiler von $F G$ theilbar ist u. s. f. Im Allgemeinen sei

$$G^{(r-2)}(x) = Q^{(r-1)}(x)\, G^{(r-1)}(x) + G^{(r)}(x). \qquad \text{(b)}$$

Da die Grade der Reste $G'\, G''\ldots G^{(r)}$ beständig abnehmen, so mufs diese Reihe einmal abbrechen. Auch der letzte Rest $G^{(k)}$ ist durch jeden gemeinsamen Theiler von F und G theilbar; somit kann es keinen solchen von höherem Grade in x geben als $G^{(k)}$. Falls $G^{(k)}$ vom 0ten Grade in x, also ein in den Coefficienten von $F G$ (bezw. in den als bekannt geltenden Zahlen) rationaler Ausdruck ist, so bezeichnet man $F G$ als **Functionen von x ohne gemeinsamen Theiler**. Falls $G^{(k)}$ x enthält, so ist es der gemeinsame Theiler höchsten Grades von $F G$ und heifst ihr **gröfster gemeinsamer Theiler**. Man hat dann

$$F(x) = G^{(k)}(x)\, F_1(x)$$
$$G(x) = G^{(k)}(x)\, G_1(x), \qquad \text{(c)}$$

wo F_1 und G_1 Functionen ohne gemeinsamen Theiler sind. — Der gröfste gemeinschaftliche Theiler von mehr als zwei Functionen $F\, G\, H\ldots$ läfst sich ermitteln, indem man zuerst den gröfsten gemeinsamen Theiler T von $F G$ sucht, hierauf den von T und H u. s. f.

Auch hier gilt der **Hauptsatz: Haben die Functionen $F(x)$, $G(x)$ keinen gemeinsamen Theiler, so ist jeder gemeinsame Theiler $M(x)$ der Functionen $F(x)\,.\,H(x)$ und $G(x)$ ein Theiler von $H(x)$.**

Er wird genau so bewiesen, wie der entsprechende Satz a. a. O. und führt zu der analogen Folgerung: „Eine ganze Function $F(x)$ ist entweder **irreducibel** d. h. ohne Theiler oder sie läfst sich und zwar nur auf eine Weise als Product einer endlichen Anzahl von irreducibelen Functionen darstellen." Die Frage, ob eine gegebene Function von x irreducibel ist oder nicht, hängt zufolge einer in Nr. 2 gemachten Bemerkung davon ab, welche Arten von Zahlen als bekannt vorausgesetzt sind. Wir werden sehen, dafs wenn sie alle zugelassen werden, jede ganze Function von x von höherem als dem ersten Grade in lineare Factoren zerlegt werden kann.

Aus dem Hauptsatze ergiebt sich noch, wie die gemeinsamen Vielfache zweier oder mehrerer Functionen gefunden werden und dafs es, wie in dem Falle der gemeinen Brüche in III. 11 d. I. T., für jede gebrochene rationale Function von x $F(x):G(x)$ eine und nur eine reducirte Form

$$F(x):G(x) = F_1(x):G_1(x)$$

gebe, in welcher Zähler und Nenner Functionen ohne gemeinsamen Theiler sind.

7. Theilbarkeit von ganzen Functionen von zwei und von mehreren Veränderlichen.

Die Sätze der vorigen Nr. lassen sich in folgender Art auf ganze Functionen zunächst von zwei Veränderlichen x_1 x_2 übertragen.

1. Hilfssatz. „Wenn eine ganze Function von x_1 x_2
$$F(x_1, x_2)$$
durch eine ganze Function von nur einer der Veränderlichen z. B. x_1 theilbar sein soll, so müssen alle Coefficienten der nach der anderen, also x_2 geordneten Function F durch dieselbe theilbar sein."

Es sei wie in Nr. 5

$$F(x_1, x_2) = \sum_r^{n_2} {}_0 F_r(x_1) x_2^{n_2-r}. \tag{d}$$

Nun soll

$$F(x_1, x_2) = G(x_1) H(x_1, x_2) \tag{e}$$

sein, worin G eine ganze Function von x_1 allein, H eine solche von x_1 x_2 bedeutet. Dann mufs H in x_2 vom Grade n_2 sein; es sei also

$$H(x_1, x_2) = \sum_r^{n_2} {}_0 H_r(x_1) x_2^{n_2-r}.$$

Denken wir uns in (e) für x_1 irgend einen bestimmten Werth x_1' gesetzt, so dürfen wir nach dem 2. Satze in Nr. 5 schliefsen, dafs

$$F_r(x_1') = G(x_1') H_r(x_1') \qquad (r = 0, 1 \ldots n_2)$$

ist, woraus sich auf die nämliche Art wegen der Willkürlichkeit von x_1' die Relation

$$F_r(x_1) = G(x_1) H_r(x_1) \qquad (r = 0, 1 \ldots n_2)$$

ergiebt.

2. Hilfssatz. „Wenn das Product zweier ganzen Functionen von x_1 x_2: $\qquad F(x_1 x_2) . G(x_1 x_2),$

die beide x_2 enthalten, theilbar ist durch eine **irreducibele Func-tion von x_1:** $\Psi(x_1)$, so müssen entweder alle Coefficienten der nach x_2 geordneten Function F, oder alle der nach x_2 geordneten Function G durch $\Psi(x_1)$ theilbar sein."

Beweis. Angenommen, es seien sowohl in der Entwickelung (d) von F nach Potenzen von x_2, als auch in der von G Glieder vorhanden, deren Coefficienten nicht durch $\Psi(x_1)$ theilbar sind, so seien ihre Summen die ganzen Functionen $F''(x_1\,x_2)\ G'(x_1\,x_2)$, in x_2 bezw. vom Grade i, k d. i.

$$F''(x_1, x_2) = F_0'(x_1) \cdot x_2^i + \cdots$$
$$G'(x_1, x_2) = G_0'(x_1) \cdot x_2^k + \cdots$$

Dann kann man

$$F = F' + \Psi F'' \qquad G = G' + \Psi G''$$

setzen, wo $F''\ G''$ entweder Null oder ganze Functionen von $x_1\,x_2$ bedeuten. Nun hat man

$$FG = F'G' + \Psi(F'G'' + F''G' + \Psi F''G'').$$

Daraus ist ersichtlich, dafs unter der obigen Voraussetzung der Coefficient von x_2^{i+k} d. i. die ganze Function von x_1

$$F_0'(x_1) \cdot G_0'(x_1) + \Psi(x_1) \cdot \Psi'(x_1),$$

worin $\Psi'(x_1)$ auch eine ganze Function von x_1 bezeichnet, nicht durch $\Psi(x_1)$ theilbar sein kann. — Somit sind entweder alle Coefficienten $F_r(x_1)$ in (d) oder alle in der analogen Darstellung von G durch $\Psi(x_1)$ theilbar.

Wenn zwei ganze Functionen $F(x_1\,x_2)\ G(x_1\,x_2)$ einen Theiler gemein haben, so mufs derselbe entweder frei von x_2 sein oder x_2 enthalten. Ihr gröfster gemeinsamer Theiler der ersten Art mufs zufolge des 1. Hilfssatzes der gröfste gemeinsame Theiler aller Functionen $F_r(x_1)$ in (d) und aller analogen Functionen $G_r(x_1)$ in G sein. Kommt ein solcher Theiler $T(x_1)$ vor, so setze man

$$F(x_1, x_2) = T(x_1)\ F''(x_1, x_2)$$
$$G(x_1, x_2) = T(x_1)\ G'(x_1, x_2),$$

worin F' und G' keinen blofs x_1 enthaltenden Theiler gemein haben. Der gröfste gemeinsame Theiler von $F\ G$ der zweiten Art ist zugleich gröfster gemeinsamer Theiler von $F'\ G'$.

3. Satz. „Findet man nach dem Verfahren der vorigen Nr., dafs die Functionen $F''(x_1\,x_2)\ G'(x_1\,x_2)$, welche keinen blofs x_1 enthaltenden Theiler gemein haben, als Func-

tionen von x_2 betrachtet, einen gröfsten gemeinsamen Theiler $U(x_2)$ besitzen, so wird der gröfste, ihnen als Functionen von x_1 und x_2 gemeinsame Theiler $U(x_1\,x_2)$ erhalten, indem man die Glieder von $U(x_2)$, falls sie in x_1 nicht schon ganz sein sollten, auf den Generalnenner bringt und diesen, sowie etwaige blofs x_1 enthaltende Factoren des neuen Zählers wegläfst. Dann hat man

$$F'(x_1, x_2) = U(x_1, x_2)\, F_1(x_1, x_2)$$
$$G'(x_1, x_2) = U(x_1, x_2)\, G_1(x_1, x_2),$$

wo U, F_1, G_1 ganze Function von x_1 und x_2 bezeichnen, die beiden letzteren solche ohne gemeinsamen Theiler.“

Beweis. Aus den Gleichungen (c) d. i. hier

$$F'(x_1, x_2) = U(x_2)\, F_1(x_2)$$
$$G'(x_1, x_2) = U(x_2)\, G_1(x_2)$$

ergiebt sich, wenn man anstatt $U(x_2)$ $U(x_1\,x_2)$ und analog anstatt $F_1(x_2)$ $G_1(x_2)$ ganze Functionen von x_1 und x_2:

$$F_1(x_1\,x_2), \quad G_1(x_1\,x_2),$$

welche keinen blofs von x_1 abhängigen Theiler enthalten und sicher ohne gemeinsamen Theiler sind, einführt,

$$F'(x_1, x_2) = \frac{\Phi(x_1)\, U(x_1, x_2)\, F_1(x_1\,x_2)}{\Psi(x_1)}$$
$$G'(x_1, x_2) = \frac{\mathsf{X}(x_1)\, U(x_1, x_2)\, G_1(x_1\,x_2)}{\Omega(x_1)}.$$

Die darin etwa auftretenden Functionen von x_1: $\Phi\ \Psi$ einer-, und $\mathsf{X}\ \Omega$ andererseits sollen jedenfalls ohne gemeinsamen Theiler sein. Dann mufs aber $\Psi(x_1)$ eine Constante sein. Denn wäre das nicht der Fall, und $\Psi_0(x_1)$ ein irreducibeler Factor von $\Psi(x_1)$, so müfste er in UF_1 enthalten, somit nach dem 2. Hilfssatze entweder alle Coefficienten der nach x_2 geordneten Function $U(x_1\,x_2)$ oder alle von $F_1(x_1\,x_2)$ durch $\Psi_0(x_1)$ theilbar sein, was unmöglich ist, da weder die einen noch die anderen einen Theiler gemein haben. Auch $\Phi(x_1)$ mufs eine Constante sein, da $F'(x_1\,x_2)$ durch keine Function von x_1 theilbar sein soll. Auf die nämliche Art ergiebt sich, dafs $\mathsf{X}\ \Omega$ Constante sind.

4. Hauptsatz. „Haben $F(x_1\,x_2)$ $G(x_1\,x_2)$ keinen ge-

meinsamen Theiler, so ist jeder gemeinsame Theiler der Functionen $F(x_1\, x_2)\,.\,H(x_1\, x_2)$ und $G(x_1\, x_2)$ ein Theiler von $H(x_1\, x_2)$."

Beweis. Der genannte gemeinsame Theiler ist entweder frei von x_2 oder nicht. Im ersten Falle folgt nach dem 2. Hilfssatze, daſs alle Coefficienten der nach x_2 geordneten Function $H(x_1\, x_2)$ durch jeden irreducibelen Factor $M_0(x_1)$ dieses Theilers, den wir mit $M(x_1)$ bezeichnen, theilbar sind, denn die Coefficienten von $F(x_1\, x_2)$ haben mit denen von $G(x_1\, x_2)$ keinen Theiler gemein. Dividirt man $F.H$ durch $M_0(x_1)$ und wiederholt am Quotienten denselben Schluſs hinsichtlich eines zweiten irreducibelen Factors von $M(x_1)$ (der natürlich wieder $M_0(x_1)$ sein kann) u. s. f., so gelangt man zur Einsicht, daſs alle Coefficienten von $H(x_1\, x_2)$ durch $M(x_1)$ theilbar sein müssen. — Im zweiten Falle sei die Function $M(x_1\, x_2)$ gemeinsamer Theiler von $F.H$ und G und zwar ohne bloſs x_1 enthaltenden Theiler. Wenn man alle Functionen als solche von x_2 betrachtet, so darf man nach dem Hauptsatze der vorigen Nr. schlieſsen, daſs $H(x_1\, x_2)$ durch $M(x_1\, x_2)$ theilbar sein muſs. Man hat also

$$H(x_1, x_2) = \frac{M(x_1, x_2)\, H'(x_1, x_2)}{\Psi(x_1)},$$

wo H' eine ganze Function von $x_1\, x_2$, $\Psi(x_1)$ zunächst eine solche von x_1 bedeutet, beide jedenfalls ohne gemeinsamen Theiler. Demnach muſs nach dem soeben Bemerkten $M(x_1\, x_2)$ durch $\Psi(x_1)$ theilbar sein. Da jedoch $M(x_1\, x_2)$ keinen Theiler von der Form $\Psi(x_1)$ enthalten soll, so muſs $\Psi(x_1)$ eine Constante sein und es ist

$$H(x_1, x_2) = M(x_1, x_2)\, H'(x_1, x_2).$$

Aus dem vorstehenden Satze folgen:

5. Satz. „Eine ganze Function $F(x_1\, x_2)$ ist entweder irreducibel d. i. ohne Theiler oder sie läſst sich und zwar nur auf eine Weise als Product einer endlichen Anzahl von irreducibelen Factoren darstellen."

6. Satz. „Für jede gebrochene rationale Function von $x_1\, x_2$:

$$F(x_1\, x_2) : G(x_1\, x_2)$$

giebt es eine und nur eine reducirte Form

$$F(x_1 \, x_2) : G(x_1 \, x_2) = F_1(x_1 \, x_2) : G_1(x_1 \, x_2),$$

in welcher Zähler und Nenner Functionen ohne gemeinsamen Theiler sind.

Die Sätze 1—6 kann man auf ganze Functionen von beliebig vielen Veränderlichen $x_1 \, x_2 \dots x_m$ ausdehnen. Der Beweis ist so zu führen, dafs man sie für ganze Functionen von $1, 2 \dots m - 1$ Veränderlichen als giltig voraussetzt, und bietet keine Schwierigkeit mehr dar.

8. Der Fundamentalsatz der Algebra [3]).

Was immer auch die Coefficienten der ganzen Function n^{ten} Grades von x

$$F(x) = a_0 x^n + a_1 x^{n-1} + \cdots + a_n \qquad |\, a_0 \,| > 0$$

für Werthe haben mögen, es giebt mindestens eine bestimmte, reelle oder complexe Zahl c, welche für x in die Gleichung $F(x) = 0$ gesetzt, sie befriedigt. c heifst eine Wurzel dieser Gleichung.

Beweis. Setzen wir $x = \xi + \eta i$ und bilden

$$F(\xi + \eta i) = \Phi(\xi, \eta) + i \Psi(\xi, \eta) \qquad (1)$$

$$|\, F(\xi + \eta i) \,| = \sqrt{\Phi(\xi \eta)^2 + \Psi(\xi \eta)^2} = \mathsf{P}(\xi, \eta),$$

so springt in die Augen, dafs $\mathsf{P}(\xi, \eta)$ eine stetige Function von $\xi \, \eta$ für jedes System bestimmter Werthe von $\xi \, \eta$ ist. Da $F(0) = a_n$ ist, so hat $\mathsf{P}(\xi, \eta)$, während $\xi \, \eta$ alle endlichen Werthe durchlaufen, eine endliche untere Grenze $\varkappa$:

$$0 \leq \varkappa \leq |\, a_n \,|.$$

Es ist ferner (vgl. III. 7)

$$\lim_{x \,=\, \infty} F(x) = \infty.$$

Bringt man nämlich $F(x)$ auf die Form

$$F(x) = x^n \left\{ a_0 + \frac{a_1}{x} + \cdots + \frac{a_n}{x^n} \right\}$$

und bemerkt, dafs weil bei $\lim x = \infty$

$$\lim (1 : x) = 0$$

ist, der zweite Factor bei $\lim x = \infty$ den von Null verschiedenen Grenzwerth a_0 hat, so erkennt man, dafs $F(x)$ bei

$\lim x = \infty$ den Grenzwerth ∞ hat. D. h. es giebt zu jeder positiven Zahl Γ eine solche positive Zahl ϱ, dafs für alle Werthe von x, wofür

$$|x| > \varrho, \quad \mathsf{P}(\xi, \eta) = |F(x)| > \Gamma \qquad (2)$$

ist. — Wir zeigen nun:

1) **Es giebt ein Werthsystem** $\xi = \alpha \ \eta = \beta$, **wofür** $\mathsf{P}(\xi, \eta)$ **den Werth $\varkappa$ annimmt.** Nehmen wir in (2) $\Gamma > \varkappa$ an und ziehen in der Constructionsebene der x vom Nullpunkte einen Kreis mit dem Radius ϱ, so mufs innerhalb desselben (seinen Umfang mitgerechnet) die untere Grenze von $\mathsf{P}(\xi, \eta)$ $\varkappa$ sein. Denn da sie in einem der beiden Gebiete, in welche die Ebene durch den genannten Kreis zerlegt wird, $\varkappa$ sein mufs, so mufs sie in dem soeben bezeichneten $\varkappa$ sein. Nun ist $\Phi(\xi, \eta)$ eine stetige Function von $\xi \ \eta$ in allen Punkten dieses Gebietes, somit giebt es nach IX. 21 d. I. T. ein Werthsystem $\xi = \alpha \ \eta = \beta$, wofür die Gleichung besteht

$$\mathsf{P}(\alpha, \beta) = \varkappa.$$

2) **Die untere Grenze $\varkappa$ von $\mathsf{P}(\xi, \eta)$ ist Null**, also ist $\mathsf{P}(\alpha, \beta) = 0$ und

$$F(\alpha + \beta i) = 0.$$

Denn wird $\varkappa$ als positiv angenommen, so können Werthsysteme $\xi \ \eta$ nachgewiesen werden, wofür $\mathsf{P}(\xi, \eta) < \varkappa$ ist, was der Relation $\mathsf{P}(\xi, \eta) \geq \varkappa$ widerspricht. Die Möglichkeit solcher Werthe $\xi \ \eta$ wird so gezeigt. Setzt man

$$\alpha + \beta i = c,$$

so sei

$$|F(c)| = \varkappa > 0.$$

$F'(c), \ F''(c) \ldots$ können Null sein, endlich mufs man aber auf eine nicht verschwindende Ableitung

$$F^{(m)}(c) \quad (1 < m < n)$$

stofsen, da

$$F^{(n)}(c) = n! \, a_0$$

ist. Man hat demnach

$$F(c + h) = F(c) + \frac{F^{(m)}(c)}{m!} h^m + \frac{F^{(m+1)}(c)}{(m+1)!} h^{m+1} + \cdots + a_0 h^n$$

$$\frac{F(c + h)}{F(c)} = 1 + c_m h^m + c_{m+1} h^{m+1} + \cdots + c_n h^n,$$

wo in trigonometrischer Form

$$c_r = \frac{F^{(r)}(c)}{r!\,F'(c)} = \varrho_r\,(\cos\gamma_r + i\sin\gamma_r) \quad (r = m, m+1\ldots n)$$
$$h = H\,(\cos\theta + i\sin\theta)$$

sein sollen. Es ist mithin

$$\frac{F(c+h)}{F'(c)} = 1 + \varrho_m\,H^m\,[\cos(\gamma_m + m\theta) + i\sin(\gamma_m + m\theta)]$$
$$+ c_{m+1}\,h^{m+1} + \cdots + c_n\,h^n.$$

Bestimmen wir nun, was uns frei steht, θ so, dafs

$$\gamma_m + m\theta = \pi$$

ist, so erhalten wir

$$\frac{F(c+h)}{F'(c)} = (1 - \varrho_m\,H^m) + c_{m+1}\,h^{m+1} + \cdots + c_n\,h^n.$$

Nehmen wir H zunächst so an, dafs

$$\varrho_m\,H^m < 1$$

ist, so ergiebt sich nach dem 1. Satze in I. 8

$$\left|\frac{F(c+h)}{F'(c)}\right| < (1 - \varrho_m\,H^m) + \varrho_{m+1}\,H^{m+1} + \cdots + \varrho_n\,H^n$$

$$\left|\frac{F(c+h)}{F'(c)}\right| \leq 1 - \varrho_m\,H^m\left(1 - \frac{\varrho_{m+1}}{\varrho_m}H - \cdots - \frac{\varrho_n}{\varrho_m}H^{n-m}\right).$$

Durch weitere Verkleinerung von H läfst sich jedenfalls bewirken, dafs auch

$$\frac{\varrho_{m+1}}{\varrho_m}H + \cdots + \frac{\varrho_n}{\varrho_m}H^{n-m} < 1$$

ist. Dann ist aber

$$|F(c+h)| < |F(c)|,$$

also, wenn das in dieser Art bestimmte

$$h = \varrho + \sigma i$$

gesetzt wird,

$$\mathsf{P}\,(\alpha + \varrho,\ \beta + \sigma) < \varkappa.$$

9. Folgerungen.

1) Jede algebraische Gleichung n^{ten} Grades

$$F(x) = a_0 x^n + a_1 x^{n-1} + \cdots + a_n = 0 \qquad (3)$$

hat n Wurzeln $x = c_1\,c_2\ldots c_n$, wobei eine wiederholte

Wurzel so oft zu zählen ist, als die Ordnung des Nullseins von $F(x)$ angiebt.

Nach dem Satze der vorigen Nr. giebt es mindestens eine Zahl c_1, wofür $F(c_1) = 0$ ist. Dividiren wir $F(x)$ durch den Wurzelfactor $x - c_1$, so ist der Quotient eine ganze Function $(n-1)^{\text{ten}}$ Grades von x: $F_1(x)$ (Nr. 3). Nach dem genannten Satze giebt es eine Zahl c_2 (die auch gleich c_1 sein kann), wofür $F_1(c_2) = 0$ und zufolge der Formel

$$F(x) = (x - c_1)\, F_1(x)$$

auch $F(c_2) = 0$ ist. Mittelst der ganzen Function $(n-2)^{\text{ten}}$ Grades

$$\frac{F_1(x)}{x - c_2} = F_2(x)$$

gelangen wir zu einer dritten Wurzel c_3 der Gleichung (3). So fortfahrend werden wir, da der Grad der Quotienten $F_1(x)\ F_2(x)\ldots$ sich stets um eine Einheit erniedrigt, n Zahlen $c_1\ c_2 \ldots c_n$ erhalten, deren jede die Gleichung (3) befriedigt, denn man hat

$$F(x) = a_0\, (x - c_1)\, (x - c_2) \ldots (x - c_n). \tag{4}$$

Wenn unter den $c_1 \ldots c_n$ k_1 (aber nicht mehr) gleich c_1 sind, so ist $F(x)$ durch $(x - c_1)^{k_1}$ theilbar und der Quotient

$$F(x) : (x - c_1)^{k_1}$$

verschwindet für $x = c_1$ nicht mehr. k_1 ist also die Ordnung des Nullseins von $F(x)$.

Der vorstehende Satz zeigt schon, dafs wir erst durch Einführung der gemeinen complexen Zahlen die richtige Grundlage für die Analysis erlangt haben. Ohne dieselben würden sich ihre Sätze viel umständlicher gestalten. So könnten wir, wenn wir blofs die reellen Zahlen zulassen würden, nur sagen: Eine algebraische Gleichung von geradem Grade hat entweder keine oder zwei oder vier ..., eine von ungeradem Grade hat entweder eine oder drei oder fünf ... Wurzeln.

2) Die Formel (4) lehrt, dafs wenn sämmtliche reellen und complexen Zahlen als bekannt vorausgesetzt werden, jede ganze Function n^{ten} Grades von x in n lineare Factoren zerlegt werden kann.

Aus (4) ergeben sich ferner nach dem 2. Satze in Nr. 5 die folgenden Beziehungen zwischen den Coefficienten $a_0\ a_1\dots a_n$ der Gleichung (11) und ihren Wurzeln $c_1\ c_2\dots c_n$:

$$c_1 + c_2 + \dots + c_n = -\frac{a_1}{a_0}$$

$$\Sigma\ c_p\ c_q = \frac{a_2}{a_0}$$

$$\Sigma\ c_p\ c_q\ c_r = -\frac{a_3}{a_0}$$

$$\cdot\ \cdot\ \cdot\ \cdot\ \cdot\ \cdot$$

$$c_1\ c_2\dots c_n = (-1)^n\ \frac{a_n}{a_0},$$

worin die Summen sich erstrecken bez. auf alle Amben $p\ q$, auf alle Ternen $p\ q\ r\dots$ aus den Nummern $1, 2\dots n$.

Jede mehrfache Wurzel von (3) ist zufolge ihres Begriffes (Nr. 3) auch Wurzel der Gleichung $F'(x) = 0$, folglich auch Wurzel des gröfsten gemeinschaftlichen Theilers $T(x)$ der Functionen $F(x)$, $F'(x)$. Umgekehrt ist jede Wurzel von $T(x)$ eine mehrfache Wurzel von $F(x)$. Nunmehr können wir aber den folgenden Satz aussprechen:

3) „Es seien $c_1\ c_2\dots c_l$ ungleiche Zahlen und $l < n$. Wenn c_1 eine k_1-fache, c_2 eine k_2-fache $\dots c_l$ eine k_l-fache Wurzel der Gleichung (3) ist und sie keine anderen Wurzeln hat, so dafs

$$k_1 + k_2 + \dots + k_l = n$$
$$F(x) = a_0(x - c_1)^{k_1}\ (x - c_2)^{k_2}\dots(x - c_l)^{k_l} \qquad (5)$$

sein mufs, so ist das Product

$$T(x) = (x - c_1)^{k_1-1}\ (x - c_2)^{k_2-1}\dots(x - c_l)^{k_l-1}$$

der gröfste gemeinschaftliche Theiler von $F(x)$ und $F'(x)$, somit rational in den Coefficienten $a_0\ a_1\dots a_n$."

Die Formel (5) zeigt, dafs $F(x)$, die Formel (6) in Nr. 3, dafs $F'(x)$ durch $T(x)$ theilbar ist. Die ganzen Functionen

$$F(x) : T(x) = a_0(x - c_1)\ (x - c_2)\dots(x - c_l)$$

und $F'(x) : T(x)$ haben keine gemeinsame Wurzel mehr, denn eine solche könnte nur eine der Zahlen $c_1\ c_2\dots c_l$ sein, für deren keine $F'(x) : T(x)$ den Werth Null annimmt. Also haben $F(x) : T(x)$ und $F'(x) : T(x)$ keinen Theiler mehr gemein.

4) **Einer Gleichung mit reellen Coefficienten genügt neben einer complexen Wurzel**

$$x = \alpha + \beta i$$

auch die conjugirte Zahl

$$x = \alpha - \beta i$$

und zwar kommen beide Wurzeln gleich oft vor.

Soll $F(\alpha + \beta i) = 0$ sein, so muſs nach (1)

$$\Phi(\alpha, \beta) = 0 \qquad \Psi(\alpha, \beta) = 0$$

sein. Im Falle daſs die Coefficienten $a_0 \, a_1 \ldots a_n$ reell sind, hat man

$$F(\alpha - \beta i) = \Phi(\alpha, \beta) - i\Psi(\alpha, \beta),$$

also

$$F(\alpha - \beta i) = 0.$$

Da wir denselben Schluſs am Quotienten

$$\frac{F'(x)}{(x - \alpha - \beta i)(x - \alpha + \beta i)} = \frac{F'(x)}{(x - \alpha)^2 + \beta^2},$$

der eine ganze Function $(n-2)^{\text{ten}}$ Grades von x mit reellen Coefficienten darstellt, wiederholen können u. s. f., so ergiebt sich, daſs die Wurzeln

$$x = \alpha + \beta i \quad \text{und} \quad x = \alpha - \beta i$$

der Gleichung (3) gleich vielfach sind.

Deckt man sich unter der Voraussetzung, daſs die a_0 $a_1 \ldots a_n$ reell sind, in (4) die zu jedem Paare conjugirter Wurzeln gehörigen Wurzelfactoren mit einander multiplicirt, so erhält man den Satz von Gauſs[4]): Jede ganze Function von x mit reellen Coefficienten läſst sich in reelle Factoren des ersten oder zweiten Grades zerlegen.“

5) In vielen Lehrbüchern wird ein besonderer, schon von Cotes gefundener Fall des folgenden Satzes[5]) angeführt. „Es seien $c_1 \, c_2 \ldots c_n$ die Wurzeln der Gleichung

$$G(x) = x^n + b_1 \, x^{n-1} + \cdots + b_{n-1} x + b_n,$$

jede so oft angesetzt, als sie darin vorkommt, so daſs

$$G(x) = (x - c_1)(x - c_2) \ldots (x - c_n)$$

ist. Construirt man in der Ebene XOY die Strecken

$$OM = x, \quad OC_1 = c_1 \quad OC_2 = c_2 \ldots OC_n = c_n,$$

so ist demnach

$$G(OM) = C_1 M \cdot C_2 M \ldots C_n M$$
$$|G(OM)| = |C_1 M| \cdot |C_2 M| \ldots |C_n M|.\text{"}$$

Besonders einfach gestaltet sich diese Formel, wenn x und die Coefficienten $b_1 \ldots b_n$ reell sind, wie in dem von Cotes betrachteten Falle, wo

$$G(x) = x^n - b$$

zu setzen ist.

— —

Anhang. Arithmetische Reihen und Interpolation.

10. Die Differenzenreihen.

I.   II.   III. . . .

Es sei eine Reihe von beliebigen Zahlen

$$y_0\, y_1 \cdots y_n, y_{n+1} \cdots$$

vorgelegt. Man bildet zuerst die Differenzen der aufeinanderfolgenden Glieder, wofür gewöhnlich die Bezeichnung

$$\Delta y_r = y_{r+1} - y_r \quad (r = 0, 1, 2 \ldots)$$

gebraucht wird. Subtrahirt man je zwei aufeinander folgende Glieder der ersten Differenzenreihe (I), so erhält man die zweiten Differenzen (II) der gegebenen Zahlen

$$\Delta^2 y_r = \Delta y_{r+1} - \Delta y_r \quad (r = 0, 1, 2 \ldots)$$

u. s. f. Auf diese Weise gelangt man nach und nach zur $(n-1)^{\text{ten}}$ Differenzenreihe mit den Gliedern

$$\Delta^{n-1}y_0, \quad \Delta^{n-1}y_1 \ldots$$

und endlich zur n^{ten} mit den Gliedern

$$\Delta^n y_r = \Delta^{n-1}y_{r+1} - \Delta^{n-1}y_r \quad (r = 0, 1, 2 \ldots), \qquad (2)$$

bei der wir stehen bleiben. Für die Differenzen

$$\Delta y_r \; \Delta^2 y_r \; \Delta^3 y_r \ldots \Delta^n y_r \quad (r = 0, 1, 2 \ldots)$$

ergeben sich die folgenden Ausdrücke durch die Zahlen der Reihe (1)

$$\Delta y_r = y_{r+1} - y_r$$
$$\Delta^2 y_r = y_{r+2} - 2y_{r+1} + y_r$$
$$\Delta^3 y_r = y_{r+3} - 3y_{r+2} + 3y_{r+1} - y_r$$
$$\cdots \cdots \cdots \cdots$$
$$\Delta^n y_r = \sum_0^n {}_k (-1)^{n-k} \binom{n}{k} y_{r+k}. \qquad (I)$$

Die letzte Formel wird durch den Schluß von $n-1$ auf n begründet. Angenommen, es sei

$$\Delta^{n-1}y_r \;\; = \sum_0^{n-1} {}_k (-1)^{n-k-1} \binom{n-1}{k} y_{r+k}$$

$$\Delta^{n-1}y_{r+1} = \sum_0^{n-1} {}_k (-1)^{n-k-1} \binom{n-1}{k} y_{r+k+1},$$

so findet man mit Benutzung der in VIII. 3. d. I. T. erwähnten Gleichung

$$\binom{n-1}{k-1} + \binom{n-1}{k} = \binom{n}{k}$$

aus (2) sofort die Formel (I).

Die Formel (I) gilt auch bei negativen Werthen von r d. i. wenn man sich die Reihe (1) durch die Glieder y_{-1}, $y_{-2}\ldots$ nach rückwärts verlängert denkt.

Aus (I) ergeben sich unmittelbar die folgenden Sätze der Differenzenrechnung: 1) Sind die Glieder der gegebenen Reihe (1) Summen mit gleichviel Gliedern, so ist jede n^{te} Differenz gleich der Summe der entsprechenden n^{ten} Differenzen für die aus den gleichstelligen Gliedern der Summen (1) gebildeten Reihen. 2) Ein gemeinsamer Factor c der Glieder (1) ist auch Factor jeder n^{ten} Differenz d. i.

$$\Delta^n (cy_r) = c\Delta^n y_r.$$

Aus diesen beiden Sätzen folgt: 3) „Die m^{te} Differenz einer ganzen Function m^{ten} Grades von x

$$F(x) = a_0 x^m + a_1 x^{m-1} + \cdots + a_m$$

ist constant, d. h. setzt man in (1)

$$y_r = F(x + rd) \quad (r = 0, 1, 2 \ldots),$$

so hat $\Delta^m F(x)$ den von x, also $\Delta^m y_r$, den von r unabhängigen Werth $m! \, d^m a_0$.“

Beweis. Vermöge der Formel

$$(x + d)^k - x^k = d \{ k x^{k-1} + k_2 x^{k-2} d + \cdots + d^{k-1} \}$$
$$(k = 1, 2 \ldots m)$$

findet man, dafs

$$\Delta F(x) = F(x + d) - F(x) = m d a_0 x^{m-1} + \cdots$$

eine ganze Function $(m-1)^{\text{ten}}$ Grades von x sein mufs, worin x^{m-1} den Coefficienten $m d a_0$ hat. Indem also $\Delta F(x)$ eine ganze Function $(m-1)^{\text{ten}}$ Grades von x ist, ergiebt sich durch denselben Schlufs, dafs

$$\Delta^2 F(x) = \Delta F(x + d) - \Delta F(x)$$
$$= m(m - 1) \, d^2 a_0 \, x^{m-2} + \cdots$$

eine ganze Function $(m-2)^{\text{ten}}$ Grades von x ist, worin x^{m-2} den Coefficienten $m(m - 1) d^2 a_0$ hat, u. s. f. Schliefslich erhält man

$$\Delta^m F(x) = m! \, d^m a_0.$$

Setzt man hier statt x $x + rd$, so erhält man auch

$$\Delta^m F(x + rd) = m! \, d^m a_0.$$

11. Durch Auflösung der Gleichungen (1) gelangt man dazu, die Glieder $y_{r+1} \, y_{r+2} \ldots y_{r+n}$ der Reihe (1) durch

$$y_r, \, \Delta y_r, \, \Delta^2 y_r \ldots \Delta^n y_r \quad (r = 0, \pm 1, \pm 2 \ldots)$$

auszudrücken. Man findet nacheinander

$$y_{r+1} = y_r + \Delta y_r$$
$$y_{r+2} = y_r + 2 \Delta y_r + \Delta^2 y_r$$
$$y_{r+3} = y_r + 3 \Delta y_r + 3 \Delta^2 y_r + \Delta^3 y_r$$
$$\cdots \cdots \cdots \cdots \cdots$$

$$(p \leqq n) \quad y_{r+p} = \sum_k^p \binom{p}{k} \Delta^k y_r. \tag{II}$$

Dabei ist $\Delta^0 y_r = y_r$ zu setzen. Auch diese Formel beweist man leicht durch den Schluſs von $p - 1$ auf p.

Der Formel (II) steht eine zur Seite, welche die Glieder

$$y_{r-1} \quad y_{r-2} \ldots y_{r-n}$$

der (nach rückwärts verlängerten) Reihe (1) durch die nach rückwärts verlaufenden Differenzen

$$y_r \quad \Delta y_{r-1} \quad \Delta^2 y_{r-2} \ldots \Delta^n y_{r-n}$$

auszudrücken lehrt. Wir erhalten sie durch Auflösung der in (I) enthaltenen Gleichungen

$$\Delta y_{r-1} = y_r - y_{r-1}$$
$$\Delta^2 y_{r-2} = y_r - 2 y_{r-1} + y_{r-2}$$
$$\cdot \quad \cdot \quad \cdot \quad \cdot \quad \cdot \quad \cdot \quad \cdot$$
$$\Delta^n y_{r-n} = y_r - n y_{r-1} + \cdots + y_{r-n}$$

nach y_{r-1}, y_{r-2} u. s. f. — Daraus folgt

$$y_{r-1} = y_r - \Delta y_{r-1}$$
$$y_{r-2} = y_r - 2 \Delta y_{r-1} + \Delta^2 y_{r-2}$$
$$\cdot \quad \cdot \quad \cdot \quad \cdot \quad \cdot \quad \cdot \quad \cdot$$

$$(p < n) \quad y_{r-p} = \sum_0^p (-1)^k \binom{p}{k} \Delta^k y_{r-k}. \tag{III}$$

12. Arithmetische Reihen m^{ter} Ordnung.

Wenn die Reihe

$$\cdots y_{-2} \; y_{-1} \; y_0 \; y_1 \; y_2 \cdots \tag{3}$$

so beschaffen ist, dafs die m^{te} Differenz constant ist, so heifst sie eine arithmetische Reihe m^{ter} Ordnung. Den Ausdruck des allgemeinen Gliedes derselben y_p liefert die Formel (II). Setzt man dort $r = 0$ und läfst $n > p$ und $p > m$ sein, so folgt wegen

$$\Delta^{m+1} y_0 = \Delta^{m+2} y_0 = \cdots = \Delta^n y_0 = 0$$

$$y_p = \sum_0^m \binom{p}{k} \Delta^k y_0. \tag{4}$$

Die Formel gilt auch, wenn $p < m$ und p negativ ist. Letzteres ergiebt sich auf folgende Art. Nach (4) ist y_p bei $p > 0$ eine ganze Function m^{ten} Grades von p. Da ungekehrt die Werthe einer ganzen Function m^{ten} Grades von x für

$$x = \cdots - 2, - 1, 0, + 1, + 2 \cdots$$

eine arithmetische Reihe m^{ter} Ordnung bilden und die Zahl y_p auch bei $p < 0$ aus den Werthen

$$y_0, \quad \Delta y_0, \quad \Delta^2 y_0 \ldots \Delta^m y_0$$

vollständig bestimmt ist, so muſs sie auch bei $p < 0$ mit der rechten Seite von (4) übereinstimmen.

Auf ähnliche Art findet man aus (III) die Formel

$$y_p = \sum_{0}^{m} (- 1)^k \binom{-p}{k} \Delta^k y_{-k}$$

$$= \sum_{0}^{m} \binom{p+k-1}{k} \Delta^k y_{-k}. \tag{5}$$

Die Summen

$$s_p = y_0 + y_1 + \cdots + y_p \quad (p \geq 0)$$

bilden eine arithmetische Reihe $(m + 1)^{\text{ter}}$ Ordnung. Fügt man Null als erstes Glied hinzu, so hat man nur in (4)

$$y_0 = 0 \quad \Delta 0 = y_0 \quad \Delta^2 0 = \Delta y_0 \ldots \quad \Delta^{m+1} 0 = \Delta^m y_0$$

zu setzen, um die Summenformel

$$s_p = \sum_{1}^{m+1} \binom{p+1}{k} \Delta^{k-1} y_0 = \sum_{0}^{m} \binom{p+1}{k+1} \Delta^k y_0 \tag{6}$$

zu erhalten. — Die Summen

$$s_{-p} = y_{-p} + y_{-p+1} + \cdots y_{-1} + y_0 \quad (p > 0)$$

bilden nach steigendem Index geordnet, ebenfalls eine arithmetische Reihe $(m + 1)^{\text{ter}}$ Ordnung, welche mit den Gliedern

$$0, \quad - s_1 + y_0, \quad - s_2 + y_0 \cdots$$

fortzusetzen ist. Demnach findet man nach (4)

$$s_{-p} = y_0 + \sum_{1}^{m+1} \binom{-p}{k} (- \Delta^{k-1} y_0)$$

$$= (p + 1) y_0 - \sum_{1}^{m} \binom{-p}{k+1} \Delta^k y_0.$$

Beispiel. Die m^{ten} Potenzen der natürlichen Zahlen

$$1^m \quad 2^m \ldots (n - 1)^m \ldots$$

bilden nach Nr. 10 eine arithmetische Reihe m^{ter} Ordnung, welche auf folgende Art summirt wird. Es sei

$$1^m + 2^m + \cdots + (n-1)^m = S_{n-1}^{(m)} \quad (n \geq 2).$$

Nach (6) hat man für $y_0 = 0^m$

$$S_{n-1}^{(m)} = \sum_1^m {\binom{n}{k+1}} \varDelta^k 0^m;$$

es läfst sich demnach $S_{n-1}^{(m)}$ als ganze Function $(m+1)^{\text{ten}}$ Grades von n darstellen. Setzt man

$$S_{n-1}^{(m)} = c_0 n^{m+1} + c_1 n^m + \cdots + c_m n,$$

so kann man die Coefficienten c_r recurrirend bestimmen. Aus der hinsichtlich n identischen Gleichung

$$S_n^{(m)} - S_{n-1}^{(m)} = n^m = \sum_0^m c_r \left[(n+1)^{m+1-r} - n^{m+1-r} \right]$$

ergeben sich vermöge der Formel

$$(n+1)^{m+1-r} - n^{m+1-r} = \sum_1^{m+1-r} {\binom{m+1-r}{k}} n^{m+1-r-k}$$

durch Vergleichung der Coefficienten derselben Potenzen von n auf beiden Seiten die Formeln:

$$1 = (m+1) c_0$$

$$0 = {\binom{m+1}{2}} c_0 + m c_1$$

$$0 = \sum_0^h {\binom{m+1-r}{h+1-r}} c_r \quad (h = 2, 3 \ldots m).$$

Daraus folgt

$$c_0 = \frac{1}{m+1} \qquad c_1 = -\tfrac{1}{2}.$$

Falls $r \geq 2$ ist, setzen wir zunächst

$$c_r = {\binom{m+1}{r}} \frac{d_{r-1}}{m+1},$$

wodurch die vorstehenden Gleichungen übergehen in

$$1 = \frac{h+1}{2} - \sum_2^k {\binom{h+1}{r}} d_{r-1}. \tag{7}$$

Hieraus erkennt man, dafs d_r explicite nur von r, nicht von m abhängt und findet

$$d_2 = d_4 = \cdots = 0.$$

Wir werden in VII. 9 f. sehen, daſs allgemein $d_{2s} = 0$ und

$$B_s = (-1)^{s-1} d_{2s-1} \quad (s = 1, 2 \ldots)$$

eine positive Zahl ist. $B_1, B_2 \ldots$ heiſsen die Bernoulli'schen Zahlen. Man erhält aus den Gleichungen (7)

$$B_1 = \tfrac{1}{6} \quad B_2 = \tfrac{1}{30} \quad B_3 = \tfrac{1}{42} \quad B_4 = \tfrac{1}{30} \quad B_5 = \tfrac{5}{66}$$
$$B_6 = \tfrac{691}{2730} \quad B_7 = \tfrac{7}{6} \text{ u. s. w.}$$

Die ganzen Functionen

$$\varphi_1(x) = x \qquad \varphi_2(x) = x^2 - x$$

$$\varphi_m(x) = x^m - \frac{m}{2} x^{m-1} + \binom{m}{2} B_1 x^{m-2} - \binom{m}{4} B_2 x^{m-4} + \cdots,$$

$$(m \geq 3),$$

welcher Ausdruck bei ungeradem m bis zum Gliede mit x, bei geradem m bis zu dem mit x^2 fortzusetzen ist, nennt man Bernoulli'sche Functionen[6]). Hiernach hat man

$$S_{n-1}^{(m)} = \frac{1}{m+1} \varphi_{m+1}(n).$$

Es besteht die Relation

$$\varphi_{m+1}(x+1) - \varphi_{m+1}(x) = (m+1) x^m, \quad (m \geq 0);$$

denn sie gilt, wie die letzte Formel zeigt, für jedes ganzzahlige $x \geq 2$. —

Setzt man in (7) $h = m$, so folgt noch

$$\varphi_{m+1}(1) = 0 \quad (m \geq 1).$$

13. Die Lagrange'sche und die Newton'sche Interpolationsformel.

Es giebt eine und nach dem 2. Satze in Nr. 3 nur eine ganze Function n^{ten} Grades von x, welche für $x = x_0$ den gegebenen Werth y_0 annimmt und für die von x_0 und unter sich verschiedenen Werthe

$$x = x_1, \quad x_2 \ldots x_n$$

Null ist. Nach dem Hilfssatze in Nr. 5 muſs eine solche Function durch

$$(x - x_1)(x - x_2) \ldots (x - x_n)$$

theilbar, folglich von der Form

$$y = c(x - x_1)(x - x_2) \ldots (x - x_n)$$

sein. Bestimmt man die noch willkürliche Constante c so, daſs für $x = x_0$ $y = y_0$ ist, so findet man

$$y = y_0 \cdot \frac{(x - x_1)(x - x_2) \ldots (x - x_n)}{(x_0 - x_1)(x_0 - x_3) \ldots (x_0 - x_n)} = \frac{y_0}{P'(x_0)} \cdot \frac{P(x)}{x - x_0}, \quad (8)$$

wobei

$$(x - x_0)(x - x_1) \ldots (x - x_n) = P(x)$$

gesetzt ist und $P'(x)$ die Ableitung von $P(x)$ nach x bezeichnet.

Deſsgleichen giebt es eine und nach dem 2. Satze in Nr. 5 nur eine ganze Function n^{ten} Grades von x: $F(x)$, welche für die ungleichen Werthe $x = x_0, x_1 \ldots x_n$ bez. die gegebenen Werthe $y = y_0, y_1 \ldots y_n$ annimmt. Und zwar erhält man dafür nach der Formel (8) den Ausdruck

$$F(x) = \sum_0^n \frac{y_r}{P'(x_r)} \cdot \frac{P(x)}{x - x_r}. \quad (IV)$$

Denn setzt man rechts $x = x_r$, so sind alle Glieder Null mit Ausnahme des hier angeschriebenen, das den Werth $y = y_r$ annimmt. Die Formel (IV),[7] welche die Lagrange'sche Interpolationsformel heiſst, erscheint als besonderer Fall einer in V. 12 angeführten.

Nimmt man in (IV) die Werthe $x_0, x_1 \ldots x_n$ äquidistant an und setzt

$$x_0 = a, \quad x_r = a + rd \quad (r = 1, 2 .. n) \quad x = a + vd,$$

wo $a\,d\,v$ zunächst beliebige Zahlen bedeuten, so erhält man

$$F(a + vd) = \sum_0^n \binom{v}{r}\binom{n-v}{n-r} y_r. \quad (9)$$

Da die Werthe

$$y_r = F(a + rd)$$
$$(r = \cdots - 2, - 1, 0, + 1, + 2 \ldots)$$

eine arithmetische Reihe n^{ter} Ordnung bilden, so findet man nach (4) für jeden ganzzahligen Werth von v

$$F(a + vd) = \sum_0^n \binom{v}{k} \Delta^k y_0. \quad (V)$$

Indem auf beiden Seiten der Gleichung ganze Functionen n^{ten} Grades von v stehen, so darf man nach dem 2. Satze in Nr. 5 schlieſsen, daſs sie für beliebige Werthe von v gilt. Die Formel (V) heiſst Newton'sche Interpolationsformel. Auf ähnliche Art gelangt man, von (5) ausgehend, zur Formel

$$F(a + vd) = \sum_0^n \binom{-v}{k} (-1)^k \Delta^k y_{-k}, \qquad \text{(VI)}$$

welche bei der Interpolation von rückwärts benutzt wird. — Uebrigens läfst sich $F(a + vd)$ auch direct mit Hilfe der Relationen (II), (III) in die rechte Seite der Formeln (V), (VI) überführen.[8])

14. Interpolirte Functionswerthe.

Es sei $f(x)$ eine eindeutige Function von x, von der zunächst die zu den ungleichen Werthen von $x = x_0, x_1 \ldots x_n$ gehörigen Werthe

$$f(x_0) = y_0 \quad f(x_1) = y_1 \ldots f(x_n) = y_n$$

bekannt sind. Weifs man noch weiter, dafs $f(x)$ für alle Werthe eines die Punkte $x_0 x_1 \ldots x_n$ enthaltenden Bereiches eine ganze Function von höchstens n^{tem} Grade von x sei, so ist sie vollständig durch die Formel (IV) bestimmt.

So wird die Aufgabe, zwischen je zwei Glieder einer arithmetischen Reihe m^{ter} Ordnung mit dem allgemeinen Gliede (4) q Glieder so einzuschalten, dafs die Gesammtheit aller Glieder z_n neuerdings eine arithmetische Reihe m^{ter} Ordnung bildet, nach der Formel (V) gelöst. z_n mufs nämlich eine ganze Function m^{ten} Grades von n sein und für $n = qp$ mit y_p übereinstimmen. Man hat demnach

$$z_n = \sum_0^n \binom{\frac{n}{q}}{k} \Delta^k y_0.$$

Wenn jedoch aufserdem nur bekannt ist, dafs eine solche ganze Function n^{ten} Grades von x: $F(x)$ existirt, dafs ihr Unterschied von $f(x)$ für alle Werthe von x im genannten Bereiche dem absoluten Betrage nach unter einer bestimmten positiven Zahl ε liegt, so stellt die Formel (IV) $f(x)$ bis auf einen Fehler vom absoluten Betrage ε dar. Im Falle dafs die Werthe $x_0 x_1 \ldots x_n$ äquidistant sind, ersetzt man (IV) durch die Formeln (V) und (VI), von denen mithin ebenfalls das Gesagte gilt. Wenn x eine reelle Veränderliche und $f(x)$ eine reelle Function' derselben ist, so dafs ν auf das Intervall $(-\tfrac{1}{2}, \tfrac{1}{2})$ beschränkt werden kann, so gebraucht man die erstere, falls ν zwischen 0 und $\tfrac{1}{2}$, die letztere, falls ν zwischen $-\tfrac{1}{2}$ und 0 liegt.

Bei numerischer Berechnung der rechten Seiten der Formeln (V) und (VI) zeigen sich noch zwei Fehlerquellen, so dafs der Unterschied zwischen $f(a + \nu d)$ und dem Resultate dieser Rechnung ε übersteigen kann. Erstens müssen anstatt der wahren Functionswerthe

$$y_r = f(a + r d)$$

gewöhnlich unvollständige Decimalzahlen η_r gebraucht werden, deren jede mit Einheiten von der Ordnung 10^p schliefst und mit einem Fehler δ_r, welcher absolut genommen unter einer positiven Zahl δ liegt, behaftet ist. Zweitens werden die Producte

$$\binom{\nu}{k} \varDelta^k \eta_0 \quad (k = 1, 2 \ldots n)$$

nicht vollständig, sondern abgekürzt entwickelt, wodurch neuerdings Fehler begangen werden. Zu ihnen gesellt sich noch ein Fehler ϱ, dem absoluten Betrage nach auch unter δ gelegen, der von der Verkürzung der aus den genannten n Producten gebildeten Summe auf Einheiten von der Ordnung 10^p herrührt. — Der aus der ersten Quelle stammende Fehler läfst sich so abschätzen. Setzt man

$$y_r = \eta_r + \delta_r \qquad |\delta_r| < \delta,$$

so hat man nach (9)

$$F(a + \nu d) = \sum_{0}^{n} \binom{\nu}{r} \binom{n-\nu}{n-r} \eta_r$$

$$+ \sum_{0}^{n} \binom{\nu}{r} \binom{n-\nu}{n-r} \delta_r \,.$$

Der erste Theil rechts stimmt überein mit

$$\sum_{0}^{n} \binom{\nu}{k} \varDelta^k \eta_0 \,,$$

der zweite wird also vernachlässigt.

Ist $0 < \nu \leq \tfrac{1}{2}$ und $r \geq 1$, so hat $\binom{\nu}{r}$ das Zeichen von $(-1)^{r-1}$ und der Binomialcoefficient $\binom{n-\nu}{n-r}$ ist positiv. Demnach bleibt der absolute Betrag des zweiten Theiles unter

$$\left\{ \binom{n-\nu}{n} + \sum_{1}^{n} (-1)^{r-1} \binom{\nu}{r} \binom{n-\nu}{n-r} \right\} \delta \,. \tag{10}$$

Ist $0 > \nu \geq -\tfrac{1}{2}$, so hat $\binom{\nu}{r}$ das Zeichen von $(-1)^r$ und $\binom{n-\nu}{n-r}$ ist positiv. Dabei sind diese Binomialcoefficienten, absolut genommen, von $r = 2$ an gröfser als die entsprechenden oben. Benutzt man dagegen jetzt die Formel (VI), so kommt man wieder auf die absolute Fehlergrenze (10), indem aus (IV) für

$$x = a + \nu \delta, \quad x_r = a - r \delta$$

$$F'(a + \nu d) = \sum_0^n \binom{-\nu}{r} \binom{n+\nu}{n-r} y_{-r}$$

folgt. Somit ist in dem in Rede stehenden Falle die Formel (VI) vorzuziehen. — Im Falle $n = 1$ liefert (10)

$$(1 - \nu + \nu) \, \delta$$

d. i. δ. Rechnet man hierzu wenigstens noch den Fehler von $F'(a + \nu d)$ und den zuletzt genannten ϱ, so erhält man für den absoluten Betrag des Fehlers des interpolirten Functionswerthes die Grenze $\varepsilon + 2\delta$.

Interpolation der gemeinen Logarithmen. Bei positivem x hat man

$$0 < x - l(1 + x) < \tfrac{1}{2} x^2,$$

bei negativem $x > -1$

$$0 < x - l(1 + x) < \frac{x^2}{2(1 + x)} \cdot \,{}^9)$$

Setzt man hier

$$x = \nu : a$$

und multiplicirt mit dem Modulus M der gemeinen Logarithmen, so folgt aus der ersten Formel

$$0 < \left(\frac{M\nu}{a} + \log a \right) - \log(u + \nu) < \frac{M}{2} \cdot \frac{\nu^2}{a^2}.$$

Giebt die Tafel die Logarithmen der Zahlen von 10^p bis 10^{p+1}, so ist $a \geq 10^p$, folglich wenn ν positiv und $\leq \tfrac{1}{2}$ ist,

$$\frac{M}{2} \cdot \frac{\nu^2}{a^2} \leq \frac{M}{8} \cdot \frac{1}{10^{2p}}.$$

Berücksichtigt man beim Vorwärtsinterpoliren nur die ersten Differenzen d. i. beschränkt man sich auf die beiden ersten Glieder der Reihe für

$$\log(a + \nu),$$

so hat man die Fehlergrenze

$$\varepsilon = \frac{M}{8} \cdot \frac{1}{10^{2p}} = \frac{0,05428..}{10^{2p}}$$

zu setzen. Beim Rückwärtsinterpoliren

$$(0 > \nu > -\tfrac{1}{2})$$

ist zufolge der zweiten Formel ε etwas gröfser anzusetzen, nämlich

$$\varepsilon = \frac{M}{8 \cdot 10^{2p}} : \left(1 - \frac{1}{2 \cdot 10^p} \right).$$

Sind die Logarithmen der natürlichen Zahlen in der Tafel auf l Stellen genau, so daſs

$$\delta = \tfrac{1}{2} \cdot \frac{1}{10^l}$$

ist, so nimmt man $2p \gtrless l$ an, also bei einer vierstelligen Tafel $p = 2$, bei einer fünfstelligen $p = 3$, bei einer sechs- und siebenstelligen $p = 4$. Die absolute Fehlergrenze für die vorwärts interpolirten Logarithmen liegt dann nicht unter

$$\varepsilon + 2\delta = \frac{M}{8} \cdot \frac{1}{10^{2p}} + \frac{1}{10^l},$$

z. B. bei siebenstelligen Tafeln nicht unter $1{,}005428\ldots : 10^7$.

V. Abschnitt.

Unendliche Reihen mit complexen Gliedern.

------

1. Convergente und divergente Reihen.

Es sei eine endlose Folge von beliebigen Zahlen

$$a_0 \quad a_1 \quad a_2 \ldots a_n \ldots$$

gegeben. Wenn wir die Partialsummen

$$s_0 = a_0 \quad s_1 = a_0 + a_1 \quad s_2 = a_0 + a_1 + a_2 \ldots$$

$$s_n = a_0 + a_1 + \cdots + a_n = \sum_0^n{}_p\, a_p$$

bilden, so kann s_n beim Grenzübergange $\lim n = +\infty$, wobei n alle ganzen Zahlen von Null an zu durchlaufen hat, einen endlichen Grenzwerth a haben oder nicht. Im ersten Falle heißt die unendliche Reihe

$$a_0 + a_1 + a_2 + \cdots \tag{1}$$

convergent, im zweiten divergent.

Wir sagen demnach, daß die unendliche Reihe (1) convergirt und a ihr Grenzwerth ist, wenn zu jeder positiven Zahl ε eine positive Zahl μ so gehört, daß für alle Werthe von n größer als μ

$$s_n - a \,|\, < \varepsilon \tag{2}$$

ist. Daraus folgt, daß wenn jedes Glied von (1) in seinen reellen und imaginären Theil zerlegt wird:

$$a_n = \alpha_n + \beta_n i,$$

auch die ersteren, sowie die letzteren eine convergente Reihe bilden müssen. Denn ist

$$\alpha_0 + \alpha_1 + \cdots + \alpha_n = \sigma_n \qquad \beta_0 + \beta_1 + \cdots + \beta_n = \tau_n$$
$$s_n = \sigma_n + \tau_n i \qquad\qquad a = \alpha + \beta i,$$

so hat man für $n > \mu$ auch

$$|\sigma_n - \alpha| < \varepsilon \quad \text{und} \quad |\tau_n - \beta| < \varepsilon. \qquad (3)$$

Demnach ist

$$\lim_{n=+\infty} \sigma_n = \alpha \qquad \lim_{n=+\infty} \tau_n = \beta.$$

Sind umgekehrt die Reihen

$$\alpha_0 + \alpha_1 + \cdots \quad \text{und} \quad \beta_0 + \beta_1 + \cdots$$

convergent, so auch die Reihe (1). In der That folgt aus
(3) für $n > \mu$

$$|s_n - \alpha - \beta i| < 2\varepsilon.$$

Die nothwendige und hinreichende Bedingung
dazu, dafs die Reihe $a_0 + a_1 + \cdots$ convergirt, besteht
darin, dafs jeder positiven Zahl ε eine positive Zahl
μ sich so zuordnen läfst, dafs wenn $n > \mu$ ist,

$$|a_{n+1} + a_{n+2} + \cdots + a_{n+r}| < \varepsilon \qquad (r = 1, 2 \ldots) \quad (4)$$

ist, was für eine natürliche Zahl r auch sein mag [1]).
— Zufolge (2) ist bei Convergenz der Reihe (1) nothwendig,
dafs wenn $n > \mu$ ist,

$$|s_{n+r} - a| < \varepsilon, \quad \text{also} \quad |s_{n+r} - s_n| < 2\varepsilon$$

ist. Wenn aber (4) erfüllt ist, so ergiebt sich, dafs bei
$n > \mu$

$$|\alpha_{n+1} + \cdots + \alpha_{n+r}| < \varepsilon$$
$$|\beta_{n+1} + \cdots + \beta_{n+r}| < \varepsilon \qquad (r = 1, 2 \ldots)$$

ist. Somit convergiren die Reihen

$$\alpha_0 + \alpha_1 + \cdots \quad \text{und} \quad \beta_0 + \beta_1 + \cdots$$

und daher auch die Reihe (1). — Zur Convergenz der Reihe
(1) ist zwar nach (4) nothwendig, jedoch nicht hinreichend, dafs a_n bei $\lim n = +\infty$ den Grenzwerth
Null hat.

Der vorstehende Satz, welcher als ein besonderer Fall
eines Satzes in III. 7 zu betrachten ist, hat denselben Wort-
laut, wie der ihm entsprechende in X. 1 d. I. T. Das wird
Dank der zweckmäfsigen Ausdehnung des Begriffes „absoluter Betrag" bei vielen Sätzen dieses Abschnittes der Fall

sein; selbst die in der reellen Reihentheorie gegebenen Beweise lassen sich oft in dem jetzt betrachteten allgemeinen Falle gebrauchen. So können wir genau so wie a. a. O. beweisen:

1) **Die unendliche geometrische Reihe**

$$1 + x + x^2 + \cdots$$

convergirt dann und nur dann, wenn x dem absoluten Betrage nach kleiner als 1 ist und zwar ist ihr Grenzwerth $1 : (1 - x)$.

Aus diesem Satze folgt, daß wenn $x \mid < \mid a \mid$ ist,

$$\frac{a}{a - x} = \frac{1}{1 - \dfrac{x}{a}} = 1 + \frac{x}{a} + \frac{x^2}{a^2} + \cdots$$

Denkt man sich a in trigonometrischer Form:

$$a = A \{\cos \alpha + i \sin \alpha\}$$

und x als reelle Zahl ξ, so daß

$$\frac{a}{a - \xi} = \frac{A(A - \xi \cos \alpha) - iA\xi \sin \alpha}{A^2 - 2A\xi \cos \alpha + \xi^2}$$

ist, so erhält man die für alle reellen ξ, deren absoluter Betrag kleiner als A ist, giltigen Entwickelungen

$$\frac{(A - \xi \cos \alpha) A}{A^2 - 2A\xi \cos \alpha + \xi^2}$$

$$= 1 + \frac{\xi}{A} \cos \alpha + \cdots + \left(\frac{\xi}{A}\right)^n \cos n\alpha + \cdots$$

$$\frac{A^2 \sin \alpha}{A^2 - 2A\xi \cos \alpha + \xi^2}$$

$$= \sin \alpha + \frac{\xi}{A} \sin 2\alpha + \cdots + \left(\frac{\xi}{A}\right)^{n-1} \sin n\alpha + \cdots.$$

Die Coefficienten dieser recurrenten Reihen lassen sich auch mittelst der Recursionsgleichungen erhalten. Daß ihr Convergenzintervall genau $(- A, A)$ ist, erkennt man auch nach IX. 22 d. I. T. sofort, indem die Coefficienten von

$$(\xi : A)^n \quad (n \geqq 0)$$

zwischen den Grenzen -1 und $+1$ liegen. — Schreibt man in der letzten Formel statt $A \cos \alpha$ $A \sin \alpha$ bez. a b, also statt A $\sqrt{a^2 + b^2}$, so erhält man die auf p. 287 u. 291 d. I. T. angekündigte Potenzreihe für die Function

$$b \sqrt{a^2 + b^2} : \{(a - \xi)^2 + b^2\}$$

mit dem Convergenzintervall

$$(- \sqrt{a^2 + b^2}, \ \sqrt{a^2 + b^2}).$$

2) Die unendliche Reihe

$$(b_0 - b_1) + (b_1 - b_2) + \cdots + (b_{n-1} - b_n) + \cdots$$

convergirt dann und nur dann, wenn b_n bei $\lim n = +\infty$ einen endlichen Grenzwerth b hat. Der Grenzwerth derselben ist $b_0 - b$. Ein Beispiel s. Nr. 17, 2.

Im Falle dafs die Reihe (1) divergirt, kann $|s_n|$ bei $\lim n = +\infty$ einen endlichen oder unendlichen Grenzwerth oder von einander verschiedene Unbestimmtheitsgrenzen haben. Ist

$$\lim |s_n| = +\infty,$$

so sagt man, dafs die Reihe (1) den Grenzwerth ∞ hat.

2. Allgemeine Sätze über die unendlichen Reihen.

Es bestehen auch für Reihen mit complexen Gliedern die Sätze 1)—6) in X. 3 d. I. T. und zwar gelten dafür, den zweiten Satz ausgenommen, die nämlichen Beweise. — Im zweiten Satze ist „gröfser" in dem Sinne von I. 1 zu verstehen. Der Beweis desselben ergiebt sich sofort, wenn man die Grenzwerthe der beiden darin vorkommenden convergenten Reihen in ihre reellen und imaginären Theile zerlegt.

3. Unbedingte und bedingte Convergenz.

Satz.[2]) Die nothwendige und hinreichende Bedingung dazu, dafs die unendliche Reihe

$$a_0 + a_1 + \cdots + a_n + \cdots,$$

worin

$$a_n = \alpha_n + \beta_n i \qquad (n = 0, 1, 2 \ldots)$$

ist, bei jeder Anordnung ihrer Glieder convergirt und stets den nämlichen Grenzwerth darbietet, besteht in der absoluten Convergenz derselben, d. h. die Reihe der absoluten Beträge ihrer Glieder

$$|a_0| + |a_1| + \cdots + |a_n| + \cdots \qquad (5)$$

mufs convergiren.

Der Satz erscheint als eine unmittelbare Folge des entsprechenden über reelle Reihen in X. 9 d. I. T., wenn man bedenkt, dafs nach Nr. 1

$$\lim_{n=+\infty} s_n = \sum_0^\infty \alpha_n + i \sum_0^\infty \beta_n$$

ist. Soll dieser Grenzwerth von der Aufeinanderfolge der Glieder nicht abhängen, so muſs demnach sowohl die Reihe ihrer reellen Theile

$$\alpha_0 + \alpha_1 + \cdots,$$

als auch die ihrer imaginären Theile d. i.

$$\beta_0 + \beta_1 + \cdots$$

unbedingt, also absolut convergiren. Das ist auch hinreichend. Wenn aber die Reihen

$$| \alpha_0 | + | \alpha_1 | + \cdots, \qquad | \beta_0 | + | \beta_1 | + \cdots \qquad (6)$$

convergiren, so ist die Reihe

$$(| \alpha_0 | + | \beta_0 |) + (| \alpha_1 | + | \beta_1 |) + \cdots$$

convergent, somit wegen der Relationen

$$| \alpha_n | + | \beta_n | \geq \sqrt{\alpha_n^2 + \beta_n^2} = | a_n | \qquad (n = 0, 1, 2 \ldots)$$

auch die Reihe (5). Convergirt umgekehrt die Reihe (5), so convergirt wegen der Relationen

$$| a_n | \geq | \alpha_n | \text{ bezw. } | \beta_n | \qquad (n = 0, 1, 2 ..)$$

jede der Reihen (6).

Die Grenzwerthe der absolut convergenten Reihen und nur sie dürfen, wie aus den folgenden Sätzen hervorgeht, als Summen ihrer in unbegrenzter Anzahl vorhandenen Glieder angesehen werden. Im Falle daſs die absoluten Beträge der Reihenglieder $a_0, a_1 \ldots$ eine divergente Reihe bilden, versteht man unter der Aussage: „die unendliche Reihe

$$a_0 + a_1 + \cdots + a_n + \cdots$$

convergirt (divergirt)“, daſs ihre Glieder in der angegebenen, dem Wachsen des Index n entsprechenden Anordnung eine convergente (divergente) Reihe bilden.

1) „Wenn die unendliche Reihe

$$a_0 + a_1 + \cdots + a_n + \cdots \qquad (7)$$

absolut convergirt und die Glieder derselben nicht sämmtlich dieselbe Neigung haben, so hat man

$$\left| \sum_0^\infty a_n \right| < \sum_0^\infty |a_n|.\text{``}$$

Beweis. Zufolge der Voraussetzung muſs von einem bestimmten Werthe von n: $n = m$ an

$$|s_n| < |a_0| + |a_1| + \cdots + |a_n| = \Sigma_n$$

sein. Daraus folgt bei $\lim n = + \infty$ aber nur, daſs

$$\left| \sum_0^\infty a_n \right| \leq \sum_0^\infty |a_n|$$

ist. Setzt man jedoch

$$a_{m+r} + \cdots + a_{m+p} = r_{m,p}$$
$$|a_{m+1}| + \cdots + |a_{m+p}| = \mathsf{P}_{m,p}$$

so daſs

$$s_{m+p} = s_m + r_{m,p} \qquad \Sigma_{m+p} = \Sigma_m + \mathsf{P}_{m,p}$$
$$|s_{m+p}| \leq |s_m| + |r_{m,p}| \qquad |r_{m,p}| \leq \mathsf{P}_{m,p}$$

ist, so findet man

$$\Sigma_{m+p} - |s_{m+p}| \geq \Sigma_m - |s_m| + \mathsf{P}_{m,p} - |r_{m,p}|$$
$$|\geq \Sigma_m - |s_m|,$$

somit

$$\lim_{p=+\infty} \Sigma_{m+p} - |\lim_{p=+\infty} s_{m+p}| > 0.$$

w. z. b. w.

2) „Convergirt neben (7) die Reihe

$$b_0 + b_1 + \cdots$$

absolut, so convergiren auch die Reihen

$$(a_0 \pm b_0) + (a_1 \pm b_1) + \cdots$$

absolut.“

3) „Convergirt die Reihe (7) absolut und bedeuten c_0 $c_1 .. c_n ...$ Zahlen, die dem absoluten Betrage nach unter einer positiven Zahl C liegen, so convergirt auch die Reihe

$$a_0 c_0 + a_1 c_1 + \cdots + a_n c_n + \cdots$$

absolut.“

4) „Hebt man aus einer absolut convergenten Reihe irgend eine endlose Folge von Gliedern hervor, so bilden auch sie eine absolut convergente Reihe.“

5) „Vertheilt man die Glieder einer absolut convergenten Reihe in eine endliche Anzahl von Reihen, so con-

vergiren die unendlichen unter ihnen absolut und es ist die Summe aus ihren Grenzwerthen und den Summen der etwa vorhandenen endlichen Reihen gleich dem Grenzwerthe der Reihe."

Die Sätze 2)—5) werden genau so wie die entsprechenden in X. 10 d. I. T. bewiesen.

6) „Vertheilt man die Glieder der absolut convergenten Reihe (7), deren Grenzwerth $a = \alpha + \beta i$ sei, in unbegrenzt viele Reihen

$$a_0^{(0)} + a_1^{(0)} + \cdots + a_n^{(0)} + \cdots$$
$$a_0^{(1)} + a_1^{(1)} + \cdots + a_n^{(1)} + \cdots$$
$$\cdot \quad \cdot \quad \cdot \quad \cdot \quad \cdot \quad \cdot \quad \cdot \quad \cdot \quad \cdot \quad \quad (8)$$
$$a_0^{(m)} + a_1^{(m)} + \cdots + a_n^{(m)} + \cdots$$
$$\cdot \quad \cdot \quad \cdot \quad \cdot \quad \cdot \quad \cdot \quad \cdot \quad \cdot \quad \cdot$$

so convergirt jede unendliche Reihe unter ihnen absolut. Die aus den Summen der endlichen und den Grenzwerthen der unendlichen Reihen in (8)

$$a^{(0)} \quad a^{(1)} \ldots a^{(m)} \ldots$$

gebildete unendliche Reihe convergirt absolut und zwar ist ihr Grenzwerth a."

7) „Convergiren die unendlichen Reihen

$$a_0 + a_1 + \cdots + a_m + \cdots$$
$$b_0 + b_1 + \cdots + b_n + \cdots \qquad (9)$$

absolut und sind ihre Grenzwerthe bezw. $a \, b$, so convergirt jede aus den Gliedern $a_m \, b_n$ gebildete einfach-unendliche Reihe, wie

$$a_0 b_0 + a_0 b_1 + a_1 b_0 + \cdots$$
$$+ a_0 b_n + a_1 b_{n-1} + \cdots + a_r b_{n-r} + \cdots + a_n b_0 + \cdots, \quad (10)$$

absolut und es ist ihr Grenzwerth $a \cdot b$."

Die Sätze 6) und 7) können auf die entsprechenden Sätze für reelle Reihen zurückgeführt werden, indem die Glieder der Reihen (7)—(10) in ihre reellen und imaginären Bestandtheile zerlegt werden. Z. B. setzt man in (8)

$$a_n^{(m)} = \alpha_n^{(m)} + i \beta_n^{(m)}$$

und bezeichnet den Grenzwerth der Reihe der reellen Theile

der Glieder in der $(m + 1)^{\text{ten}}$ Zeile von (8) mit $\alpha^{(m)}$, den der Reihe der Coefficienten von i mit $\beta^{(m)}$, so hat man nach dem Satze 6) in X. 10 d. I. T.

$$\Sigma \alpha^{(m)} = \alpha \qquad \Sigma \beta^{(m)} = \beta,$$

mithin, da

$$a^{(m)} = \alpha^{(m)} + i\beta^{(m)}$$

ist,

$$\Sigma a^{(m)} = \Sigma \alpha^{(m)} + i\Sigma \beta^{(m)} = \alpha + \beta i = a.$$

Die beiden letzten Sätze lassen sich auch vermittelst des Hilfssatzes in X. 11 d. I. T. ableiten, welcher auch bei complexen Werthen der $a_n{}^{(m)}$ gilt. Der a. a. O. gegebene Beweis desselben ist ebenfalls noch zu brauchen. — Demnach besteht auch der Cauchy'sche Satz 3) a. a. O. für complexe Werthe der $a_n{}^{(m)}$.[3])

Die in der Anmerkung zu X. 11 d. I. T. angeführten Sätze von Abel und Mertens über die Multiplication von bedingt convergenten Reihen gelten auch dann noch, wenn ihre Glieder complexe Zahlen sind.

4. Über die Convergenz und Divergenz der Reihe $\Sigma \beta_n a_n$.[4])

1) Satz. „Wenn die Reihe

$$a_0 + a_1 + \cdots + a_n + \cdots \qquad (11)$$

convergirt und die reellen Zahlen $\beta_0 \, \beta_1 \ldots \beta_n \ldots$ bei unbegrenzt wachsendem n dem endlichen Grenzwerthe β in einem Sinne sich nähern, so convergirt auch die unendliche Reihe

$$\beta_0 a_0 + \beta_1 a_1 + \cdots + \beta_n a_n + \cdots\text{“} \qquad (12)$$

Der Satz folgt aus der Identität

$$\sum_0^n \beta_r a_r = \sum_0^{n-1} (\beta_r - \beta_{r+1}) s_r + \beta_n s_n, \qquad (13)$$

worin

$$s_n = a_1 + \cdots + a_n$$

ist, bei $\lim n = +\infty$. Denn zufolge des 3. Satzes in Nr. 3 convergirt die unendliche Reihe

$$\sum_0^\infty (\beta_r - \beta_{r+1}) s_r,$$

absolut, da die $\beta_r - \beta_{r+1}$ gleichbezeichnet und die s_r dem absoluten Betrage nach unter einer positiven Zahl liegen.

Der Satz gilt offenbar auch, wenn an Stelle der β_n complexe Zahlen b_n treten, deren beide Coordinaten sich ähnlich wie die β_n verhalten.

Aus dem ersten Satze folgt durch einen indirecten Beweis:

2) Satz. „Wenn die Reihe (11) divergirt und die reellen Zahlen $\beta_0 \; \beta_1 .. \beta_n ...$ bei unbegrenzt wachsendem n einem von Null verschiedenen Grenzwerthe in einem Sinne sich nähern, so divergirt auch die Reihe (12)."

3) Satz. „Die Reihe (12) convergirt ebenfalls, wenn die Partialsummen von (11)

$$s_n = a_0 + a_1 + \cdots + a_n \quad (n = 0, 1, \ldots) \qquad (14)$$

dem absoluten Betrage nach unter einer positiven Zahl C liegen und die reellen Zahlen $\beta_0 \; \beta_1 ... \beta_n ...$ bei unbegrenzt wachsendem n dem Grenzwerthe Null in einem Sinne sich nähern."

Der Satz folgt gleichfalls aus (13) bei

$$\lim n = + \infty.$$

Aus ihm ergiebt sich der Satz: „Wenn die positiven Zahlen $\beta_0 \; \beta_1 .. \beta_n ...$ mit wachsendem n beständig abnehmen und bei $\lim n = + \infty$ den Grenzwerth Null haben, so convergirt die Potenzreihe

$$\beta_0 + \beta_1 x + \cdots + \beta_n x^n + \cdots$$

sicher für alle Werthe von x, deren absoluter Betrag 1 nicht überschreitet, ausgenommen $x = 1$." — Denn ist $|x| \leq 1$, jedoch x nicht 1, so hat man wegen

$$s_n = 1 + x + \cdots + x^n = \frac{1 - x^{n+1}}{1 - x}$$

$$|s_n| \leq 2 : |1 - x|.$$

4) Satz. „Liegen die Partialsummen s_n in (14) dem absoluten Betrage nach unter einer positiven Zahl C und nähern sich die reellen Zahlen $\beta_0 \; \beta_1 ... \beta_n ...$ bei unbegrenzt wachsenden n in einem Sinne einem endlichen Grenzwerthe β, so liegen auch die Summen

$$w_n = \beta_0 a_0 + \beta_1 a_1 + \cdots + \beta_n a_n \quad (n = 0, 1 \ldots)$$

dem absoluten Betrage nach unter einer positiven Zahl."

Aus (13) folgt unmittelbar, daſs

$$| w_n | < C \left| \sum_0^{n-1} (\beta_r - \beta_{r+1}) \right| + C | \beta_n | = C \{ | \beta_0 - \beta_n | + | \beta_n | \}$$

$$| w_n | < C \{ | \beta_0 | + 2 | \beta_n | \}$$

ist. Es liegen aber die Zahlen $| \beta_n |$ ($n = 0, 1 \ldots$) unter einer positiven Zahl, und zwar entweder unter $| \beta_0 |$ oder unter $| \beta |$, wodurch der Satz erwiesen ist. — Aus ihm ergiebt sich durch einen indirecten Beweis der

5) **Satz.** „Liegen die $| s_n |$ nicht unter einer positiven Zahl und die reellen Zahlen $\beta_0 \; \beta_1 \ldots \beta_n \ldots$ nähern sich bei unbegrenzt wachsendem n in einem Sinne einem von Null verschiedenen Grenzwerthe, so liegen auch die Zahlen $| w_n |$ nicht unter einer positiven Zahl."

In den Sätzen 1) und 3) kann man die reellen Zahlen β_0 $\beta_1 \ldots \beta_n \ldots$ durch solche complexe Zahlen $b_0 \; b_1 \ldots b_n \ldots$ ersetzen, daſs die Reihe

$$| b_0 - b_1 | + | b_1 - b_2 | + \cdots + | b_n - b_{n+1} | + \cdots$$

convergirt und b_n bei $\lim n = + \infty$ einen endlichen Grenzwerth, bezw. den Grenzwerth Null hat.

5. Criterien der Convergenz und Divergenz von Reihen mit complexen Gliedern.

Gelingt es mit Hilfe der im I. T. gegebenen Sätze zu zeigen, entweder daſs die absoluten Beträge der Glieder der Reihe Σa_n eine convergente Reihe bilden oder daſs $| a_n |$ bei $\lim n = + \infty$ einen positiven Grenzwerth hat, so ist im ersten Falle die Convergenz, im zweiten die Divergenz von Σa_n erwiesen. So erkennt man z. B., daſs die Reihe Σa_n convergirt oder divergirt, je nachdem

$$\lim_{n=+\infty} | a_{n+k+1} : a_{n+k} |,$$

wo k wie im I. T. eine feste ganze Zahl bedeutet, kleiner oder gröſser als 1 ist. Wenn aber bei

$$\lim n = + \infty \qquad \lim a_n = 0$$

ist und dabei $\Sigma | a_n |$ divergirt, so läſst sich über das Verhalten der Reihe Σa_n erst durch eine weitere Untersuchung entscheiden. Den folgenden Fall kann man nach Weierstraſs[5] vollständig erledigen. — Der Kürze halber bezeichne $\lim f(n)$ den Grenzwerth von $f(n)$ bei $\lim n = + \infty$, wobei n alle ganzen Zahlen von einer bestimmten an durchläuft.

Satz. „Es sei gegeben eine endlose Folge von Zahlen $a_0 \, a_1 \ldots a_n \ldots$ und es sei $\left|\, a_n \,\right| = A_n$. Angenommen der Quotient $a_{n+k+1} : a_{n+k}$ lasse sich von einem bestimmten Werthe von n an in eine endliche oder unendliche Reihe nach ganzen positiven Potenzen von $1:n$ verwandeln:

$$\frac{a_{n+k+1}}{a_{n+k}} = 1 + \frac{c_1}{n} + \frac{c_2}{n^2} + \cdots \quad (n > m), \qquad (15)$$

wo

$$c_r = \mu_r + \nu_r i \qquad (r = 1, 2 \ldots) \qquad (16)$$

sein soll, so kann man Folgendes schliefsen:

I) Ist $\mu_1 > 0$, so ist

$$\lim A_n = + \infty$$

und zwar wächst A_n von einem bestimmten Werthe von n an mit n beständig. Die Reihe Σa_n divergirt, ihre Partialsummen

$$s_n = a_0 + a_1 + \cdots + a_n \quad (n = 0, 1 \ldots) \qquad (17)$$

liegen ihrem absoluten Betrage nach nicht unter einer positiven Zahl.

II) Ist $\mu_1 = 0$, so nähert sich A_n bei

$$\lim n = + \infty$$

einem positiven endlichen Grenzwerthe und zwar von einem bestimmten Werthe von n an in einem Sinne.

1) Ist $\nu_1 \gtrless 0$, so hat a_n selbst bei $\lim n = + \infty$ keinen Grenzwerth.

2) Ist $\nu_1 = 0$, so hat a_n bei $\lim n = + \infty$ einen endlichen, von Null verschiedenen Grenzwerth.

Die Reihe Σa_n divergirt auch in diesen Fällen und zwar liegen die absoluten Beträge der Summen (17) nicht unter einer positiven Zahl.

III) Ist $\mu_1 < 0$, so ist $\lim A_n = 0$ und zwar nimmt A_n von einem bestimmten Werthe von n an mit wachsendem n beständig ab.

1) Falls $0 > \mu_1 > - 1$ ist, so divergirt die Reihe Σa_n. Die absoluten Beträge der Summen (17) liegen unter einer positiven Zahl dann und nur dann, wenn $\mu_1 = - 1$ und $\nu_1 \gtrless 0$ ist.

2) **Falls** $\mu_1 < -1$, **so convergirt die Reihe** Σa_n **absolut.**"

Beweis. Zunächst hat man nach (16)

$$\frac{a_{n+k+1}}{a_{n+k}} = \left(1 + \sum_{1}^{\infty}{}_r \frac{\mu_r}{n^r}\right) + i \sum_{1}^{\infty}{}_r \frac{\nu_r}{n^r}. \qquad (18)$$

Daraus folgt

$$\left(\frac{A_{n+k+1}}{A_{n+k}}\right)^2 = \left(1 + \sum_{1}^{\infty}{}_r \frac{\mu_r}{n^r}\right)^2 + \left(\sum_{1}^{\infty}{}_r \frac{\nu_r}{n^r}\right)^2$$

$$= 1 + \frac{2\mu_1}{n} + \frac{\mu_1^2 + \nu_1^2 + 2\mu_2}{n^2} + \cdots,$$

somit nach X. 25 und XI. 2 d. I. T. bei hinlänglich grofsen Werthen von n

$$\frac{A_{n+k+1}}{A_{n+k}} = 1 + \frac{\mu_1}{n} + \frac{\nu_1^2 + 2\mu_2}{2n^2} + \cdots \qquad (19)$$

Mittelst des Satzes in X. 19 d. I. T. über die reellen Zahlen A_n, deren Quotient $A_{n+k+1} : A_{n+k}$ in eine Reihe nach fallenden ganzen Potenzen von n entwickelbar ist, schliefsen wir hieraus: „A_n ist von einem bestimmten Werthe von n an eine einsinnige Function von n und es ist, je nachdem μ_1 positiv, Null oder negativ ist, $\lim A_n + \infty$, endlich und positiv oder Null. Die Reihe ΣA_n divergirt oder convergirt, je nachdem $\mu_1 \geqq -1$ oder $\mu_1 < -1$ ist." Somit convergirt die Reihe Σa_n absolut dann und nur dann, wenn $\mu_1 < -1$ ist.

Setzt man ferner

$$a_n = \alpha_n + \beta_n i = A_n \{\cos \theta_n + i \sin \theta_n\},$$

so dafs

$$\frac{a_{n+k+1}}{a_{n+k}} = \frac{A_{n+k+1}}{A_{n+k}} \{\cos(\theta_{n+k+1} - \theta_{n+k}) + i\sin(\theta_{n+k+1} - \theta_{n+k})\}$$

ist, so ergiebt sich nach (18)

$$\frac{A_{n+k+1}}{A_{n+k}} \cos(\theta_{n+k+1} - \theta_{n+k}) = 1 + \sum_{1}^{\infty}{}_r \frac{\mu_r}{n^r}$$

$$\frac{A_{n+k+1}}{A_{n+k}} \sin(\theta_{n+k+1} - \theta_{n+k}) = \sum_{1}^{\infty}{}_r \frac{\nu_r}{n^r}.$$

Daraus folgt, wenn man für $A_{n+k+1} : A_{n+k}$ die Reihe (19) einsetzt, nach X. 26 d. I. T.

$$\cos(\theta_{n+k+1} - \theta_{n+k}) = 1 - \frac{\nu_1^2}{2n^2} + \cdots$$

$$\sin(\theta_{n+k+1} - \theta_{n+k}) = \frac{\nu_1}{n} + \frac{\nu_2 - \mu_1 \nu_1}{n^2} + \cdots$$

Wenn nun n grofs genug ist, so ist

$$\cos(\theta_{n+k+1} - \theta_{n+k})$$

positiv, somit liegt $\theta_{n+k+1} - \theta_{n+k}$ zwischen $-\frac{\pi}{2}$ und $\frac{\pi}{2}$.
Man findet demnach aus der letzten Gleichung nach VI. 9 mittelst der Entwickelung

$$\text{arc} \sin \xi = \xi + \tfrac{1}{6}\xi^3 + \cdots ,$$

$$\theta_{n+k+1} - \theta_{n+k} = \frac{\nu_1}{n} + \frac{\nu_2 - \mu_1 \nu_1}{n^2} + \cdots, \qquad (20)$$

zunächst für hinlänglich grofse Werthe von n. Zerlegt man nun die Differenz $\theta_{n+k+1} - \theta_{m+k}$, wo m eine constante Zahl bedeutet, wie folgt:

$$\theta_{n+k+1} - \theta_{m+k} = (\theta_{m+k+1} - \theta_{m+k})$$
$$+ (\theta_{m+k+2} - \theta_{m+k+1}) + \cdots + (\theta_{n+k+1} - \theta_{n+k}),$$

so erkennt man, dafs das Verhalten von θ_n bei

$$\lim n = +\infty$$

aus dem der unendlichen Reihe

$$(\theta_{m+k+1} - \theta_{m+k}) + (\theta_{m+k+2} - \theta_{m+k+1}) + \cdots \qquad (21)$$

erschlossen werden kann. Da ihre Glieder als gleichbezeichnet betrachtet werden dürfen, und

$$\lim n (\theta_{n+k+1} - \theta_{n+k}) = \nu_1$$

ist, so divergirt die Reihe (21) falls ν_1 nicht Null ist; sie convergirt aber, falls $\nu_1 = 0$ ist, weil nunmehr entweder $\theta_{n+k+1} - \theta_{n+k}$ identisch verschwindet oder es eine natürliche Zahl $h > 1$ giebt, wofür

$$\lim n^h (\theta_{n+k+1} - \theta_{n+k}) \gtrless 0$$

ist (vgl. X. 16 d. I. T.). Demnach ist $\lim \theta_n$ endlich oder unendlich, je nachdem ν_1 Null oder nicht Null ist.
Wenn $\mu_1 = 0$ und $\nu_1 \gtrless 0$ ist, so hat A_n bei

$$\lim n = +\infty$$

einen endlichen positiven, θ_n einen unendlichen Grenzwerth, folglich a_n keinen Grenzwerth. Wenn $\mu_1 = \nu_1 = 0$ ist, so haben A_n und θ_n bei $\lim n = +\infty$ endliche und von Null verschiedene Grenzwerthe, also auch a_n selbst.

Um die übrigen Theile unseres Satzes beweisen zu können, bedürfen wir des folgenden Hilfssatzes: „Sollten im Falle dafs in (15) $c_1 = 0$ ist, $\alpha_n \beta_n$ nicht von einem gewissen Werthe von n an monotone Functionen von n sein, so giebt es sicher unendlich viele complexe Zahlen $\varkappa + \lambda i$ von der Eigenschaft, dafs die beiden Coordinaten von

$$(\varkappa + \lambda i)\, a_n \quad \text{d. i.} \quad \varkappa \alpha_n - \lambda \beta_n \quad \lambda \alpha_n + \varkappa \beta_n$$

von einem bestimmten Werthe von n an monoton sind." — In unserem Fälle liefert die Gleichung (15)

$$\alpha_{n+k+1} + i\beta_{n+k+1}$$
$$= (\alpha_{n+k} + i\beta_{n+k}) \quad \left\{ 1 + \frac{\varphi_h(n) + i\psi_h(n)}{n^h} \right\} \ (h \geqq 2).$$

$\operatorname{Lim} \varphi_h(n)$ und $\lim \psi_h(n)$ sind beide endlich, einer von ihnen ist nicht Null. Zerlegt man hier in reellen und imaginären Theil, so erhält man die Gleichungen

$$\frac{\alpha_{n+k+1}}{\alpha_{n+k}} = 1 + \frac{1}{n^h} \left\{ \varphi_h(n) - \frac{\beta_{n+k}}{\alpha_{n+k}} \psi_h(n) \right\}$$

$$\frac{\beta_{n+k+1}}{\beta_{n+k}} = 1 + \frac{1}{n^h} \left\{ \varphi_h(n) + \frac{\alpha_{n+k}}{\beta_{n+k}} \psi_h(n) \right\}.$$

Um hieraus nach dem Satze auf p. 266 d. I. T. schliefsen zu können, dafs $\alpha_n \beta_n$ von einem bestimmten Werthe von n an monotone Functionen von n sind, müfste man wissen, dafs jeder der Factoren von n^{-h} bei $\lim n = +\infty$ einen endlichen Grenzwerth hat und schliefslich sein Zeichen nicht mehr ändert. Das wird man im Allgemeinen schwerlich behaupten dürfen. Sollten aber auch die in Rede stehenden Ausdrücke die verlangte Eigenschaft nicht besitzen, so kann sie doch beigelegt werden denjenigen, welche aus ihnen dadurch hervorgehen, dafs man $\alpha_{n+k} \beta_{n+k}$ bez. durch

$$\alpha'_{n+k} = \varkappa \alpha_{n+k} - \lambda \beta_{n+k} \qquad \beta'_{n+k} = \lambda \alpha_{n+k} + \varkappa \beta_{n+k} \quad (22)$$

ersetzt, wenn nur die nicht zugleich verschwindenden Zahlen $\varkappa \lambda$ gehörig gewählt sind. Ersetzt man nämlich a_n durch

$(\varkappa + \lambda i)\, a_n$, wodurch der Quotient $a_{n+k+1} : a_{n+k}$ sich nicht ändert, so treten die Ausdrücke (22) an Stelle von $\alpha_n\ \beta_n$. — Es sei

$$\lim \alpha_n = \alpha \qquad \lim \beta_n = \beta$$
$$\lim \varphi_\lambda(n) = \varphi_\lambda \qquad \lim \psi_\lambda(n) = \psi_\lambda.$$

Wir schließen zunächst diejenigen Werthsysteme $\varkappa\ \lambda$ aus, wofür einer der Ausdrücke (22) den Grenzwerth Null hat, also die Systeme $\omega\beta\ \omega\alpha$, $\omega\alpha\ -\omega\beta$, wo ω jede reelle Zahl außer Null sein darf. Auch jetzt noch lassen sich $\varkappa\ \lambda$ so bestimmen, daß jede der Functionen

$$\varphi_\lambda{}'(n) = \varphi_\lambda(n) - \frac{\beta'_{n+k}}{\alpha'_{n+k}}\, \psi_\lambda(n)$$

$$\psi_\lambda{}'(n) = \varphi_\lambda(n) + \frac{\alpha'_{n+k}}{\beta'_{n+k}}\, \psi_\lambda(n)$$

einen endlichen von Null verschiedenen Grenzwerth besitzt und somit gewiß der obigen Bedingung genügt. Wenn $\psi_\lambda = 0$ ist, so ist φ_λ nicht Null und es reicht die bisherige Beschränkung der $\varkappa\ \lambda$ aus. Wenn ψ_λ nicht Null ist, so kann man, wie leicht ersichtlich ist, $\varkappa\ \lambda$ so annehmen, daß der Grenzwerth von $\psi_\lambda{}'(n)$ bei $\lim n = +\infty$ eine beliebige, von Null und φ_λ verschiedene Zahl $\psi_\lambda{}'$ wird. Zwischen $\psi_\lambda{}'$ und dem Grenzwerthe $\varphi_\lambda{}'$ von $\varphi_\lambda{}'(n)$ besteht die Beziehung

$$(\varphi_\lambda - \varphi_\lambda{}')\,(\psi_\lambda{}' - \varphi_\lambda) = \psi_\lambda{}^2$$

d. i.

$$\varphi_\lambda{}' = \frac{\varphi_\lambda{}^2 + \psi_\lambda{}^2 - \varphi_\lambda\,\psi_\lambda{}'}{\varphi_\lambda - \psi_\lambda{}'}.$$

Ist $\varphi_\lambda = 0$, so ist $\varphi_\lambda{}'$ nicht Null und ist φ_λ von Null verschieden, so genügt es, um für $\varphi_\lambda{}'$ eine endliche von Null verschiedene Zahl zu erhalten, $\psi_\lambda{}'$ auch nicht gleich

$$(\varphi_\lambda{}^2 + \psi_\lambda{}^2) : \varphi_\lambda$$

zu setzen.

Der Satz 1) in III) und die Behauptungen über das Verhalten von $|s_n|$ im Falle daß die Reihe Σa_n divergirt, werden nun auf folgende Art erwiesen. Zunächst bemerken wir, daß wenn die feste natürliche Zahl m so gewählt ist, daß keiner der Factoren des Productes

$$p_n = \left(1 + \frac{c_1}{m}\right)\left(1 + \frac{c_1}{m+1}\right) \cdots \left(1 + \frac{c_1}{n-1}\right) \quad (n > m) \quad (23)$$

verschwindet, der Ausdruck

$$f_n = a_{n+k} : p_n$$

bei $\lim n = +\infty$ einen endlichen, von Null verschiedenen Grenzwerth hat. In der That hat man nach (15)

$$\frac{f_{n+1}}{f_n} = \frac{a_{n+k+1}}{a_{n+k}} : \frac{p_{n+1}}{p_n}$$

$$= 1 + \left(1 + \frac{c_1}{n}\right)^{-1}\left(\frac{c_2}{n^2} + \frac{c_3}{n^3} + \cdots\right) = 1 + \frac{c_2}{n^2} + \cdots,$$

woraus die Behauptung nach Satz 2) in II) unmittelbar folgt. Ebendaraus schliefsen wir noch, dafs es solche, von Null verschiedene Zahlen b geben mufs, dafs die beiden Coordinaten der complexen Zahl

$$g_n = b f_n = \varrho_n + \sigma_n i$$

von einem bestimmten Werthe von n an monotone Functionen von n sind.

Nun divergirt, wie leicht zu zeigen ist, die unendliche Reihe Σp_n, falls $\mu_1 \geqq -1$ ist. Daraus folgt, dafs die unendliche Reihe $\Sigma g_n p_n$, also auch die vorgelegte Σa_n divergiren mufs. Würde nämlich $\Sigma g_n p_n$ convergiren, so müfste Σp_n convergiren. Denn da nach II. 2) $|g_n|$ einem endlichen, von Null verschiedenen Grenzwerthe monoton sich nähert, so müfste nach dem 1. Satze in Nr. 4 neben $\Sigma g_n p_n$ auch die Reihe

$$\Sigma \frac{g_n p_n}{\varrho_n^2 + \sigma_n^2}$$

und neben dieser die Reihe

$$\Sigma \frac{g_n p_n (\varrho_n - i \sigma_n)}{\varrho_n^2 + \sigma_n^2}$$

d. i. Σp_n convergiren.

Die soeben benutzte Vergleichsreihe Σp_n stimmt, falls c_1 nicht reell ist, stets im Wesentlichen mit der binomischen Reihe

$$1 - \binom{-1-c_1}{1} + \binom{-1-c_1}{2} - \cdots + (-1)^n \binom{-1-c_1}{n} + \cdots \quad (24)$$

überein (vgl. VI. 5). Das Verhalten derselben läfst sich leicht beurtheilen vermittelst der Formel

$$1 - \left(\begin{matrix} -1-c_1 \\ 1 \end{matrix}\right) + \left(\begin{matrix} -1-c_1 \\ 2 \end{matrix}\right) - \cdots + (-1)^n \left(\begin{matrix} -1-c_1 \\ n \end{matrix}\right)$$

$$= (-1)^n \left(\begin{matrix} -2-c_1 \\ n \end{matrix}\right), \tag{25}$$

welche, da sie nach p. 307 d. I. T. für alle reellen Werthe von c_1 besteht, zufolge des 2. Satzes in IV. 5 auch für die complexen Werthe von c_1 gilt. Indem

$$(-1)^n \left(\begin{matrix} -2-c_1 \\ n \end{matrix}\right) : (-1)^{n-1} \left(\begin{matrix} -2-c_1 \\ n-1 \end{matrix}\right)$$

$$= 1 + \frac{1+c_1}{n} = 1 + \frac{(1+\mu_1) + \nu_1 i}{n}$$

ist, so erkennt man nach den zuerst erwiesenen Theilen I) II) unseres Satzes, daſs die Reihe (24) divergirt, wenn

$$\mu_1 + 1 > 0 \quad \text{d. i.} \quad \mu_1 \geq -1$$

ist. Ihre Partialsummen (25) liegen dem absoluten Betrage nach unter einer positiven Zahl, nur wenn

$$\mu_1 + 1 \leq 0 \quad \text{d. i.} \quad \mu_1 \leq -1$$

ist. — Falls c_1 reell ist, so beurtheilen wir die Reihe Σp_n mittelst der Formel

$$\frac{p_{n+1}}{p_n} = 1 + \frac{\mu_1}{n},$$

woraus hervorgeht, daſs Σp_n divergirt und ihre Partialsummen ins Unendliche wachsen, wenn $\mu_1 \geq -1$ ist.

Aus dem Verhalten der Partialsummen der Reihe Σp_n schlieſst man nach dem 4. und 5. Satze in Nr. 4 auf das der Partialsummen von $\Sigma g_n p_n$ und Σa_n.

6. Reihen, deren Glieder Functionen einer Veränderlichen sind.

Sind die Reihenglieder complexe Functionen einer reellen Veränderlichen, so gelten noch die Sätze in X. 21 d. I. T. nebst ihren Beweisen. Sie lassen sich auch auf den Fall ausdehnen, daſs der unabhängigen Veränderlichen x ein beliebiger Bereich $\mathfrak{B}$ zugetheilt ist. Für jeden Werth von x in demselben seien die Functionen in unbegrenzter Anzahl

$$f_0(x) \quad f_1(x) \ldots f_n(x) \ldots$$

erklärt und die unendliche Reihe

$$f_0(x) + f_1(x) + \cdots + f_n(x) + \cdots \tag{a}$$

convergent, somit auch die Reihe

$$r_n(x) = f_{n+1}(x) + f_{n+2}(x) + \cdots$$

Man sagt nun: „Die unendliche Reihe (a) convergirt gleichmäſsig für alle Werthe von x im Bereiche $\mathfrak{B}$, wenn
jeder Zahl $\varepsilon > 0$ eine Zahl $\mu > 0$ so zugeordnet werden kann,
daſs für alle Werthe

$$n > \mu \qquad |\, r_n(x)\,| < \varepsilon \tag{b}$$

ist, welchen der genannten Werthe x auch annehmen
mag.“ Mit Hilfe dieses neuen Begriffes läſst sich der folgende Satz aufstellen.

    Satz. „Angenommen, es sei bei einem und demselben
Grenzübergange $\lim x = a$, wo a einen Punkt der Begrenzung von $\mathfrak{B}$ bezeichnet, für die $f_n(x)$ je ein endlicher Grenzwerth b_n vorhanden:

$$\lim_{x=a} f_n(x) = b_n \qquad (n = 0, 1, 2 \ldots) \tag{c}$$

und es convergire die Reihe (a) gleichmäſsig für alle
Werthe x des Bereiches $\mathfrak{B}$, so convergirt auch die Reihe
Σb_n und man hat bei diesem Grenzübergange

$$\lim_{x=a} \sum_{0}^{\infty} f_n(x) = \sum_{0}^{\infty} b_n .\text{“} \tag{d}$$

    Beweis. Gehört der Werth $x = a$ zu $\mathfrak{B}$, so versteht sich die
Convergenz von Σb_n von selbst. Sonst bemerke man Folgendes: Für
jeden Punkt x in $\mathfrak{B}$ hat man nach (b)

$$|\, f_{n+1}(x) + f_{n+2}(x) + \cdots + f_{n+p}(x)\,| < 2\varepsilon \quad \text{für } n > \mu,$$

was auch p sein mag. Ferner ist nach (c)

$$\left|\, \sum_{n+1}^{n+p} f_{n+r}(x) - \sum_{n+1}^{n+p} b_r \,\right| < \varepsilon$$

für alle Werthe von x in $\mathfrak{B}$, wofür $|\, x - a \,|$ kleiner ist als eine ge-
wisse Zahl $\delta_{n,p}$. Somit folgt, wenn x in den beiden Ungleichungen
den nämlichen Werth erhält, daſs für $n > \mu$

$$|\, b_{n+1} + b_{n+2} + \cdots + b_{n+p} \,| < 3\varepsilon \qquad (p = 1, 2 \ldots) \tag{e}$$

ist. Also convergirt Σb_n. — Läſst man m eine natürliche Zahl gröſser
als μ sein und bestimmt eine positive Zahl δ_m so, daſs für diejenigen
Werthe von x in $\mathfrak{B}$, wofür

$$|\, x - a \,| < \delta_m$$

ist,

$$\left| \sum_{0}^{m} \left\{ f_r(x) - b_r \right\} \right| < \varepsilon$$

ist, so ergiebt sich aus der Gleichung

$$\sum_{0}^{\infty} f_r(x) - \sum_{0}^{\infty} b_r = \sum_{0}^{m} \left\{ f_r(x) - b_r \right\}$$
$$+ \sum_{m+1}^{\infty} f_r(x) - \sum_{m+1}^{\infty} b_r$$

mit Hilfe von (b) und (e), dafs für die ebengenannten Werthe von x

$$\left| \sum_{0}^{\infty} f_r(x) - \sum_{0}^{\infty} b_r \right| < 5\varepsilon$$

ist, d. h. es besteht die Formel (d).

Ein besonderer Fall des vorstehenden Satzes ist: „Wenn für jeden Punkt x eines stetigen Bereiches $\mathfrak{B}$ (mit Einschlufs seiner Begrenzung) jede der Functionen $f_n(x)$ stetig ist und wenn für eben diese Werthe von x die Reihe (a) convergirt und zwar gleichmäfsig, so ist ihr Grenzwerth $f(x)$ eine stetige Function von x in allen Punkten von $\mathfrak{B}$.“

7. Reihen nach ganzen positiven Potenzen einer Veränderlichen.

Die Natur bezw. Gestalt des Convergenzbereiches einer Reihe von der Form

$$a_0 + a_1 x + \cdots + a_n x^n + \cdots \tag{1}$$

wird vermittelst der folgenden Sätze erkannt.

Wenn für einen bestimmten Werth $x = x_0$ alle Glieder der Potenzreihe (1) ihrem absoluten Betrage nach eine endliche Zahl g nicht überschreiten, so convergirt sie und zwar absolut für alle Werthe von x, welche dem absoluten Betrage nach kleiner sind als x_0.

Convergirt die Reihe (1) für $x = x_0$ nur bei einer bestimmten oder bei keiner Anordnung der Glieder, so divergirt sie für jeden Werth von x, welcher dem absoluten Betrage nach gröfser ist als x_0, bei jeder Anordnung ihrer Glieder.

Die Sätze werden genau so bewiesen wie in X. 22 d. I. T. und führen zu einer ganz ähnlichen Eintheilung der Potenzreihen wie dort:

1) Die Potenzreihe (1) convergirt überhaupt für keinen Werth aufser $x = 0$.

2) Die Reihe (1) ist beständig d. h. für jeden endlichen Werth von x convergent und zwar absolut.

3) Die Reihe (1) convergirt absolut für einen von Null verschiedenen Werth $x = x_0$, jedoch nicht für jeden Werth von x. Dann giebt es eine und nur eine Zahl R, so dafs die Reihe absolut convergirt für alle Werthe von x, deren absoluter Betrag kleiner ist als R, dagegen divergirt bei jeder Anordnung der Glieder für alle Werthe von x, deren absoluter Betrag gröfser als R ist. In der Constructionsebene der complexen Zahlen wird der Convergenzbereich der Reihe (1) dargestellt durch die Fläche des vom Nullpunkte mit dem Radius R beschriebenen Kreises, welcher der Convergenzkreis der Reihe heifst. In den Punkten innerhalb desselben convergirt die Reihe absolut, in den Punkten aufserhalb desselben divergirt sie bei jeder Anordnung der Glieder. Ueber ihr Verhalten in den Punkten des Kreises selbst läfst sich nichts Allgemeines aussagen.

Im zweiten und dritten Falle soll die Potenzreihe (1) als convergent bezeichnet werden. Sie heifst in einem Punkte $x = r$ ihres Convergenzkreises convergent (divergent), wenn die Reihe

$$a_0 + a_1 r + a_2 r^2 + \cdots$$

mindestens bei dieser, dem Wachsen des Index n entsprechenden Anordnung ihrer Glieder convergirt (divergirt).

Es gilt auch hier der Satz: „Es sei

$$|a_n| = \mathsf{A}_n \quad \text{und} \quad \lim (\mathsf{A}_{n+k+1} : \mathsf{A}_{n+k})$$

bei

$$\lim n = +\infty$$

vorhanden. Je nachdem dieser Grenzwerth $+\infty$, Null oder eine positive Zahl λ ist, gehört die Reihe (1) zur 1., 2. oder 3. Classe. Im letzten Falle ist

$$R = 1 : \lambda.\text{“}$$

8. Verhalten gewisser Potenzreihen auf dem Convergenzkreise.

Satz.[6]) „Wenn die Coefficienten a_n in der Potenzreihe (1) so beschaffen sind, dafs der Quotient $a_{n+k+1} : a_{n+k}$ von einem bestimmten Werthe von n an sich in eine Reihe nach fallenden ganzen Potenzen von n entwickeln läfst:

$$\frac{a_{n+k+1}}{a_{n+k}} = 1 + \frac{\mu_1 + \nu_1 i}{n} + \frac{c_2}{n^2} + \cdots, \tag{2}$$

so gehört die Reihe (1) zur dritten Classe und zwar hat ihr Convergenzkreis den Radius 1. Auf dem Kreise selbst zeigt sie nachstehendes Verhalten.

I. II. Ist $\mu_1 \geqq 0$, so divergirt die Reihe (1) für alle Werthe von x, deren absoluter Betrag 1 ist.

III. 1) Ist $0 > \mu_1 \geqq -1$, so convergirt die Reihe (1) für alle Werthe von x, deren absoluter Betrag 1 ist, ausgenommen $x = 1$. Diese Convergenz ist mithin bedingt.

2) Ist $\mu_1 < -1$, so convergirt die Reihe (1) für alle Werthe von x, deren absoluter Betrag 1 ist, und zwar absolut."

Nach dem, was in Nr. 5 bemerkt ist, bedarf nur der Absatz III. 1) noch des Beweises. Er kann so geführt werden. Convergirt für die Werthe von x, deren absoluter Betrag 1 ist, die Reihe

$$a_0 + \sum_{1}^{\infty} (a_r - a_{r-1}) x^r \tag{3}$$

und zwar zum Grenzwerthe $\varphi(x)$, so hat man wegen

$$\lim a_n x^n = 0$$

$$\varphi(x) = (1 - x) \sum_{0}^{\infty} a_r x_r$$

d. h. es convergirt die Reihe (1) gewifs für jeden der genannten Werthe von x aufser $x = 1$, wofür sie aber nach dem Satze in Nr. 5 divergirt. Um das Verhalten der Reihe (3) zu untersuchen, betrachten wir den Quotienten

$$\frac{a_{n+k+2} - a_{n+k+1}}{a_{n+k+1} - a_{n+k}} = \frac{a_{n+k+1}}{a_{n+k}} \left(\frac{a_{n+k+2}}{a_{n+k+1}} - 1\right) : \left(\frac{a_{n+k+1}}{a_{n+k}} - 1\right). \quad (4)$$

Es ist nach (2), wenn wir statt $\mu_1 + \nu_1 i$ c_1 schreiben, zufolge Nr. 11

$$\frac{a_{n+k+2}}{a_{n+k+1}} = 1 + \frac{c_1}{n+1} + \frac{c_2}{(n+1)^2} + \cdots = 1 + c_1\left(\frac{1}{n} - \frac{1}{n^2} + \cdots\right)$$
$$+ c_2\left(\frac{1}{n^2} - \frac{2}{n^3} + \cdots\right) + \cdots = 1 + \frac{c_1}{n} + \frac{c_2 - c_1}{n^2} + \cdots$$

Da c_1 jetzt nicht Null ist, so ergiebt sich aus (4) auch nach Nr. 11

$$\frac{a_{n+k+2} - a_{n+k+1}}{a_{n+k+1} - a_{n+k}} = 1 + \frac{c_1 - 1}{n} + \cdots = 1 + \frac{(\mu_1 - 1) + \nu_1 i}{n} + \cdots$$

Da $\mu_1 - 1 < - 1$ ist, so convergirt die Reihe (3) für alle Werthe x vom absoluten Betrage 1 und zwar unbedingt.

Hat der Convergenzkreis der Potenzreihe (1) einen von 1 verschiedenen Radius R, so kann die Substitution $x = rx'$, wo r eine Zahl vom absoluten Betrage R bezeichnet, auf eine Reihe mit Coefficienten führen, welche der Bedingung (2) genügen.

Der vorstehende Satz legt die Vermuthung nahe, daß wenn die Potenzreihe (1) in allen Punkten ihres Convergenzkreises R convergirt, sie absolut convergire d. i. daß

$$A_0 + A_1 R + A_2 R^2 + \cdots$$

convergire. A. Pringsheim hat jedoch nachgewiesen[7]), daß sie nicht stichhaltig sei, indem es Potenzreihen giebt, welche für alle Punkte des Convergenzkreises bedingt convergiren.

9. Stetigkeit der Grenzwerthe von Potenzreihen.

1. Satz. „Je nachdem die Potenzreihe

$$f(x) = \sum_0^\infty a_n x^n \quad (1)$$

beständig convergirt oder einen Convergenzkreis vom Radius R besitzt, sei R' eine beliebige positive Zahl oder eine solche, kleiner als R. Dann convergirt die Potenzreihe gleichmäßig für alle Werthe von x, deren absoluter Betrag R' nicht übersteigt. Es ist also ihre Summe nach

Nr. 6 eine stetige Function von x für jeden dieser Werthe." — Beweis. Es sei $|x| = X$ und R'' eine Zahl größer als R', bezw. eine Zahl zwischen R' und R. Da die Reihe (1) für $x = R''$ absolut convergirt, so müssen die Glieder

$$A_r R''^r \qquad (r = 0, 1, \ldots)$$

unter einer positiven Zahl g liegen. Demnach hat man

$$|a_r x^r| < g \, (X : R'')^r$$

$$\Big| \sum_{n+1}^{n+p} a_r x^r \Big| < g \sum_{n+1}^{n+p} \Big(\frac{X}{R''}\Big)^r < g \Big(\frac{X}{R''}\Big)^{n+1} : \Big(1 - \frac{X}{R''}\Big), \quad (5)$$

falls nur $X < R''$ ist. Wenn aber $X \leqq R'$ ist, so ergiebt sich hieraus

$$\Big| \sum_{n+1}^{n+p} a_r x^r \Big| < g \Big(\frac{R'}{R''}\Big)^{n+1} : \Big(1 - \frac{R'}{R''}\Big), \quad (p = 1, 2 \ldots)$$

in welcher Ungleichung die im Satze behauptete gleichmäßige Convergenz ausgesprochen ist.

Aus der Relation (5) entnehmen wir auch den wichtigen Satz: „Ist die Potenzreihe

$$a_{n+1} x^{n+1} + a_{n+2} x^{n+2} + \cdots \qquad (n > 0)$$

convergent, so hat man

$$\lim_{x = 0} \sum_{n+1}^{\infty} a_{n+r} x^{n+r} = 0."$$

2. Satz.[8]) „Ist die Potenzreihe (1) in einem Punkte $x = r$ ihres Convergenzkreises vom Radius R mindestens bei der dem Wachsen des Index n entsprechenden Anordnung der Glieder convergent, so convergirt sie gleichmäßig für alle Punkte der geraden Strecke $x_0 r$, wo x_0 einen festen, sonst willkürlichen Punkt innerhalb des genannten Kreises bedeutet. Somit hat nach Nr. 6 ihre Summe beim Grenzübergange $\lim x = r$ auf der Strecke $x_0 r$ den Grenzwerth $f(r)$." — Beweis. Setzt man

$$a_{n+1} r^{n+1} + a_{n+2} r^{n+2} + \cdots + a_{n+p} r^{n+p} = \varrho_{n, p}, \quad (p \geqq 1)$$

so gehört nach Voraussetzung zu jeder Zahl $\varepsilon > 0$ eine Zahl

$\mu > 0$ so, dafs bei beliebigem p $|\varrho_{n,p}| < \varepsilon$ ist, wenn nur $n > \mu$ ist. Man hat nun

$$\sum_{1}^{p} a_{n+s} x^{n+s} = \varrho_{n,1} \left(\frac{x}{r}\right)^{n+1} + \sum_{2}^{p} (\varrho_{n,s} - \varrho_{n,s-1}) \left(\frac{x}{r}\right)^{n+s}$$

$$= \left(1 - \frac{x}{r}\right) \sum_{1}^{p-1} \varrho_{n,s} \left(\frac{x}{r}\right)^{n+s} + \varrho_{n,p} \left(\frac{x}{r}\right)^{n+p}.$$

Bedeutet x einen Punkt von $x_0 r$ und setzt man

$$\left|\frac{x}{r}\right| = \varrho \quad 1 - \frac{x}{r} = \sigma (\cos \varphi + i \sin \varphi),$$

so ergiebt sich mithin, falls $n > \mu$ ist,

$$\left|\sum_{1}^{p} a_{n+s} x^{n+s}\right| < \sigma \varepsilon \sum_{1}^{p-1} \varrho^{n+s} + \varepsilon \varrho^{n+p} = \frac{\varepsilon \varrho^{n} [\sigma - (\sigma + \varrho - 1) \varrho^{p}]}{1 - \varrho}$$

und ferner, da

$$\varrho < 1 \quad \text{und} \quad \varrho + \sigma \geq 1$$

ist,

$$\left|\sum_{1}^{p} a_{n+s} x^{n+s}\right| < \frac{\varepsilon \sigma}{1 - \varrho}. \tag{6}$$

Liegt x_0 auf dem Radius Or, so hat man $\varrho + \sigma = 1$ und erhält die Verallgemeinerung einer auf p. 278 d. I. T. gefundenen Relation. Sonst bedeutet nach Formel (21) in II. 16 φ den Winkel $\overset{\frown}{Orx_0}$, der zwischen $-\frac{\pi}{2}$ und $\frac{\pi}{2}$ liegt, da x_0 innerhalb des Convergenzkreises der Reihe (1) sich befindet. Somit ist $\cos \varphi > 0$. Aus

$$\frac{x}{r} = 1 - \left(1 - \frac{x}{r}\right)$$

folgt für ϱ^2

$$\varrho^2 = (1 - \sigma \cos \varphi)^2 + \sigma^2 \sin \varphi^2 = 1 - 2 \sigma \cos \varphi + \sigma^2,$$

also findet man

$$\frac{\sigma}{1 - \varrho} = \frac{\sigma (1 + \varrho)}{1 - \varrho^2} = \frac{1 + \varrho}{2 \cos \varphi - \sigma} < \frac{2}{2 \cos \varphi - \sigma}.$$

Hat die Strecke $x_0 r$ die Länge

$$(2 \cos \varphi - \omega) R,$$

wo ω positiv sein mufs, so ergeben sich nunmehr aus (6), indem

$$\sigma \leq 2 \cos \varphi - \omega$$

ist, die einander entsprechenden Ungleichungen

$$n > \mu \quad \left| \sum_{1}^{p} a_{n+s} x^{n+s} \right| < 2\varepsilon : \omega,$$

welche auch für $x = r$ gelten. Ist eine positive Zahl ε' vorgelegt, so nehme man $\varepsilon < \frac{1}{4} \omega \varepsilon'$ an und bestimme darnach
μ, worauf man auf der ganzen Strecke $x_0 r$ zugleich mit

$$n > \mu \quad \left| \sum_{1}^{p} a_{n+s} x^{n+s} \right| < \varepsilon' \quad (p = 1, 2 \ldots)$$

findet — w. z. b. w.

Wenn die Reihe (1) im Punkte $x = r$ ihres Convergenzkreises
vom Radius R bei der angegebenen Anordnung der Glieder
divergirt, so läfst sich das Verhalten von $f(x)$, während x auf
dem Radius Or dem Punkte r unbeschränkt sich nähert,
mit Hilfe der Sätze 1)—8) in X. 23 d. I. T. beurtheilen. Setzt man
in (1)

$$a_n = \alpha_n + i\beta_n \qquad x = \varrho R (\cos \theta + i \sin \theta)$$
$$a_n x^n = (\gamma_n + i \delta_n) \varrho^n,$$

so erhält man

$$f(x) = \varphi(\varrho) + i\psi(\varrho),$$

worin $\varphi(\varrho)$ und $\psi(\varrho)$ Reihen nach ganzen positiven Potenzen von ϱ
mit reellen Coefficienten bedeuten. Läfst man θ unverändert, die
reelle positive Zahl ϱ aber den Grenzübergang

$$\lim \varrho = 1 - 0$$

ausführen, so kann man Folgendes bemerken. 1) „Wenn die Summen

$$s_n = a_0 + a_1 r + \cdots + a_n r^n$$

bei $\lim n = + \infty$ den Grenzwerth ∞ haben, so hat

$$f[\varrho R (\cos \theta + i \sin \theta)]$$

bei $\lim \varrho = 1 - 0$ den Grenzwerth ∞." Denn von den Ausdrücken

$$\sigma_n = \sum_{0}^{n} \gamma_r \varrho^r \qquad \tau_n = \sum_{0}^{n} \delta_r \varrho^r$$

mufs mindestens einer bei $\lim n = + \infty$ den Grenzwerth $+ \infty$ oder
$- \infty$ haben, folglich die entsprechende der Functionen $\varphi(v) \; \psi(\varrho)$ bei
$\lim \varrho = 1 - 0$ den nämlichen Grenzwerth haben. — 2) „Hat $| s_n |$ bei
$\lim n = + \infty$ eine endliche obere Unbestimmtheitsgrenze A, so convergirt die Potenzreihe (1) für alle Werthe, deren absoluter Betrag
kleiner als R ist, und zwar unbedingt. Und es hat

$$| f[\varrho R (\cos \theta + i \sin \theta)] |$$

bei lim $\varrho = 1 - 0$ eine endliche obere Unbestimmtheitsgrenze $A' \leqq A\sqrt{2}$."
Wegen der Formel

$$s_n = \sqrt{\sigma_n^2 + \tau_n^2}$$

muſs, wie klein auch die positive Zahl ε sein mag, sowohl $| \sigma_n |$, als
auch $| \tau_n |$ unter $A + \varepsilon$ liegen, beide haben somit bei

$$\lim n = + \infty$$

endliche obere Unbestimmtheitsgrenzen nicht gröſser als A. Nach dem
3. Satze a. a. O. convergiren somit $\varphi(\varrho)$ und $\psi(\varrho)$ unbedingt für die
Werthe $\varrho < 1$ und daher $f(x)$ für alle Werthe von x, wofür $| x | < R$
ist. Dabei sind die oberen Unbestimmtheitsgrenzen von $| \varphi(\varrho) |$ und
$| \psi(\varrho) |$ bei lim $\varrho = 1 - 0$, endlich und nicht gröſser als A, somit die von

$$| f[\varrho R (\cos \theta + i \sin \theta)] |$$

nicht gröſser als $A\sqrt{2}$.

10. Identitätssatz.

Genau auf die nämliche Art wie für die reellen Potenzreihen (vgl. X. 24 d. I. T.) wird für die complexen bewiesen
der Satz: „Haben die endlichen oder unendlichen Potenzreihen

$$f(x) = a_0 + a_1 x + \cdots + a_n x^n + \cdots$$
$$g(x) = b_0 + b_1 x + \cdots + b_n x^n + \cdots,$$

welche im zweiten Falle innerhalb eines und desselben Kreises
convergiren, die Eigenschaft, daſs zu jeder positiven Zahl δ
ein von Null verschiedener Werth von x, dem absoluten Betrage nach kleiner als δ, gehört, wofür die
Gleichung $f(x) = g(x)$ besteht; so müssen die Coefficienten
der nämlichen Potenzen von x in beiden Reihen einander
gleich sein:

$$a_0 = b_0 \qquad a_1 = b_1 \ldots, \qquad a_n = b_n \ldots"$$

Der Satz gilt auch, wenn wir unter $f(x)$ $g(x)$ Reihen nach ganzen
Potenzen von x verstehen, in welchen negative Potenzen von x
in endlicher Anzahl vorkommen. Ist $- m$ der algebraisch kleinste
der in beiden auftretenden Exponenten, so braucht man nur den vorstehenden Satz auf die Potenzreihen $x^m f(x)$ und $x^m g(x)$ anzuwenden.

11. Der Cauchy'sche Satz über die Entwickelung
der zusammengesetzten Function $\varphi[f(x)]$ in eine Reihe
nach ganzen positiven Potenzen von x auf p. 285 d.

I. T. gilt auch bei complexen Werthen von x und y und der Coefficienten der Potenzreihen $\varphi(y)$, $f(x)$.[9]) Man hat nur an Stelle der Convergenzintervalle:

$$-S < y < S, \qquad -\overset{\scriptstyle\bullet}{R} < y < R$$

bez. die Convergenzkreise

$$|y| < S, \qquad |x| < R \qquad .$$

zu setzen. Der Beweis bleibt ebenfalls noch in Kraft. Eine hinreichende Bedingung für die Entwickelbarkeit von $\varphi[f(x)]$ in eine Potenzreihe von x ist also, dafs

$$|f(0)| = A_0$$

kleiner als S ist. Der Satz gilt auch für die Werthe von x, deren absoluter Betrag R ist, wenn $f(x)$ dafür absolut convergirt und $\Phi(R) < S$ ist.

Beispiele. Aufser der Anwendung des Satzes in Nr. 8 verweisen wir auf die im I. T. gegebenen Beispiele, welche hier wieder vorzunehmen sind. Wir heben davon Folgendes hervor.

1) „Die beständig oder im Kreise vom Radius R convergente Potenzreihe

$$f(x) = \sum_{0}^{\infty} a_n x^n, \tag{1}$$

nachdem $x = x_0 + h$ gesetzt ist, nach Potenzen von h zu ordnen." Convergirt diese Reihe beständig, so gilt die Gleichung

$$f(x_0 + h) = f(x_0) + \sum_{1}^{\infty} \frac{f^{(n)}(x_0)}{n!} h^n, \tag{7}$$

worin

$$f^{(n)}(x_0) = \sum_{n}^{\infty} m(m-1)\ldots(m-n+1) a_m x_0^{m-n}$$

zu denken ist, für jeden endlichen Werth von x_0 und h. Ist aber die Convergenz der Reihe (1) auf den Kreis vom Radius R beschränkt, so besteht die Gleichung (7) **sicher, wenn x_0 ein Punkt innerhalb dieses Kreises und**

$$|h| < R - |x_0|$$

ist. Mit anderen Worten: Die Formel

$$f(x) = f(x_0) + \sum_{1}^{\infty} \frac{f^{(n)}(x_0)}{n!} (x - x_0)^n \tag{8}$$

ist richtig mindestens für jene Punkte x, welche innerhalb des Kreises liegen, der von x_0 aus so beschrieben wird, dass er den Convergenzkreis der Reihe (1) von Innen berührt (Fig. 22). **Jede Ableitung der Function** $f(x)$ **d. i. jede Potenzreihe** $f^n(x)$

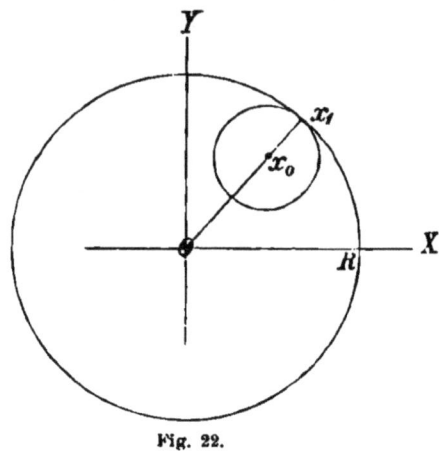

Fig. 22.

hat genau denselben Convergenzbereich wie die Potenzreihe (1).

Wie schon p. 288 d. I. T. bemerkt ist, so kann im Falle, dafs die Reihe (1) im Kreise vom Radius R convergirt, der Convergenzkreis der Reihe (8) einen gröfseren Radius als $R - |x_0|$ haben. Es ist aber noch allgemein zu zeigen, dafs in diesem Falle auch in denjenigen Punkten, welche innerhalb der Convergenzkreise der beiden Reihen (1) und (8) liegen und dabei vom Punkte x_0 um mehr als $R - |x_0|$ abstehen, die Summe der Reihe (8) gleich $f(x)$ ist. Der Beweis dieses Satzes ist in Nr. 14 nachgetragen. — Eine obere Grenze für den Convergenzradius von (8) findet man in Nr. 18.

Setzt man in (1) statt x $x - a$, so erhält man eine Potenzreihe von $x - a$, deren Convergenzgebiet im Allgemeinen ein Kreis mit dem Mittelpunkte a und dem Radius R (wofür wir von nun an die kürzere Bezeichnung: „Kreis (a, R)" gebrauchen mögen) sein wird. Bedeutet x_0 einen Punkt innerhalb desselben, so erhalten wir der Reihe (8) entsprechend eine Entwickelung von $f(x)$ nach Potenzen von $(x - a) - (x_0 - a)$ d. i. $x - x_0$, deren Coefficienten Potenzreihen von $x_0 - a$ sind und ebenfalls mit $f^{(n)}(x_0)$ bezeichnet werden, sodass die Formel (8) ungeändert bleibt. Die obige Regel über den Convergenzbereich der auf der rechten Seite von (8) stehenden Potenzreihe bleibt in ihrem geometrischen

Ausdrucke ungeändert. Diese Potenzreihe heisst nach Weier-straſs aus der Reihe

$$f(x) = \sum_0^\infty a_n (x - a)^n = \mathfrak{P}(x - a)$$

für den Punkt $x = x_0$ abgeleitet. Dabei zeigt das Zeichen $\mathfrak{P}$ typisch eine Reihe nach ganzen positiven Potenzen des Argumentes an.

Ist die Reihe (1) beständig convergent, so definirt sie in der ganzen Ebene mit Ausnahme von $x = \infty$ eine eindeutige analytische Function $f(x)$. Hat diese Reihe ein endliches Convergenzgebiet, so ist es möglich, daſs vermittelst der aus ihr abgeleiteten Reihen auch für Punkte auſserhalb desselben Functionswerthe definirt werden. Die Reihe (1) heiſst daher nach Weierstraſs ein Element der ana-lytischen, ein- oder mehrdeutigen Funktion $f(x)$. — Die Ableitungen sind hier nur erklärt für solche Functionen, die als Summen von Potenzreihen oder deren Fortsetzungen definirt sind, wobei wir be-merken wollen, daſs die n^{ten} Ableitungen der Fortsetzungen einer Function zugleich die Fortsetzungen der n^{ten} abgeleiteten Function sind. Die Verallgemeinerung dieser Begriffe mittelst der Formeln

$$f'(x) = \lim_{h=0} \frac{f(x+h) - f(x)}{h} \qquad f^{(n)}(x) = \lim_{h=0} \frac{f^{(n-1)}(x+h) - f^{(n-1)}(x)}{h},$$

worin man sich unter $f(x)$ zunächst irgend eine eindeutige und stetige Function von x denken kann, gehört in die Differentialrechnung. Cauchy hat jedoch gezeigt, daſs beide Erklärungen von $f'(x)$ im Wesentlichen zusammenfallen, indem die Existenz des ersteren der obigen Grenzwerthe und seine Stetigkeit für alle Werthe von x in einem Kreise (a, R) vorausgesetzt, $f(x)$ eben eine innerhalb desselben convergente Potenzreihe von $x - a$ sein muſs.[**]) — Ueber das Ver-halten der Reihe (8) im Punkte $x = x_1$ u. s. w. vgl. Anm. 9[**]).

2) Hinsichtlich der Entwickelung des Quotienten zweier endlichen oder unendlichen Potenzreihen von x (die letzteren als convergent vorausgesetzt)

$$f(x) = \sum_0^\infty a_n x^n \qquad g(x) = \sum_0^\infty b_n x^n$$

in eine Reihe nach ganzen Potenzen von x gilt, falls b_0 nicht Null ist, das a. a. O. Gesagte. Auch nach Ein-führung der complexen Zahlen vermögen wir, den Fall, dass $f(x)\, g(x)$ ganze Functionen von x sind, abgerechnet (s. Nr. 12), über das Convergenzgebiet der für $f(x) : g(x)$ erlangten

Potenzreihe zunächst nicht mehr zu sagen, als daſs es nicht über den oder die absolut kleinsten Punkte $x = c$, wofür $g(c) = 0$ und

$$\lim_{x=c} \{f(x) : g(x)\} = \infty$$

ist, sich erstrecken könne. — Ist $g(0) = 0$, so sei

$$b_0 = b_1 = \cdots = b_{m-1} = 0,$$

b_m von 0 verschieden und $g(x) = x^m h(x)$, wobei also $h(0) = b_m$ nicht Null ist. Dann läſst sich $f(x) : h(x)$ in eine Reihe nach ganzen positiven Potenzen von x entwickeln; nämlich

$$f(x) : h(x) = c_0 + c_1 x + c_2 x^2 + \cdots,$$

so daſs

$$f(x) : g(x) = c_0 x^{-m} + c_1 x^{-m+1} + \cdots + c_{m-1} x^{-1}$$
$$+ c_m + c_{m-1} x + \cdots$$

ist. Unser Quotient liefert demnach jetzt eine Reihe nach ganzen Potenzen von x, worin eine endliche Anzahl von negativen Exponenten auftritt.

12. Zerlegung einer rationalen Function von x in Partialbrüche.

Es seien $F(x)$, $G(x)$ ganze Funktionen m^{ten} und n^{ten} Grades von x ohne gemeinsamen Theiler. Die Wurzeln der Gleichung $G(x) = 0$ seien $x_1 \, x_2 \cdots x_l$ und zwar bez. $\mu_1 \, \mu_2 \cdots \mu_l$-fach, so daſs

$$\mu_1 + \mu_2 + \cdots \mu_l = n$$

ist. Demnach hat man für $x = x_r + h$

$$G(x_r + h) = c_0^{(r)} h^{\mu_r} + c_1^{(r)} h^{\mu_r+1} + \cdots \quad (r = 1, 2 \ldots l),$$

worin schon der erste Coefficient nicht Null ist. Nach dem soeben Bemerkten erhält man nun für

$$F(x_r + h) : G(x_r + h)$$

eine Reihe nach steigenden ganzen Potenzen von h, in welcher die Exponenten mit $-\mu_r$ beginnen. Es ist also, wenn man statt h wieder $x - x_r$ setzt,

$$\frac{F(x)}{G(x)} = \frac{a_1^{(r)}}{(x - x_r)^{\mu_r}} + \frac{a_2^{(r)}}{(x - x_r)^{\mu_r-1}} + \cdots + \frac{a_{\mu_r}^{(r)}}{x - x_r}$$
$$+ b_0^{(r)} + b_1^{(r)} (x - x_r) + \cdots \quad (r = 1, 2 \cdots l). \tag{9}$$

Bezeichnen wir den Inbegriff der Glieder mit negativen Exponenten von $x - x_r$ mit $R_r(x)$, so leuchtet unmittelbar ein, dafs die rationale Function

$$\frac{F(x)}{G(x)} - R_1(x) - R_2(x) - \cdots - R_l(x)$$

für gar keinen endlichen Werth von x unendlich wird, somit eine ganze Function $H(x)$ von x sein muss. Wir haben somit den Satz gefunden, dass jede rationale Function von x sich auf die Form

$$\frac{F(x)}{G(x)} = R_1(x) + R_2(x) + \cdots + R_l(x) + H(x), \quad (10)$$

worin

$$R_r(x) = \frac{a_1^{(r)}}{(x - x_r)^{\mu_r}} + \cdots + \frac{a_{\mu_r}^{(r)}}{x - x_r}$$

ist und $H(x)$ eine ganze Function von x bedeutet, bringen läfst und zwar nur in einer einzigen Weise. Wenn wir nämlich eine Gleichung von der Form (10) als möglich voraussetzen und beide Seiten derselben nach Potenzen von $x - x_r$ entwickeln, so zeigt sich, dass nur vom Aggregate $R_r(x)$ negative Potenzen von $x - x_r$ herrühren können; $R_r(x)$ muss also mit dem Inbegriff der μ_r ersten Glieder in (9) identisch sein. Da mithin $R_1, R_2 \cdots R_l$ völlig bestimmt sind, so natürlich auch die ganze Function $H(x)$.

Mittelst der Formel (10), welche die Zerlegung der rationalen Function $F(x) : G(x)$ in die Partialbrüche lehrt, lässt sich erweisen, dafs diese Function in eine recurrente Reihe nach ganzen Potenzen von x entwickelt werden kann, deren Convergenzkreis durch den oder die dem Nullpunkte nächsten der Punkte $x_1 \, x_2 \cdots x_l$, wofür der Nenner $G(x)$ verschwindet, geht. Setzt man nämlich, falls x_r nicht Null ist,

$$\frac{1}{(x - x_r)^k} = \frac{1}{x_r^k}\left(1 - \frac{x}{x_r}\right)^{-k},$$

so läfst sich der zweite Factor in eine Reihe nach ganzen positiven Potenzen von x entwickeln, wenn nur $|x : x_r| < 1$ d. i. $|x| < |x_r|$ ist. Diese Reihe ergiebt sich aus der geo-

metrischen durch mehrmalige Multiplication mit sich selbst
oder als ein besonderer Fall der binomischen (vgl. VI. 5).
Dafs $F(x) : G(x)$ für alle x, deren absoluter Betrag kleiner
ist als der oder die kleinsten der Zahlen $|x_1|, |x_2| \cdots |x_l|$,
eine Reihe nach ganzen Potenzen von x, die falls unter den
x_r der Werth Null vorkommt, auch negative Potenzen von
x enthält, liefert, ist somit offenbar. Dass der Radius ihres
Convergenzkreises nicht gröfser sein kann, als die genannte
Zahl, ist bereits in Nr. 11 bemerkt.

Bestimmung derjenigen ganzen Function höchstens
$(n - 1)^{\text{ten}}$ Grades von x: $F(x)$, welche der Bedingung genügt,
dafs für l von einander verschiedene Werthe von x: $x_1 x_2 \ldots x_l$
sie selbst und je eine gewisse Anzahl von aufeinander
folgenden Ableitungen gegebenen Zahlen gleich ist, nämlich

$$F(x_r) = y_0^{(r)} \quad F'(x_r) = y_1^{(r)} \cdots F^{(\mu_r - 1)}(x_r) = y_{\mu_r - 1}^{(r)}$$

$$(r = 1, 2 \cdots l),$$

wobei

$$\mu_1 + \mu_2 + \cdots + \mu_l = n$$

sein soll. — Setzt man

$$(x - x_1)^{\mu_1} (x - x_2)^{\mu_2} \cdots (x - x_l)^{\mu_l} = P(x)$$

und entwickelt $F(x) : P(x)$ nach Potenzen von $x - x_r$, so stimmen
die Glieder mit negativen Exponenten überein mit denen in der Entwickelung der Function

$$\left[y_0^{(r)} + y_1^{(r)} (x - x_r) + \cdots \right.$$
$$\left. + \frac{1}{(\mu_r - 1)!} y_{\mu_r - 1}^{(r)} (x - x_r)^{\mu_r - 1} \right] : P(x).$$

Bezeichnet man das Aggregat der Glieder mit negativen Exponenten
von $x - x_r$ in der Entwickelung dieses Bruches nach Potenzen von
$x - x_r$ mit $R_r(x)$, so hat man zufolge des Satzes (10) offenbar

$$F(x) : P(x) = R_1(x) + R_2(x) + \cdots + R_l(x).$$

Es ist demnach

$$F(x) = [R_1(x) + R_2(x) + \cdots + R_l(x)] P(x),$$

welche Formel die Verallgemeinerung der Lagrange'schen in IV. 13
darstellt. — Dafs es nur eine solche Funktion $F(x)$ giebt, folgt aus
dem 2. Satze in IV. 5.

13. Reihen nach ganzen Potenzen einer Veränderlichen.

Denkt man sich in der Potenzreihe (1) in Nr. 7 anstatt x $1:x$ gesetzt, so erhält man unmittelbar den Satz: Wenn die Reihe nach negativen ganzen Potenzen von x

$$a_0 + \frac{a_1}{x} + \frac{a_2}{x^2} + \cdots + \frac{a_n}{x^n} + \cdots \qquad (11)$$

überhaupt für einen endlichen, von Null verschiedenen Werth convergirt, so convergirt sie entweder für jeden solchen Werth von x absolut oder es giebt eine positive Zahl R', so beschaffen, dass die Reihe (11) für alle Werthe von x, deren absoluter Betrag größer als R' ist, absolut convergirt, für alle, deren absoluter Betrag kleiner als R' ist, bei jeder Anordnung der Glieder divergirt."

Wenn die Potenzreihe (11) convergirt, in welchem Falle $f(x)$ ihr Grenzwerth sei, so kann man daraus für jeden innerhalb ihres Convergenzbereiches gelegenen Punkt x_0 eine Reihe nach ganzen positiven Potenzen von $x - x_0$ ableiten.

Setzt man nämlich in (11) $x = x_0 + h$ und bemerkt, dafs, wenn nur $|h| < |x_0|$ ist,

$$\frac{1}{x} = \frac{1}{x_0 + h} = \frac{1}{x_0} - \frac{h}{x_0^2} + \frac{h^2}{x_0^3} - \cdots$$

ist, so darf $f(x_0 + h)$ nach Nr. 11 im ersten Falle für jeden von Null verschiedenen Werth von x_0 und h nach Potenzen von h geordnet werden, im zweiten sicher dann, wenn $|x_0| > R'$ und

$$\frac{1}{X_0} + \frac{H}{X_0^2} + \frac{H}{X_0^3} + \cdots = \frac{1}{X_0 - H},$$

worin X_0 H für $|x_0|$ $|h|$ stehen, kleiner als $1:R'$, also $H < X_0 - R$ ist. Bezeichnet man die Coefficienten in dieser Potenzreihe von h so, wie in (7) in Nr. 11, so erhält man, da nach VI. 5

$$\frac{1}{(x_0 + h)^m} = \frac{1}{x_0^m} - \frac{mh}{x_0^{m+1}} + \binom{m+1}{2} \frac{h^2}{x_0^{m+2}} - \cdots$$

ist,

$$f^{(n)}(x_0) = (-1)^n \sum_{1}^{\infty} m \, m(m+1)\cdots(m+n-1) \frac{a_m}{x_0^{m+n}} \quad (n = 1, 2 \cdots).$$

Diese Reihen nach negativen Potenzen von x_0 haben genau dasselbe Convergenzgebiet, wie die Reihe $f(x_0)$ d. i. (11). Schreibt man für h wieder $x - x_0$, so erhält auch die aus (11) für den Punkt $x = x_0$

abgeleitete Reihe die Gestalt (8). Sie convergirt also absolut mindestens für Punkte x im Innern des Kreises, welcher von x_0 aus so beschrieben ist, dafs er den Kreis (O, R') von aufsen berührt.

Es kommen auch Reihen vor, in denen sowohl positive, als negative ganze Potenzen von x in unbegrenzter Anzahl erscheinen, die also von der Form sind

$$\left. \begin{array}{l} a_0 + a_1 x + a_2 x^2 + \cdots + a_n x^n + \cdots \\ \quad + a_{-1} x^{-1} + a_{-2} x^{-2} + \cdots + a_{-n} x^{-n} + \cdots \end{array} \right\}. \quad (12)$$

Zunächst bemerke man den folgenden Satz: „Wenn die Reihe (12) für einen von Null verschiedenen Werth von x: $x = x_0$ mindestens bei bestimmter Anordnung ihrer Glieder convergirt, so convergirt von den beiden Reihen

$$\sum_{0}^{\infty}{}_{n} a_n x^n \qquad \sum_{1}^{\infty}{}_{n} a_{-n} x^{-n} \qquad\qquad (12^*)$$

die erstere absolut für alle Werthe, deren absoluter Betrag kleiner als $|x_0|$ ist, die letztere absolut für alle Werthe, deren absoluter Betrag gröfser als $|x_0|$ ist.“ Bezeichnet man nämlich die Glieder von

$$\sum_{-\infty}^{+\infty}{}_{n} a_n x^n$$

bei der erwähnten bestimmten Aneinanderreihung mit

$$b_0 + b_1 + \cdots + b_p + \cdots,$$

so läfst sich zufolge der Voraussetzung jedem $\varepsilon > 0$ eine natürliche Zahl m so zuordnen, dafs $|b_p| < \varepsilon$ ist, wenn nur $p > m$ ist. Wenn nun m_1 den gröfsten, — m_2 den kleinsten Exponenten von x_0 in den Gliedern $b_0 b_1 \cdots b_m$ bezeichnet, so hat man

$$|a_n x_0^n| < \varepsilon \text{ für } n > m_1 + 1,$$
$$|a_{-n} x_0^{-n}| < \varepsilon \text{ für } n > m_2 + 1,$$

woraus man erkennt, dass sowohl alle Glieder $a_n x_0^n$ als auch alle $a_{-n} x_0^{-n}$ dem absoluten Betrage nach unter einer endlichen Zahl liegen. Man braucht also nur den ersten Satz in Nr. 7 anzuwenden, um den obigen zu finden.

Das Gebiet, innerhalb dessen die Potenzreihe (12) absolut convergirt, ergiebt sich sehr leicht mittelst der Bemerkung, daſs wenn diese Reihe absolut convergirt, auch jede der beiden Reihen (12*) absolut convergirt. Die Reihe (12) convergirt demnach absolut 1) entweder für gar keinen Werth von x, oder 2) für jeden endlichen Werth von x auſser $x = 0$, oder 3) ausschlieſslich für die Werthe von x, deren absoluter Betrag eine positive Zahl R ist, oder endlich 4) für alle Werthe von x, deren absoluter Betrag innerhalb des Intervalles (R', R) liegt, wobei $R > R' \geq 0$ ist, und für keinen, dessen absoluter Betrag auſserhalb desselben liegt. Im ersten Falle kann die Reihe (12) für einige, ja selbst für alle Punkte eines Kreises (O, R) bedingt convergiren, nicht aber für Punkte zweier solcher Kreise; dem zu Folge des vorstehenden und des ersten Satzes in Nr. 7 führt diese Annahme schon auf den vierten Fall. Auf dieselbe Art erkennt man, daſs es im dritten Falle keinen Punkt auſserhalb des Kreises (O, R) giebt, wofür die Reihe (12) auch nur bei einer bestimmten Anordnung der Glieder convergirt und im vierten Falle keine solche Punkte auſserhalb des von dem Kreise (O, R') (welcher auch auf den Punkt $x = 0$ zusammenschrumpfen kann) und dem Kreise (O, R) eingeschlossenen Ringes. Der erste und dritte Fall werden bezw. durch die Reihen

$$\sum_{1}^{\infty} \frac{x^n}{n} + \sum_{1}^{\infty} \frac{1}{n\,x^n},$$

$$\sum_{1}^{\infty} \frac{x^n}{n^\alpha} + \sum_{1}^{\infty} \frac{1}{n^\alpha\,x^n} \quad (\alpha > 1)$$

dargestellt. Die zweite convergirt absolut lediglich auf dem Kreise $(O, 1)$ die erste bedingt in allen Punkten desselben auſser $x = +1$. In der Functionentheorie sind nur der zweite und vierte Fall von Bedeutung, nur einer von ihnen ist auch im Folgenden stets gemeint. Der letztere ist der eigentlich allgemeine: die Potenzreihe (12) convergirt absolut für alle Punkte innerhalb des von den Kreisen (O, R') und (O, R) gebildeten Ringes und divergirt für jeden Punkt auſserhalb desselben bei jeder Anordnung der Glieder.

Da die Summe der Reihe (12) innerhalb des Bereiches
der absoluten Convergenz als Summe der Grenzwerthe der
beiden Reihen (12*) aufgefaſst werden darf, so erhellt unmittelbar, daſs im zweiten und vierten Falle aus (12) für
jeden Punkt $x = x_0$ innerhalb dieses Bereiches eine Reihe
nach ganzen positiven Potenzen von $x - x_0$ abgeleitet werden kann. Für die Coefficienten der einzelnen Potenzen
von $x - x_0$ in derselben gebraucht man dieselben Bezeichnungen wie in (8).

Aehnliche Sätze bestehen für die Reihen nach ganzen Potenzen
von $x - a$.

14. Satz über die Uebereinstimmung zweier Reihen nach ganzen Potenzen im gemeinsamen Convergenzgebiete. [10])

„Es seien zwei Reihen gegeben, die eine $P(x - a)$ nach
ganzen Potenzen von $x - a$, die andere $Q(x - b)$ nach
ganzen Potenzen von $x - b$ fortschreitend. a und b können
gleich oder ungleich sein. $\mathfrak{F}$ sei ein zusammenhängendes
Flächenstück, das den Convergenzbereichen beider Reihen
gemeinsam ist. Giebt es innerhalb $\mathfrak{F}$ einen solchen Punkt
$x = c$, daſs zu jeder positiven Zahl δ ein von c verschie-
dener Werth x' gehört, wofür $|x' - c| < \delta$ und
$$P(x' - a) = Q(x' - b)$$
ist, so stimmen die Werthe der beiden Potenzreihen in allen
Punkten innerhalb $\mathfrak{F}$ überein.“

Beweis. Da c innerhalb der Convergenzbereiche der
beiden Reihen liegt, so muſs es einen ganz bestimmten Kreis
vom Mittelpunkte c geben, innerhalb dessen sowohl die
Werthe von $P(x - a)$, als auch die von $Q(x - b)$ durch
eine Reihe nach ganzen positiven Potenzen von $x - c$ dargestellt werden. Nach Nr. 10 müssen diese beiden Potenzreihen von $x - c$ in unserem Falle identisch sein. Ist k
ein Punkt innerhalb $\mathfrak{F}$, der auſserhalb des genannten Kreises
liegt, so verbinde man ihn mit c durch eine stetige, voll-
ständig innerhalb $\mathfrak{F}$ verlaufende einfache Linie $\mathfrak{l}$, deren jeder
Punkt mithin von der Begrenzung von $\mathfrak{F}$ einen Abstand
gröſser als eine gewisse Zahl $\Delta > 0$ haben wird. Nun kann
man der Linie $\mathfrak{l}$ ein Polygon $c\, c'\, c'' \ldots c^{(n-1)}$ einschreiben,

dessen Seiten sämmtlich gleich Δ sind. Da der Convergenz-radius der oben erwähnten Potenzreihe von $x - c$ gröfser als Δ ist, so besteht die Gleichung

$$P(x - a) = Q(x - b) \qquad (13)$$

längs der Strecke $c\, c'$, also insbesondere in jeder noch so kleinen Umgebung von c'. Da somit die beiden Reihen hinsichtlich des Punktes $x = c'$ dieselbe Eigenschaft haben, wie in Bezug auf den Punkt $x = c$, so erkennt man, dafs die Gleichung (13) auch längs der Strecke $c'\, c''$ gilt. In der Art findet man nach Zurücklegung der Strecken

$$c''\, c''' \ldots c^{(n-2)}\, c^{(n-1)}$$

die Gleichung

$$P(k - a) = Q(k - b).$$

Aus dem vorstehenden Satze ergiebt sich eine Verallgemeinerung des Identitätssatzes in Nr. 10 für zwei Reihen nach ganzen Potenzen von $x - a$, in welcher nur Potenzen einer Art, z. B. positive in unbegrenzter Anzahl vorkommen. Offenbar genügt es, dafs sie mindestens für je einen Punkt in jeder Umgebung eines beliebigen Punktes ihres gemeinsamen Convergenzgebietes übereinstimmen.

Die bisherigen allgemeinen Sätze über die Reihen nach ganzen Potenzen einer Veränderlichen bilden lediglich die mehr oder weniger naheliegende Verallgemeinerung der entsprechenden Sätze über solche Reihen bei reellen Werthen der Coefficienten und der Veränderlichen. Nun aber werden wir drei neue fundamentale Sätze über die in Rede stehenden Reihen kennen lernen, welche nur bei Zulassung von complexen Werthen der Veränderlichen möglich sind. Der Kürze wegen lassen wir hier die Reihen nach Potenzen von x anstatt von $x - a$ fortschreiten.

15. Cauchy's Satz über die Coefficienten einer Reihe nach ganzen Potenzen einer Veränderlichen. [11])

„Beschreibt man vom Nullpunkte einen Kreis, welcher innerhalb des Convergenzgebietes der Reihe

$$\sum_{-\infty}^{+\infty} a_n x^n \qquad (1)$$

verläuft — sein Radius sei K —, so erreicht der absolute Betrag ihrer Summe $f(x)$ mindestens in einem

Punkte derselben seine endliche obere Grenze G und man hat

$$|a_m| \cdot K^m \leq G \qquad (m = 0, \pm 1, \pm 2 \ldots)."$$

Beweis. Daß $|f(x)|$, während x den Kreis $(0, K)$ durchläuft, seine endliche obere Grenze G erreicht, ist ein besonderer Fall des letzten Satzes in III. 8.

Der zweite Theil des Satzes ergiebt sich so. Es sei p eine beliebige natürliche Zahl und

$$c = \cos\frac{2\pi}{p} + i\sin\frac{2\pi}{p}$$

$$x_r = K\left(\cos\frac{2r\pi}{p} + i\sin\frac{2r\pi}{p}\right) = Kc^r \qquad (r = 0, 1 \ldots p-1).$$

Nach II. 17 hat man

$$x_0^n + x_1^n + \cdots + x_{p-1}^n = pK^n \text{ oder } 0,$$

je nachdem n durch p theilbar ist oder nicht. Mittelst der Formel

$$\frac{f(x)}{x^m} = a_m + \sum_{-\infty}^{+\infty}{}' a_n x^{n-m},$$

worin der Accent bei Σ ausdrücken soll, daß n den Werth Null nicht annehmen darf, findet man demnach

$$\sum_{0}^{p-1}{}_r \frac{f(Kc^r)}{K^m e^{mr}} = p a_m + p\sum_{-\infty}^{+\infty}{}_k a_{m+kp} K^{kp}$$

$$a_m = \frac{1}{p}\sum_{0}^{p-1}{}_r \frac{f(Kc^r)}{K^m e^{mr}} - \sum_{-\infty}^{+\infty}{}_k a_{m+kp} K^{kp}. \qquad (2)$$

Nun kann man sich p so groß denken, daß das zweite Glied rechts dem absoluten Betrage nach unter einer vorgegebenen Zahl ε liegt. Vermöge der absoluten Convergenz der Reihe (1) für $x = K$ darf man zunächst

$$\left|\sum_{-\infty}^{+\infty}{}_k a_{m+kp} K^{kp}\right| \leq K^{-m}\sum_{1}^{\infty}{}_k (A_{m+kp} K^{m+kp} + A_{m-kp} K^{m-kp})$$

setzen, wo A_n für $|a_n|$ steht. Von daher weiß man auch, daß sich eine positive Zahl μ so bestimmen läßt, daß für $n > \mu$

$$\sum_{n}^{\infty}{}_s (A_{m+s} K^{m+s} + A_{m-s} K^{m-s}) < \varepsilon K^m$$

ist. Nimmt man p gröfser als μ an, so hat man mithin

$$\left| \sum_{k}^{+\infty}{}' a_{m+kp}\, K^{kp} \right| < \varepsilon.$$

Da $|f(Ke^r)| \leq G$ ist, so folgt aus (2), dafs

$$A_m < \frac{1}{p\,K^m} \sum_{r}^{p-1} |f(Ke^r)| + \varepsilon < \frac{G}{K^m} + \varepsilon$$

ist. Hieraus erschliefst man, da ε jede positive Zahl sein kann, die Relation

$$A_m \leq G\,K^{-m}.$$

Corollar. Identitätssatz für Reihen nach ganzen Potenzen von x, in welchen sowohl positive als negative Exponenten von x in unbegrenzter Anzahl vorkommen dürfen. „Convergiren die Reihe (1) und eine ähnliche

$$\sum_{-\infty}^{+\infty} b_n\, x^n \tag{3}$$

in einem und demselben Gebiete und giebt es innerhalb desselben einen solchen Punkt $x = c$, dafs zu jeder positiven Zahl δ ein von c verschiedener Werth x' gehört, wofür

$$|x' - c| < \delta$$

ist und die Summen beider Reihen $f(x)$, $g(x)$ einander gleich sind, so sind die Coefficienten der nämlichen Potenzen von x in (1) und (3) einander gleich:

$$a_n = b_n \qquad (n = 0, \pm 1, \pm 2 \ldots).\text{“}$$

Beweis. Nach Nr. 14 ist innerhalb des ganzen gemeinsamen Convergenzbereiches $f(x) = g(x)$, d. h. es ist daselbst

$$\sum_{-\infty}^{+\infty} (a_n - b_n)\, x^n = 0.$$

Denkt man sich innerhalb dieses Gebietes einen Kreis (O, K) und wendet auf die letzte Reihe den Coefficientensatz an, so findet man wegen $G = 0$ für jeden Werth von n

$$|a_n - b_n| < 0, \quad \text{also} \quad a_n = b_n.$$

16. Weierstrafs' Doppelreihensatz. [12])

„Es sei eine endlose Folge von Reihen nach ganzen Potenzen einer Veränderlichen

$$\sum_{-\infty}^{\infty} a_{m,n}\, x^n \quad (m = 0, 1, 2 \ldots) \tag{4}$$

vorgelegt, deren jede positive und negative Potenzen von x in endlicher Anzahl enthalten kann. Angenommen, es gebe zwei Zahlen $R'\, R$, die erste positiv oder Null, die zweite gröfser als die erste und so beschaffen, dafs unter der Bedingung

$$0 < R' < |x| < R \tag{5}$$

nicht allein jede einzelne Reihe (4), sondern auch die aus ihren Summen $f_m(x)$ gebildete Reihe

$$f_0(x) + f_1(x) + \cdots + f_m(x) + \cdots \tag{6}$$

convergirt und zwar die Reihen (4) absolut, die letzte mindestens in der angegebenen Ordnung der Glieder und zwar gleichmäfsig für die genannten Werthe von x. Dann convergirt die Reihe

$$a_{0,\,n} + a_{1,\,n} + \cdots + a_{m,\,n} + \cdots \tag{7}$$

für jeden Werth von n, und wird ihr Grenzwerth mit a_n bezeichnet, so convergirt absolut für alle Werthe von x, deren absoluter Betrag kleiner als R und gröfser als R' ist, die Reihe nach ganzen Potenzen von x

$$\sum_{-\infty}^{+\infty} a_n\, x^n \tag{8}$$

und es ist ihr Grenzwerth gleich dem von (6):

$$\sum_{-\infty}^{+\infty} a_n\, x^n = \sum_{0}^{\infty} f_m(x).\text{“} \tag{9}$$

Beweis. Zufolge Voraussetzung kann jeder Zahl $\varepsilon > 0$ eine Zahl $\mu > 0$ so zugeordnet werden, dafs was p auch sein mag, für $n > \mu$

$$| f_{m+1}(x) + f_{m+2}(x) + \cdots + f_{m+p}(x) | < \varepsilon \tag{10}$$

ist und zwar bei jedem den Relationen (5) genügenden Werthe von x. Somit hat man auch

$$\left| \sum_{-\infty}^{+\infty} (a_{m+1,n} + a_{m+2,n} + \cdots + a_{m+p,n})\, x^n \right| < \varepsilon,$$

also nach Nr. 15, wenn K eine Zahl kleiner als R, größer als R' bezeichnet, bei $n > \mu$

$$| a_{m+1,n} + a_{m+2,n} + \cdots + a_{m+p,n} | < \varepsilon K^{-n}.$$

Es convergirt mithin die Reihe (7) für

$$n = 0, \pm 1, \pm 2 \ldots$$

Setzt man

$$\sum_{0}^{m} a_{r,n} = a_n' \qquad \sum_{m+1}^{\infty} a_{r,n} = a_n'',$$

so ergiebt sich also, daß zugleich mit

$$m > \mu \qquad | a_n'' | \leqq \varepsilon K^{-n} \qquad (11)$$

ist. — Es sei x ein Werth, dessen absoluter Betrag X zwischen R' und R liegt und $S\,S'$ zwei solche positive Zahlen, daß

$$R' < S' < X < S < R$$

ist. Ersetzt man nun, je nachdem n negativ ist oder nicht, in (11) K durch S' oder S, so folgt

$$| a_n'' S'^n | \leqq \varepsilon \qquad | a_n'' S^n | \leqq \varepsilon. \qquad (12)$$

Demnach convergiren absolut nach Nr. 13 und 7 die Reihen

$$\sum_{-1}^{-\infty} a_n'' x^n \qquad \sum_{0}^{\infty} a_n'' x^n,$$

also auch die Reihe

$$\sum_{-\infty}^{+\infty} a_n'' x^n.$$

Da ferner die Reihe

$$\sum_{0}^{m} f_r(x) = \sum_{-\infty}^{+\infty} a_n' x^n$$

absolut convergirt, so auch die Reihe (8); denn es ist

$$\sum_{-\infty}^{+\infty} a_n x^n = \sum_{-\infty}^{+\infty} (a_n' + a_n'') x^n. \qquad (13)$$

Bedeutet $f(x)$ den Grenzwerth von (6), $\varphi(x)$ den von (8) und ist

$$\sum_{m+1}^{\infty} f_r(x) = R_m(x) \qquad \sum_{-\infty}^{+\infty} a_n'' x^n = P_m(x),$$

so hat man

$$f(x) = \sum_{0}^{m} f_r(x) + R_m(x) = \sum_{-\infty}^{+\infty} a'_n x^n + R_m(x)$$

$$f(x) - \varphi(x) = R_m(x) - P_m(x),$$

die letztere Formel nach (13). Nach (10) und (12) ergiebt sich für $m > \mu$

$$| R_m(x) | < \varepsilon$$

$$| P_m(x) | \leqq \varepsilon \sum_{-1}^{-\infty} \left(\frac{X}{S'}\right)^n + \varepsilon \sum_{0}^{\infty} \left(\frac{X}{S}\right)^n = \varepsilon \left\{ \frac{S'}{X - S'} + \frac{S}{S - X} \right\}.$$

Man findet demnach, dafs

$$| f(x) - \varphi(x) | < \varepsilon \left\{ 1 + \frac{S'}{X - S'} + \frac{S}{S - X} \right\}$$

ist. Da hier rechts jede positive Zahl stehen kann, so ergiebt sich die Gleichung

$$f(x) = \varphi(x).$$

Unter denselben Voraussetzungen über die Reihe (6),
wie im vorstehenden Satze, hat man für alle Werthe von x,
deren absoluter Betrag kleiner als R und gröfser als R' ist,
neben (9) die Gleichungen

$$f^{(r)}(x) = \sum_{0}^{\infty} f_m^{(r)}(x) \qquad (r = 1, 2 \ldots). \tag{14}$$

Wenn $R' < | x | < R$ und $| h |$ kleiner sowohl als $R - | x |$,
als auch als $| x | - R'$ ist, so läfst sich nach Nr. 13 nicht nur
$f_m(x + h)$, sondern vermöge der Gleichung

$$f(x + h) = \varphi(x + h)$$

auch $f(x + h)$ in eine nach ganzen positiven Potenzen von h fortschreitende Reihe verwandeln. Unter diesen Bedingungen hat man
also einerseits

$$f(x + h) = \sum_{0}^{\infty} f_m(x + h), \tag{15}$$

wo

$$f_m(x + h) = f_m(x) + \sum_{1}^{\infty} \frac{f_m^{(r)}(x)}{r!} h^r$$

ist, andererseits

$$f(x + h) = f(x) + \sum_{1}^{\infty} \frac{f^{(r)}(x)}{r!} h^r. \tag{16}$$

Für die genannten Werthe von (h) ist nun nach (10)

$$| f_{m+1}(x+h) + \cdots + f_{m+p}(x+h | < \varepsilon \quad (p = 1, 2 \ldots).$$

Es läßt sich somit die rechte Seite in (15) nach Potenzen von h ordnen, so daß

$$f(x+h) = \sum_{0}^{\infty}{}_m f_m(x) + \sum_{1}^{\infty}{}_r \frac{h^r}{r!} \sum_{0}^{\infty}{}_m f_m^{(r)}(x)$$

ist. Durch Vergleichung der Coefficienten der nämlichen Potenzen von h auf der rechten Seite dieser und der Gleichung (16) erhält man die Formeln (14).

17. Anwendungen des Satzes von Nr. 16.

1) Es liegt nahe, diesen Satz zur Entwickelung der in Nr. 11 betrachteten zusammengesetzten Function $\varphi\{f(x)\}$ zu benutzen. $\varphi(y)$ sei eine im Kreise (O, S) convergente Potenzreihe von y:

$$\varphi(y) = b_0 + b_1 y + b_2 y^2 + \cdots, \tag{17}$$

$f(x)$ zunächst eine im Kreise (O, R) convergente Reihe nach ganzen positiven Potenzen von x. Ist S' eine positive Zahl kleiner als S, so convergirt die Reihe (17) gleichmäßig für alle Werthe von y, deren absoluter Betrag S' nicht übersteigt.

$$f(x), f(x)^2 \ldots f(x)^n \ldots$$

sind Potenzreihen von x mit demselben Convergenzbereiche. **Wenn es eine solche positive Zahl $A < R$ giebt, daß für alle Werthe von x, welche dem absoluten Betrage nach kleiner als A sind, $|f(x)| < S'$ ist**, so läßt sich $\varphi\{f(x)\}$ nach obigem Satze für diese Werthe von x nach Potenzen von x ordnen. Hierzu ist, wie zur Anwendung des Cauchy'schen Satzes in Nr. 11, nothwendig und hinreichend, daß

$$|f(0)| < S$$

ist. Dieser Satz liefert dann die gesuchte Entwickelung für alle Werthe von x, deren absoluter Betrag unter der so gewählten Zahl K, daß $\Phi(K) < S$ ist, liegt. Da

$$|f(x)| \leq \Phi(X)$$

ist, so hat man nun auch $|f(x)| < S$, d. h. der Satz von Weierstraß liefert nie ein beschränkteres Resultat als der Cauchy'sche. Es ist leicht zu sehen, daß wenn

$$f(x) = c(x-a) \quad \text{oder} \quad c : (b-x)$$

ist, beide Sätze zu dem nämlichem Resultate führen; wenn

$$f(x) = c(x-a) : (b-x)$$

ist, der erstere Satz genauer ist.

Ist $f(x)$ eine nach ganzen positiven und negativen Potenzen fortschreitende Reihe, so hat man zwei positive Zahlen $A \, A'$ so zu bestimmen, dafs $A' < A < R$ und für alle Werthe von x, deren absoluter Betrag zwischen A' und A liegt, $|f(x)| \leq S'$ ist. $\varphi\{f(x)\}$ läfst sich dann für die ebengenannten Werthe von x in eine Reihe nach ganzen Potenzen von x verwandeln.

2) Jetzt wollen wir nachweisen, dafs es analytische Ausdrücke, nämlich unendliche Reihen, deren Glieder rationale Functionen von x sind, giebt, welche in getrennten Bereichen verschiedene analytische Functionen von x darstellen.[13]) Wir gehen von der unmittelbar ersichtlichen Formel

$$\varphi(x) = \lim_{n=+\infty} \frac{1}{1-x^n} = \begin{cases} 1 \text{ für } |x| < 1 \\ 0 \text{ ,, } |x| > 1 \end{cases}$$

aus. Für die Werthe x vom absoluten Betrage 1 hat

$$1 : (1 - x^n) \quad \text{bei} \quad \lim n = +\infty$$

keinen Grenzwerth. Bedeuten $m_0\ m_1 \ldots m_n \ldots$ natürliche Zahlen, die mit n beständig, also über alle Grenzen wachsen, so hat man nach Nr. 1

$$\varphi(x) = \frac{1}{1-x^{m_0}} + \sum_1^\infty \left(\frac{1}{1-x^{m_n}} - \frac{1}{1-x^{m_{n-1}}} \right) \cdot \quad (18)$$

Hier steht rechts ein analytischer Ausdruck, der innerhalb und aufserhalb des Kreises $(O, 1)$ zwei verschiedene analytische Functionen von x darstellt,

$$f_1(x) = 1 \quad \text{und} \quad f_2(x) = 0.$$

Besonders einfach gestaltet sich derselbe für $m_n = 2^n$, nämlich

$$\varphi(x) = \frac{1}{1-x} + \sum_1^\infty \frac{x^{2^{n-1}}}{x^{2^n}-1} \cdot$$

Mit Hilfe von Nr. 16 erkennt man, dafs wenn $A\ A'$ positive Zahlen bedeuten, die erste kleiner, die zweite gröfser als 1, die Reihe (18) in der That für alle Werthe von x, deren absoluter Betrag A nicht übersteigt, in eine Reihe nach ganzen positiven Potenzen von x, für alle Werthe von x, deren absoluter Betrag nicht unter A' liegt, in eine Reihe nach ganzen negativen Potenzen von x verwandelt werden kann (was keineswegs selbstverständlich ist). Denn ist

$$|x| < A,$$

so läfst sich nicht allein

$$1 : (1 - x^{m_n}) \qquad (19)$$

nach Potenzen von x entwickeln, sondern es convergirt auch die Reihe (18) gleichmäfsig. Man hat nämlich

$$r_n(x) = \sum_{n+1}^{\infty} \left\{ \frac{1}{1 - x^{m_s}} - \frac{1}{1 - x^{m_{s-1}}} \right\}$$

$$= 1 - \frac{1}{1 - x^{m_n}} = \frac{- x^{m_n}}{1 - x^{m_n}},$$

also für alle Werthe von x, deren absoluter Betrag A nicht übersteigt,

$$| r_n(x) | < A^{m_n} : (1 - A^{m_n}).$$

Ist $| x | \geqq A'$, so entwickelt man die Function (19) nach Potenzen von $1 : x$. Da nunmehr

$$r_n(x) = - \frac{1}{1 - x^{m_n}},$$

also für alle Werthe von x, wofür $| x | \geqq A'$ ist,

$$| r_n(x) | < 1 : (A'^{m_n} - 1)$$

ist, so convergirt die Reihe (18) auch für dieselben gleichmäfsig.

Es ist leicht, mit Hilfe der Reihe (18) einen Ausdruck herzustellen, welcher für das Innere von k getrennt liegenden Kreisen, deren Mittelpunkte bez. $a_1 a_2 \ldots a_k$ und deren Radien bez. $\varrho_1 \varrho_2 \ldots \varrho_k$ seien, der Reihe nach mit den willkürlich vorgeschriebenen analytischen Functionen $f_1(x) f_2(x) \ldots f_k(x)$ und für das übrige Gebiet der Ebene mit einer weiteren solchen Function $f_{k+1}(x)$ übereinstimmt. Das leistet offenbar der Ausdruck

$$\sum_{1}^{k} \varphi \left(\frac{x - a_r}{\varrho_r} \right) f_r(x)$$

$$+ \left\{ 1 - \sum_{1}^{k} \varphi \left(\frac{x - a_r}{\varrho_r} \right) \right\} f_{k+1}(x), \quad (20)$$

welcher, falls $f_r(x)$ eine innerhalb des Kreises (a_r, ϱ_r) convergente Potenzreihe von $x - a_r$ vorstellt, in der That für diese Werthe von $x - a_r$ in eine Reihe nach ganzen positiven Potenzen von $x - a_r$ umgeformt werden kann.

18. Ueber das Verhalten der Summe einer Potenzreihe in der Nähe ihres Convergenzkreises.

Wenn man sich anf reelle Werthe der Veränderlichen x beschränkt, so läſst sich kein allgemeiner Satz über das Verhalten der Summe einer Potenzreihe in der Nähe der Endpunkte ihres Convergenzintervalles aufstellen. Einen solchen giebt es aber, wie Weierstrafs hervorgehoben hat[14]), bei Zulassung von complexen Werthen von x. Es sei ausdrücklich bemerkt, daſs der neue Doppelreihensatz von Nr. 16 in den Nrn. 18—20 nicht benutzt wird.

1. Satz. „Wenn eine Potenzreihe

$$\sum_{0}^{\infty} a_n\, x^n \tag{a}$$

für alle Punkte x' im Innern eines Kreises (O, R) convergirt, so läſst sich ihre Summe sicher für alle der Relation

$$|x - x'| < R - |x'|$$

genügenden Werthe von x als Reihe nach ganzen positiven Potenzen von $x - x'$ darstellen:

$$f(x) = f(x') + \sum_{1}^{\infty} \frac{f^{(n)}(x')}{n!}\, (x - x')^n. \tag{b}$$

Der Convergenzradius dieser Reihe wird jedoch in der Regel gröſser als $R - |x'|$ sein. Bedeutet $R(x')$ den wahren Convergenzradius der Potenzreihe von $x - x'$ auf der rechten Seite von (b) und es ist die untere Grenze von $R(x')$, x' über das ganze Innere des Kreises (O, R) erstreckt, eine positive Zahl H, so hat der Convergenzkreis der Reihe (a) genau den Radius $R + H$.“

Beweis. Es sei H' eine positive Zahl kleiner als H. Man beschreibe vom Punkte O einen Kreis mit dem Radius $R + H'$ und bezeichne mit x_1 irgend einen Punkt des von den Kreisen (O, R) uud $(O, R + H')$ gebildeten Ringes. Ein von x_1 mit dem Radius H beschriebener Kreis muſs mit dem Kreise (O, R) ein Stück $\mathfrak{M}$ gemein haben. Ist x' ein beliebiger Punkt von $\mathfrak{M}$, so wird die Potenzreihe von $x - x'$ in (b) auch für $x = x_1$ convergiren, da ihr Convergenzradius nicht kleiner als H sein kann. Es häugt aber der Werth

$$f(x') + \sum_1^\infty \frac{f^{(n)}(x')}{n!} (x_1 - x')^n \qquad \text{(c)}$$

nicht von x' ab. Ersetzt man nämlich x' durch einen anderen Punkt x'' von $\mathfrak{M}$, so ist, da x_1 aufserhalb des Kreises (O, R) liegt, $|x'x''| < 2H$; folglich haben die von x' und x'' je mit dem Radius H beschriebenen Kreise ein Stück der Strecke $x'x''$ gemein. Auf demselben stimmen die Potenzreihen (b) und

$$f(x'') + \sum_1^\infty \frac{f^n(x'')}{n!} (x - x'')^n \qquad \text{(d)}$$

überein, da eine jede die Summe $f(x)$ liefert; somit nach Nr. 14 auch im Punkte $x = x_1$, der den Convergenzgebieten beider angehört. Die Werthe der auf diese Art für die Punkte x' und x_1 definirten Function liegen dem absoluten Betrage nach unter einer endlichen Zahl G, wie aus der Stetigkeit der Function folgt.

Nun läfst sich zeigen, dafs die Reihe (a) für alle Werthe von x, deren absoluter Betrag unter $R + H$ liegt, convergirt. Wendet man auf die Reihe in (b) den Satz von Nr. 15 an, so ergiebt sich neben

$$|f(x')| < G \qquad \frac{1}{n!} |f^n(x')| H^n < G \qquad (n = 1, 2 \ldots).$$

$f^{(n)}(x')$ ist eine Potenzreihe nach x' (vgl. Nr. 11). Man findet, eben denselben Satz auf sie anwendend,

$$\frac{m(m-1)\ldots(m-n+1)}{n!} A_m X'^{m-n} H'^n < G$$

$$(m = n, n+1, \ldots),$$

worin

$$X' = |x'| \qquad A_m = |a_m|$$

ist, und nach Division durch R^n

$$A_m X'^m \binom{m}{n} \left(\frac{H'}{R}\right)^n < G \left(\frac{X'}{R}\right)^n.$$

Setzt man hier $n = 0, 1 \ldots m$ und addirt, so folgt

$$A_m X'^m \left(1 + \frac{H'}{R}\right)^m$$

$$< G \left[1 - \left(\frac{X'}{R}\right)^{m+1}\right] : \left(1 - \frac{X'}{R}\right) < \frac{GR}{R - X'}.$$

Somit convergirt nach Nr. 7 die Reihe (a) sicher für alle Werthe von x, wofür

$$| x | < X' + \frac{X' H'}{R} < R + H$$

ist, so dafs ihr Convergenzradius kleiner als

$$X' \{ R + H' \} : R$$

ist. Der Unterschied

$$R + H - X' \left\{ 1 + \frac{H'}{R} \right\} = H - H' + (R - X') \left(1 + \frac{H'}{R} \right)$$

kann aber durch entsprechende Annahme von H' und X' kleiner als irgend eine positive Zahl ε gemacht werden. Also ist der Convergenzradius von (a) nicht kleiner als $R + H$. Da er nicht gröfser als $R + H$ sein kann (indem sonst die untere Grenze von $R(x')$ nicht H sein würde), so ist er gleich $R + H$.

2. Satz. „Convergirt die Potenzreihe (a) für alle Punkte x' im Innern des Kreises (O, R), so ist dieser Kreis dann und nur dann Convergenzkreis derselben, wenn die oben definirte positive Zahl $R(x')$ für die genannten x' die untere Grenze Null hat."

Die untere Grenze von $R(x')$ ist entweder eine positive Zahl H oder Null. Im ersten Falle ist der Convergenzradius der Reihe (a) gleich $R + H$, im zweiten mufs er gleich R sein, denn er kann weder kleiner noch gröfser als R sein.

3. Satz. „Hat $R(x')$ für die Punkte x' im Innern des Kreises (O, R) die untere Grenze Null, so mufs unter ihnen oder auf dem Umfange des Kreises mindestens ein Punkt $x = r$ vorhanden sein, in dessen jeder, auch noch so kleinen Umgebung $R(x')$ die untere Grenze Null hat (nach dem Hilfssatze auf p. 205 d. I. T.). Der Punkt $x = r$, sowie jeder andere Punkt von der nämlichen Beschaffenheit, kann aber nur auf dem Umfange des Kreises (O, R) liegen."

Beschreibt man nämlich von einem Punkte x' einen ganz innerhalb des Kreises (O, R) verlaufenden Kreis — sein Radius sei ϱ' —, so ist für die Punkte x'' im Innern desselben

$$R(x'') > R - |x'| - \varrho' > 0;$$

die untere Grenze von $R(x'')$ kann also nicht Null sein.

4. Satz. „Der Kreis (O, R), innerhalb dessen die Potenzreihe (a) überall convergirt, ist dann und nur dann der Convergenzkreis derselben, wenn es auf seinem Umfange mindestens einen Punkt $x = r$ von der Beschaffenheit giebt, daſs wenn man von ihm aus einen Kreis mit noch so kleinem Radius beschreibt, die Werthe der Summe $f(x)$ der Reihe (a) in den Punkten, welche innerhalb dieses und des Kreises (O, R) liegen, nicht durch eine Reihe nach ganzen positiven Potenzen von $x - r$ dargestellt werden können."

Beschreiben wir nämlich von einem Punkte $x = r$ auf dem Kreise (O, R) einen Kreis mit dem Radius ϱ und nehmen an, daſs für die Punkte x'', welche innerhalb der beiden Kreise liegen, $f(x'')$ durch eine Potenzreihe

$$f(x'') = \sum_0^\infty c_n (x'' - r)^n \qquad (e)$$

dargestellt werden könne, so müssen wir schlieſsen, daſs

$$R(x'') \geqq \varrho - |rx''|$$

ist. Denn die Potenzreihe von $x - x''$, welche sich für die zu den x'' benachbarten Punkten gehörigen $f(x)$ aus (a) und diejenige, welche sich aus (e) ableiten läſst, sind identisch. Ist nun ϱ' eine positive Zahl kleiner als ϱ, so ergiebt sich für die Punkte x''', die innerhalb der Kreise (O, R) und (r, ϱ') liegen,

$$R(x''') \geqq \varrho - |rx'''| \geqq \varrho - \varrho',$$

so daſs die untere Grenze von $R(x''')$ nicht Null sein kann.

Ueber die positive Function $R(x')$, wo x' irgend einen Punkt innerhalb des Convergenzkreises (O, R) der Potenzreihe (a) bedeutet, bestehen noch die folgenden Sätze:

5) „Beschreibt man von einem der obigen Punkte $x = r$ einen Kreis, so ist für alle Punkte x'', die innerhalb desselben und des Kreises (O, R) liegen,

$$R(x'') \leqq |x''r|.$$

Es ist also

$$\lim_{x'=r} R(x') = 0."$$

Gäbe es nämlich einen Punkt x'', wofür

$$R(x'') > |\, x'' r\, |$$

also gleich

$$|\, x'' r\, | + \delta$$

ist, so liefse sich aus der Potenzreihe (d) eine für den Punkt $x = r$

$$\mathfrak{O}(x - r)$$

mit einem Convergenzradius $\geq \delta$ ableiten, welche in den Punkten, die den Kreisen (O, R) und (r, δ) gemeinsam sind, dieselbe Summe wie (d) d. i. $f(x)$ liefert. Das widerspricht aber der Natur der Punkte $x = r$. — Aus diesem Satze folgt:

6) „Es ist

$$R(x') \leq R + |\, Ox'\, |.\text{“}$$

Denn $R + |\, Ox'\, |$ ist der gröfste unter den Abständen der Punkte der Kreislinie (O, R) vom Punkte $x = x'$.

7) „Bezeichnet x_0' einen Punkt innerhalb der Strecke Or, so ist $R(x_0')$ gleich $R - |\, Ox_0'\, |$.“ — Denn nach Nr. 11 kann $R(x_0')$ nicht kleiner, nach dem 5. Satze nicht gröfser als diese Zahl sein.

8) „$R(x)$ ist eine stetige Function von x'.“ — Man bemerke zunächst, dafs wenn x'' einen Punkt innerhalb des Kreises (O, R) und des Convergenzkreises der Reihe (b) bezeichnet, die aus ihr für den Punkt x'' abgeleitete Reihe nach ganzen positiven Potenzen von $x - x''$ mit der Reihe (d) übereinstimmt. Eine jede dieser Reihen hat nämlich in gehöriger Nähe von x'' die Summe $f(x)$. Wir finden demnach nach Nr. 11 und dem 6. Satze die Relationen

$$R(x') - |\, x' x''\, | \leq R(x'') \leq R(x') + |\, x' x''\, |,$$

welche den 8. Satz enthalten.

Die vorstehenden Sätze gelten auch für Reihen nach ganzen positiven Potenzen von $x - a$, nur ist an Stelle des Punktes O der Punkt $x = a$ zu setzen. Sie bestehen auch für Reihen nach ganzen Potenzen von $x - a$, worin nur die positiven Exponenten von $x - a$ in unbegrenzter Anzahl vorkommen und lassen sich sehr leicht übertragen auf Potenzreihen von $x - a$ in unbegrenzter Anzahl. Da man eine Reihe

$$\sum_{-\infty}^{+\infty} a_n (x - a)^n,$$

in welcher sowohl positive als negative ganze Potenzen von $x - a$ in unbegrenzter Anzahl erscheinen, als Summe einer Reihe nach ganzen positiven und einer nach ganzen negativen Potenzen von $x - a$ betrachten darf, so folgt, dafs wenn ihr Convergenzbereich von dem Kreise (a, R') (bezw.

dem Punkte $x = a$) und dem Kreise (a, R) (bezw. dem Punkte $x = \infty$) begrenzt wird, auf jedem derselben mindestens ein Punkt von derselben Beschaffenheit sich befinden mufs, wie der Punkt $x = r$ im 4. Satze.

19. Mittelst des 4. Satzes von Nr. 18 läfst sich der wahre Convergenzkreis einer Potenzreihe bestimmen, wenn man weifs, dafs in denjenigen Punkten, wo die Reihe absolut convergirt, ihre Summe mit einer bereits hinlänglich untersuchten Function übereinstimmen mufs. So wissen wir, dafs wenn die im 2. Beispiel von Nr. 11 im Falle dafs b_0 nicht Null ist, ermittelte Potenzreihe von x, welche für Werthe von x von hinlänglich kleinem absoluten Betrage mit $f(x) : g(x)$ übereinstimmt, absolut convergirt, sie die Summe $f(x) : g(x)$ hat. Daraus ergiebt sich nunmehr, dafs wenn innerhalb des gemeinsamen Convergenzbereiches der Potenzreihen $f(x)$ $g(x)$ überhaupt Punkte vorkommen, wofür der Nenner $g(x)$ Null, der Zähler $f(x)$ nicht Null ist, der Convergenzkreis der genannten Reihe durch den oder einen der dem Punkte 0 nächsten unter ihnen $x = r$ geht. Denn für die einem Punkte x', wofür $|x'| < |r|$ ist, hinlänglich nahen Punkte läfst sich $f(x) : g(x)$ in eine Reihe nach ganzen positiven Potenzen von $x - x'$ entwickeln; der Punkt $x = r$ besitzt aber keine solche Umgebung, dafs die zu ihren Punkten gehörigen Werthe von $f(x) : g(x)$ durch eine Reihe nach ganzen positiven Potenzen von $x - r$ darstellbar wären. — Aehnliches gilt von der Potenzreihe $F(x)$, von welcher bekannt ist, dafs sie für alle Werthe von x, deren absoluter Betrag eine gewisse Grenze nicht übersteigt, mit der Function $\varphi(f(x))$ übereinstimmt, wo die Zeichen φ f entweder eine rationale oder eine der im VI. Abschnitte zu betrachtenden Kreisfunctionen bedeuten. Denn in einem solchen Falle besteht zwischen den Veränderlichen y und $z = \varphi(y)$ eine Gleichung

$$G(y\,z) = 0,$$

wo G entweder eine ganze Function der beiden Veränderlichen oder doch einer derselben, deren Coefficienten beständig convergente Potenzreihen der anderen sind, bedeutet. Setzt man hier $y = f(x)$ und $z = F(x)$, so erhellt, daſs die Gleichung erfüllt ist für alle Werthe von x inner-halb des gemeinsamen Convergenzbereiches der Reihen $f(x)$, $F(x)$. Also stimmt die Summe von $F(x)$, soweit diese Reihe absolut convergirt, mit $\varphi(f(x))$ überein. Zur Ermittelung des Convergenzbereiches der Reihe $F(x)$ bedarf es demnach nur der · Untersuchung der Function $\varphi(f(x))$. Damit sind alle Fragen hinsichtlich der sich zunächst darbietenden Reihenentwickelungen gelöst.

Bequemer als die vorstehende Bemerkung ist jedoch der erste der beiden Sätze der nächsten Nr.

20. Sätze aus der Theorie der eindeutigen analytischen Functionen.

1. Satz nach Cauchy.[15] Wenn die eindeutige Function $f(x)$ in allen Punkten innerhalb des Kreises (a, R) den Character einer ganzen Function besitzt, so läſst sie sich für alle diese Werthe in eine nach ganzen positiven Potenzen von $x - a$ fortschreitende absolut convergente Reihe entwickeln.

Beweis. Zufolge der Voraussetzung lässt sich eine positive Zahl $S < R$ so bestimmen, daſs $f(x)$ für alle Werthe von x, deren absoluter Betrag kleiner als S ist, einer gewöhnlichen Potenzreihe $\mathfrak{P}(x - a)$ gleich ist. Wir zeigen zunächst, daſs wenn die Reihe $\mathfrak{P}(x - a)$ für alle Werthe von $x - a$, welche dem absoluten Betrage nach kleiner als eine positive Zahl $R' \leq R$ sind, convergirt, dafür die Gleichung

$$f(x) = \mathfrak{P}(x - a) \qquad (f)$$

besteht. Wir definiren eine positive Veränderliche H dadurch, daſs für alle Werthe x, wofür $|x - a| < H$ ist, diese Gleichung gilt. H hat eine obere Grenze G und erreicht sie. Ist nämlich x' irgend ein Werth, wofür $|x' - a|$ kleiner als G ist, so giebt es einen Werth von H, der gröſser als $G - (G - |x' - a|)$ d. i. $|x' - a|$ ist; also genügt $x = x'$ der Gleichung (f).

Wenn $G = R'$ ist, so trifft die vorstehende Behauptung zu. Es läſst sich aber zeigen, dass G unmöglich kleiner als R' sein kann. Wäre $G < R'$, so müſste es zu jeder Zahl G_1 zwischen G und R' mindestens einen Werth von x geben, wofür $x - a$ dem absoluten Betrage nach kleiner als G_1, aber nicht kleiner als G ist und die Gleichung (f) nicht besteht. Das ist aber nicht der Fall, wenn wir G_1 auf folgende Art wählen. Ist $G < R'$, so hat $f(x)$ sicher in allen Punkten x_0 des Kreises (x, G) den Character einer ganzen Function; es ist also bei genügend kleinem $|a - x_0|$ $f(x)$ gleich einer Potenzreihe $\mathfrak{Q}(x - x_0)$. Der Convergenzradius derselben ändert sich stetig mit x_0 längs des Kreises (a, G), was auf dieselbe Weise gezeigt wird, wie der 8. Satz in Nr. 18. Er hat somit ein Minimum $D(> 0)$. Es sei nun G_1 eine Zahl $< G + D$ und $< R'$ und x'' irgend ein Werth innerhalb des Ringes zwischen den Kreisen (a, G_1) und (a, G), den letzteren mitgerechnet. $a x''$ schneide diese Kreise in x_1 und x_0, den Kreis (a, R') in r'. Wie bemerkt, besteht innerhalb eines Kreises mit dem Mittelpunkte x_0 und einem Radius, nicht kleiner als D, welcher also x'' umschliefst, die Gleichung

$$f(x) = \mathfrak{Q}(x - x_0).$$

Ferner ist sicher innerhalb des vom Punkte x_0 mit dem Radius $x_0 r'$ beschriebenen Kreises

$$\mathfrak{P}(x - a) = \mathfrak{P}_0(x - x_0),$$

wo $\mathfrak{P}_0(x - x_0)$ die aus $\mathfrak{P}(x - a)$ für den Punkt $x = x_0$ abgeleitete Potenzreihe bezeichnet. Allein für die Werthe $x = x'''$, welche zugleich innerhalb der Kreise (a, G) und $(x_0, |x_0 x_1|)$ liegen, hat man

$$\mathfrak{P}(x''' - a) = f(x'''),$$

also

$$\mathfrak{P}_0(x''' - x_0) = \mathfrak{Q}(x''' - x_0),$$

sodafs die Potenzreihen $\mathfrak{P}_0(x - x_0)$ und $\mathfrak{Q}(x - x_0)$ identisch sein müssen. Demnach ist $f(x'') = \mathfrak{P}(x'' - a)$.

Der Convergenzradius der Reihe $\mathfrak{P}(x - a)$ kann aber nicht kleiner als R sein, weil sonst $f(x)$ mindestens in einem Punkte $x = r'$ innerhalb des Kreises (a, R) den Character einer ganzen Function verlieren müfste, d. h. es müfste nach Nr. 18 der Punkt $x = r'$ so beschaffen sein, dafs einen wie kleinen Kreis man von ihm aus auch beschreiben mag, die Werthe von $f(x)$ zu den innerhalb desselben und des wahren Convergenzkreises (a, R') von $\mathfrak{P}(x - a)$ liegenden Punkten sich nicht durch eine Reihe nach ganzen positiven Potenzen von $x - r'$ darstellen lassen.

Ist auf dem Kreise (a, R) ein Punkt $x = r$ vorhanden, wo $f(x)$ den Character einer ganzen Function verliert, so ist R der vollständige Convergenzradius der Potenzreihe $\mathfrak{P}(x - a)$.

Hat die eindeutige Function $f(x)$ in allen eigentlichen Punkten der Ebene den Character einer ganzen Function, so darf man den Radius R so grofs annehmen, als man will. $f(x)$ ist dann gleich einer beständig convergenten Reihe oder einer ganzen rationalen Function. Aus dem Identitätssatze in Nr. 15 folgt, dafs das letztere nur dann eintritt, wenn $f(x)$ auch im Punkte $x = \infty$ den Character einer rationalen Function besitzt.

2. Satz. „Die eindeutige Function $f(x)$ sei in allen Punkten innerhalb des von den Kreisen (a, R') und (a, R) — $R' < R$ — eingeschlossenen Ringes vom Character einer ganzen Function. Ist dann bekannt, dafs $f(x)$ für alle Werthe von x, wofür $(x - a)$ zwischen den Zahlen $S'S$, die erstere gröfser als R', die zweite kleiner als R, liegt, durch eine nach ganzen Potenzen von $x - a$ fortschreitende Reihe $P(x - a)$, worin auch negative Exponenten von $x - a$ in endlicher oder unendlicher Anzahl vorkommen können, dargestellt wird, so reicht das Convergenzgebiet der Reihe $P(x - a)$ bis an die Kreise (a, R') und (a, R) und es besteht für alle Punkte zwischen ihnen die Gleichung

$$f(x) = P(x - a).\text{“} \qquad (g)$$

Hat $f(x)$ in allen eigentlichen Punkten der Ebene aufser $x = 0$ den Character einer ganzen Function, so darf man für $R'R$ irgend zwei positive Zahlen setzen, wovon die erste kleiner als die zweite ist.

Der Satz wird ganz auf die nämliche Art bewiesen, wie der vorhergehende. Um zu zeigen, dafs die Gleichung (g) in allen Punkten innerhalb des Convergenzgebietes der Reihe $P(x - a)$ Geltung hat, führt man eine Veränderliche H von der Beschaffenheit ein, dafs diese Gleichung besteht für Werthe von $x - a$, deren absoluter Betrag kleiner als H ist, jedoch H beliebig nahe kommt, und betrachtet ihre obere und untere Grenze.

3. Satz nach Laurent.[16]) Wenn die eindeutige Function $f(x)$ in allen Punkten innerhalb eines ringförmigen, von den Kreisen (a, R') und (a, R) — $R' < R$ — eingeschlossenen Gebietes vom Character einer ganzen Function ist, so läfst sie sich für alle diese Werthe in eine nach ganzen positiven und negativen Potenzen von $x - a$ fortschreitende Reihe entwickeln.

Beweis. Zufolge des 2. Satzes brauchen wir die in Rede stehende Entwickelung von $f(x)$ nur nachzuweisen für die Punkte eines von zwei beliebigen concentrischen Kreisen mit dem Mittelpunkte a, die innerhalb des im Satze beschriebenen Gebietes verlaufen, gebildeten Ringes. Sie bietet sich zunächst dar in dem besonderen Falle, dass eine eindeutige ungerade Function $F(y)$ von y vorliegt, die in allen Punkten innerhalb der Kreise (O, S'), (O, S), wobei

$$S'S = 1 \quad \text{und} \quad S > \sqrt{2} + 1$$

ist, vom Character einer ganzen Function ist.

Aus der quadratischen Gleichung

$$z = y + \frac{1}{y} \tag{h}$$

ergiebt sich

$$y = \tfrac{1}{2}\left\{ z \pm \sqrt{z^2 - 4} \right\}. \tag{i}$$

Sie hat bei gegebenem z zwei Wurzeln $y\, y'$, deren Product gleich 1 ist. Nur für $z = \pm 2$ fallen sie in den einen Werth ± 1 zusammen. Setzen wir

$$|y| = Y, \; |y'| = Y', \; |z| = Z$$

und nehmen $Y \geqq 1$, $Y' \leqq 1$ an, so bemerken wir, dafs

$$\frac{1}{Y'} - Y' \leqq Z \leqq Y + \frac{1}{Y'},$$

also

$$\tfrac{1}{2}\left\{ \sqrt{Z^2 + 4} - Z \right\} \leqq Y' \qquad Y \leqq \tfrac{1}{2}\left\{ \sqrt{Z^2 + 4} + Z \right\}$$

ist. Das Product des ersten und vierten Ausdruckes ist 1. Während Z von Null an wächst, nimmt

$$\tfrac{1}{2}\left(\sqrt{Z^2 + 4} + Z \right)$$

von 1 an beständig zu,

$$\tfrac{1}{2}\left(\sqrt{Z^2 + 4} - Z \right)$$

von 1 an beständig ab. Lassen wir z alle Werthe innerhalb des Kreises (O, T) durchlaufen, so erhält die durch die Gleichung (h) definirte Veränderliche y nur Werthe, deren absoluter Betrag zwischen den Grenzen

$$\tfrac{1}{2}\left(\sqrt{T^2 + 4} - T \right) \quad \text{und} \quad \tfrac{1}{2}\left(\sqrt{T^2 + 4} + T \right)$$

liegt. Machen wir

$$\tfrac{1}{2}\left(\sqrt{T^2 + 4} + T \right) = S,$$

so ist

$$\tfrac{1}{2}\left(\sqrt{T^2 + 4} - T \right) = 1 : S, \quad \text{also} \quad T = S - \frac{1}{S}.$$

Der Ausdruck $F(y) + F(y')$ ist für jeden Werth von z im Kreise $\left(O, \, S - \dfrac{1}{S} \right)$ eindeutig definirt und vom Character einer ganzen Function. Das folgt für jeden von ± 2 verschiedenen Werth von z: $z = z_0$ daraus, dafs sowohl $y - y_0$ als auch $y' - y_0'$ mit Hilfe der Formel (i) als Reihen nach ganzen positiven Potenzen von $z - z_0$ ohne constantes Glied darstellbar sind und somit der Satz in Nr. 11 zur Verwendung kommen kann. Dem Werthe $z = 2$ entspricht

$y = y' = 1$; also haben die Entwickelungen von $F(y)$ und $F(y')$ nach Potenzen von $y - 1$ bezw. $y' - 1$ entsprechend gleiche Coefficienten. $(y - 1)^n + (y' - 1)^n$ ist als eine symmetrische Function von y y' eine ganze Function von $z - 2$ und zwar eine solche, die für $z - 2$ verschwindet, was daraus erhellt, daß nach (i) $y - 1$ und $y' - 1$ als Reihen nach ganzen Potenzen von $\sqrt{z - 2}$ ohne constantes Glied erscheinen. Daher kann man $F(y) + F(y')$ wieder mit Hilfe des Satzes in Nr. 11 in eine Potenzreihe von $z - 2$ verwandeln. Aehnliches gilt hinsichtlich des Punktes $z = -2$.

Somit läßt sich $F(y) + F(y')$ nach dem 1. Satze für die Werthe $|z| < S - \frac{1}{S}$ als eine nach ganzen positiven Potenzen von z fortschreitende Reihe darstellen:

$$F(y) + F(y') = \mathfrak{P}\left(y + \frac{1}{y}\right).$$

Aus dem Cauchy'schen Doppelreihensatz in Nr. 3 folgt auf die nämliche Art, wie der Satz in Nr. 11, daß die Reihe rechts in eine nach ganzen positiven und negativen Potenzen von y fortschreitende absolut convergente Reihe sicher dann verwandelt werden kann, wenn

$$Y + \frac{1}{Y} < S - \frac{1}{S}$$

ist. Während Y von 1 an wächst, nimmt $Y + 1 : Y$ beständig zu. Es wird also $F(y) + F(y')$ eine Reihe nach ganzen Potenzen von y sein für alle Werthe von y, deren absoluter Betrag zwischen den Grenzen $1 : S_1$ und S_1 liegt, falls $S_1 > 1$ ist und der Gleichung

$$S_1 + \frac{1}{S_1} = S - \frac{1}{S}$$

genügt. Diese Gleichung hat dann und nur dann eine solche Wurzel, wenn $S > 1 + \sqrt{2}$ ist.

Ganz ebenso wird gezeigt, daß die Function $F(y) + F(y')$, in welcher y und y' die Wurzeln der Gleichung

$$y - \frac{1}{y} = z'$$

sind, eine eindeutige Function von z' ist, die in eine gewöhnliche, für

$$|z'| < S - 1 : S$$

convergirende Potenzreihe von z' entwickelt werden kann und falls $|y|$ zwischen $1 : S_1$ und S_1 liegt, als eine Reihe nach ganzen Potenzen von y erscheint. — Eine gleichartige Potenzreihe wird sich also ergeben für die Function

$$\tfrac{1}{2}\left\{F(y) + F\left(\frac{1}{y}\right)\right\} + \tfrac{1}{2}\left\{F(y) + F\left(-\frac{1}{y}\right)\right\},$$

welche, da $F(-y) = -F(y)$ ist, mit $F(y)$ identisch ist. Nach dem

2. Satze läfst sich diese Darstellung von $F(y)$ sofort auf alle Werthe von y ausdehnen, deren absoluter Betrag zwischen $1 : S$ und S liegt.

Wir befreien nun den Satz von den ihm noch anhaftenden Beschränkungen. Ersetzen wir zunächst die ungerade Function $F(y)$ durch eine beliebige $g(y)$, so genügt die Bemerkung, dafs

$$g(y) = \tfrac{1}{2} \{ g(y) - g(-y) \} + \frac{y}{2} \cdot \frac{g(y) + g(-y)}{y}$$

ist, worin beide Theile ungerade Functionen von y enthalten, um einzusehen, dafs der Satz auch jetzt noch gilt. — Die im 3. Satze vorausgesetzte Function $f(x)$ verwandeln wir durch die Substitution

$$x - a = \sqrt{RR'} \cdot y$$

in eine von y. Den Kreisen (a, R') und (a, R) in der x-Ebene entsprechen in der y-Ebene Kreise mit dem Mittelpunkte $y = 0$ und den Radien

$$S' = \sqrt{\frac{R'}{R}} \qquad S = \sqrt{\frac{R}{R'}} ,$$

sodafs $S S' = 1$ ist. Unser Satz ist also erwiesen, wenn

$$R : R' > (1 + \sqrt{2})^2 \text{ ist.}$$

Wenn $R : R'$ einen Werth zwischen 1 und $(1 + \sqrt{2})^2$ hat, so giebt es immer eine ganze positive Potenz des Quotienten, welche gröfser als $(1 + \sqrt{2})^2$ ist. Ist m ihr Exponent, so setzen wir

$$(x - a)^m = y . \qquad (k)$$

Bedeutet dann e eine primitive m^{te} Wurzel der Einheit und definiren wir m Functionen f_r folgendermafsen

$$m f_r = \sum_0^{m+1} [e^{n} (x - a)]^r f(a + e^{n} (x - a)), \ (r = 0, 1 \cdots m - 1),$$

so sind sie als symmetrische Functionen der Wurzeln der Gleichung (k) eindeutige Functionen von y in einem ringförmigen Gebiete dieser Veränderlichen von der Beschaffenheit, dafs der Quotient der Radien der beiden Grenzkreise $(R : R')^m$, also gröfser als $(1 + \sqrt{2})^2$ ist. Indem jede $\sqrt[m]{y}$ in der Umgebung irgend eines von Null verschiedenen Werthes $y = y_0$ als gewöhnliche Potenzreihe von $y - y_0$ dargestellt werden kann, so hat f_r in jedem Punkte $y = y_0$ des soeben erwähnten Gebietes den Character einer ganzen Function von y, läfst sich demnach für alle diese Werthe in eine Reihe nach ganzen positiven und negativen Potenzen von y entwickeln. Setzen wir statt y wieder $(x - a)^m$, so erhalten wir für die Functionen f_r Potenzreihen von $x - a$. Da nun nach II. 17

$$f(x) = \sum_{0}^{m+1} (x - a)^{-r} f_r$$

ist, so ergiebt sich auch für $f(x)$ die im 3. Satze verlangte Darstellung und zwar für alle Werthe von x, wofür $R' < |x - a| < R$ ist.

Beispiele für den 3. Satz s. VII. 13. — Der Satz zeigt, dafs wenn von dem wesentlichen singulären Punkte $x = a$ der eindeutigen analytischen Function $f(x)$ ein Kreis so beschrieben werden kann, dafs $f(x)$ in allen Punkten innerhalb desselben aufser $x = a$ holomorph ist, die Werthe von $f(x)$ für diese Punkte durch eine Reihe nach ganzen Potenzen von $x - a$ dargestellt werden.

21. Potenzreihen mit zwei Veränderlichen x, y.

Es gelten auch bei complexen Werthen der Veränderlichen x y und der Coefficienten die vier Sätze in X. 27—30 d. I. T. und zwar bleiben auch die dort gegebenen Beweise in Kraft. Nur an Stelle des in den beiden letzteren Sätzen vorkommenden Ausdruckes „Convergenzintervall" einer Potenzreihe mit einer Veränderlichen ist „Convergenzkreis" zu setzen.

VI. Abschnitt.

Potenzen mit complexen Exponenten und complexe Logarithmen.

1.[1]) Die natürliche Potenz.

Wir legen uns nun die Aufgabe vor, eine Function $f(x)$ der complexen Veränderlichen x zu ermitteln, welche bei beliebigen x und y der Functionalgleichung

$$f(x) \cdot f(y) = f(x + y) \qquad (1)$$

und aufserdem der Bedingung

$$f(1) = a, \qquad (2)$$

wo a eine gegebene von Null verschiedene Zahl ist, genügt. Nimmt man den Begriff „Function" im weitesten Sinne (III. 5), so ist es leicht, Functionen von den verlangten Eigenschaften aufzustellen. Bringen wir a in die trigonometrische Form

$$a = A (\cos \alpha + i \sin \alpha)$$

und bezeichnen mit b eine beliebige, von Null verschiedene Constante, in trigonometrischer Form

$$b = B (\cos \beta + i \sin \beta);$$

so entspricht den obigen Forderungen eine jede Function

$$f(x) = A^\xi (\cos \xi\alpha + i \sin \xi\alpha) \times$$
$$B^\eta (\cos \eta\beta + i \sin \eta\beta) = a^\xi \cdot b^\eta. \qquad (3)$$

In der That hat man, unter $a^\xi b^\eta$ die hier angeschriebenen, eindeutig definirten Exponentialfunctionen verstehend, für $y = \xi' + \eta' i$

$$f(y) = a^{\xi'} \cdot b^{\eta'} \qquad f(x) \cdot f(y) = a^{\xi+\xi'} \cdot b^{\eta+\eta'} = f(x + y).$$

Es ist jedoch, wenn b nicht in einer bestimmten Beziehung zu a steht, diese Function von x keine analytische und daher für uns von keiner Bedeutung. Indem wir nunmehr zu den Bedingungen (1) (2) noch als drittes fügen, dafs $f(x)$ eine analytische Function von x sein soll, versuchen wir, ob in die Gleichung (1) für $f(x)$ eine convergente unendliche Potenzreihe

$$a_0 + a_1 x + \cdots + a_n x^n + \cdots$$

gesetzt werden könne. Bei dieser Fragestellung kommen wir auf die Entwickelung in XI. 1 d. I. T. zurück, welche hier Wort für Wort zu wiederholen ist. Somit gelangen wir zu folgendem Ergebnisse: „Der Gleichung (1) genügt identisch die beständig convergente Potenzreihe

$$f(x) = 1 + a_1 x + \cdots + \frac{a_1^n x^n}{n!} + \cdots, \qquad (4)$$

worin a_1 eine im Allgemeinen von Null verschiedene, sonst beliebige Constante bezeichnet." Es frägt sich also nur noch, ob es solche Werthe a_1 giebt, dafs

$$a = 1 + a_1 + \frac{a_1^2}{2!} + \cdots + \frac{a_1^n}{n!} + \cdots \qquad (5)$$

ist. Das trifft sicher zu, wenn wir a durch die Basis der natürlichen Logarithmen

$$c = 1 + 1 + \frac{1}{2!} + \cdots + \frac{1}{n!} + \cdots$$

ersetzen; denn in diesem Falle wird die Gleichung (5) durch die Annahme $a_1 = 1$ befriedigt. So stofsen wir zunächst auf die natürliche Potenz oder die Exponentialfunction

$$1 + x + \frac{x^2}{2!} + \cdots + \frac{x^n}{n!} + \cdots,$$

welche für reelle Werthe von x mit der im I. T. definirten Potenz c^x übereinstimmt. Die vorgelegte Aufgabe hat aber, auch im Falle dafs $a = c$ ist, wie wir sehen werden, unendlich viele Lösungen, welche zusammen die allgemeine oder künstliche Potenz von c bilden. Wenn wir vorläufig für die letztere Function die Bezeichnung c^x verwenden, so müssen wir die erstere d. i. die Exponentialreihe mit einem besonderen Zeichen versehen. Setzt man

$$E(x) = 1 + x + \cdots + \frac{x^n}{n!} + \cdots, \qquad (6)$$

so hat man demnach neben $E(1) = e$

$$E(x) . E(y) = E(x + y). \qquad (7)$$

Aus der letzten Gleichung folgt die Entwickelung von $E(x + y)$ nach Potenzen von y und damit die Formel

$$D_x E(x) = E(x).$$

Um unsere Aufgabe vollständig zu lösen, haben wir noch zu zeigen, daſs die Gleichung (5), wenn nur a nicht Null ist, stets Wurzeln hat und zwar unbegrenzt viele.

2. Die Cosinus- und die Sinusreihe.

Ersetzt man in (6) x durch xi, so findet man die Relation

$$E(xi) = C(x) + i S(x),$$

wenn $C(x)$ $S(x)$ die beständig convergenten Potenzreihen

$$\begin{aligned} C(x) &= 1 - \frac{x^2}{2!} + \frac{x^4}{4!} - \cdots \\ S(x) &= x - \frac{x^3}{3!} + \frac{x^5}{5!} - \cdots \end{aligned} \qquad (8)$$

bedeuten. $C(x)$ ist eine gerade, $S(x)$ eine ungerade Function von x, d. h. es ist

$$\begin{aligned} C(-x) &= C(x) \\ S(-x) &= - S(x). \end{aligned}$$

Da mithin

$$E(-xi) = C(x) - i S(x)$$

ist und nach (7)

$$E(x) . E(-xi) = 1$$

ist, so folgt die Relation

$$1 = C(x)^2 + S(x)^2. \qquad (9)$$

Ersetzen wir hier x durch die reelle Veränderliche ξ, so hat man

$$E(\xi i) = C(\xi) + i S(\xi). \qquad (10)$$

Wird $E(\xi i)$ als complexe Function der reellen Veränderlichen ξ mit $\varphi(\xi)$ bezeichnet, so besteht nach (7) offenbar die Relation

$$\varphi(\xi) \cdot \varphi(\eta) = \varphi(\xi + \eta),$$

worin $\xi\, \eta$ beliebige reelle Zahlen sein dürfen. Da $\varphi(\xi)$ eine eindeutige und stetige Function für alle endlichen Werthe von ξ ist, so müssen wir nunmehr nach II. 19 schliefsen, dafs

$$E(\xi i) = \varphi(\xi) = R^{\xi}\,(\cos \xi\theta + i \sin \xi\theta) \qquad (10^*)$$

ist, wo $R\, \theta$ die Polarcoordinaten der Zahl $\varphi(1)$ bedeuten, so dafs man hat

$$\varphi(1) = E(i) = R\,(\cos \theta + i \sin \theta).$$

Aus (9) erhält man für $x = 1$

$$R^2 = C(1)^2 + S(1)^2 = 1;$$

demnach ist $R = 1$. Durch Vergleichung von (10) und (10^*) findet man die Gleichungen

$$C(\xi) = \cos \theta\xi \qquad S(\xi) = \sin \theta\xi.$$

Aus der zweiten ergiebt sich die Gleichung

$$1 - \frac{\xi^2}{3!} + \frac{\xi^4}{5!} - \cdots = \theta \cdot \frac{\sin \theta\xi}{\theta\xi},$$

woraus bei $\lim \xi = 0$ gemäfs der Formel

$$\lim_{\tau = 0} \frac{\sin \tau}{\tau} = 1$$

(II. 11) die Relation $1 = \theta$ gefunden wird. Also hat man

$$C(\xi) = \cos \xi \qquad S(\xi) = \sin \xi.$$

Wir sind demnach zu dem Satze gelangt: Für reelle Werthe von x stellen die beständig convergenten Reihen (8) die Functionen $\cos x$ und $\sin x$ dar. Es liegt defshalb nahe, die Summen der genannten Reihen auch für nichtreelle Werthe von x mit $\cos x$ und $\sin x$ zu bezeichnen, welche Zeichen fortan an Stelle von $C(x)\, S(x)$ treten werden. Wir definiren mithin die Functionen Cosinus und Sinus für beliebige Werthe von x durch die Gleichungen

$$\cos x = 1 - \frac{x^2}{2!} + \frac{x^4}{4!} - \cdots$$

$$\sin x = x - \frac{x^3}{3!} + \frac{x^5}{5!} - \cdots$$

Mittelst derselben ergiebt sich der folgende Ausdruck für die Exponentialfunction

$$E(xi) = \cos x + i \sin x. \qquad (11)$$

Umgekehrt läfst sich der Richtungsfactor einer complexen Zahl d. i. der Ausdruck

$$\cos \theta + i \sin \theta$$

(vgl. II. 11) durch $E(\theta i)$ darstellen. Fügt man zur letzten Gleichung die folgende

$$E(-xi) = \cos x - i \sin x, \qquad (12)$$

so erhält man die Formeln

$$\cos x = \frac{E(xi) + E(-xi)}{2}$$

$$\sin x = \frac{E(xi) - E(-xi)}{2i}. \qquad (13)$$

Die Formel (9) erscheint jetzt in der Gestalt

$$\cos x^2 + \sin x^2 = 1. \qquad (14)$$

Jede der Functionen $\cos x$ $\sin x$ hat sowie $E(x)$ ein Additionstheorem d. h. es besteht eine algebraische Gleichung zwischen den Functionswerthen zu den Argumenten x, y, $x + y$. Setzt man in (7) statt x y zuerst $xi \pm yi$, hierauf $-xi \mp yi$, so findet man mit Rücksicht auf (11) und (12) die Gleichungen

$$\cos (x \pm y) + i \sin (x \pm y)$$
$$= (\cos x + i \sin x)(\cos y \pm i \sin y)$$
$$\cos (x \pm y) - i \sin (x \pm y)$$
$$= (\cos x - i \sin x)(\cos y \mp i \sin y).$$

Addirt und subtrahirt man sie, so gelangt man zu den Formeln

$$\cos (x \pm y) = \cos x \cos y \mp \sin x \sin y$$
$$\sin (x \pm y) = \sin x \cos y \pm \cos x \sin y, \qquad (15)$$

welche für reelle Werthe von x y in II. 11 gezeigt wurden. Aus ihnen folgen die Additionstheoreme mit Hilfe der Relation (14). So hat man z. B. für den Cosinus

$$\{\cos (x + y) - \cos x \cos y\}^2$$
$$= (1 - \cos x^2)(1 - \cos y^2)$$
$$1 - \cos x^2 - \cos y^2 - \cos (x + y)^2$$
$$+ 2 \cos x \cos y \cos (x + y) = 0.$$

Die Formeln (15) lehren, dafs $\cos x$ und $\sin x$ periodische Functionen mit der Periode 2π sind. Setzt man darin $x = 2\pi$, so findet man wegen

$$\cos 2\pi = 1 \qquad \sin 2\pi = 0$$

$$\cos (x + 2\pi) = \cos x \qquad \sin (x + 2\pi) = \sin x.$$

Eben dieselben Formeln zeigen, dafs aber

$$\cos (x + \pi) = -\cos x \qquad \sin (x + \pi) = -\sin x$$

ist.

Es bestehen endlich nach V. 11 die Formeln

$$D_x \cos x = -\sin x \qquad D_x \sin x = \cos x.$$

Die übrigen trigonometrischen Functionen werden auch für nicht-reelle Werthe von x durch die Formeln

$$\tan x = \frac{\sin x}{\cos x} \qquad \cot x = \frac{\cos x}{\sin x}$$

$$\sec x = \frac{1}{\cos x} \qquad \operatorname{cosec} x = \frac{1}{\sin x}$$

definirt. Daraus lassen sich ihre Eigenschaften ohne Mühe ableiten z. B. die Additionstheoreme

$$\tan (x \pm y) = \frac{\tan x \pm \tan y}{1 \mp \tan x \, \tan y}$$

u. s. w.

Hinsichtlich der Potenzreihen für diese Functionen vgl. VII. 9. 11.

Die Functionen $\cos (xi)$, $\sin (xi) : i$, $\tan (xi) : i$ u. s. w. werden gewöhnlich als hyperbolischer Cosinus, Sinus, Tangente u. s. w. bezeichnet. Es ist demnach

$$\cos h . x - \cos xi = 1 + \frac{x^2}{2!} + \frac{x^4}{4!} + \cdots$$

$$\sin h . x = \frac{\sin xi}{i} = x + \frac{x^3}{3!} + \frac{x^5}{5!} + \cdots$$

$$\cos h . x^2 - \sin h . x^2 = 1$$

$$\cos h . (x \pm y) = \cos h . x \cos h . y \pm \sin h . x \sin h . y$$

$$\sin h . (x \pm y) = \sin h . x \cos h . y \pm \cos h . x \sin h . y.$$

Rein analytisch werden die Functionen $\cos x \sin x$ offenbar durch die folgenden Forderungen definirt. Sie sollen 1) analytische Functionen von x sein, 2) die obigen Additionstheoreme (15) besitzen und 3) soll $\lim (\sin x : x)$ bei $\lim x = 0$ gleich 1 sein.

Mit Hilfe der Formeln (7) und (11) erkennt man, dafs die Function $E(x)$ bei $\lim x = \infty$ keinen Grenzwerth hat, was nach der

Functionentheorie von jeder beständig convergenten Potenzreihe gilt. Man hat nämlich

$$E[\tau (\cos \alpha + i \sin \alpha)] = e^{\tau \cos \alpha} \{\cos (\tau \sin \alpha) + i \sin (\tau \sin \alpha)\}.$$

Rückt nun x, indem τ von Null ins Unendliche wächst, auf dem Halbstrahle

$$x = \tau (\cos \alpha + i \sin \alpha)$$

ins Unendliche, so hat man

$$\lim_{\tau = +\infty} E[\tau (\cos \alpha + i \sin \alpha)] = \infty \text{ oder } 0,$$

je nachdem $\cos \alpha$ positiv oder negativ ist. Auf den beiden Seiten der imaginären Axe d. i. für $\alpha = \pm \frac{1}{2}\pi$ hat die in Rede stehende Function, welche nun in

$$\cos \tau \pm i \sin \tau$$

übergeht, bei $\lim \tau = +\infty$ keinen Grenzwerth. — Auch die Functionen $\cos x$ und $\sin x$ haben bei $\lim x = \infty$ keinen Grenzwerth, denn das gilt schon auf jeder der reellen Halbaxen. Uebrigens ist sowohl bei $\lim \eta = +\infty$ als auch bei $\lim \eta = -\infty$

$$\lim \cos (\xi + \eta i) = \infty \text{ und } \lim \sin (\xi + \eta i) = \infty$$

und zwar in der Art, dafs

$$1 : \cos (\xi + \eta i) \text{ und } 1 : \sin (\xi + \eta i)$$

dabei gleichmäfsig für alle Werthe von ξ von $-\infty$ bis $+\infty$ zur Null convergirt. Denn es ist, je nachdem η positiv oder negativ ist,

$$| \cos (\xi + \eta i) | \gtreqless \pm \tfrac{1}{2} (e^{\eta} - e^{-\eta})$$

u. s. w.

3. Der natürliche Logarithmus.

Betrachten wir zunächst die Gleichung

$$E(x) = 1.$$

Sie hat die unendlich vielen Wurzeln $x = 2k\pi i$, wo k jede ganze Zahl sein darf, und nur diese. Reell ist darunter nur die Wurzel $x = 0$. Setzt man nämlich darin

$$x = \xi + \eta i,$$

so zerfällt sie nach (7) und (11) in die Gleichungen

$$E(\xi) \cos \eta = 1 \qquad E(\xi) \sin \eta = 0,$$

woraus sich ergiebt: $\eta = 2k\pi$ und $E(\xi) = 1$, also $\xi = 0$. Da mithin

$$E(2k\pi i) = 1 \qquad (k = 0, \pm 1, \pm 2 \ldots)$$

ist, so zeigt die Formel (7), dafs

$$E(x + k . 2\pi i) = E(x) \tag{16}$$

ist. Die Function $E(x)$ ist periodisch und zwar ist die Periode genau $2\pi i$. Daraus folgt unmittelbar, dafs $E(x)$ keine algebraische Function sein kann. Denn würde sie einer algebraischen Gleichung $G(xy) = 0$ genügen, so könnten zum Werthe $y = 1$ nur eine endliche Anzahl von Werthen des Argumentes gehören.

Wir wenden uns nun zur Gleichung (5) d. i.

$$E(x) = a = A(\cos\alpha + i\sin\alpha), \qquad (17)$$

wo a eine beliebige Zahl, nur nicht Null sein darf. Diese Gleichung hat eine und nur eine Wurzel $x = \xi + \eta i$, deren imaginärer Theil die Relationen

$$-\pi < \eta \leq \pi$$

erfüllt. Aus ihr gehen zunächst vermöge (7) und (11) die beiden Gleichungen

$$\begin{aligned} E(\xi) \cdot \cos\eta &= A\cos\alpha \\ E(\xi) \cdot \sin\eta &= A\sin\alpha \end{aligned} \qquad (18)$$

hervor. Daraus folgt

$$E(2\xi) = A^2 \qquad E(\xi) = A \qquad \xi = lA,$$

somit ferner

$$\cos\eta = \cos\alpha \qquad \sin\eta = \sin\alpha;$$

also hat man $\eta = \alpha$ und nur gleich α, wenn α so gewählt ist, dafs

$$-\pi < \alpha \leq \pi$$

ist. Die Gleichung (17) hat demnach die Wurzel

$$x = lA + \alpha i. \qquad (19)$$

Somit genügen ihr zufolge der Formel (16) auch die Werthe

$$x = lA + (\alpha + 2\pi k)i \qquad (k = \pm 1, \pm 2 \ldots).$$

Aufser den genannten giebt es keine Wurzeln von (17) mehr. Denn sind x' x'' zwei Wurzeln von (17), so dafs

$$E(x') = a \qquad E(x'') = a$$

ist, so hat man nach (7)

$$E(x'' - x') = 1,$$

also mufs $x'' - x'$ ein Vielfaches von $2\pi i$ sein.

Jede Wurzel der Gleichung $E(x) = a$ heifst ein natürlicher Logarithmus von a und wird mit La bezeichnet.

Unter den unbegrenzt vielen Werthen von La befindet sich einer (19), dessen imaginärer Theil einen zwischen $-\pi$ und $+\pi$ ($+\pi$ eingeschlossen) gelegenen Coefficienten hat. Er heifst der **Hauptwerth** des natürlichen Logarithmus von a und wird mit la bezeichnet. Die übrigen Werthe des Logarithmus von a unterscheiden sich von ihm durch Vielfache von $2\pi i$:

$$La = la + 2k\pi i \qquad (k = \pm 1, \pm 2 \ldots).$$

Ist a reell und positiv, so ist der Hauptwerth von La der reelle natürliche Logarithmus·von a. Die Logarithmen aller anderen Zahlen sind nicht-reell. Für negative Zahlen $-a$ ($a > 0$) hat man

$$l(-a) = la + \pi i$$
$$L(-a) = la + (2k+1)\pi i.$$

Wird x auf eine einfache den Nullpunkt umgebende Linie beschränkt, so ist lx zwar in allen ihren Punkten eindeutig definirt, jedoch in den Schnittpunkten der Linie mit der negativen reellen Halbaxe unstetig.

Die Gleichung

$$E(x) = 0$$

hat keine Wurzel. Nach (18) müfste

$$E(\xi) \cdot \cos \eta = 0 \qquad E(\xi) \cdot \sin \eta = 0,$$

also $E(\xi) = 0$ sein, welcher Gleichung keine reelle Zahl ξ genügt.

Bei theoretischen Untersuchungen werden ausschliefslich die natürlichen Logarithmen gebraucht, so dafs wir uns hier auf sie beschränken können. Von den in VIII. 10 d. I. T. angeführten Relationen liefern die erste und zweite vollkommene Gleichungen:

1) „Die Summe von Logarithmen der Zahlen $b_1 b_2 \ldots b_p$ ist stets ein Logarithmus ihres Productes und umgekehrt läfst sich ein jeder Logarithmus des Productes $b_1 b_2 \ldots b_p$ als Summe von Logarithmen der Factoren darstellen." Der Satz gilt jedoch nicht immer von den Hauptwerthen. Z. B. ist

$$a = \alpha + \beta i \quad \text{und} \quad \alpha > 0,$$

so hat man

$$l(-a) = la - \pi i \quad \text{oder} \quad la + \pi i,$$

je nachdem β positiv oder negativ ist. — Sind die Neigungen von $b_1 b_2$ beide größer als $\frac{1}{2}\pi$ oder kleiner als $-\frac{1}{2}\pi$, so ist der Hauptwerth von $L(b_1 b_2)$

$$lb_1 + lb_2 \mp 2\pi i. .$$

2) „Die Differenz $lb - lc$ ist ein Logarithmus von $b : c$ und umgekehrt läßt sich ein jeder Logarithmus von $b : c$ als eine solche Differenz darstellen."

4. Die allgemeine Potenz.

Den in Nr. 1 aufgestellten Forderungen genügt jede Function $E(xLa)$, wo La irgend einen fest gewählten natürlichen Logarithmus von a bedeutet und nur eine von diesen Functionen. Die zu einem bestimmten Werthe von x gehörigen Werthe der Functionen $E(xLa)$ bilden die allgemeine Potenz a^x, sodaß

$$a^x = E(xLa) = E(xla) \cdot E(2kxi)$$
$$(k = 0, \pm 1, \pm 2 \ldots)$$

ist. Insbesondere hat man wegen $lc = 1$

$$c^x = E(xLc) = E(x) \cdot E(2k\pi xi).$$

$E(xla)$ heißt Hauptwerth der Potenz a^x. Statt für ihn eine eigene Bezeichnung einzuführen, wollen wir unter a^x, wenn nicht etwas anderes festgesetzt wird, gerade den Hauptwerth dieser Potenz verstehen. Es bedeutet mithin a^x bei reellem und positivem a und reellem x den absoluten Betrag aller Werthe der allgemeinen Potenz a^x, also dasselbe wie im I. T. c^x ist fortan gleichbedeutend mit $E(x)$, also $c^{\theta i}$ so viel wie

$$\cos\theta + i\sin\theta.$$

0_x ist 0 oder ∞, je nachdem der reelle Theil von x positiv oder negativ ist. $0^{\eta i}$ bleibt unbestimmt.

Setzt man

$$x = \xi + \eta i \quad a = A(\cos\alpha + i\sin\alpha)$$
$$La = lA + \alpha' i,$$

wo α' an Stelle von $\alpha + 2k\pi$ steht, so hat man

$$xLa = \xi lA - \eta\alpha' + (\xi\alpha' + \eta lA)i,$$

also für die allgemeine Potenz

$$a^z = A^\xi (\cos \xi\alpha' + i \sin \xi\alpha') . e^{-\eta\alpha'} (\cos \eta lA + i \sin \eta lA).$$

Daraus ist zu entnehmen, daſs von den in der Formel (3) von Nr. 1 vorkommenden unbestimmten Constanten B einen der Werthe $e^{-\eta(\alpha+2k\pi)}$, β den Werth lA erhalten muſs, damit die Function $a^\xi . b^\eta$ von ξ η eine analytische Function von $x = \xi + \eta i$ werde.

Sätze über die allgemeine Potenz. Für einen Augenblick verstehen wir unter a^x, a^y u. s. w. irgend einen der Werthe der bezüglichen Potenz. Im Anschlusse an die vor. Nr. bemerken wir zunächst, daſs xLa stets ein Logarithmus eines Werthes von a^x ist, aber nicht umgekehrt jeder Logarithmus eines solchen Werthes auf die Form xLa gebracht werden kann. Die Gleichung

$$La^x = xLa$$

ist also nicht vollkommen (II. 18). Man hat ja

$$La^x = xLa + 2m\pi i \qquad (m = 0, \pm 1, \pm 2 \ldots).$$

1) $a^x . a^y$ ist im Allgemeinen nur dann ein Werth von a^{x+y}, wenn a^x und a^y durch denselben Logarithmus von a definirt sind; a^{x+y} läſst sich dagegen stets als Product eines Werthes von a^x mit einem Werthe von a^y auffassen. Die Gleichungen

$$a^x . a^y = a^{x+y} \qquad a^x : a^y = a^{x-y} \qquad (a)$$

sind nicht vollkommen.

2) Auch die Gleichung

$$(a^x)^y = a^{xy} \qquad (b)$$

ist unvollkommen. $(a^x)^y$ braucht kein Werth von a^{xy} zu sein; dagegen läſst sich jeder Werth von a^{xy} sowohl als Werth von $(a^x)^y$ als auch von $(a^y)^x$ auffassen.

3) Die Gleichung

$$a^x . b^x = (ab)^x . \qquad (c)$$

ist vollkommen.

Wichtig für die Praxis ist die Regel: Werden Hauptwerthe von Potenzen derselben Basis a multiplicirt

oder dividirt, so entstehen wieder Hauptwerthe.
Jede ganze Potenz eines Hauptwerthes ist auch ein
Hauptwerth, d. h. es sind die Gleichungen (a) richtig, wenn
die Hauptwerthe der drei Potenzen eingesetzt werden. Bei
ganzzahligem y ist (b) richtig, wenn beiderseits die Hauptwerthe der bez. Potenzen stehen. — Dagegen ist, wenn a^x,
b^x Hauptwerthe sind, $a^x \cdot b^x$ nicht immer Hauptwerth von
$(ab)^x$, $a^x : b^x$ nicht immer von $(a:b)^x$. Z. B. es ist in Hauptwerthen

$$(1:a)^x = 1 : a^x,$$

ausgenommen wenn a reell und negativ ist.

Die Gleichung

$$a^x = b,$$

worin a von Null und 1, b von Null verschieden sein soll, hat die
Wurzeln

$$x = Lb : La.$$

Die Gleichung

$$x^a = b$$

hat die Wurzeln

$$x = E\left(\frac{Lb}{a}\right).$$

5. Die binomische und die logarithmische Reihe. [2])

Wir gehen nun zu der zuerst von Abel vollständig ge-
lösten Aufgabe über: „den Grenzwerth der unendlichen Reihe

$$s_0 + s_1 x + s_2 x^2 + \cdots + s_n x^n + \cdots, \tag{1}$$

worin

$$s_0 = 1 \quad s_n = \frac{s(s-1)\ldots(s-n+1)}{1 \cdot 2 \ldots n} \quad (n = 1, 2 \ldots)$$

ist (unter s irgend eine von Null verschiedene Zahl $\mu + \nu i$
verstanden) zu bestimmen für jeden Werth von x, wofür sie
convergirt." Statt s_n schreibt man auch $\binom{s}{n}$.

Die Entscheidung über das Verhalten der, wenn s nicht
eine natürliche Zahl ist, unendlichen Potenzreihe (1) liefert
der Satz von Weierstrafs in V. 8, zu dessen Beweise wir
übrigens der Kenntnifs ihrer Divergenz im Falle dafs

$$x = -1 \qquad \mu < 0$$

ist, bedurften. Da nämlich

$$\frac{(-1)^{n+1} s_{n+1}}{(-1)^n s_n} = 1 - \frac{s+1}{n} = 1 - \frac{(\mu+1)+\nu i}{n}$$

ist, so ergiebt sich nach diesem Satze Folgendes.

„Der Convergenzkreis der binomischen Reihe hat den Radius 1. Auf dem Kreise selbst zeigt die Reihe nachstehendes Verhalten.

I. Ist $\mu < -1$, so ist

$$\lim |s_n| \quad \text{bei} \quad \lim n = +\infty$$

unendlich. Die Reihe divergirt für alle Werthe von x, deren absoluter Betrag 1 ist.

II. Ist $\mu = -1$ und $\nu \gtrless 0$, so hat $|s_n|$ einen endlichen von Null verschiedenen Grenzwerth bei

$$\lim n = +\infty,$$

$(-1)^n s_n$ selbst aber keinen.

Ist $\mu = -1$ $\nu = 0$, so hat man $s_n = (-1)^n$.

Die Reihe divergirt für alle x vom absoluten Betrag 1.

III. Ist $\mu > -1$, so ist $\lim s_n = 0$.

1) Ist $0 \geq \mu > -1$, so convergirt die Reihe (1) für alle x vom absoluten Betrag 1 aufser $x = -1$. Falls $x = -1$ ist, die Reihe (1) also divergirt, so liegen ihre Partialsummen dem absoluten Betrage nach dann und nur dann unter einer positiven Zahl, wenn $\mu = 0$ $\nu \lessgtr 0$ ist.

2) Ist $\mu > 0$, so convergirt die Reihe (1) für alle Werthe von x, deren absoluter Betrag 1 ist, und zwar absolut.“

Nachdem das Verhalten der binomischen Reihe festgestellt ist, können wir obige Aufgabe lösen mit Hilfe des Satzes am Anfange von Nr. 4.

Satz. Für diejenigen Werthe von x, wofür die binomische Reihe (1) convergirt, ist ihr Grenzwerth der Hauptwerth der Potenz

$$(1+x)^\nu \quad \text{d. i.} \quad E[sl \cdot (1+x)].$$

Hieran schliefst sich unmittelbar der Satz: Für alle Werthe von x, deren absoluter Betrag 1 nicht übersteigt, aufser $x = -1$, convergirt die unendliche Reihe

$$x - \frac{x^2}{2} + \cdots + \frac{(-1)^{n-1} x^n}{n} + \cdots \qquad (2)$$

und hat zum Grenzwerthe den Hauptwerth von $L(1+x)$

$$l(1 + x),$$

welcher bei der angegebenen Beschränkung von x die Eigenschaft hat, dafs der Coefficient von i zwischen $-\frac{\pi}{2}$ und $+\frac{\pi}{2}$ liegt.

Der Beweis des ersteren Satzes wird ganz ähnlich geführt, wie der des entsprechenden Satzes für reelle x in XI. 2 d. I. T. Falls die Reihe (1) convergirt, werde ihr Grenzwerth mit $\varphi(s, x)$ bezeichnet. Man hat dann

$$\varphi(s, x)\, \varphi(s', x) = \varphi(s + s', x)$$

unter der Voraussetzung, dafs die Reihe (1) sowie die beiden aus ihr dadurch hervorgehenden, dafs s durch s' und $s + s'$ ersetzt wird, convergiren. Diese Gleichung folgt aus dem Additionstheoreme der Binominalcoefficienten d. i. der Formel

$$\sum_{0}^{n} s_r\, s'_{n-r} = \binom{s + s'}{n}.$$

Ertheilt man x irgend einen Werth, dessen absoluter Betrag kleiner als 1 ist, so läfst sich $\varphi(s, x)$ in eine beständig convergente Reihe nach ganzen positiven Potenzen von s verwandeln, was vermittelst des am Schlusse von V. 3 erwähnten Cauchy'schen Satzes genau so gezeigt wird, wie es für reelle Werthe von x und s in XI. 5 d. I. T. gemacht ist. Mithin hat man

$$\varphi(s, x) = 1 + X_1 s + X_2 s^2 + \cdots, \qquad (|x| < 1) \quad (3)$$

wo

$$X_1 = x - \frac{x^2}{2} + \frac{x^3}{3} - \cdots$$

ist. Also mufs nach Nr. 4 $\varphi(s, x)$ ein Werth der Potenz

$$\varphi(1, x)^s = (1 + x)^s$$

sein. Setzen wir

$$\varphi(s, x) = E[sL(1 + x)]$$

$$= 1 + sL(1 + x) + \frac{s^2 L(1 + x)^2}{2!} + \cdots, \qquad (4)$$

so ergiebt sich durch Vergleichung mit (3) für den noch
nicht näher bekannten Logarithmus $L(1 + x)$

$$L(1 + x) = x - \frac{x^2}{2} + \frac{x^3}{3} - \cdots \quad |x| < 1.$$

Lassen wir nun x' einen von -1 verschiedenen Punkt des
Kreises $(O, 1)$ sein, wofür die Reihe (1) convergirt und x
auf dem Radius Ox' gegen x' convergiren, so haben nach
V. 9 $\varphi(s, x)$ $L(1 + x)$ bez. die Grenzwerthe

$$\varphi(s, x') \quad L(1 + x').$$

Es besteht demnach die Gleichung (4) auch für $x = x'$.
Convergirt x' auf der reellen Axe gegen -1, so hat $L(1 + x)$
den Grenzwerth $-\infty$, folglich, wenn der reelle Theil von
s positiv ist, $E[sL(1 + x)]$ den Grenzwerth Null. Jetzt convergirt die Reihe (1) auch für $x = -1$, $\varphi(s, x)$ hat also
auch einen endlichen Grenzwerth bei $\lim x = 1 - 0$. Somit gilt (4) auch für $x = -1$, wenn $\mu > 0$ ist.

Dafs $L(1 + x)$ der Hauptwerth des Logarithmus von
$1 + x$ ist, ergiebt sich auf folgende Art. Wenn wir x auf
die reellen Werthe, deren absoluter Betrag kleiner als 1 ist,
beschränken, so ist $L(1 + x)$ reell, also Hauptwerth. Da
$L(1 + x)$ auf dem Kreise (O, ϱ), wo $\varrho < 1$ ist, sich stetig
mit der Neigung θ $(0 \leq \theta < 2\pi)$ des Argumentes x ändert,
so mufs bei gehöriger Kleinheit von θ $L(1 + x)$ noch immer der Hauptwerth sein. Bezeichnen wir nun mit θ' eine
positive reelle Veränderliche von der Beschaffenheit, dafs
wenn $\theta < \theta'$ ist, $L(1 + x)$ auf dem Kreise (O, ϱ) mit $l(1 + x)$
übereinstimmt. Wenn die Gleichung

$$L(1 + x) = l(1 + x) \tag{4*}$$

nicht in allen Punkten des genannten Kreises gelten würde,
so müfste θ' eine obere Grenze $\lambda < 2\pi$ haben. Für jeden
Werth

$$x = \varrho(\cos \theta_1 + i \sin \theta_1),$$

wo $\theta_1 < \lambda$ ist, mufs $L(1 + x)$ noch Hauptwerth sein, indem
θ' Werthe gröfser als $\lambda - \varepsilon$ $(\varepsilon > 0)$, also auch solche gröfser
als θ_1 annimmt. Für

$$x = \varrho (\cos \lambda + i \sin \lambda)$$

könnte $L(1 + x)$ nicht mehr Hauptwerth sein, da sonst die

obere Grenze von θ' gröfser als λ sein müfste. Demnach
würde die zweite Coordinate bei

$$\lim \theta = \lambda - 0$$

einen Sprung, mindestens vom Betrage 2π, machen, was
gegen die Stetigkeit von $L(1+x)$ auch bei

$$x = \varrho \, (\cos \lambda + i \sin \lambda)$$

verstofsen würde. Also mufs die Gleichung (4*) für alle
Punkte des Kreises (O, ϱ) bestehen. Dafs $L(1+x)$ auch
für die Punkte $x = x'$ ($|\, x'\,| = 1$) aufser $x = -1$ Haupt-
werth ist, ergiebt sich daraus, dafs $L(1+x')$ der Grenzwerth von $l(1+x)$ ist, wenn x auf dem Radius Ox' gegen
x' convergirt. — Setzt man

$$x = \varrho(\cos \theta + i \sin \theta) \qquad 1 + x = \sigma(\cos \psi + i \sin \psi),$$

so dafs

$$\sigma \cos \psi = 1 + \varrho \cos \theta \qquad \sigma \sin \psi = \varrho \sin \theta$$

ist, so erweist sich bei Ausschlufs des Werthes $x = -1$
$\cos \psi$ als positiv, folglich liegt ψ zwischen $-\dfrac{\pi}{2}$ und $+\dfrac{\pi}{2}$.
Es ist demnach

$$\sigma = (1 + 2\varrho \cos \theta + \varrho^2)^{\frac{1}{2}} \qquad \psi = \text{arc tan} \frac{\varrho \sin \theta}{1 + \varrho \cos \theta} \qquad (5)$$

$$l(1 + x) = l\sigma + \psi i.$$

Setzt man in den Potenzreihen (1) und (2) statt x $x+h$ und
ordnet nach Potenzen von h, so findet man leicht die Formeln

$$D_x (1 + x)^s = s \, (1 + x)^{s-1}$$

$$D_x \, l(1 + x) = \frac{1}{1 + x},$$

worin man sich zunächst $|\, x\,| < 1$ zu denken hat (vgl. V. 11).

6. Wird in die binomische und logarithmische Reihe

$$x = \varrho(\cos \theta + i \sin \theta)$$

$$x^n = \varrho^n \{ \, \cos n\theta + i \sin n\theta \}$$

eingeführt und sowohl ein jedes Glied der Reihe, als auch
die Summe in den reellen und imaginären Theil zerlegt, so
erhält man Entwickelungen für gewisse reelle Functionen
von ϱ θ, welche nach ganzen positiven Potenzen von ϱ und
nach den Cosinussen oder Sinussen der Vielfachen von θ
fortschreiten. Dabei möge θ im Intervalle

$[(2m-1)\pi,\ (2m+1)\pi]\quad (m=0,+1,\pm 2 \ldots)$
gewählt sein. Beschränken wir uns auf den Fall, dafs s eine reelle Zahl μ sei, so liefert die binomische Reihe die Formeln

$$(1+2\varrho\cos\theta+\varrho^2)^{\frac{\mu}{2}}\cos\mu\left\{\text{arc tan}\ _1\frac{\varrho\sin\theta}{1+\varrho\cos\theta}\right\}$$
$$=1+\sum_1^\infty \mu_n\varrho^n\cos n\theta$$

$$(1+2\varrho\cos\theta+\varrho^2)^{\frac{\mu}{2}}\sin\mu\left\{\text{arc tan}\ \frac{\varrho\sin\theta}{1+\varrho\cos\theta}\right\}$$
$$=\sum_1^\infty \mu_n\varrho^n\sin n\theta,$$

(6)

welche falls $\varrho>1$ ist, für jeden Werth von θ gelten. Ist $\varrho=1$, so sind die Formeln (6) sicher richtig, wenn die Binomialreihe convergirt. Demnach bestehen bei positivem μ für jeden der genannten Werthe von θ die Formeln

$$\left[2(-1)^m\cos\frac{\theta}{2}\right]^\mu\cos\mu\left(\frac{\theta}{2}-m\pi\right)=1+\sum_1^\infty \mu_n\cos n\theta$$
$$\left[2(-1)^m\cos\frac{\theta}{2}\right]^\mu\sin\mu\left(\frac{\theta}{2}-m\pi\right)=\sum_1^\infty \mu_n\sin n\theta.$$

(7)

Ist $0>\mu>-1$, so gelten sie für alle Werthe von θ aufser $\theta=(2m\pm 1)\pi$. Für $\theta=(2m\pm 1)\pi$ divergirt die Reihe rechts in der ersten Formel; die in der zweiten convergirt zwar zum Grenzwerthe Null, aber es ist die linke Seite unendlich. Die zweite Reihe convergirt für die Werthe von θ in jedem Intervalle

$$[(2m\pm 1)\pi\mp\delta,\ (2m\pm 1)\pi]\quad (\delta>0)$$

ungleichmäfsig, da ihre Summe bei

$$\lim\theta=(2m\pm 1)\pi\mp 0$$

einen unendlichen Grenzwerth hat. Ist $\mu\leq-1$, so haben die Formeln (7) für keinen Werth von θ einen Sinn.

Aus (7) hat Abel[1]) Formeln abgeleitet, wovon die Formeln für $\cos\theta^m$ und $\sin\theta^m$ in II. 13 besondere Fälle sind. Multiplicirt man die erste der Gleichung (7) mit $\cos\alpha$, die zweite mit $\sin\alpha$ und addirt, so erhält man

$$\left[2\,(-1)^m\cos\frac{\theta}{2}\right]^{\mu}\cos\left(\alpha-\tfrac{1}{2}\mu\theta+\mu m\pi\right)=\sum_{1}^{\infty}{}_n\,\mu_n\cos\left(\alpha-n\theta\right).$$

Daraus ergeben sich die in Rede stehenden Formeln durch die Substitutionen

$$
\begin{aligned}
&\theta=2\varphi && \alpha=\mu\varphi \\
&\theta=2\varphi && \alpha=\mu\varphi+\tfrac{1}{2}\pi
\end{aligned}
\Bigg\}
\quad \left(m\pi-\frac{\pi}{2}\leqq\theta\leqq m\pi+\frac{\pi}{2}\right)
$$

$$
\begin{aligned}
&\theta=2\varphi-\pi && \alpha=\mu\varphi \\
&\theta=2\varphi-\pi && \alpha=\mu\varphi-\tfrac{1}{2}\pi
\end{aligned}
\Bigg\}
\quad (m\pi\leqq\theta\leqq m\pi+\pi).
$$

Die Formeln (6) gehen für $\theta=\dfrac{\pi}{2}$ über in

$$(1+\varrho^2)^{\frac{\mu}{2}}\cos(\mu\arctan\varrho)=1+\sum_{1}^{\infty}{}_k\,(-1)^k\binom{\mu}{2k}\varrho^{2k}$$

$$(1+\varrho^2)^{\frac{\mu}{2}}\sin(\mu\arctan\varrho)=\sum_{0}^{\infty}{}_k\,(-1)^k\binom{\mu}{2k+1}\varrho^{2k+1}.$$

Sie stellen die Coordinaten des Hauptwerthes von $(1+\varrho i)^{\mu}$, der für $\mu=1:m$ mit dem von $\sqrt[m]{1+\varrho i}$ zusammenfällt, als Potenzreihen von ϱ dar, wenn ϱ kleiner, bez. gleich 1 ist

Aus der logarithmischen Reihe erhält man auf ähnliche Art die Formeln

$$\tfrac{1}{2}l(1+2\varrho\cos\theta+\varrho^2)=\sum_{1}^{\infty}{}_n\frac{(-1)^{n-1}}{n}\varrho^n\cos n\theta$$

$$\arctan\frac{\varrho\sin\theta}{1+\varrho\cos\theta}=\sum_{1}^{\infty}{}_n\frac{(-1)^{n-1}}{n}\varrho^n\sin n\theta, \tag{8}$$

giltig, falls $\varrho<1$ ist, für jeden Werth von θ. Ist $\varrho=1$, so bestehen sie für alle Werthe von θ aufser $\theta=(2m+1)\pi$. Man hat also, wenn $(2m-1)\pi<\theta<(2m+1)\pi$ ist,

$$l[2\,(-1)^m\cos\tfrac{1}{2}\theta]=\sum_{1}^{\infty}{}_n\frac{(-1)^{n-1}}{n}\cos n\theta$$

$$\frac{\theta}{2}-m\pi=\sum_{1}^{\infty}{}_n\frac{(-1)^{n-1}}{n}\sin n\theta.$$

Für $\theta=(2m\pm1)\pi$ divergirt die Reihe in der ersten dieser Formeln, die in der zweiten convergirt zwar, aber zum Grenzwerthe Null, nicht $\pm\dfrac{\pi}{2}$. Daraus schliefst man, dafs die letztere Reihe für die Werthe von θ in jedem der Intervalle $[(2\,m + 1)\,\pi \mp \delta,\ (2\,m \pm 1)\,\pi]$ ungleichmäfsig convergire.

7. Der Arcus tangens.

Aus der Gleichung

$$x = \tan y = \frac{\sin y}{\cos y} = i\,\frac{e^{-yi} - e^{yi}}{e^{-yi} + e^{yi}} = i\,\frac{1 - e^{2yi}}{1 + e^{2yi}}$$

folgt

$$(1 - xi)\,e^{2yi} = 1 + xi$$

$$y = \text{Arc}\tan x = \tfrac{1}{2}\,iL\,\frac{1 - xi}{1 + xi}. \tag{9}$$

Unter den unbegrenzt vielen Werthen des Arcus tangens heifst Hauptwerth derjenige, dessen reelle Coordinate zwischen $-\frac{\pi}{2}$ und $+\frac{\pi}{2}$ liegt, bezw. $-\frac{\pi}{2}$ ist. Er wird mit arc tan bezeichnet, während Arc tan einen beliebigen Werth der Function bedeutet. Es ist mithin

$$\text{Arc}\tan x = \text{arc}\tan x + k\pi \quad (k = 0,\ \pm 1,\ \pm 2 \cdots)$$

$$\text{arc}\tan x = \tfrac{1}{2}\,il\,\frac{1 - xi}{1 + xi}. \tag{10}$$

Falls der absolute Betrag von x 1 nicht übersteigt, so hat man

$$\text{arc}\tan x = \frac{i}{2}\,[l\,(1 - xi) - l\,(1 + xi)]$$

und wenn man $l\,(1 - xi)$ und $l\,(1 + xi)$ nach (2) in Reihen entwickelt,

$$\text{arc}\tan x = x - \frac{x^3}{3} + \frac{x^5}{5} - \frac{x^7}{7} + \cdots \tag{11}$$

Die Potenzreihe in (11), welche für alle Werthe von x, deren absoluter Betrag 1 nicht übersteigt, ausgenommen $x = \pm\,i$, convergirt, stellt den Hauptwerth arc tan x dar, dessen reeller Theil bei der erwähnten Beschränkung von x zwischen $-\frac{\pi}{2}$ und $+\frac{\pi}{2}$ liegt.

In der Umgebung des Punktes $x = \infty$ hat man

$$\text{Arc}\tan x = \tfrac{1}{2}\,i\left[L(-1) + l\left(1 + \frac{i}{x}\right) - l\left(1 - \frac{i}{x}\right)\right]$$

$$= (k - \tfrac{1}{2})\,\pi - \frac{1}{x} + \frac{1}{3x^3} - \frac{1}{5x^5} + \cdots$$

$$(k = 0,\ \pm 1,\ \pm 2 \cdots)$$

und zwar für alle Werthe von x, deren absoluter Betrag nicht kleiner als 1 ist, mit Ausschluſs von $x = \pm i$. Man setzt daher fest Arc tan $\infty = (k - \frac{1}{2}) \pi$ und bezeichnet darunter $- \frac{1}{2} \pi$ als Hauptwerth arc tan ∞.

Je nachdem der reelle Theil von x positiv ist oder nicht, so ist

$$\text{arc tan } x + \text{arc tan } \frac{1}{x} = \tfrac{1}{2} \pi \text{ oder } - \tfrac{1}{2} \pi.$$

arc tan x ist eine ungerade (vgl. Nr. 2) Function von x; man hat jedoch bei reellem η auſser $\eta = \pm 1$

$$\text{arc tan } (\eta i) + \text{arc tan } (- \eta i) = - \pi.$$

Ist $x' = \tan y'$, so hat man nach Nr. 2

$$\tan (y + y') = \frac{x + x'}{1 - x x'},$$

d. i. Arc tan x + Arc tan x' = Arc tan $\dfrac{x + x'}{1 - x x'}$,

welche Formel das Additionstheorem des Arcus tangens heiſst, natürlich nicht in dem Sinne wie dieses Wort in Nr. 2 gebraucht ist.

Die Reihe (11) giebt für $x = + 1$ die Leibniz'sche Formel

$$\frac{\pi}{4} = 1 - \frac{1}{3} + \frac{1}{5} - \frac{1}{7} + \cdots,$$

welche aber zur Berechnung von π sich nicht eignet. Hierzu benutzte man früher die Formel

$$\pi = 6 \text{ arc tan } \frac{1}{\sqrt{3}} = \sqrt{12} \left\{ 1 - \frac{1}{3 \cdot 3} + \frac{1}{5 \cdot 3^2} - \frac{1}{7 \cdot 3^3} + \cdots \right\}.$$

Später wurde $\dfrac{\pi}{4}$ in zwei Bögen α β zerlegt, deren Tangenten durch die Relation

$$1 = \frac{\tan \alpha + \tan \beta}{1 - \tan \alpha \tan \beta}$$

verknüpft sein müssen. So findet man z. B. für tan $\alpha = \frac{1}{2}$, tan $\beta = \frac{1}{3}$, also $\dfrac{\pi}{4} = $ arc tan $\frac{1}{2}$ + arc tan $\frac{1}{3}$. Da ferner

$$\text{arc tan } \tfrac{1}{2} = \text{arc tan } \tfrac{1}{3} + \text{arc tan } \tfrac{1}{7}$$

ist, so hat man $\dfrac{\pi}{4}$ in drei Bögen zerlegt, deren Tangenten endliche Decimalbrüche sind. Hiernach berechnete Dahse 205 Stellen von π. Lehmann benutzte die Formel

$$\frac{\pi}{4} = 2 \text{ arc tan } \tfrac{1}{5} + \text{ arc tan } \tfrac{1}{7}$$

zur Berechnung von 261 Stellen von π.[4])

8. Der Arcus sinus.

Aus der Formel

$$x = \sin y = \frac{1}{2i} \left\{ e^{yi} - e^{-yi} \right\}$$

folgt durch Multiplication mit $2ie^{yi}$ die Gleichung

$$e^{2yi} - 2xie^{yi} - 1 = 0. \qquad (12)$$

Daraus ergiebt sich

$$e^{yi} = xi \pm \sqrt{1 - x^2}$$

$$y = \text{Arc} \sin x = \frac{1}{i} L\left(xi \pm \sqrt{1 - x^2}\right).$$

Somit gehören zu jedem Werthe von x, aufser $x = \pm 1$, zwei Schaaren von Werthen des Arcus sinus, welche aus den beiden Hauptwerthen, d. h. den den Hauptwerthen der Logarithmen von $xi \pm \sqrt{1 - x^2}$ entsprechenden Werthen durch Zufügung eines beliebigen positiven oder negativen Vielfachen von 2π hervorgehen. Die Werthe der einen Schaar haben den entgegengesetzten Cosinus wie die der andern. Man hat nämlich

$$\cos y = \frac{e^{yi} + e^{-yi}}{2}$$

$$= \frac{1}{2} \left\{ xi \pm \sqrt{1 - x^2} + \frac{1}{xi \pm \sqrt{1 - x^2}} \right\} = \pm \sqrt{1 - x^2}.$$

Die Hauptwerthe des Arcus sinus, die wir mit „arc sin" bezeichnen, haben einen reellen Theil, welcher zwischen $-\pi$ und $+\pi$ liegt, bezw. gleich π ist.

Satz. „Wenn man x einen Werth, dessen absoluter Betrag die Einheit nicht übersteigt, aufser $x = \pm 1$, ertheilt und unter $\sqrt{1 - x^2}$ den Hauptwerth dieser Quadratwurzel versteht, so liegt der reelle Theil des bez. Hauptwerthes des Arcus sinus

$$\text{arc} \sin x = \frac{1}{i} l\left(xi + \sqrt{1 - x^2}\right) \qquad (13)$$

zwischen $-\frac{\pi}{2}$ und $+\frac{\pi}{2}$. arc sin (± 1) ist gleich $\pm \frac{\pi}{2}$."

Setzt man

$$x = \varrho \left\{ \cos \theta + i \sin \theta \right\} \quad (-\pi < \theta \leq \pi)$$

$$1 - x^2 = 1 - \varrho^2 (\cos 2\theta + \sin 2\theta) = A (\cos \alpha + i \sin \alpha),$$

so hat man

$$A \cos \alpha = 1 - \varrho^2 \cos 2\theta \quad A \sin \alpha = - \varrho^2 \sin 2\theta,$$

sodafs, wenn $\varrho \leq 1$ ist und neben $\varrho = 1$ die Werthe $\theta = 0$ und π ausgeschlossen sind, $\cos \alpha > 0$, also α zwischen $- \frac{\pi}{2}$ und $+ \frac{\pi}{2}$ gelegen ist. Man findet dann

$$x i + \sqrt{1 - x^2} = \sqrt{A} \cdot \cos \frac{\alpha}{2} - \varrho \sin \theta$$

$$+ (\sqrt{A} \cdot \sin \frac{\alpha}{2} + \varrho \cos \theta) i$$

und für die trigonometrische Form

$$B (\cos \beta + i \sin \beta)$$

dieser Zahl

$$B \cos \beta = \sqrt{A} \cdot \cos \frac{\alpha}{2} - \varrho \sin \theta$$

$$B \sin \beta = \sqrt{A} \cdot \sin \frac{\alpha}{2} + \varrho \cos \theta.$$

Nun ist, falls $\varrho < 1$ ist,

$$A (1 + \cos \alpha) \geq (1 - \varrho^2) + (1 - \varrho^2 \cos 2\theta)$$

$$A \cos \frac{\alpha^2}{2} \geq 1 - \varrho^2 \cos \theta^2 > \varrho^2 \sin \theta^2.$$

Falls $\varrho = 1$ ist, so hat man bei der obigen Beschränkung von θ

$$A (1 + \cos \alpha) > 1 - \cos 2\theta \quad A \cos \frac{\alpha^2}{2} > \sin \theta^2.$$

Daraus erhellt, dafs $\cos \beta > 0$ ist, also β zwischen $- \frac{\pi}{2}$ und $+ \frac{\pi}{2}$ liegt.

Man hat also für Hauptwerth (13) des Arc sin x

$$\text{arc sin } x = \beta - i l B.$$

Setzt man den zweiten Hauptwerth von Arc sin x

$$\frac{1}{i} l (x i - \sqrt{1 - x^2}) = \overline{\text{arc sin } x} = \beta' - i l B',$$

so ist, wie sich leicht nachweisen läfst,

$$B B' = 1 \quad \beta + \beta' = \pm \pi \quad \text{arc sin } x + \overline{\text{arc sin } x} = \pm \pi,$$

wo das obere oder untere Zeichen steht, je nachdem 0 innerhalb oder aufserhalb des Intervalles $\left(- \frac{\pi}{2}, + \frac{\pi}{2}\right)$ liegt. Für $\theta = \pm \frac{\pi}{2}$ ist $\beta = 0 \quad \beta' = \pi$.

Additionstheorem des Arcus sinus. Ist $\sin y = x$ $\sin y' = x'$, so hat man

$$\sin(y + y') = \sin y \cos y' + \cos y \sin y',$$

also, da

$$\cos y = \sqrt{1 - x^2} \qquad \cos y' = \sqrt{1 - x'^2}$$

ist, wo aber die Quadratwurzeln noch näher zubestimmen sind,

$$\text{Arc} \sin x + \text{Arc} \sin x' = \text{Arc} \sin(x \sqrt{1 - x'^2} + x' \sqrt{1 - x^2}).$$

9. Die Potenzreihe für den Arcus sinus.

Nach einem Satze in V. 21 giebt es eine und nur eine innerhalb eines gewissen Kreises (O, R) convergente Potenzreihe

$$y = c_1 x + c_2 x^2 + \cdots + c_n x^n + \cdots = f(x), \qquad \text{(a)}$$

welche für y in die Gleichung

$$x = \sin y = y - \frac{y^3}{3!} + \frac{y^5}{5!} - \cdots \qquad \text{(b)}$$

gesetzt, sie identisch erfüllt. Da auf der rechten Seite dieser Gleichung eine beständig convergente Potenzreihe von y steht, so darf man nach V. 11 behaupten, dafs wenn x einen Werth innerhalb des Convergenzkreises der Reihe $\Sigma c_n x^n$ bedeutet, die Zahl $y = \Sigma c_n x^n$ eine Wurzel der Gleichung (b) ist. D. h. für jeden der genannten Werthe von x stellt die Potenzreihe (a) einen Werth des Arcus sinus dar. — Durch Einsetzung der Reihe (a) in (b) und Vergleichung der Coefficienten der nämlichen Potenzen von x auf beiden Seiten der Gleichung findet man $c_1 = 1$ $c_2 = 0$ u. s. w. Ein independenter Ausdruck für c_n ergiebt sich leichter auf folgende Art. Bedeutet x einen Werth innerhalb des Convergenzbereiches der Reihe (a) und man setzt in (b) anstatt x y bez. $x + h$ $f(x) + k$, wo

$$k = h f'(x) + \frac{h^2 f''(x)}{2} + \cdots$$

ist, so darf man auch die rechte Seite nach Potenzen von h entwickeln. Setzt man die Coefficienten von h auf beiden Seiten der so umgewandelten Gleichung (b) einander gleich, so erhält man

$$1 = \cos f(x) \cdot f'(x).$$

Man hat nach (a)

$$\cos f(x) = 1 - \frac{f'^2}{2!} + \frac{f'^4}{4!} - \cdots = 1 - \frac{x^2}{2} - \cdots;$$

somit muſs $R = 1$ und $\cos f(x)$ für alle Werthe von $x : |x| < 1$ gleich dem Hauptwerthe von $\sqrt{1 - x^2}$ d. i. der binomischen Reihe zu $(1 - x^2)^{\frac{1}{2}}$ sein. Demnach muſs

$$f'(x) = c_1 + 2c_2 x + \cdots + n c_n x^{n-1} + \cdots$$

$$= \frac{1}{\sqrt{1 - x^2}} = (1 - x^2)^{-\frac{1}{2}} = 1 + \sum_1^\infty \frac{1 \cdot 3 \cdots 2k - 1}{2 \cdot 4 \cdots 2k} x^{2k}$$

sein, woraus sich unmittelbar die Werthe

$$c_{2k} = 0 \qquad c_{2k+1} = \frac{1 \cdot 3 \cdots 2k - 1}{2 \cdot 4 \cdots 2k} \cdot \frac{1}{2k + 1} \qquad (k = 1, 2 \cdots)$$

ergeben. Da

$$\frac{c_{2k+1}}{c_{2k-1}} = \frac{(2k - 1)^2}{2k(2k + 1)} = \left(1 - \frac{1}{2k}\right)^2 \left(1 + \frac{1}{2k}\right)^{-1} = 1 - \frac{3}{2k} + \cdots$$

ist, so convergirt die Potenzreihe $\Sigma c_{2k+1} x^{2k+1}$ nach V. 8 für alle Werthe von x, deren absoluter Betrag 1 nicht übersteigt, und zwar absolut.

Es ist leicht einzusehen, daſs der durch die Reihe (a) dargestellte Werth des Arcus sinus x der zum Hauptwerthe $\sqrt{1 - x^2}$ gehörige Hauptwerth arc sin x ist. Die Reihe (a) giebt nicht allein für $x = 0$ den Werth $0 = $ arc sin 0, sondern auch in einer gewissen Umgebung δ des Nullpunktes den Werth arc sin x. Denn wegen der Stetigkeit von arc sin x und von $f(x) = \Sigma c_n x^n$ für $x = 0$ kann man jeder Zahl $\varepsilon > 0$ eine Zahl $\delta > 0$ so zuordnen, daſs

$$|f(x) - \text{arc sin } x| < \varepsilon$$

für alle Werthe von x, deren absoluter Betrag δ nicht übersteigt. Nimmt man $\varepsilon < 2\pi$ an und bedenkt, daſs $f(x)$ ein Werth des Arcus sinus x ist, dessen Cosinus $\sqrt{1 - x^2}$ ist, so folgt nothwendig

$$f(x) = \text{arc sin } x. \tag{c}$$

Nun zeigt man, daſs $f(x)$ auf jedem Radius Or des Kreises $(O, 1)$ mit arc sin x übereinstimmt. Es sei x' ein solcher Punkt auf Or, daſs innerhalb der Strecke Ox' die Gleichung (c) besteht. $Ox'|$ muſs eine obere Grenze λ haben. Wäre

$\lambda < 1$, so müfste in demjenigen Punkte auf Or, der von O den Abstand λ hat, $f(x)$ von arc sin x abweichen, also der reelle Theil von $f(x)$ einen Sprung machen, was die Stetigkeit von $f(x)$ im genannten Punkte verhindert. Also mufs $\lambda = 1$ sein. Wir haben somit den Satz:

Der zum Hauptwerthe $\sqrt{1 - x^2}$ gehörige Hauptwerth des Arcus sinus x: arc sin x wird für alle Werthe x, deren absoluter Betrag 1 nicht übersteigt, durch die Potenzreihe

$$x + \tfrac{1}{2} \cdot \frac{x^3}{3} + \frac{1 \cdot 3}{2 \cdot 4} \cdot \frac{x^5}{5} + \cdots \qquad (13^*)$$

dargestellt. Demnach liegt der reelle Theil der Summe dieser Reihe zwischen $-\frac{\pi}{2}$ und $+\frac{\pi}{2}$, abgerechnet $x = \pm 1$, wofür sie $\pm \frac{\pi}{2}$ ist.

Ein anderes Verfahren, zur Reihe (13*) zu gelangen, findet man in Nr. 11.

10. Potenzreihen für einige zusammengesetzte Functionen.

Die in XI. 8 d. I. T. erzielten Ergebnisse können jetzt ergänzt und zugleich verallgemeinert werden.

a) Bezüglich der Entwickelung von

$$e^{f(x)} = E(f(x))$$

ist nur zu bemerken, dafs das a. a. O. Gesagte auch dann gilt, wenn x eine complexe Veränderliche und $f(x)$ eine endliche oder eine convergente unendliche Reihe mit beliebigen Coefficienten bedeutet.

Beispiele. 1) Der Hauptwerth von $\left(1 + \dfrac{x}{t}\right)^t$ läfst sich für alle Werthe von t, deren absoluter Betrag den von x übersteigt, in die nach fallenden Potenzen von t fortschreitende Reihe

$$e^x \left[1 - \frac{x^2}{2} \cdot \frac{1}{t} + \left(\frac{x^3}{3} + \frac{x^4}{8} \right) \frac{1}{t^2} + \cdots \right]$$

entwickeln. Der Convergenzkreis dieser Reihe geht durch den Punkt $t = -x$, denn die in Rede stehende Function verliert in diesem Punkte den Charakter einer ganzen Function, was man indirect beweist. Wäre für alle Werte von x, wofür $|t + x|$ kleiner ist als eine gewisse positive Zahl,

$$\left(1 + \frac{x}{t}\right)^t = b_0 + b_1(t + x) + b_2(t + x)^2 + \cdots,$$

so hätte man für den Logarithmus dieser Function

$$t\,l\left(1 + \frac{x}{t}\right) = m\,l(t + x) + c_0 + c_1(t + x) + \cdots,$$

wo m eine ganze positive Zahl oder Null sein kann. Man findet aber

$$t\,l\left(1 + \frac{x}{t}\right) = t\,\{L(t + x) - l\,t\}$$

$$= t\left\{L(t + x) - l(-x) - l\left(1 - \frac{t + x}{x}\right)\right\}$$

$$= t\,L(t + x) + \mathfrak{P}(t + x).$$

Aus dem Vorstehenden erkennt man, dafs die in II. 19 für den Fall, dafs t auf der positiven oder auf der negativen reellen Axe ins Unendliche geht, erwähnte Formel

$$\lim_{t = \infty}\left(1 + \frac{x}{t}\right)^t = e^x$$

stets gilt, auf welchem Wege der Punkt t auch ins Unendliche sich entfernen mag.

2) $e^{-\frac{1}{(x-a)^2}}$ wird für alle Werthe von x, wofür $|x| < |a|$ ist, durch eine Reihe nach ganzen positiven Potenzen von x dargestellt; denn es gilt das ja von der Function

$$-1 : (x - a)^2,$$

wofür man hat

$$-\frac{1}{(x - a)^2} = -\frac{1}{a^2} : \left(1 - \frac{x}{a}\right)^2 = -\frac{1}{a^2} - \frac{2x}{a^3} - \frac{3x^2}{a^4} - \cdots$$

Der Convergenzkreis der Potenzreihe, welche sich für $e^{-\frac{1}{(x-a)^2}}$ ergiebt, geht durch den Punkt $x = a$, denn es ist für jedes von a verschiedene x

$$e^{-\frac{1}{(x-a)^2}} = 1 - \frac{1}{(x - a)^2} + \frac{1}{2\,!\,(x - a)^4} - \cdots$$

d. h. es verliert die Function im Punkte $x = a$ den Charakter einer ganzen.

b) „Ist a_0 eine von Null verschiedene Zahl, deren reeller Theil nicht negativ ist, so geht der Convergenzkreis der wie a. a. O. abzuleitenden Potenzreihe

$$lf(x) = la_0 + b_1 x + b_2 x^2 + \cdots, \tag{14}$$

wo $lf(x)$ und la_0 die Hauptwerthe der bez. Logarithmen bedeuten, durch den oder die dem Nullpunkte nächsten unter den Punkten innerhalb des Convergenzbereiches von

$$f(x) = a_0 + a_1 x + a_2 x^2 + \cdots,$$

wofür $f(x) = 0$ ist. Falls aber solche Punkte nicht vorhanden sind, so reicht das Convergenzgebiet der Reihe (14) mindestens soweit, als das der Reihe $f(x)$."

Beweis. Aus dem Satze V. 10 folgt unmittelbar die Existenz einer solchen positiven Zahl K, dafs für keinen Werth von x, wofür $|x| < K$ ist, $f(x)$ verschwindet. Da der Coefficient von i in $l a_0$ das Intervall $\left(-\frac{\pi}{2}, +\frac{\pi}{2}\right)$ nicht verläfst, so wird man sich K auch so klein denken können, dafs für die soeben genannten Werthe von x die Gleichung

$$l f(x) = l a_0 + l \left\{ 1 + \frac{f(x) - a_0}{a_0} \right\} = l a_0 + b_1 x + b_2 x^2 + \cdots$$

besteht. Schon a. a. O. ist hervorgehoben, dafs die Potenzreihe auf der rechten Seite von (14) in jedem Punkte ihres Convergenzgebietes einen Logarithmus von $f(x)$ darstellt. Dafs es stets der Hauptwerth desselben sein mufs, ergiebt sich wie in Nr. 9 vermöge der Stetigkeit der Reihensumme daraus, dafs sie in einer gewissen Umgebung des Nullpunktes den Hauptwerth $l f(x)$ wiedergiebt. Um den Convergenzradius der Potenzreihe in (14) zu ermitteln, hat man nun nach V. 19 nur den oder die dem Nullpunkte nächsten Punkte aufzusuchen, wo die Function $l f(x)$ den Character einer ganzen verliert. Ist x' ein solcher Punkt innerhalb des Convergenzgebietes von $f(x)$, dafs $f(x)$ nicht Null ist, so ist $l f(x)$ für $x = x'$ holomorph. Denn man hat für hinlänglich kleine Werthe von $|x - x'|$

$$f(x) = f(x') + \mathfrak{P}(x - x')$$
$$l f(x) = l f(x') + l \left\{ 1 + \frac{\mathfrak{P}(x - x')}{f(x')} \right\} = \mathfrak{D}(x - x').$$

Aber in jedem Punkte $x = c$, wofür $f(x) = 0$ ist, verliert $l f(x)$ den Character einer ganzen Function, wie schon daraus ersichtlich ist, dafs

$$\lim_{x = c} f(x) = \infty$$

ist. Aus dieser Bemerkung folgt dann der obige Satz.

Beispiele. 1) Die Function

$$\arc \sin x = \frac{1}{i} l(x i + \sqrt{1 - x^2}),$$

worin man sich $\sqrt{1 - x^2}$ durch die betreffende binomische Reihe ersetzt denken muſs, liefert eine Potenzreihe mit dem Convergenzkreise $(0, 1)$. Denn die Gleichung

$$x i + \sqrt{1 - x^2} = 0$$

hat keine endliche Wurzel, also muſs die genannte Potenzreihe mindestens dasselbe Convergenzgebiet wie die binomische haben. Und zwar genau dasselbe, da die Function arc sin x in den Punkten $x = \pm 1$ den Character einer ganzen verliert, indem die Functionswerthe in ihrer Umgebung durch Reihen nach ganzen positiven Potenzen von $\sqrt{x \pm 1}$ dargestellt werden.

2) Die in der ersten der Formeln (8) in Nr. 6 vorkommende Function

$$l(1 + 2x \cos \theta + x^2)$$

liefert die Potenzreihe

$$\sum_n^\infty (-1)^{n-1} \frac{x^n}{n} (2 \cos \theta + x)^n \qquad (15)$$

$$= 2 \cos \theta \cdot x - (2 \cos \theta^2 - 1) x^2 \cdots,$$

welche mit der rechten Seite dieser Formel identisch sein muſs, da beide Reihen für reelle Werthe von x übereinstimmen. Der Convergenzradius der Reihe (15) ist 1, denn die Wurzeln der Gleichung

$$1 + 2x \cos \theta + x^2 = 0$$

sind

$$x = -\cos \theta \pm i \sin \theta.$$

Aber nicht nur die erste der Formeln (8), sondern auch die zweite gilt für alle complexen Werthe von ϱ, deren absoluter Betrag kleiner als 1 ist. Der zweite Theil dieser Behauptung folgt ähnlich wie der erste, wenn man nach (10) die Umformung

$$\arc \tan \frac{x \sin \theta}{1 + x \sin \theta} = \frac{1}{i} l \frac{1 + x e^{-\theta i}}{1 + x e^{\theta i}}$$

vornimmt. — Die Formeln gelten übrigens auch für alle Werthe x vom absoluten Betrage 1 auſser $x = -e^{\theta i}$ und $x = -e^{-\theta i}$; denn es convergiren die Reihen

$$\sum_n^\infty \frac{(-1)^{n-1} x^n \cos n\theta}{n} \pm i \sum_n^\infty \frac{(-1)^{n-1} x^n \sin n\theta}{n}$$

$$= \sum_n^\infty (-1)^{n-1} \{ x e^{\pm \theta i} \}^n$$

nach dem 2. Satze in Nr. 5 für alle die genannten Werthe von x, folg-

lich auch ihre Summe und Differenz d. i. die Reihen auf der rechten
Seite der Gleichungen (8).

c) Der allgemeine polynomische Satz. Der Hauptwerth

$$f(x)^s = E(slf(x)),$$

wo s eine beliebige von Null verschiedene Zahl ist, läfst
sich unter der obigen Voraussetzung über a_0, zum min-
desten für alle diejenigen Werthe von x, wofür $lf(x)$ in
eine Potenzreihe verwandelt werden kann, nach ganzen positiven Potenzen von x entwickeln.

Die Function

$$(1 + 2x \cos \theta + x^2)^s$$

liefert somit eine Potenzreihe für alle Werthe von x, deren absoluter
Betrag unter 1 liegt. — Da das Nämliche auch von den Functionen

$$\cos \left(s \text{ arc tan } \frac{x \sin \theta}{1 + x \cos \theta} \right) \qquad \sin \left(s \text{ arc tan } \frac{x \sin \theta}{1 + x \cos \theta} \right)$$

gilt, so gelangt man jetzt zur Einsicht, dafs die Formeln (6) in
Nr. 6 auch für nicht-reelle Werthe von μ und für solche
nicht-reelle Werthe von ϱ, deren absoluter Betrag kleiner
als 1 ist, bestehen. Was die Werthe von x, wofür $|x| = 1$ ist,
betrifft, so erkennt man auf ähnliche Art wie oben in b. 2), dafs sie,
wenn der reelle Theil von s nicht gröfser als — 1 ist, für keinen derselben; wenn er negativ und gröfser als — 1 oder Null ist, für jeden
von ihnen aufser $x = — e^{\theta i}$ und $x = — e^{-\theta i}$; wenn er positiv ist, für
jeden von ihnen ohne Ausnahme giltig sind.

11. Die Potenzreihen für cos (s arc sin x) und sin (s arc sin x). [5])

Wenn man die Coefficienten der Potenzreihe in der
ersten Formel (8) d. i.

$$l(1 + 2x \cos \theta + x^2) = 2 \sum_{1}^{\infty} (— 1)^{n-1} \frac{x^n}{n} \cos n\theta \qquad (|x| < 1)$$

mit den gleichstelligen in der Potenzreihe (15) vergleicht,
so gelangt man zur Formel

$$\frac{2 \cos n\theta}{n} = \frac{(2 \cos \theta)^n}{n} — \binom{n-1}{1} \frac{(2 \cos \theta)^{n-2}}{n-1} + \cdots$$
$$+ (— 1)^r \binom{n-r}{r} \frac{(2 \cos \theta)^{n-2r}}{n-r} + \cdots,$$

worin r von Null bis zu der gröfsten, $\tfrac{1}{2}n$ nicht übersteigenden

ganzen Zahl geht. Sie stellt die eine der in II. 13 ange-
kündigten Entwickelungen von cos $n\theta$ dar. Ist n gerade
($n = 2k$), so nimmt r zuletzt den Werth k an und es kann
die Formel auch so geschrieben werden

$$(-1)^k \cos n\theta$$

$$= 1 + \sum_{r}^{k} (-1)^r \frac{n^2(n^2-2^2)\ldots[n^2-(2r-2)^2]}{2r!} \cos \theta^{2r}.$$

Setzt man hier statt θ $\frac{\pi}{2} - \theta$, so ergiebt sich die Entwickelung von cos $n\theta$ nach Potenzen von sin θ:

$$\cos n\theta$$

$$= 1 + \sum_{r}^{k} (-1)^r \frac{n^2(n^2-2^2)\ldots[n^2-(2r-2)^2]}{2r!} \sin \theta^{2r}. \quad (16)$$

Im Falle dafs n ungerade ist ($n = 2k+1$), erhält man
auf demselben Wege die Formel

$$\sin n\theta = n \sin \theta$$

$$+ \sum_{r}^{k} (-1)^r \frac{n(n^2-1^2)(n^2-3^2)\ldots[n^2-(2r-1)^2]}{(2r+1)!} \sin \theta^{2r+1}. \quad (17)$$

Aehnliche Formeln findet man vermittelst der zweiten
Formel (8), indem man die Potenzreihe für die Function

$$\arctan \{x \sin \theta : (1 + x \cos \theta)\}$$

aus den Entwickelungen

$$\arctan \frac{x \sin \theta}{1 + x \cos \theta} = \sum_{n}^{\infty} \frac{(-1)^{n-1}}{2n-1} \left(\frac{x \sin \theta}{1 + x \cos \theta}\right)^n$$

$$\frac{x \sin \theta}{1 + x \cos \theta} = x \sin \theta \{1 - x \cos \theta + x^2 \cos \theta^2 - \cdots\}$$

ableitet.

cos (s arc sin x) läfst sich mittelst der Cosinus- und
Arcus sinus-Reihe nach dem Satze in V. 11 bei beliebigem s
für alle Werthe von x, deren absoluter Betrag 1 nicht übersteigt, in eine Potenzreihe von x verwandeln:

$$\cos (s \text{ arc sin } x) = 1 + \sum_{r}^{\infty} \varphi_{2r}(s) x^{2r},$$

wo $\varphi_{2r}(s)$ eine ganze Function $2r^{\text{ten}}$ Grades von s ist.

Falls s eine gerade Zahl ist, mufs die Reihe mit derjenigen endlichen Reihe übereinstimmen, die sich aus (16) durch die Substitution $\sin \theta = x$ ergiebt. Man hat also

$$\varphi_{2r}(s) = (-1)^r \frac{s^2(s^2 - 2^2)\ldots[s^2 - (2r-2)^2]}{2r!},$$

wenn s eine gerade Zahl bezeichnet und daher nach dem 2. Satze in IV. 5 allgemein. Es besteht mithin, wenn nur $|x| \leq 1$ ist, bei beliebigem s die Entwickelung

$$\cos(s \operatorname{arc\,sin} x)$$

$$= 1 + \sum_1^\infty (-1)^r \frac{s^2(s^2 - 2^2)\ldots[s^2 - (2r-2)^2]}{2r!} x^{2r}. \quad (18)$$

Unter denselben Bedingungen gilt die mittelst (17) abzuleitende Formel

$$\sin(s \operatorname{arc\,sin} x)$$

$$= sx + \sum_1^\infty (-1)^r \frac{s(s^2-1^2)(s^2-3^2)\ldots[s^2-(2r-1)^2]}{(2r+1)!} x^{2r+1}. \quad (19)$$

In diesen, sowie in den folgenden Formeln ist $\operatorname{arc\,sin} x$ der zum Hauptwerthe $\sqrt{1-x^2}$ gehörige Hauptwerth. Setzt man in (18) und (19)

$$x = 1 \quad \operatorname{arc\,sin} x = \frac{\pi}{2},$$

so erhält man neue, für jeden Werth von s convergente Reihen für $\cos \frac{1}{2} s\pi$ und $\sin \frac{1}{2} s\pi$.

Auf ähnliche Art gelangt man auch zu den Reihenentwickelungen

$$\frac{\cos(s \operatorname{arc\,sin} x)}{\sqrt{1-x^2}}$$

$$= 1 + \sum_1^\infty (-1)^r \frac{(s^2-1^2)(s^2-3^2)\ldots[s^2-(2r-1)^2]}{2r!} x^{2r}$$

$$\frac{\sin(s \operatorname{arc\,sin} x)}{\sqrt{1-x^2}}$$

$$(20)$$

$$= sx + \sum_1^\infty (-1)^r \frac{s(s^2-2^2)\ldots[s^2-(2r)^2]}{(2r+1)!} x^{2r+1}.$$

Sie gelten für alle Werthe von $x: |x| \leq 1$ ausgenommen, $x = \pm 1$. Ihr Verhalten auf dem Convergenzkreise $(O, 1)$ wird leicht mit Hilfe des Satzes in V. 8 beurtheilt.

Die Reihen auf den rechten Seiten der Formeln (18)—(20) dürfen nach Potenzen von s geordnet werden, wenn $|x| < 1$, die beiden ersteren sogar, wenn $|x| = 1$ ist. Sie erfüllen nämlich die am Schlusse von V. 3 erwähnte Canchy'sche Bedingung. Denkt man sich das allgemeine Glied z. B. in (18) entwickelt und die Summe der absoluten Beträge der Glieder gebildet, so erhält man den Ausdruck

$$A_r X^{2r} = \frac{S^2(S^2 + 2^2) \ldots (S^2 + [2r-2]^2)}{2r!} X^{2r},$$

worin $X = |x|$ und $S = |s|$ ist. Da

$$\frac{A_{r+1}}{A_r} = \frac{S^2 + (2r-2)^2}{(2r-1)\,2r} = 1 - \frac{3}{2n} + \cdots$$

ist, so convergirt die Reihe

$$1 + A_1 X^2 + A_2 X^4 + \cdots,$$

wenn $X \leqq 1$ ist (V. 8).

Entwickelt man nun beide Seiten der in Rede stehenden Gleichungen nach Potenzen von s und setzt die Coefficienten der nämlichen Potenzen von s einander gleich, so gewinnt man zahlreiche neue Reihenentwickelungen. Die Formel (19) würde uns die Coefficienten der Arcus sinus-Reihe liefern, wenn wir sie nicht schon kennen würden. Aus (18) folgt zunächst die Formel

$$(\text{arc sin } x)^2 = x^2 + \sum_{2}^{\infty} \frac{2 \cdot 4 \ldots (2n-2)}{3 \cdot 5 \ldots (2n-1)} \frac{x^{2n}}{n} \quad (|x| \leqq 1).$$

12. Um noch eine Anwendung einiger Sätze im V. und VI. Abschnitte vorzuführen, möge eine Classe von harmonischen Reihen, nämlich die unendlichen Reihen

$$\frac{1}{1^s} + \frac{1}{2^s} + \cdots + \frac{1}{n^s} + \cdots, \tag{1}$$

worin s irgend eine complexe Zahl $\mu + \nu i$ bezeichnet und die Potenzen, wie gewöhnlich, Hauptwerthe sind, betrachtet werden.

1. Satz. Die unendliche Reihe (1) convergirt und zwar absolut, wenn der reelle Theil des Exponenten s gröfser als 1 ist; in jedem anderen Falle ist sie divergent. Das ergiebt sich unmittelbar aus V. 5, wenn man bemerkt, dafs

$$\frac{1}{n^s} : \frac{1}{(n-1)^s} = \left(1 - \frac{1}{n}\right)^s = 1 - \frac{s}{n} + \binom{s}{2}\frac{1}{n^2} - \cdots$$

ist. Wir bezeichnen im Falle der Convergenz die Summe von (1) mit $S(s)$ oder S_s und setzen

$$\frac{1}{l^s} + \frac{1}{(l+1)^s} + \frac{1}{(l+2^s)} + \cdots = S_l(s) \quad (l \geqq 2).$$

Im Falle, dafs die harmonischen Reihen (1) divergiren, bestehen die folgenden Sätze.

2. Satz. „Wenn in (1) $s = +1$ ist, so hat man die Formel

$$\lim_{n=+\infty} \left\{ \sum_{1}^{n-1} \frac{1}{r} - ln \right\} = c, \qquad (2)$$

wo c die Mascheroni'sche Zahl $0{,}5772156649 \ldots$ bedeutet."

Beweis. Setzt man

$$\sum_{1}^{n-1} \frac{1}{r} - ln = X_n \quad a_k = X_{k+1} - X_k = \frac{1}{k} - l\left(1 + \frac{1}{k}\right),$$

$$(k \geq 2),$$

so ist

$$X_n = X_l + a_l + a_{l+1} + \cdots + a_{n+1} \qquad (l \geq 2).$$

Da nach Nr. 5, wenn nur $k \geq 2$ ist,

$$l\left(1 + \frac{1}{k}\right) = \frac{1}{k} - \frac{1}{2k^2} + \cdots + \frac{(-1)^g}{g\,k^g} + \cdots$$

ist, so ergiebt sich

$$a_k = \sum_{2}^{\infty} \frac{(-1)^g}{g\,k^g}.$$

Daraus folgt, dafs die Reihe $\Sigma\, a_k$ absolut convergirt, folglich $\lim X_n$ bei $n = +\infty$ existirt und nicht unendlich ist. Man findet in der That

$$\frac{1}{2\,k^2} - \frac{1}{3\,k^3} < a_k < \frac{1}{2\,k^2}, \qquad \text{also } \lim_{k=+\infty} k^2 a_k = \tfrac{1}{2}.$$

Demnach ist

$$\lim_{n=+\infty} X_n = X_l + \sum_{l}^{\infty} a_k \qquad (l \leq 2). \qquad (3)$$

Eine zur Berechnung der Mascheroni'schen Zahl bequemere Formel erhält man, wenn man das durch $\Sigma\, a_k$ dargestellte Schema von unbegrenzt vielen unendlichen Reihen nach Verticalreihen ordnet. Das ist zulässig, indem es der Cauchy'schen Bedingung (V. 3) Genüge leistet. Ersetzt man nämlich in $\Sigma\, a_k$ alle Glieder durch ihre absoluten Werthe, so findet man

$$\sum_{2}^{\infty} \frac{1}{g\,k^g} = \frac{1}{k^2} \sum_{2}^{\infty} \frac{1}{g\,k^{g-2}} = \frac{1}{k^2}\, A_k \qquad (k = l, l+1 \ldots)$$

Die aus diesen Summen gebildete unendliche Reihe convergirt, da $\lim A_k$ bei $\lim k = +\infty$ endlich ist. — Mithin ergiebt sich aus (3)

$$c = \lim_{n=+\infty} X_n = X_l + \sum_{2}^{\infty} \frac{(-1)^g}{g} S_l(g) \quad (l \geq 2). \tag{4}$$

In der hier vorkommenden unendlichen Reihe ist der Rest kleiner als sein erstes Glied (vgl. X. 8. d. I. T.). Man hat aber

$$\frac{1}{n^2} + \frac{1}{(n-1)n^2} = \frac{1}{n-1} - \frac{1}{n} \quad (n = l, l+1 \ldots)$$

$$S_l(2) + \sum_{l}^{\infty} \frac{1}{(n-1)n^2} = \frac{1}{l-1}, \text{ also } S_l(2) < \frac{1}{l-1}.$$

Für $g > 2$ ergiebt sich daraus

$$S_l(g) < \frac{1}{l^{g-2}} \left(\frac{1}{l^2} + \frac{1}{(l+1)^2} + \cdots \right) = \frac{1}{l^{g-2}} S_l(2) < \frac{1}{(l-1)l^{g-2}}.$$

Setzen wir in (1) $s = -t$ und $t = \varrho + \sigma i$, so haben wir den

3. Satz. „Genügt der reelle Theil ϱ von t der Bedingung $-1 \leq \varrho < 0$, ohne dafs jedoch $t = -1$ ist, so hat der Ausdruck

$$\dot{X}_n(t) = \sum_{1}^{n-1} r^t - \frac{n^{t+1}}{t+1} \tag{5}$$

bei $\lim n = \infty$ einen endlichen Grenzwerth $K(t)$. Ist $0 \leq \varrho < 1$, so gilt dasselbe vom Ausdrucke

$$X_n(t) = \sum_{1}^{n-1} r^t - \frac{n^{t+1}}{t+1} + \tfrac{1}{2} n^t. \tag{6}$$

$K(0)$ ist $-\tfrac{1}{2}$. Ist $\varrho \geq 1$, so hat der Ausdruck

$$X_n(t) = \sum_{1}^{n-1} r^t \tag{7}$$

$$- \left[\frac{n^{t+1}}{t+1} - \tfrac{1}{2} n^t + \sum_{1}^{h} (-1)^{r-1} \binom{t}{2r-1} \frac{B_r}{2r} n^{t-2r+1} \right],$$

wo $B_1 B_2 \ldots$ die Bernoulli'schen Zahlen und h eine mindestens so grofse natürliche Zahl bedeutet, dafs $t - 2h - 1$ einen negativen reellen Theil hat, bei

$$\lim n = +\infty$$

einen endlichen Grenzwerth $K(t)$."

Es genügt, den Beweis dieses Satzes im dritten Falle zu führen. Dabei dürfen wir h so bestimmen, dafs

$$\varrho - 2h + 1 \geqq 0 \qquad \varrho - 2h - 1 < 0$$

oder

$$\varrho + 1 \geqq 2h > \varrho - 1$$

ist. Setzt man

$$\varrho = m + \mu' \qquad (0 \leqq \mu' < 1),$$

unter m eine natürliche Zahl verstanden, so hat man demnach

$$m + 1 \geqq 2h \geqq m;$$

es ist $2h$ gleich m oder $m + 1$, je nachdem m gerade oder ungerade ist. — Setzt man

$$X_{k+1}(t) - X_k(t) = a_k \qquad (k \geq 2)$$
$$X_n(t) = X_l(t) + a_l + a_{l+1} + \cdots + a_{n+1} \qquad (l \geqq 2),$$

so hat man

$$a_k = k^t - \frac{(k+1)^{t+1} - k^{t+1}}{t+1} + \frac{(k+1)^t - k^t}{2} \tag{8}$$
$$- \sum_1^h (-1)^{r-1} \binom{t}{2r-1} \frac{B_r}{2r} [(k+1)^{t-2r+1} - k^{t-2r+1}].$$

Dieser Ausdruck wird nach fallenden Potenzen von k entwickelt. Es ist für alle Werthe $k \geq 2$

$$(k+1)^{t-p} - k^{t-p} = k^{t-p} \left\{ \left(1 + \frac{1}{k}\right)^{t-p} - 1 \right\}$$
$$= \sum_{p+1}^{\infty} \binom{t-p}{g-p} k^{t-g}.$$

Nimmt man hier nacheinander $p = -1, 0, 1, 3 \cdots 2h - 1$, setzt die bezüglichen Ausdrücke in (8) ein und ordnet nach fallenden Potenzen von k, so heben sich die Coefficienten derjenigen Potenzen von k, deren Exponenten nicht-negativen reellen Theil besitzen, d. i. von

$$k^{t+1} \; k^t \; \ldots \; k^{t-2h+1}$$

auf. Der Coefficient von k^{t-g} ist nämlich

$$- \frac{1}{t+1} \binom{t+1}{g+1} + \tfrac{1}{2} \binom{t}{g}$$
$$- \sum_1^l (-1)^{r-1} \binom{t}{2r-1} \frac{B_r}{2r} \binom{t-2r+1}{g-2r+1},$$

wo, solange $2 \leqq g \leqq 2h - 1$ ist, $f = \frac{1}{2}g$ oder $\frac{1}{2}(g - 1)$, je nachdem g gerade oder ungerade, wenn aber $g \geqq 2h$, $f = h$ ist. Zufolge der Formel

$$\frac{1}{2r}\binom{t}{2r-1}\binom{t-2r+1}{g-2r+1} = \frac{1}{t+1}\binom{t+1}{g+1}\binom{g+1}{2r}$$

geht der vorstehende Ausdruck über in

$$-\frac{1}{t+1}\binom{t+1}{g+1}\left\{1 - \frac{g+1}{2} + \sum_1^f (-1)^{r-1}\binom{g+1}{2r}B_r\right\}$$
$$= -\frac{1}{t+1}\binom{t+1}{g+1}D_g.$$

Solange $g \leqq 2h + 1$ ist, ist die in den Klammern stehende Summe D_g nach IV. 12 Gleichung (7) Null. Somit ergiebt sich

$$a_k = -\sum_{2h+2}^{\infty} \frac{1}{g+1}\binom{t}{g}\frac{D_g}{k^{g-t}}. \tag{9}$$

Ist t eine natürliche Zahl m, also $2h + 1 < m$, so ist $a_k = 0$ und demnach $K(m) = X_n(m) = X_2(m)$, d. i. je nachdem m gerade oder ungerade $(= 2l - 1)$ ist, gleich Null oder

$$(-1)^t B_l : 2l.$$

Dieses Resultat ist eigentlich nicht neu, denn es folgt auch aus der in IV. 12 für jedes ganze positive n bewiesenen Formel

$$\sum_1^{n-1} r^m = \frac{1}{m+1}\varphi_{m+1}(n),$$

wo $\varphi_m(n)$ die m^{te} Bernoulli'sche Funktion bedeutet.

Wenn t keine natürliche Zahl ist, so convergirt die unendliche Reihe in (9) absolut. Da mithin

$$|a_k| \leqq \sum_{2h+2}^{\infty} \frac{1}{g+1}\left|\binom{t}{g}D_g\right|\frac{1}{k^{g-\varrho}} \tag{10}$$

ist, somit einer jeden Zahl $\varepsilon > 0$ eine $\varkappa > 0$ so entspricht, dafs für $k > \varkappa$

$$a_k : \frac{1}{k^{2h+2-\varrho}} < \frac{1}{2h+3}\left|\binom{t}{2h+2}D_{2h+2}\right| + \varepsilon$$

ist, so liegt $|a_k| k^{2h+2-\varrho}$ für alle ganzzahligen Werthe $k > 2$ unter einer endlichen Grenze. Weil nun $2h + 2 - \varrho > 1$, somit die unendliche Reihe $\sum \frac{1}{k^{2h+2-\varrho}}$ convergirt, so convergirt auch die Reihe $\Sigma \mid a_k \mid$. Also hat $X_n(t)$ bei

$$\lim n = +\infty$$

in der That einen endlichen Grenzwerth $K(t)$ und zwar ist

$$K(t) = \lim_{n=+\infty} X_n(t) = X_l(t) + \sum_l^{\infty} a_k \quad (l \leq 2). \quad (11)$$

Diese Formel gilt auch für die Ausdrücke (5) und (6), man hat nur in (9) für D_g bez. 1 und $1 - \frac{1}{2}(g+1)$ zu setzen.

4) „Die Formel (11) läfst sich in die für die Berechnung von $K(t)$ bequemere Gestalt bringen:

$$K(t) = X_l(t) - \sum_{2h+2}^{\infty} \frac{1}{g+1} \binom{t}{g} D_g S_l (g-t)." \quad (l \geq 2). \quad (12)$$

In der That bildet Σa_k in (11) ein Schema von unendlich vielen unendlichen Reihen, welches der Cauchy'schen Bedingung (V. 3) genügt und somit auch nach Verticalreihen geordnet werden darf. Wir haben die Reihe in (10) für $k = l, l+1, \ldots$ zu betrachten. Multipliciren wir ihre Glieder mit $k^{2h+2-\varrho}$, so erhält man die convergente Reihe

$$A_k = \sum_{2h+2}^{\infty} \frac{1}{g+1} \left| \binom{t}{g} D_g \right| \frac{1}{k^{g-2h-2}}.$$

Die aus den Summen der in Rede stehenden Reihen gebildete Reihe d. i.

$$\frac{A_l}{l^{2h+2-\varrho}} + \frac{A_{l+1}}{(l+1)^{2h+2-\varrho}} + \cdots + \frac{A_k}{k^{2h+2-\varrho}} + \cdots$$

convergirt, weil $\sum \frac{1}{k^{2h+2-\varrho}}$, wie bemerkt, convergirt und A_k bei

$\lim k = +\infty$ einen endlichen Grenzwerth hat.

Anmerkung. Unter einer harmonischen Reihe im Allgemeinen versteht man eine Reihe, deren Glieder die gleichen Potenzen der Glieder einer arithmetischen Reihe erster Ordnung sind d. i.

$$a^t \, (a+d)^t \, (a+2d)^t \cdots (a+(n-1)d)^t \cdots$$

Nimmt man a und d so an, dafs der von a aus über $a+d$ ins Unendliche gezogene Halbstrahl die reelle Axe nicht schneidet, so erhält man hieraus, indem man durch den Hauptwerth d^t dividirt und $a : d = x$ setzt, die Hauptwerthe

$$x^t \, (x+1)^t \, (x+2)^t \cdots [x+n-1]^t \cdots$$

Für die Reihe $\Sigma(x+n-1)^t$ gelten ähnliche Sätze, wie für die soeben betrachtete Σn^t. Sie convergirt dann und nur dann, wenn der reelle Theil von t kleiner als -1 ist.   Der dem Ausdrucke (7) analoge

$$\sum_{0}^{n-1} (x+r)^t - \left[\frac{(x+n)^{t+1}}{t+1} - \tfrac{1}{2}(x+n)^t \right.$$

$$\left. + \sum_{1}^{h} (-1)^{r-1} \binom{t}{2r-1} \frac{B_r}{2r} (x+n)^{t-2r+1} \right],$$

wo x von 0 und jeder negativen ganzen Zahl, t von -1 verschieden sein soll, hat bei

$$\lim n = +\infty$$

einen endlichen Grenzwerth $F(x, t)$ u. s. w.   Es ist $K(t) = F'(1, t)$. Die Differenz

$$K(t) - F'(x, t)$$

heifst nach **Kinkelin**[6]) die allgemeine Bernoulli'sche Function und wird mit $B(x, t)$ bezeichnet.   Ist t eine natürliche Zahl, so stimmt sie mit $\varphi_{t+1}(x) : (t+1)$ überein, wo $\varphi_{t+1}(x)$ die Bernoulli'sche Function von IV. 12 bedeutet. $B(x, 0)$ ist $x - 1$.

VII. Abschnitt.

Unendliche Producte.

—

1. Convergenz und Divergenz unendlicher Producte.

Es sei $f_0 f_1 \ldots f_n \ldots$ eine endlose Folge von beliebigen, reellen oder complexen Zahlen. Bilden wir in der vorgeschriebenen Ordnung die Partialproducte

$$p_0 = f_0 \quad p_1 = f_0 f_1 \ldots p_n = f_0 f_1 \ldots f_n \ldots,$$

so haben sie beim Grenzübergange lim $n = +\infty$ entweder einen endlichen Grenzwerth oder nicht. Im ersten Falle heifst das unendliche Product

$$f_0 f_1 \ldots f_n \ldots \quad \text{oder} \quad \prod_0^\infty f_n$$

convergent, im zweiten divergent. Ist eine der Zahlen f_n gleich Null, so sind von einem bestimmten alle p_n gleich Null und daher lim $p_n = 0$. Es sind zunächst die folgenden Sätze hervorzuheben:

1) „Giebt es eine positive Zahl ϱ, kleiner als 1, welcher eine positive Zahl μ so entspricht, dafs wenn $n > \mu$ ist, $|f_n| < \varrho$ ist, so ist

$$\lim_{n = +\infty} p_n = 0.\text{“}$$

2) „Giebt es eine positive Zahl σ, gröfser als 1, welcher eine positive Zahl μ so entspricht, dafs wenn $n > \mu$ ist, $|f_n| > \sigma$ ist, so ist

$$\lim_{n = +\infty} p_n = \infty.\text{“}$$

Bedeutet m eine natürliche Zahl, gröfser als μ, so hat man nämlich im ersten Falle

$$|p_n| < |p_m|\, \varrho^{n-m},$$

im zweiten

$$|p_n| > |p_m|\, \sigma^{n-m}.$$

3) „Die nothwendige und, falls kein f_n Null ist, hinreichende Bedingung zur Existenz eines von Null verschiedenen, endlichen Grenzwerthes a von p_n bei $\lim n + \infty$ besteht darin, dafs jeder positiven Zahl ε eine positive Zahl μ so zugeordnet werden kann, dafs neben

$$n > \mu \qquad |f_{n+1}\, f_{n+2}\ldots f_{n+r} - 1| < \varepsilon \quad (r = 1, 2 \ldots) \qquad \text{(a)}$$

ist, welche natürliche Zahl r auch sein mag."

Beweis. Angenommen, es sei bei

$$\lim n = +\infty \qquad \lim p_n = a$$

und $A = |a| > 0$. Dann gehört zu $\varepsilon' > 0$ eine Zahl $\mu' > 0$ so, dafs neben $n > \mu'$

$$|a - p_n| < \varepsilon', \quad \text{also} \quad |p_{n+r} - p_n| < 2\varepsilon' \quad (r = 1, 2 \ldots)$$

ist. Aus der ersteren Ungleichung folgt, dafs wenn $n > \mu'$ ist,

$$A - |p_n| \leq |a - p_n| < \varepsilon' \quad \text{d. i.} \quad |p_n| > A - \varepsilon'$$

ist. Somit ergiebt sich mittelst der letzteren, falls $\varepsilon' < A$ ist, für

$$n > \mu' \qquad \left|\frac{p_{n+r}}{p_n} - 1\right| < \frac{2\varepsilon'}{A - \varepsilon'}.$$

Man braucht also, um die Relationen (a) zu erhalten, nur ε so anzunehmen, dafs

$$\frac{2\varepsilon'}{A - \varepsilon'} < \varepsilon \quad \text{d. i.} \quad \varepsilon' < \frac{A\varepsilon}{2 + \varepsilon}$$

ist. — Weifs man umgekehrt, dafs die Relationen (a) nebeneinander bestehen und kein p_n Null ist, so darf man schliefsen, dafs für $n > \mu$

$$\left|\frac{p_{n+r}}{p_n}\right| - 1 < \varepsilon \quad \text{und} \quad 1 - \left|\frac{p_{n+r}}{p_n}\right| < \varepsilon,$$

also

$$(1 - \varepsilon)\,|\,p_n\,| < |\,p_{n+r}\,| < (1 + \varepsilon)\,|\,p_n\,|$$

ist. Setzt man hier anstatt n eine bestimmte ganze Zahl $m > \mu$, so erkennt man, daſs die Zahlen $p_0,\; p_1 \ldots p_n \ldots$ dem absoluten Betrage nach sämmtlich sowohl unter einer positiven Zahl γ (nämlich der gröſsten der. Zahlen

$$|\,p_0\,|,\; |\,p_1\,| \ldots |\,p_{m-1}\,| \quad (1 + \varepsilon)\,|\,p_m\,|),$$

als auch über einer positiven Zahl $\varkappa$ (nämlich der kleinsten der ebengenannten Zahlen) liegen. Demnach folgt aus (a)

$$n > \mu \quad |\,p_{n+r} - p_n\,| < \gamma\varepsilon \quad (r = 1, 2 \ldots)$$

d. h. es existirt für p_n bei $\lim n = + \infty$ ein endlicher Grenzwerth p. Und vermöge $|\,p_n\,| > \varkappa$ ist $A \geqq \varkappa$, also $A > 0$.

4) Corollar. „Zur Existenz eines endlichen, von Null verschiedenen Grenzwerthes von p_n ist nothwendig, daſs zu jeder Zahl $\varepsilon > 0$ eine Zahl $\mu > 0$ so gehört, daſs neben

$$n > \mu \quad \left|\; \frac{p_{n+1}}{p_n} - 1 \;\right| < \varepsilon \quad \text{d. i.} \quad |\,f_{m+1} - 1\,| < \varepsilon,$$

somit bei $\lim n = + \infty$ $\lim f_n = 1$ ist. Setzt man

$$f_n = 1 + a_n,$$

so hat man demnach $\lim a_n = 0$ bei $\lim n = + \dot{\infty}$.“ — Ist $\lim p_n = 0$, so gilt dieser Satz nicht immer, wie schon die Annahme $a_n = -\frac{1}{2}$ beweist.

5) Es ist bekannt (vgl. Nr. 3), daſs selbst im Falle daſs bei $\lim n = + \infty$ $\lim f_n = 1$ ist, ein unendliches Product auch dann den Grenzwerth Null haben kann, wenn keiner seiner Factoren verschwindet. Ist aber die in den einander zugeordneten Ungleichungen (a) ausgesprochene Bedingung erfüllt, so kann ein unendliches Product nur in der Art verschwinden, daſs ein Factor Null ist.[1])

6) „Setzt man

$$f_n = 1 + a_n \quad w_n = p_{-1}\, a_n \quad (n = 1, 2 \ldots),$$

so sind das unendliche Product $\displaystyle\prod_0^{\infty} f_n$ und die unendliche Reihe

$$f_0 + w_1 + w_2 + \cdots$$

äquivalent d. h. die Partialproducte des ersteren stimmen der Reihe nach mit den Partialsummen der letzteren überein."

In der That erhält man durch Addition der Gleichungen

$$p_1 = f_0 (1 + a_1) = f_0 + w_1$$
$$p_2 = p_1 (1 + a_2) = p_1 + w_2$$
$$\cdot \quad \cdot \quad \cdot \quad \cdot \quad \cdot \quad \cdot \quad \cdot \quad \cdot$$
$$p_n = p_{n-1}(1 + a_n) = p_{n-1} + w_n$$

die Formel

$$p_n = f_0 + w_1 + w_2 + \cdots w_n .$$

2. Allgemeine Sätze über die unendlichen Producte.

Der Kürze wegen mögen als gleichartig bezeichnet werden unendliche Producte, die convergent sind, solche die einen unendlichen und solche, die gar keinen Grenzwerth haben.

1) „Ist

$$f_n = g_n , \quad (n = 0, 1, 2 \ldots),$$

so sind gleichartig die unendlichen Producte

$$f_0 f_1 f_2 \cdots \quad \text{und} \quad g_0 g_1 g_2 \cdots \tag{b}$$

Convergirt insbesondere das erste Product, so auch das zweite und beide haben denselben Grenzwerth." Denn es ist

$$q_n = g_0 g_1 \cdots g_n = f_0 f_1 \cdots f_n = p_n \quad (n = 0, 1, 2 \ldots) .$$

2) Wenn keiner der Factoren f_n verschwindet, so sind „das unendliche Product $f_0 f_1 f_2 \cdots$ und jedes, das aus ihm durch Weglassung einer endlichen Anzahl von Gliedern, deren Product c sei, hervorgeht, gleichartig."

„Convergirt das erstere Product, so auch das letztere, und umgekehrt. Bedeuten $a\, a'$ ihre Grenzwerthe, so ist $a = c a'$. Läfst man insbesondere die $(n + 1)$ Anfangsglieder $f_0 f_1 \cdots f_n$ weg, so erhält man das convergente Product $f_{n+1} f_{n+2} \cdots$, dessen Grenzwerth $Q_n = a : p_n$ ist. Wenn a von Null verschieden ist, so hat man demnach

$$\lim_{n = +\infty} Q_n = 1."$$

Setzt man

$$f_{n+1} f_{n+2} \cdots f_{n+r} = Q_{n, r},$$

so hat man
$$Q_{n,r} = p_{n+r} : p_n,$$
somit bei $\lim r = +\infty$
$$Q_n = a : p_n.$$

3) **Ein convergentes unendliches Product** $f_0 f_1 f_2 \ldots$ **ist unbeschränkt associativ** d. h. leitet man aus ihm ein neues dadurch ab, dafs man seine Factoren gruppenweise vereinigt, jedoch in der Weise, dafs jede Gruppe nur unmittelbar aufeinander folgende Factoren des ursprünglichen Productes enthält, so ist auch das neue Product convergent und hat denselben Grenzwerth, wie das gegebene. — Sind F_1, $F_2 \ldots F_n \ldots$ die Factoren des neuen Productes und ist
$$F_1 F_2 \ldots F_n = P_n,$$
so hat man
$$P_1 = p_{m_1}, \quad P_2 = p_{m_2} \ldots P_n = p_{m_n},$$
also
$$\lim_{n=+\infty} P_n = \lim_{n=+\infty} p_n = a.$$

Sind die Factoren des convergenten Productes $F_1 F_2 \ldots$ Producte wie oben und man läfst die Klammern weg, so braucht das so erhaltene Product $f_0 f_1 f_2 \ldots$ nicht zu convergiren. Convergirt es aber, so hat es denselben Grenzwerth wie $F_1 F_2 \ldots$

4) Ist k eine von Null verschiedene Constante, so sind die Producte
$$\prod_0^\infty f_n \quad \text{und} \quad \prod_0^\infty k f_n$$
gleichartig. Convergirt das erstere und zwar zum Grenzwerthe a, so convergirt das letztere zum Grenzwerthe ka."

5) „Convergiren zwei unendliche Producte wie (b) und zwar zu den Grenzwerthen a, b, so convergirt das unendliche Product
$$\prod_0^\infty f_n g_n \tag{c}$$
und zwar zum Grenzwerthe ab. Ist aufserdem b von Null verschieden, so convergirt auch das unendliche Product
$$\prod_0^\infty (f_n : g_n) \tag{d}$$

und zwar zum Grenzwerthe $a : b$." — Denn die Partialproducte von (c) (d) sind bez. $p_n \, q_n$, $p_n : q_n$, welche Ausdrücke bei $\lim n = + \infty$ bez. die Grenzwerthe ab, $a : b$ haben. — Die Sätze lassen sich auf jede endliche Anzahl von unendlichen Producten ausdehnen.

Die vorstehenden Sätze und die von Nr. 1 hätte man, im Falle dafs keine der Zahlen $f_n \, g_n$ Null ist, auch mit Hilfe der folgenden Bemerkung beweisen können. **Das Verhalten der Partialproducte p_n bei $\lim n = + \infty$ läfst sich stets nach dem der Partialsummen der aus den Hauptwerthen der Logarithmen der Factoren f_n gebildeten unendlichen Reihe**

$$lf_0 + lf_1 + \cdots + lf_n + \cdots$$

beurtheilen. Setzt man nämlich

$$s_n = lf_0 + lf_1 + \cdots + lf_n ,$$

so ist

$$lp_n = s_n + 2m\pi i$$

$$p_n = e^{s_n} .$$

Hat s_n bei $\lim n = + \infty$ einen von Null verschiedenen endlichen Grenzwerth s, so hat auch p_n einen und zwar e^s. Das Umgekehrte ist auch richtig. Ist

$$\lim | s_n | = + \infty ,$$

während die Neigung von s_n stets zwischen $- \frac{\pi}{2}$ und $+ \frac{\pi}{2}$ $\left(\text{bezw. } \frac{\pi}{2} \text{ und } \frac{3\pi}{2} \right)$ liegt, so hat p_n bei $\lim n = + \infty$ den Grenzwerth ∞ (bezw. Null).

3. Wir wollen nun untersuchen, inwieweit die übrigen für die Producte aus einer endlichen Anzahl von Factoren geltenden Regeln sich auf die Grenzwerthe von convergenten unendlichen Producten ausdehnen lassen. Dabei setzen wir stets $$f_n = 1 + a_n$$ voraus und beschränken uns auf die Annahme, dafs a_n nicht gleich -1 ist und bei $\lim n = + \infty$ den Grenzwerth Null hat. Das genügt, da sie im Falle dafs das Product einen endlichen Grenzwerth hat, der nicht Null ist, immer zutrifft. Wir dürfen zufolge des zweiten Satzes in Nr. 2 auch noch voraussetzen, dafs der absolute Betrag von a_n die Ein-

heit nicht übersteigt. Dann liegt, wie bereits in VI. 5 bemerkt ist, der Coefficient von i in $l(1 + a_n)$ zwischen $-\frac{\pi}{2}$ und $+\frac{\pi}{2}$.

Wir gehen von den zwei folgenden in X. 12 d. I. T. bewiesenen Sätzen aus, worin die a_n sämmtlich als positiv und, wenn nöthig, kleiner als 1 zu denken sind.

1) „Das unendliche Product

$$\prod_{0}^{+\infty} (1 - a_n)$$

hat stets einen endlichen Grenzwerth und zwar ist er positiv, wenn die unendliche Reihe

$$a_0 + a_1 + \cdots + a_n + \cdots \qquad (e)$$

convergirt, dagegen Null, wenn sie divergirt."

2) „Das unendliche Product

$$\prod_{0}^{+\infty} (1 + a_n)$$

convergirt und zwar zu einem positiven Grenzwerthe, wenn die Reihe (e) convergirt. Es divergirt und hat den Grenzwerth $+\infty$, wenn sie divergirt."

Auch diese Sätze lassen sich mit Hilfe der unendlichen Reihe $\Sigma l(1 + a_n)$ beweisen, wie aus der folgenden Nr. zu entnehmen ist. Durch Betrachtung der Logarithmenreihe erkennt man ferner unmittelbar die Richtigkeit des Satzes:

„Wenn die unendliche Reihe

$$a_0 + a_1 + \cdots + a_n + \cdots,$$

welche nur Glieder eines Zeichens in unbegrenzter Anzahl enthält, convergirt, so liefern bei jeder Anordnung der Factoren $1 + a_n$ die Partialproducte p_n für $\lim n = +\infty$ einen endlichen, von Null verschiedenen und zwar stets denselben Grenzwerth. Ist die Reihe divergent, so haben sie entweder stets den Grenzwerth $+\infty$ oder Null, je nachdem darin die positiven oder negativen Glieder in unbegrenzter Anzahl vorkommen." Wenn in dem in Rede stehenden Falle das unendliche Product $\Pi(1 + a_n)$ convergirt, so ist es demnach auch commutativ.

4. Unbedingt convergente unendliche Producte.

Satz.[2]) „Die nothwendige und hinreichende Bedingung dazu, dafs bei jeder Anordnung der Factoren

$$1 + a_0 \quad 1 + a_1 \ldots 1 + a_n \ldots,$$

worin keine der Zahlen a_n gleich -1 ist, die Partialproducte p_n für $\lim n = +\infty$ denselben endlichen, von Null verschiedenen Grenzwerth liefern — d. i. zur unbedingten Convergenz des unendlichen Productes

$$\prod_{0}^{\infty} (1 + a_n)$$

besteht in der absoluten Convergenz der unendlichen Reihe

$$a_0 + a_1 + \cdots + a_n + \cdots"$$

Beweis. Da der Grenzwerth des vorstehenden unendlichen Productes nicht Null sein soll, so mufs $\lim a_n$ bei $\lim n = +\infty$ Null sein; daher ist die Annahme gestattet, dafs $|a_n|$ $(n = 0, 1 \ldots)$ die Einheit nicht übersteigt.

Wir haben nun nur zu zeigen, dafs die angegebene Bedingung zur unbedingten Convergenz der unendlichen Reihe

$$l(1 + a_0) + l(1 + a_1) + \cdots + l(1 + a_n) + \cdots \qquad \text{(f)}$$

hinreichend und nothwendig ist. Es seien zunächst die a_n reelle Zahlen und die positiven unter ihnen mit $b_0 \, b_1 \ldots b_n \ldots$, die negativen mit $-c_0 \quad -c_1 \ldots -c_n \ldots$ bezeichnet. Wenn Σa_n absolut convergirt, so convergiren die beiden Reihen

$$b_0 + b_1 + \cdots, \qquad \text{(g)}$$

$$-c_0 - c_1 - \cdots. \qquad \text{(h)}$$

Es convergiren aber auch die unendlichen Reihen

$$\sum_{0}^{\infty} l(1 + b_n), \qquad \text{(i)}$$

$$\sum_{0}^{\infty} l(1 - c_n), \qquad \text{(k)}$$

die erste aus positiven, die zweite aus negativen Gliedern bestehend; wie mit Hilfe der in der 9. Note zum IV. Abschnitt bewiesenen Ungleichungen sich sofort ergiebt. Darnach ist nämlich

$$b_n \left(1 - \tfrac{1}{2}b_n\right) < l(1 + b_n) < b_n, \qquad (l)$$

$$c_n < -l(1 - c_n) < c_n \left\{1 + \frac{c_n}{2(1 - c_n)}\right\} \quad (0 < c_n < 1). \quad (m)$$

Da bei $\lim n = +\infty$ $\lim c_n = 0$ ist, so hat man

$$\lim_{n=+\infty} \left(1 + \frac{c_n}{2(1 - c_n)}\right) = 1,$$

somit convergirt neben (h) auch die unendliche Reihe

$$\Sigma c_n \left(1 + \frac{c_n}{2(1 - c_n)}\right),$$

also auch (k). — Mit anderen Worten: es convergirt neben Σa_n die Reihe (f) absolut. Umgekehrt folgt aus der absoluten Convergenz von (f) auch die der Reihe Σa_n. Unter dieser Voraussetzung convergiren nämlich die Reihen (i) und (k). Vermöge der Relationen (l) schliefst man aus der Convergenz von (i) die der Reihe $\Sigma b_n \left(1 - \tfrac{1}{2}b_n\right)$, welche, falls $b_n < 1$ ist, nur positive Glieder enthält, und hieraus, da wegen $\lim b_n = 0$

$$\lim_{n=+\infty} \left\{1 : \left(1 - \tfrac{1}{2}b_n\right)\right\} = 1$$

ist, die von (g). Aus (m) ergiebt sich, dafs neben (k) auch die Reihe (h) convergirt. Somit convergirt Σa_n absolut.

Sind unter den a_n auch complexe Zahlen vorhanden, so sei

$$a_n = \alpha_n + i\beta_n \quad 1 + a_n = \varrho_n \left\{\cos \theta_n + i \sin \theta_n\right\},$$

wo

$$\varrho_n \cos \theta_n = 1 + \alpha_n \qquad \varrho_n \sin \theta_n = \beta_n$$

$$\varrho_n = \sqrt{1 + 2\alpha_n + \alpha_n^2 + \beta_n^2}$$

ist. Wir dürfen annehmen, dafs $|a_n| \leq 1$, jedoch a_n nicht gleich -1 ist, also θ_n zwischen $-\tfrac{1}{2}\pi$ und $+\tfrac{1}{2}\pi$ liegt. Da

$$l(1 + a_n) = l\varrho_n + \theta_n i$$

ist, so ist zur unbedingten Convergenz der Reihe (f) hinreichend und nothwendig die der Reihen

$$\sum_0^\infty l\varrho_n, \quad \text{(n)} \qquad \sum_0^\infty \theta_n. \quad \text{(o)}$$

Setzen wir

$$\varrho_n = 1 + \delta_n \, ,$$

wo

$$\delta_n = \frac{\varrho_n^2 - 1}{\varrho_n + 1} = \frac{2\,\alpha_n + \alpha_n^2 + \beta_n^2}{\varrho_n + 1} \, ,$$

so ist nach dem Vorstehenden zur absoluten Convergenz von (n) hinreichend und nothwendig die von $\Sigma \delta_n$. — Wenn $\Sigma \alpha_n$ absolut convergirt, so convergiren die Reihen $\Sigma \alpha_n \; \Sigma \beta_n$ absolut, somit, da bei $\lim n = + \infty$

$$\lim \alpha_n = \lim \beta_n = 0 \qquad \lim \varrho_n = 1$$

ist, auch die Reihen

$$\Sigma \frac{2 + \alpha_n}{\varrho_n + 1} \alpha_n \qquad \Sigma \frac{\beta_n}{\varrho_n + 1} \beta_n \qquad \qquad (\mathrm{p})$$

— es bleibt nämlich sowohl der Coefficient von α_n, als auch der von β_n für alle Werthe von $n = 0, 1, 2 \ldots$ endlich — und daher convergirt auch $\Sigma \delta_n$ absolut. Da ferner

$$|\,\theta_n\,| < |\,\tan \theta_n\,| = |\,\beta_n\,| : (1 + \alpha_n)$$

ist, so convergiren neben $\Sigma\,|\,\beta_n\,|$ auch

$$\Sigma\,|\,\tan \theta_n\,| \quad \text{und} \quad \Sigma\,|\,\theta_n\,| \, .$$

Setzen wir umgekehrt voraus, dafs die Reihen (n) und (o) absolut convergiren und bemerken, dafs $|\sin \theta_n| < |\,\theta_n\,|$ ist, so ergiebt sich sofort die unbedingte Convergenz der Reihe $\Sigma \varrho_n \sin \theta_n$ d. i. $\Sigma \beta_n$. Da nunmehr die zweite der Reihen (p) und überdies $\Sigma \delta_n$ absolut convergirt, so auch die erste der Reihen (p) und endlich die Reihe $\Sigma \alpha_n$; denn der Ausdruck

$$(\varrho_n + 1) : (2 + \alpha_n)$$

hat bei $\lim n = + \infty$ den Grenzwerth 1, bleibt also für alle Werthe $n = 0, 1, 2 \ldots$ endlich.

Man findet demnach, dafs neben (f) auch Σa_n absolut convergent ist.

Aus dem vorstehenden Satze folgt, dafs das aus den Factoren

$$1 + a_n \qquad (n = 0, 1, 2 \ldots)$$

gebildete unendliche Product im Falle dafs die Reihe Σa_n absolut convergirt, nur dann verschwindet, wenn mindestens einer der Factoren Null ist.

5. Für die unbedingt convergenten Producte gelten die folgenden Sätze, Verallgemeinerungen von bekannten Sätzen über die Producte aus einer endlichen Anzahl von Factoren.[3]) Nur solche unendliche Producte verhalten sich demnach in jeder Hinsicht so, wie es der Name „Product" verlangt.

1) „Bildet man aus den Factoren des unbedingt convergenten Productes

$$\prod_{0}^{\infty} (1 + a_n), \qquad (q)$$

ohne einen zu übergehen, eine endliche oder unendliche Anzahl von Partialproducten

$$\prod_{0}^{\infty} (1 + a_n^{(m)}) \qquad (m = 0, 1, \ldots), \qquad (r)$$

(wo $a_n^{(m)}$ auch für alle Werthe von n von einem bestimmten an Null sein kann), so convergirt ein jedes unendliche unter ihnen unbedingt. Das aus den endlichen Producten und den Grenzwerthen der unendlichen Producte in (r)

$$1 + a^{(0)}, \quad 1 + a^{(1)}, \ldots \quad 1 + a^{(m)} \ldots$$

gebildete Product convergirt unbedingt und zwar zu demselben Grenzwerthe, wie das vorgelegte Product (q)."

Der Satz ergiebt sich unmittelbar durch Anwendung des 6. Satzes in V. 3 auf die unendliche Reihe $\Sigma l(1 + a_n)$.

2) **Das distributive Gesetz.** Bildet man eine unendliche Reihe aus 1, den Gliedern

$$a_0 \ a_1 \ldots a_n \ldots,$$

ihren Producten zu je zweien, zu dreien . . . . (z. B. dadurch dafs man die Producte $a_n a_p a_q \ldots$ so aneinander reiht, dafs die Summe der Indices $n + p + q + \cdots$ nicht abnimmt), so ist sie im Falle dafs Σa_n absolut convergirt, ebenfalls absolut convergent und hat zur Summe den Grenzwerth a des unbedingt convergenten Productes (q). — Wir fügen hinzu: „Ist aufserdem $|a_n| < 1$, so hat man zufolge der Formeln

$$l(1 + a_n) = a_n - \frac{a_n^2}{2} + \frac{a_n^3}{3} - \cdots \quad (n = 0, 1, 2 \ldots) \quad (r^*)$$

$$la = \sum_n^\infty l(1 + a_n) = \sum_1^\infty \frac{(-1)^{m-1}}{m} \sum_0^\infty a_n^m.\text{"}$$

Beweis. Setzt man

$$(1 + a_0)(1 + a_1) \ldots (1 + a_n) = p_n \quad (n = 0, 1 \ldots),$$

so ist nach dem 6. Satze in Nr. 1 neben dem unendlichen Producte (q) auch die Reihe

$$1 + a_0 + p_0 a_1 + \cdots + p_{n-1} a_n + \cdots \tag{s}$$

convergent und zwar hat sie den nämlichen Grenzwerth a wie dasselbe.

Löst man die Glieder der Reihe (s) auf, setzt also

$$p_0 a_1 = a_1 + a_0 a_1$$
$$p_1 a_2 = a_2 + a_0 a_2 + a_1 a_2 + a_0 a_1 a_2$$
$$\cdots \cdots \cdots \cdots \cdots,$$

so erhält man im Falle der absoluten Convergenz von Σa_n eine absolut convergente Reihe. Ersetzt man nämlich in den Gliedern der Reihe

$$1 + a_0 + a_1 + a_0 a_1 + a_2 + a_0 a_2$$
$$+ a_1 a_2 + a_0 a_1 a_2 + \cdots \tag{t}$$

die a_n durch ihre absoluten Beträge A_n, so ist die Summe von beliebig vielen der so entstandenen Glieder nicht gröfser als

$$(1 + A_0)(1 + A_1) \ldots (1 + A_h),$$

wo h den gröfsten Index bedeutet, der in dieser Summe überhaupt vorkommt, folglich kleiner als die positive Zahl

$$B = \prod_0^\infty (1 + A_n). \tag{t*}$$

Somit convergirt die Reihe der absoluten Beträge der Glieder in der Reihe (t). Demnach wird, wie die Glieder von (t) auch geordnet werden mögen, die Summe der Reihe stets a sein.

Ersetzt man ferner die Glieder der unendlichen Reihen in den Gleichungen (r*) durch ihre absoluten Beträge, so erhält man

$(n = 0, 1 \ldots) \quad A_n + \tfrac{1}{2} A_n^2 + \tfrac{1}{3} A_n^3 + \cdots = - l(1 + A_n).$

Es ist aber die Reihe $\Sigma l(1 + A_n)$ convergent, da das unendliche Product (t*) convergirt. Das Schema (r*) erfüllt demnach die Cauchy'sche Bedingung, läfst sich also nach Verticalreihen ordnen.

3) „Es seien $f_0(x)$, $f_1(x) \ldots f_n(x) \ldots$ endliche oder unendliche Reihen nach ganzen positiven Potenzen von x mit dem constanten Gliede 1, also

$$f_n(x) = 1 + \sum_{1}^{\infty} {}_m\, a_{n,m} x^m,$$

und es seien die unendlichen unter ihnen convergent für alle Werthe von x, deren absoluter Betrag unter der positiven Zahl R liegt.

Ferner sei

$$|x| = X \quad |a_{n,m}| = A_{m,n} \quad 1 + \sum_{1}^{\infty} {}_m\, A_{m,n} X^m = F_n(X).$$

Convergirt dann für $X < R$ das Product

$$\prod_{0}^{\infty} {}_n\, F_n(X),$$

so convergirt das Product

$$\prod_{0}^{\infty} {}_n\, f_n(x) \tag{A}$$

unbedingt — sein Grenzwerth sei $f(x)$ — und läfst sich nach Potenzen von x entwickeln, d. h. bildet man die unendliche Reihe aus den Gliedern

$$a_{n_1, m_1}\, a_{n_2, m_2} \ldots a_{n_r, m_r},$$

worin die zweiten Indices $m_1 \ldots m_r$ alle ganzzahligen Werthe von 1 bis m erhalten, deren Summe m ist, während die ersten Indices $n_1 \ldots n_r$ unabhängig von einander alle ganzzahligen Werthe von Null an annehmen, ohne dafs jedoch zwei einander gleich werden dürfen, so convergirt sie absolut. Ist c_m ihre Summe, so convergirt für alle Werthe von x:

$$|x| < R$$

die Potenzreihe

16*

$$1 + \sum_{1}^{\infty} {}^{m} c_m x^m$$

absolut und ihre Summe ist $f(x)$."

Beweis. Da

$$|f_n(x) - 1| \leqq F_n(X) - 1$$

ist, so convergirt das unendliche Product (A), wenn nur $|x| < R$ ist, und zwar unbedingt.

Es sei

$$\prod_{1}^{n} {}_r f_r(x) = p_n(x) \qquad \prod_{1}^{n} {}_r F_r(X) = P_n(X).$$

Nach dem 6. Satze in Nr. 1 convergirt für diese Werthe von x die Reihe

$$f_0(x) + \sum_{1}^{\infty} {}_n p_{n-1}(x) [f_n(x) - 1] \qquad (B)$$

und man hat

$$f_0(x) + \sum_{1}^{\infty} {}_n p_{n-1}(x) \{f_n(x) - 1\} = \prod_{0}^{\infty} {}_n f_n(x) = f(x). \quad (C)$$

Entwickelt man die Glieder der Reihe (B) nach Potenzen von x und ersetzt in den so entstandenen Potenzreihen von x jedes Glied durch seinen absoluten Betrag, so erhält man Glieder, die sicher nicht gröfser sind als die ihnen entsprechenden der für alle Werthe von X, die kleiner als R sind, convergenten Reihe

$$F_0(X) + \sum_{1}^{\infty} {}_n P_{n-1}(X) \{F_n(X) - 1\} = \prod_{0}^{\infty} {}_n F_n(X).$$

Die auf der linken Seite von (C) auftretende Doppelreihe genügt demnach der Cauchy'schen Bedingung (V. 3); man darf sie daher nach Potenzen von x ordnen, wodurch man zur Gleichung

$$f(x) = 1 + \sum_{1}^{\infty} {}_m c_m x^m$$

gelangt.

Ein Satz von gröfserer Tragweite als der soeben bewiesene läfst sich mit Hilfe des Begriffes der gleichmäfsigen Convergenz der unendlichen Producte ableiten [3*). „Das (bedingt oder unbedingt) convergente unendliche Product (A), worin jede Function $f_n(x)$ innerhalb eines und desselben Bereiches $\mathfrak{B}$ endlich sein soll, heifst gleich-mäfsig convergent für alle Werthe von x in diesem Bereiche $\mathfrak{B}$, wenn jeder positiven Zahl ε eine andere μ sich so zuordnen läfst, dafs für jeden der genannten Werthe von x

$$| f_{n+1}(x) f_{n+2}(x) \cdots f_{n+r}(x) - 1 | < \varepsilon \qquad (\mathrm{D})$$

ist, wenn nur $n > \mu$ ist."

Für jeden Werth von x, wofür das Product (A) convergirt, be-steht, wie oben, die Gleichung (C).

Wenn nun das unendliche Product (A) gleichmäfsig für die Werthe von x im Bereiche $\mathfrak{B}$ convergirt, so ist das auch der Fall hinsichtlich der unendlichen Reihe (B). Man hat nämlich, falls kein Factor $f_n(x)$ Null ist,

$$\sum_{n+1}^{n+r} (f_k(x) - 1)\, p_{k-1}(x) = p_{n+r}(x) - p_n(x) = p_n(x) \left\{ \frac{p_{n+r}(x)}{p_n(x)} - 1 \right\}.$$

Giebt es eine solche positive Zahl γ_n, dafs $| f_n(x) | < \gamma_n$ ist für jeden Werth von x in $\mathfrak{B}$, so giebt es hier auch eine solche positive Zahl A, dafs

$$| p_n(x) | < A \qquad (n = 0, 1, 2 \ldots)$$

ist. Denn bezeichnet m eine natürliche Zahl $> \mu$, so darf man für A die gröfste der Zahlen $\gamma_0,\ \gamma_0\gamma_1 \cdots \gamma_0\gamma_1 \cdots \gamma_{m-1},\ \gamma_0\gamma_1 \cdots \gamma_m(1 + \varepsilon)$ setzen. Somit folgt aus (D), dafs für $n > \mu$

$$\left| \sum_{n+1}^{n+r} (f_k(x) - 1)\, p_{k-1}(x) \right| < A\varepsilon$$

ist w. z. b. w.

Bedeuten $f_0(x)\, f_1(x) \ldots f_n(x) \ldots$ endliche oder unendliche Reihen nach ganzen Potenzen von x, welche für alle Werthe von x, deren absoluter Betrag zwischen zwei gegebenen Zahlen $R'\ R$ liegt, conver-giren und convergirt das unendliche Product (A) gleichmäfsig für die genannten Werthe von x, so kann man auf die linke Seite von (C) den Weierstrafs'schen Doppelreihensatz in V. 16 anwenden. Es läfst sich also eine nach ganzen Potenzen von x fortschreitende Reihe fin-den, welche für alle Werthe von x

$$R' < | x | < R$$

convergirt und gleich $\displaystyle\prod_{0}^{\infty} f_n(x)$ ist.

6. Bedingt convergente Producte.

Wenn Σa_n bedingt convergirt, so mufs die Reihe (f), wenn sie überhaupt convergirt, bedingt convergiren. Dann

convergirt auch das Product (q) bedingt und kann im Falle
dafs die a_n sämmtlich reell und gröfser als -1 sind, durch
geeignete Anordnung der Factoren jeden nicht-negativen
Grenzwerth erlangen und auch divergent werden.

Satz.[4]) „Es seien $a_0\ a_1 \ldots a_n \ldots$ reelle oder complexe
Zahlen, worunter jedoch -1 nicht vorkommen soll, und
es sei

$$a_n - \tfrac{1}{2}a_n^2 + \tfrac{1}{3}a_n^3 - \cdots + \frac{(-1)^m}{m-1}\,a_n^{m-1} = A_{n,m} \qquad (m > 2).$$

Wenn die unendliche Reihe

$$A_{0,m} + A_{1,m} + \cdots + A_{n,m} + \cdots \qquad (\text{u})$$

mindestens bedingt, $\displaystyle\sum_0^\infty a_n^m$ absolut convergirt, so
convergirt das unendliche Product

$$\prod_0^\infty (1 + a_n) \qquad (\text{v})$$

sicher bei der durch die Indices vorgeschriebenen
Anordnung der Factoren und zwar ist sein Grenzwerth
von Null verschieden."

Beweis. Das Product (v) convergirt, da die Reihe

$$\Sigma l(1 + a_n)$$

convergent ist. Setzen wir nämlich

$$l(1 + a_n) = A_{n,m} + \frac{(-1)^{m+1}}{m}\,a_n^m\,R_n, \qquad (\text{w})$$

so dafs

$$R_n = 1 - \frac{m}{m+1}\,a_n + \frac{m}{m+2}\,a_n^2 - \cdots$$

ist, so besteht, da bei $\lim n = +\infty$ $\lim a_n = 0$ ist, folglich
jeder positiven Zahl $\varepsilon < 1$ eine positive Zahl μ sich so zuordnen
läfst, dafs für $n > \mu\ |a_n| < \varepsilon$ ist, für $n > \mu$ die Relation

$$|R_n| < 1 + \varepsilon + \varepsilon^2 + \cdots = 1 : (1 - \varepsilon).$$

Somit convergirt nach dem 3. Satze in V. 3 die Reihe
$\Sigma a_n^m R_n$ absolut, demnach die Reihe $\Sigma l(1 + a_n)$ bedingt,
wenn die Reihe (u) bedingt convergirt.

Zusatz. „Wenn die Reihen Σa_n, $\Sigma a_n^2 \ldots \Sigma a_n^{m-1}$ $(m > 2)$ bedingt, Σa_n^m absolut convergirt, so convergirt das unendliche Product

$$\prod_0^\infty \, (1 + a_n x)$$

sicher bei der durch die Indices vorgeschriebenen Anordnung der Factoren für jedes endliche x und zwar ist bei Ausschlufs der Werthe $x = -1 : a_n$ sein Grenzwerth von Null verschieden." Denn es convergirt die Reihe mit dem allgemeinen Gliede

$$a_n x - \tfrac{1}{2}(a_n x)^2 + \cdots + \frac{(-1)^m}{m-1}(a_n x)^{m-1}$$

für jeden endlichen Werth von x. — Sind die Zahlen a_n sämmtlich reell, so mufs Σa_n^2, wenn überhaupt, absolut convergiren. Der Satz geht dann für $m = 2 \;\; x = 1$ in den Cauchy'schen über: „Wenn Σa_n und Σa_n^2 convergiren, so convergirt das unendliche Product (v) und sein Grenzwerth ist von Null verschieden." So convergirt das Product

$$(1 - \tfrac{1}{2})(1 + \tfrac{1}{3})(1 - \tfrac{1}{4})(1 + \tfrac{1}{5})(1 - \tfrac{1}{6}) \ldots$$

bei dieser Anordnung der Factoren; sein Grenzwerth ist $\tfrac{1}{2}$.

Im Falle dafs die a_n sämmtlich reell und m gleich einer geraden Zahl $2k$ ist, kann man, da für $n > \mu$

$$\frac{1}{1-\varepsilon} > R_n > 1 - \varepsilon - \varepsilon^2 - \cdots = 1 - \frac{\varepsilon}{1-\varepsilon},$$

ist, noch behaupten, dafs wenn Σa_n^m divergirt, auch die Reihe $\Sigma a_n^m R_n$ divergent ist. Hieraus schliefst man durch einen Blick auf die Gleichung (w) die folgenden Sätze[14*]:

1) „Convergirt die Reihe (u) und divergirt die Reihe

$$\sum_0^\infty a_n^{2k} \quad (k \geqq 1), \tag{x}$$

so hat das Product (v) bei der durch die Indices vorgeschriebenen Anordnung der Factoren den Grenzwerth Null. — Das Nämliche gilt, wenn der Ausdruck

$$A_{0,m} + A_{1,m} + \cdots + A_{n,m} \tag{y}$$

bei $\lim n = +\infty$ endliche Unbestimmtheitsgrenzen hat." Für $k = 1$ erhält man wieder einen Cauchy'schen Satz, demzufolge das Product

$$\left(1 + \frac{1}{\sqrt{2}}\right)\left(1 - \frac{1}{\sqrt{3}}\right)\left(1 + \frac{1}{\sqrt{4}}\right)\left(1 - \frac{1}{\sqrt{5}}\right)$$

$$\left(1 + \frac{1}{\sqrt{6}}\right)\left(1 - \frac{1}{\sqrt{7}}\right) \cdots \tag{z}$$

bei dieser Anordnung der Factoren zum Grenzwerthe Null convergirt.

2) „Divergirt die Reihe (u) und hat sie bei $\lim n + = \infty$ den Grenzwerth $-\infty$, so hat das Product (v) den Grenzwerth Null." Z. B. das Product

$$\left(1 - \frac{1}{\sqrt{3}}\right)\left(1 + \frac{1}{\sqrt{2}}\right)\left(1 - \frac{1}{\sqrt{5}}\right)\left(1 - \frac{1}{\sqrt{7}}\right)\left(1 + \frac{1}{\sqrt{4}}\right)$$
$$\left(1 - \frac{1}{\sqrt{9}}\right)\left(1 - \frac{1}{\sqrt{11}}\right)\cdots,$$

welches dieselben Factoren wie (z) aber in anderer Anordnung enthält, hat ebenfalls den Grenzwerth Null" (vgl. X. 8. d. I. T.).

3) „Divergirt die Reihe (u) und hat sie bei lim $n = +\infty$ den Grenzwerth $+\infty$, während die Reihe (x) convergirt, so hat das Product (v) den Grenzwerth $+\infty$."

4) „Wenn die Unbestimmtheitsgrenzen des Ausdruckes (y) bei lim $n = +\infty$ von einander verschieden sind und die Reihe (x) convergirt, so hat auch das Product

$$\prod_{r=0}^{n} (1 + a_r)$$

bei lim $n = +\infty$ von einander verschiedene Unbestimmtheitsgrenzen."

7. Die unendlichen Producte für den Sinus und Cosinus.[*])

Nach der Formel (17) in VI. 11 läfst sich

$$\sin(n \text{ arc sin } x),$$

wenn n eine ungerade Zahl ist, als ganze Function n^{ten} Grades von x darstellen:

$$\sin n (\text{arc sin } x)$$
$$= nx + \psi_3 x^3 + \psi_5 x^5 + \cdots + (-1)^{\frac{1}{2}(n-1)} 2^{n-1} x^n.$$

Die linke Seite dieser Gleichung verschwindet für n von einander verschiedene Werthe

$$x = x_r = \sin\frac{r\pi}{n} \quad \{r = 0, \pm 1, \pm 2 \cdots \pm \tfrac{1}{2}(n-1)\} \cdot$$

Man kennt somit die n Wurzeln der rechten Seite und kann dieselbe daher nach dem Hilfssatze in IV. 5 in die n linearen Factoren $x - x_r$ zerlegen. Auf diese Art findet man, wenn man $n = 2k + 1$ und arc sin $x = y$ also $x = \sin y$ setzt und y nicht Null und kein Vielfaches von π sein läfst,

$$\frac{\sin ny}{\sin y} = (-1)^k 2^{n-1} \prod_{1}^{k} \left(\sin y^2 - \left(\sin\frac{r\pi}{n}\right)^2\right) \cdot \quad (1)$$

Vollzieht man hier den Grenzübergang lim $y = 0$, wobei man

für die Sinusse links die Potenzreihen zu setzen hat, so ergiebt sich die Formel

$$n = (-1)^k \, 2^{n-1} \prod_{1}^{k}{}_{r} \left(-\sin\left(\frac{r\pi}{n}\right)^2 \right).$$

Dividirt man (1) durch dieselbe und schreibt statt ny x,
so folgt

$$\frac{\sin x}{n \sin \dfrac{x}{n}} = \prod_{1}^{k}{}_{r} \left(1 - \left[\frac{\sin \dfrac{x}{n}}{\sin \dfrac{r\pi}{n}} \right]^2 \right) = \mathsf{P}_n .$$

Denkt man sich hier x constant und von Null verschieden, und läfst die ungerade Zahl n ins Unendliche wachsen,
so erhält man zunächst die Formel

$$\frac{\sin x}{x} = \lim_{n = +\infty} \mathsf{P}_n . \qquad (2)$$

Der Ausdruck rechts läfst sich in ein unendliches Product
verwandeln. Das beruht hauptsächlich auf dem folgenden
Satze. „Setzt man

$$\prod_{m+1}^{k}{}_{r} \left\{ 1 - \left[\frac{\sin \dfrac{x}{n}}{\sin \dfrac{r\pi}{n}} \right]^2 \right\} = R_m^{(n)} \qquad [m < k = \tfrac{1}{2}(n-1)],$$

so läfst sich jeder positiven Zahl ε eine positive Zahl μ so
zuordnen, dafs für

$$m > \mu \quad |R_m^{(n)} - 1| < \varepsilon \qquad (3)$$

ist, welchen der Werthe $2m + 3$ $2m + 5 \dots$ in inf. n
auch annehmen mag.“

Zunächst ist, wie leicht einzusehen,

$$|R_m^{(n)} - 1| < \prod_{m+1}^{k}{}_{r} \left\{ 1 + \frac{\left| \sin \dfrac{x}{n} \right|^2}{\left(\sin \dfrac{r\pi}{n} \right)^2} \right\} - 1 . \qquad (4)$$

Da $n > 2m + 1$ ist, so kann man vorerst für m eine untere
Grenze M so festsetzen, dafs für

$$m > M \quad \left| \sin \frac{x}{n} \right| < \frac{2X}{n} \quad (|x| = X)$$

ist. Bekanntlich ist

$$\frac{\sin z}{z} = 1 - \left\{ \frac{z^2}{3!} - \frac{z^4}{5!} + \cdots \right\};$$

es mufs also eine positive Zahl δ geben, derart dafs für

$$|z| < \delta \quad |\sin z| : |z| < 2$$

ist. Man darf somit $M = X : 2\delta$ setzen. In II. 11 ist gezeigt, dafs die Function $\sin \tau : \tau$, während τ von Null bis
$\frac{\pi}{2}$ geht, beständig abnimmt; es ist somit

$$\sin \frac{r\pi}{n} : \frac{r\pi}{n} > \frac{2}{\pi} \quad \text{d. i.} \quad \sin \frac{r\pi}{n} > \frac{2r}{n}.$$

Man schliefst also aus (4), dafs für $m > M$

$$| R_m^{(n)} - 1 | < \prod_{m+1}^{k} \left\{ 1 + \frac{X^2}{r^2} \right\} - 1 \tag{5}$$

ist. Nun ist zufolge Nr. 4 das Product

$$\prod_{0}^{\infty} \left(1 + \frac{X^2}{r^2} \right)$$

unbedingt convergent und nicht Null; es hat also nach dem
2. Satze in Nr. 2

$$Q_m = \prod_{m+1}^{\infty} \left(1 + \frac{X^2}{r^2} \right)$$

bei $\lim n = + \infty$ den Grenzwerth 1. Da aber nach (5)
für $m > M$

$$| R_m^{(n)} - 1 | < Q_m - 1$$

ist, so ist der vorstehende Satz erwiesen.

Setzt man

$$P_n : R_m^{X(n)} = \prod_{1}^{m} \left(1 - \left[\frac{\sin \frac{x}{n}}{\sin \frac{r\pi}{n}} \right]^2 \right) = P_m^{(n)},$$

so hat man bei jedem festen Werthe von m

$$\lim_{n = +\infty} P_m^{(n)} = \prod_{1}^{m} \left(1 - \frac{x^2}{r^2 \pi^2} \right) = p_m. \tag{6}$$

Wenn man in (3) $R_m^{(n)}$ durch $P_n : P_m^{(n)}$, ε durch eine kleinere
Zahl ε' und entsprechend μ durch μ' ersetzt, m constant

sich denkt und n in's Unendliche wachsen läfst, so ergiebt sich mit Rücksicht auf (2) und (6), dafs für

$$m > \mu' \qquad \left| \frac{\sin x}{x} : p_m - 1 \right| < \varepsilon$$

ist. Man findet also

$$\lim_{m=+\infty} \left(\frac{\sin x}{x} : p_m \right) = 1 \quad \text{d. i.} \lim_{m=+\infty} p_m = \frac{\sin x}{x},$$

$$\sin x = x \prod_{1}^{\infty} \left(1 - \frac{x^2}{r^2 \pi^2} \right). \tag{7}$$

Diese Formel gilt auch für $x = 0$, somit für jeden endlichen Werth von x und zwar befindet sich rechts stets ein unbedingt convergentes Product. Schreibt man aber

$$\sin x = x \left(1 - \frac{x}{\pi} \right) \left(1 + \frac{x}{\pi} \right) \left(1 - \frac{x}{2\pi} \right) \left(1 + \frac{x}{2\pi} \right) \cdots, \tag{8}$$

so convergirt zwar das links stehende Product, aber nur bedingt (Nr. 6); es liefert also nicht bei jeder Anordnung der Factoren den Grenzwerth $\sin x$.

Aus (8) ergiebt sich die Formel

$$\frac{\sin x}{\sin y} = \frac{x}{y} \left(\frac{\pi - x}{\pi - y} \right) \left(\frac{\pi + x}{\pi + y} \right) \left(\frac{2\pi - x}{2\pi - y} \right) \left(\frac{2\pi + x}{2\pi + y} \right) \cdots$$

mit einem ebenfalls bedingt convergenten Producte. Ersetzt man in ihr x durch $\frac{1}{2}\pi - x$ und y durch $\frac{1}{2}\pi$, so folgt

$$\cos x = \left(1 - \frac{2x}{\pi} \right) \left(1 + \frac{2x}{\pi} \right) \left(1 - \frac{2x}{3\pi} \right) \left(1 + \frac{2x}{3\pi} \right) \cdots$$

und, wenn man je zwei aufeinanderfolgende Factoren vereinigt,

$$\cos x = \prod_{0}^{\infty} \left(1 - \frac{4x^2}{(2s + 1)^2 \pi^2} \right). \tag{9}$$

In dieser auch für jeden endlichen Werth von x geltenden Formel kommt wieder ein unbedingt convergentes Product vor.

Setzt man in (8) $x = \frac{1}{2}\pi$, so ergiebt sich der Wallis'sche Ausdruck für $\frac{1}{2}\pi$:

$$\frac{1}{2}\pi = \frac{2}{1} \cdot \frac{2}{3} \cdot \frac{4}{3} \cdot \frac{4}{5} \cdot \frac{6}{5} \cdot \frac{6}{7} \cdots$$

Das wahre Wesen solcher Formeln wie (7) und (9) tritt durch die folgende Bemerkung schon deutlicher hervor. Setzt man z. B. in

(7) statt $x \frac{1}{2} xi$ und multiplicirt hierauf mit $2 e^{\frac{1}{2}x}i$, so erhält man die für alle endlichen Werthe von x geltende Formel

$$e^x - 1 = x e^{\frac{1}{2}x} \prod_r^{\infty} \left\{ 1 + \frac{x^2}{4 r^2 \pi^2} \right\}.$$

Auf der rechten Seite steht jeder der Wurzeln der Gleichung $e^x = 1$ entsprechend ein Factor $1 \pm x : 2r\pi i$. Werden sie paarweise in der angedeuteten Weise zusammengefaſst, so erhält man das unbedingt convergente Product

$$x \prod_r^{\infty} \left(1 + \frac{x^2}{4 r^2 \pi^2} \right),$$

das nach dem 2. Satze in Nr. 6 unmittelbar in eine beständig convergente Potenzreihe $\mathfrak{P}(x)$ verwandelt werden kann. Der Quotient

$$(e^x - 1) : \mathfrak{P}(x)$$

ist eine eindeutige Function, die in allen eigentlichen Punkten der Ebene holomorph ist. Er muſs somit nach dem 1. Satze in V. 20 eine beständig convergente Reihe $\mathfrak{Q}(x)$ sein, welche für keinen endlichen Werth von x verschwindet. Die Schwierigkeit der Aufgabe, die Functionen $\sin x$, $e^x - 1$ durch ein unendliches Product darzustellen, besteht in der Bestimmung der bezüglichen ganzen rationalen oder transcendenten Function $\mathfrak{Q}(x)$.[6])

8. Die Entwickelung der Functionen cot x, tan x, cosec x, sec x in Partialbrüche.[7])

Setzt man in (7) anstatt x $\quad x + a$, so erhält man

$$\sin(x + a) = (x + a) \prod_r^{\infty} \frac{r^2 \pi^2 - x^2 - 2xa - a^2}{r^2 \pi^2}.$$

Dividirt man diese Gleichung durch (7), so ergiebt sich die für jeden Werth von a und x auſser

$$x = r\pi \quad (r = 0, \pm 1, \pm 2 \ldots)$$

geltende Formel

$$\cos a + \cot x \sin a = \left(1 + \frac{a}{x} \right) \prod_r^{\infty} \left(1 - \frac{2xa + a^2}{r^2 \pi^2 - x^2} \right). \quad (10)$$

Das Product rechts kann nach dem 3. Satze in Nr. 5 in eine Reihe nach ganzen positiven Potenzen von a entwickelt werden. Ist nämlich s eine solche natürliche Zahl, daſs

$$s\pi > |x| = X$$

ist, so hat man für

$$r > s \qquad |r^2\pi^2 - x^2| > r^2\pi^2 - X^2$$

$$\frac{2XA + A^2}{|r^2\pi^2 - x^2|} < \frac{2XA + A^2}{r^2\pi^2 - X^2},$$

worin $A = |a|$ ist. Daraus folgt unmittelbar, daſs die unendliche Reihe

$$\sum_s^\infty \frac{2XA + A^2}{|r^2\pi^2 - x^2|}$$

convergirt.

Entwickelt man nun in (10) die linke und rechte Seite nach Potenzen von a und setzt die Coefficienten von a auf beiden Seiten einander gleich, so erhält man die für jeden Werth von x auſser $x = r\pi$ giltige Formel

$$\cot x = \frac{1}{x} - \sum_1^\infty \frac{2x}{r^2\pi^2 - x^2}. \qquad (11)$$

$\cot x$ ist eine eindeutige Function von x, welche in allen eigentlichen Punkten auſser $x = n\pi$, wo n jede ganze Zahl sein kann, holomorph ist. In der Umgebung von $x = 0$ hat man nach der Formel (17) u.

$$\cot x = \frac{1}{x} - 2B_1 x - \frac{2}{3} B_2 x^3 - \cdots$$

Daraus folgt vermöge der Relation $\cot x = \cot(x - n\pi)$ für alle Werthe von x, wofür $|x - n\pi|$ klein genug ist,

$$\cot x = \frac{1}{x - n\pi} - 2B_1(x - n\pi) - \frac{2}{3} B_2(x - n\pi)^3 - \cdots$$

Da nun

$$-\frac{2x}{r^2\pi^2 - x^2} = \frac{1}{x - r\pi} + \frac{1}{x + r\pi}$$

ist, sodaſs in (11) die Glieder mit negativen Exponenten in der Entwickelung der $\cot x$ in der Umgebung eines jeden ihrer Pole erscheinen, so bezeichnet man die Formel (11) als die Zerlegung von $\cot x$ in Partialbrüche. Bringt man (11) in die Form

$$\cot x = \frac{1}{x} + \sum_1^\infty \left\{ \frac{1}{x - r\pi} + \frac{1}{x + r\pi} \right\}, \qquad (12)$$

läſst die Klammern weg und setzt statt x $\frac{1}{2}\pi - x$, so erhält man die Zerlegung von $\tan x$ in Partialbrüche d. i. die Formel

$$\tan x = -\frac{2}{2x-\pi} - \frac{2}{2x+\pi} - \frac{2}{2x-3\pi} - \frac{2}{2x+3\pi} - \cdots$$

$$= \sum_{1}^{\infty} \frac{8x}{(2r-1)^2\pi^2 - 4x^2}, \tag{13}$$

welche für alle Werthe von x aufser den von der Form $x = \frac{1}{2}(2r-1)\pi$ gilt.

Die Reihen in (11) (13) (15) (16) haben die Eigenthümlichkeit, dafs wenn eine positive Zahl C beliebig vorgelegt wird, sie für alle Werthe von x, deren absoluter Betrag C nicht übersteigt, mit Ausnahme der Pole der bez. Function absolut und gleichmäfsig convergiren (s. u.) Wir schliefsen daraus, dafs z. B. die Reihe auf der rechten Seite von (11) von $\cot x$ sich nur um eine beständig convergente Potenzreihe von x unterscheiden kann. Unsere Untersuchung zeigt, dafs die letztere Reihe identisch gleich Null ist.

Mittelst der Formel

$$\cot \tfrac{1}{2}x + \tan \tfrac{1}{2}x = \frac{1}{\sin x} \tag{14}$$

findet man aus (12) und (13) die für alle Werthe von x aufser $x = r\pi$ geltende Gleichung

$$\frac{1}{\sin x} = \frac{1}{x} - \frac{1}{x-\pi} - \frac{1}{x+\pi} + \frac{1}{x-2\pi} + \frac{1}{x+2\pi} - \cdots$$

$$= \frac{1}{x} + \sum_{1}^{\infty} (-1)^{r-1} \frac{2x}{r^2\pi^2 - x^2}. \tag{15}$$

Setzt man hier statt x　$\tfrac{1}{2}\pi - x$, so folgt

$$\frac{1}{\cos x} = -\frac{2}{2x-\pi} + \frac{2}{2x+\pi} + \frac{2}{2x-3\pi}$$

$$- \frac{2}{2x+3\pi} - \frac{2}{2x-5\pi} + \cdots$$

$$= \sum_{1}^{\infty} (-1)^{r-1} \frac{4(2r-1)\pi}{(2r-1)^2\pi^2 - 4x^2}. \tag{16}$$

9. Die Potenzreihen für die Functionen $x \cot x$, $\tan x$, $\operatorname{cosec} x$.

Wir sind nunmehr im Stande, die Entwickelung der Function $x \cot x$ in eine Reihe nach Potenzen von x auf zwei Wegen herzustellen. Zunächst zeigt uns die Definition der Function

$$x \cot x = x \sin x : \cos x$$

nach V. 19, dafs sie eine Reihe nach ganzen positiven Potenzen von x liefert, deren Convergenzkreis den Radius π hat. Da $x \cot x = (-x) \cot (-x)$ ist, so kommen in der Reihe nur die Potenzen mit geraden Exponenten vor. Um die Coefficienten derselben zu ermitteln, geht man besser von der Function $\frac{1}{2} x \cot \frac{1}{2} x$ aus. Es sei also

$$\tfrac{1}{2} x \cot \tfrac{1}{2} x = k_0 + k_1 x^2 + k_2 x^4 + \cdots + k_s x^{2s} + \cdots$$

Da

$$\cot \tfrac{1}{2} x = i \frac{e^{\frac{1}{2} x i} + e^{-\frac{1}{2} x i}}{e^{\frac{1}{2} x i} - e^{-\frac{1}{2} x i}} = i \frac{e^{x i} + 1}{e^{x i} - 1} = i + \frac{2i}{e^{x i} - 1}$$

$$\tfrac{1}{2} x (\cot \tfrac{1}{2} x - i)(e^{x i} - 1) = \dot{x} i,$$

also für $|x| < \pi$

$$(k_0 - \tfrac{1}{2} x i + k_1 x^2 + k_2 x^4 + \cdots) \left\{ 1 + \frac{x i}{2!} + \frac{(x i)^2}{3!} + \cdots \right\} = 1$$

ist, so erhalten wir zunächst $k_0 = 1$ und damit, indem wir die Coefficienten von x^{2n} und x^{2n+1} links gleich Null setzen, für die k_n die Gleichungen

$$1 - \frac{2n+1}{2} + \sum_{1}^{n} (-1)^s \binom{2n+1}{2s} 2s!\, k_s = 0$$

$$(n = 1, 2 \cdots)$$

$$1 - \frac{2n+2}{2} + \sum_{1}^{n} (-1)^s \binom{2n+2}{2s} 2s!\, k_s = 0.$$

Sie stimmen überein mit dem Systeme (7) von Recursionsgleichungen in IV. 12. Wir finden demnach für die in den letzteren vorkommenden Unbekannten d_r

$$d_{2s} = 0 \qquad d_{2s-1} = (-1)^s k_s 2s!$$

und umgekehrt

$$k_s = \frac{(-1)^s d_{2s-1}}{2s!} = -\frac{B_s}{2s!}, \quad (s = 1, 2 \cdots)$$

wo B_1, $B_2 \ldots$ wie bisher die Bernoulli'schen Zahlen bedeuten.

Demnach ergiebt sich für alle Werthe von x, wofür $|x| < \pi$ ist, die Entwickelung

$$x \cot x = 1 - \sum_{1}^{\infty} \frac{2^{2s} B_s}{2s!} x^{2s}. \qquad (17)$$

Die nämliche Potenzreihe erlangen wir aus (11), indem wir in der Reihe rechts

$$\frac{1}{r^2 \pi^2 - x^2} = \frac{1}{r^2 \pi^2} + \frac{x^2}{r^4 \pi^4} + \cdots + \frac{x^{2s-2}}{r^{2s} \pi^{2s}} + \cdots \quad (r = 1, 2 \ldots)$$

setzen, was für $|x| < \pi$ angeht, und die Doppelreihe nach Potenzen von x ordnen.[8]) Das ist zulässig, indem die Reihe in (11) gleichmäfsig convergirt für alle Werthe von x, deren absoluter Betrag irgend eine positive Zahl C nicht übersteigt, mit Ausnahme der Pole von $\cot x$. Man hat nämlich, wenn nur n so gewählt ist, dafs $n\pi + \pi > C$ ist,

$$\left| \sum_{n+1}^{+\infty} \frac{1}{r^2 \pi^2 - x^2} \right| \leq \sum_{n+1}^{+\infty} \frac{1}{r^2 \pi^2 - |x|^2} < \sum_{n+1}^{+\infty} \frac{1}{r^2 \pi^2 - C^2}.$$

Ist wie in VI. 12 für $n \geq 2$

$$\sum_{1}^{\infty} \frac{1}{r^n} = S_n,$$

so folgt demnach für $|x| < \pi$

$$x \cot x = 1 - \sum_{1}^{\infty} \frac{2}{\pi^{2s}} S_{2s} x^{2s}. \qquad (18)$$

Durch Vergleichung der hier erscheinenden Coefficienten mit denen in (17) gelangen wir zur Formel

$$B_s = \frac{2s!}{2^{2s-1} \pi^{2s}} S_{2s}. \qquad (s \geq 1). \qquad (19)$$

Somit ist $S_{2s} : \pi^{2s}$ eine rationale Zahl; wir finden

$$S_{2s} = \frac{2^{2s-1} B_s}{2s!} \pi^{2s} \quad \text{d. i.} \quad S_2 = \frac{\pi^2}{6} \quad S_4 = \frac{\pi^4}{90} \quad \text{u. s. w.}$$

Es ist aus (18) ersichtlich, dafs die Glieder der $x \cot x$-Reihe für die Werthe von x, deren absoluter Betrag π ist, dem absoluten Betrage nach zwischen 2 und $2S_2$ liegen. Daraus erkennt man zunächst wieder, dafs die genannte Reihe für alle Werthe von x, deren absoluter Betrag kleiner als π ist, convergirt (V. 7), und ferner, dafs sie schon für alle Werthe des absoluten Betrages π divergirt.

Mittelst der Formel

$$\cot \tfrac{1}{2} x - \tan \tfrac{1}{2} x = 2 \cot x$$

d. i.

$$\tan x = \cot x - 2 \cot 2x$$

ergiebt sich aus (17) die Potenzreihe für die Tangente

$$\tan x = \sum_{1}^{\infty} \frac{2^{2s}(2^{2s}-1)}{2s!} B_s x^{2s-1} . \qquad (20)$$

Aus (17) und (20) folgt mit Hilfe von (14) die Cosecanten-reihe

$$\operatorname{cosec} x = \frac{1}{x} + \sum_{1}^{\infty} \frac{2(2^{2s-1}-1)}{2s!} B_s x^{2s-1} . \qquad (21)$$

Der Convergenzkreis der Potenzreihe (20) hat den Radius $\frac{\pi}{2}$, der von (21) den Radius π, wie man mittelst der Formel (19) auch aus den Coefficienten derselben erkennt. Auf diesem Wege findet man ferner, dafs jede in allen Punkten ihres Convergenzkreises divergirt.

10. Einiges über die Bernoulli'schen Zahlen.

Aus der Formel (19) lassen sich zwei Eigenschaften dieser Zahlen entnehmen. 1) Die Bernoulli'schen Zahlen B_s sind positiv. 2) Sie wachsen vom Werthe $s = 3$ an mit dem Index s beständig und ins Unendliche. Nach (19) ist nämlich

$$\frac{B_{s+1}}{B_s} = \frac{(2s+1)(s+1)}{2\pi^2} \frac{S_{2s+2}}{S_{2s}} . \qquad (22)$$

Nun ist vermöge der in VI. 12 bewiesenen Ungleichung

$$0 < S_n - 1 < 1 : 2^{n-2}$$
$$\lim_{n=+\infty} S_n = 1,$$

also

$$\lim_{s=+\infty} \frac{B_{s+1}}{B_s} = + \infty,$$

woraus der zweite Satz nach X. 4. d. I. T. sofort folgt. Nur ist noch zu bestimmen, von welchem Werthe von s an die B_s wachsen. Da

$$S_{2s+2} > 1 \qquad S_{2s} \leqq S_2 = \tfrac{1}{6} \pi^2$$

ist, so ergiebt sich aus (22) für $s \geq 4$

$$B_{s+1} : B_s > 3\,(2s+1)\,(s+1) : \pi^4 > 1.$$

Aus den Werthen

$$B_1 = \frac{1}{6} \quad B_2 = \frac{1}{30} \quad B_3 = \frac{1}{42} \quad B_4 = \frac{1}{30}$$

entnimmt man noch, dafs zwar $B_1 > B_2 > B_3$, jedoch schon $B_3 < B_4$ ist.

Mit Hilfe der Gleichung (20) gelangt man zu einer weiteren Eigenschaft der Zahlen B_s.

3. Die positiven Zahlen

$$\frac{1}{s}\,2^{2s-1}\,(2^{2s}-1)\,B_s = T_s, \quad (s=1,2\ldots),$$

welche Tangentencoefficienten heifsen, sind ganz und wachsen mit dem Index s beständig. — Mit Benutzung der Coefficienten T_s nimmt die Formel (20) die Gestalt

$$\tan x = \sum_{1}^{\infty}{}_s \frac{T_s}{(2s-1)!}\,x^{2s-1}$$

an. Multiplicirt man beide Seiten dieser Gleichung mit der Reihe

$$\cos x = 1 - \frac{x^2}{2!} + \frac{x^4}{4!} - \cdots,$$

so mufs links die Sinusreihe erscheinen. Vergleicht man die Coefficienten von x^{2s-1} auf beiden Seiten der so erhaltenen Gleichung, so findet man die Relation

$$(-1)^{s-1} = T_s - \binom{2s-1}{2} T_{s-1} + \binom{2s-1}{4} T_{s-2} - \cdots$$
$$+ (-1)^{s-1} \binom{2s-1}{2s-2} T_1,$$

woraus erhellt, dafs neben $T_1 = 1$ auch $T_2, \; T_3 \ldots T_s \ldots$ ganze Zahlen sind. Man hat

$$T_2 = 2 \quad T_3 = 16 \quad T_4 = 272 \quad T_5 = 7936 \text{ u. s. w.}$$

Stern hat gezeigt[9]), dafs von T_2 an die Tangentencoefficienten abwechselnd mit den Ziffern 2 oder 6 schliefsen.

4) Setzt man in der Potenzreihe für $\frac{1}{2}x \cot \frac{1}{2}x$ in Nr. 9 anstatt $x = -yi$, so erhält man die Entwickelung

$$\frac{1}{e^y - 1} = \frac{1}{y} - \frac{1}{2} + \sum_{1}^{\infty}{}_s (-1)^{s-1} \frac{B_s}{2s!}\,y^{2s-1}. \quad (|y| < 2\pi).$$

Multiplicirt man diese Gleichung mit der folgenden

$$e^{xy} - 1 = xy + \frac{x^2 y^2}{2!} + \frac{x^3 y^3}{3!} + \cdots,$$

so erhält man zufolge IV. 12

$$\frac{e^{xy} - 1}{e^y - 1} = \sum_0^\infty \frac{\varphi_{n+1}(x)}{(n+1)!} y^n,$$

wo $\varphi_{n+1}(x)$ die Bernoulli'sche Function $(n+1)^{\text{ten}}$ Grades bedeutet. Die Function $(e^{xy} - 1) : (e^y - 1)$ ist die erzeugende Function für die $\varphi_{n+1}(x)$.

5) Eine einfache Entstehungsweise der Bernoulli'schen Zahlen, wodurch auch ihr Auftreten in den Coefficienten der Potenzreihe (17) für $x \cot x$ erklärt wird, hat L. Seidel entdeckt. Vgl. Sitzungsberichte der Münchn. Akad. math.-naturw. Cl. 1877 p. 157.

11. Die Potenzreihe für sec x. Euler'sche Zahlen.

Die Function $\sec x = 1 : \cos x$ liefert eine Reihe nach ganzen positiven Potenzen von x, welche nach V. 19 genau innerhalb des Kreises $(0, \frac{1}{2}\pi)$ convergirt. Da

$$\sec (- x) = \sec x$$

ist, so kommen in der Secantenreihe nur gerade Potenzen vor. Setzen wir demnach

$$\sec x = b_0 + b_1 x^2 + b_2 x^4 + \cdots$$

und multipliciren mit

$$\cos x = 1 - \frac{x^2}{2!} + \frac{x^4}{4!} - \cdots,$$

wodurch links 1 erhalten wird, so gelangen wir zu den folgenden Gleichungen für die b,

$$b_0 = 1 \qquad 0 = b_s + \sum_1^s (-1)^r \frac{b_{s-r}}{2r!} \qquad (s = 1, 2 \cdots).$$

Wird hier

$$b_s = E_s : 2s!$$

gesetzt, so folgt

$$0 = \sum_0^{s-1} (-1)^r \binom{2s}{2r} E_{s-r} + (-1)^s,$$

woraus ersichtlich ist, daß die Euler'schen Zahlen E_s ganze Zahlen sind. Man findet

$$E_1 = 1 \quad E_2 = 5 \quad E_3 = 61 \quad E_4 = 1385 \quad E_5 = 50521 \text{ u. s. w.}$$

Die Euler'schen Zahlen schliefsen abwechselnd mit den Ziffern 1 und 5.[10])

Die Reihenentwickelung

$$\sec x = 1 + \sum_{1}^{\infty} \frac{E_s x^{2s}}{2s!} \quad (|x| < \tfrac{1}{2}\pi) \qquad (23)$$

läfst sich auch aus der Partialbruchentwickelung der Secante ableiten. Setzt man in (16)

$$\frac{(2r-1)\pi}{(2r-1)^2\pi^2 - 4x^2} = \frac{1}{(2r-1)\pi} + \frac{2^2 x^2}{(2r-1)^3\pi^3}$$
$$+ \frac{2^4 x^4}{(2r-1)^5\pi^5} + \cdots,$$

so darf man die Doppelreihe nach Potenzen von x ordnen, wenn nur $|x|$ kleiner als $\tfrac{1}{2}\pi$ angenommen wird. Durch Vergleichung der Coefficienten der so erhaltenen Potenzreihe für $\sec x$ mit denen in (23) ergeben sich die Formeln

$$\frac{4}{\pi} \sum_{1}^{\infty} \frac{(-1)^{r-1}}{2r-1} = 1$$

$$\frac{2^{2s+2}}{\pi^{2s+1}} \sum_{1}^{\infty} \frac{(-1)^{r-1}}{(2r-1)^{2s+1}} = \frac{E_s}{2s!}, \quad (s \geq 1), \qquad (24)$$

wovon die erste schon in VI. 7 bemerkt ist. Sie dienen einerseits zur Berechnung der Summen der Reihen

$$S'_{2s-1} = 1 - \frac{1}{3^{2s-1}} + \frac{1}{5^{2s-1}} - \cdots, \quad (s \geq 1),$$

andererseits zum Beweise des Satzes, dafs die Euler'schen Zahlen positiv sind und mit dem Index beständig wachsen. Das letztere folgt unmittelbar durch Betrachtung des Quotienten $E_{s+1} : E_s$, indem S'_{2s+1} mit s beständig wächst zufolge der Ungleichungen

$$S'_{2s+1} > 1 - \frac{1}{3^{2s+1}} > 1 - \frac{1}{3^{2s-1}} + \frac{1}{5^{2s-1}} > S'_{2s-1}.$$

Da die Glieder

$$b_s \left(\frac{\pi}{2}\right)^{2s} = \frac{4}{\pi} S'_{2s+1}$$

zwischen 1 und $\frac{4}{\pi}$ liegen, so erkennt man, dafs der Convergenzkreis der Reihe (23) in der That den Radius $\frac{1}{2}\pi$ hat und dafs sie in allen Punkten desselben divergirt.

12. Die Potenzreihen für $l \sin x$ und $l \cos x$.[11])

Mit Hilfe des zweiten Satzes in Nr. 5 leitet man aus (8) und (9) unmittelbar die Formeln

$$l\left(\frac{\sin x}{x}\right) = -\sum_{1}^{\infty} \frac{1}{s} S_{2s} \left(\frac{x}{\pi}\right)^{2s}$$

$$l \cos x = -\sum_{1}^{\infty} \frac{1}{s} S''_{2s} \left(\frac{2x}{\pi}\right)^{2s}$$

ab, worin

$$S_s'' = 1 + \frac{1}{3^{2s}} + \frac{1}{5^{2s}} + \cdots$$

ist. Die erstere gilt sicher für alle Werthe von x, deren absoluter Betrag kleiner als π, die letztere für solche, deren Betrag kleiner als $\frac{1}{2}\pi$ ist. Die Coefficienten in den beiden Reihen sind rationale Zahlen. Zufolge (19) hat man zunächst

$$l\left(\frac{\sin x}{x}\right) = -\sum_{1}^{\infty} \frac{2^{2s-1} B_s}{2s!\, s} x^{2s}. \tag{25}$$

Zerlegt man S_{2s} in die Summe der Glieder mit ungeradem und die der Glieder mit geradem Nenner, so findet man

$$S_{2s}'' + \frac{1}{2^{2s}} S_{2s} = S_{2s}$$

$$S_{2s}'' = \frac{2^{2s}-1}{2^{2s}} S_{2s} = \frac{(2^{2s}-1) B_s}{2s!\, 2} \pi^{2s} = \frac{T_s}{2^{2s+1}(2s-1)!} \pi^{2s}. \tag{26}$$

Damit ergiebt sich die Formel

$$l \cos x = -\sum_{1}^{\infty} \frac{(2^{2s}-1) 2^{2s-1} B_s}{2s!\, s} x^{2s} = -\sum_{1}^{\infty} \frac{T_s}{2s!} x^{2s}. \tag{27}$$

Durch Subtraction von (25) und (27) erhält man die Entwickelung

$$l\left(\frac{\tan x}{x}\right) = \sum_{1}^{\infty} \frac{(2^{2s-1}-1) 2^{2s} B_s}{2s!\, s} x^{2s}. \tag{28}$$

Die Reihen (25), (27), (28) sind nach Multiplication mit

dem Modulus der gemeinen Logarithmen geeignet zur Berechnung von

$$\log \sin x \quad \text{und} \quad \log \cos x,$$

sowie der Hilfszahlen

$$S = \log \frac{\sin x}{x} + \log \text{arc } 1''$$

$$T = \log \frac{\tan x}{x} + \log \text{arc } 1'',$$

welche in neueren Tafelwerken für kleine Werthe von x auf-
geführt werden.

Da $S_{2s} : s$ bei wachsendem s beständig und ins Unendliche abnimmt, so convergirt die Potenzreihe (25) nach dem Corollar zum
3. Satze in V. 4 für alle Werthe von x vom absoluten Betrage π mit
Ausschluß der Werthe $x = \pm \pi$. Für die genannten Werthe besteht
also auch die Gleichung (25). Auf ähnliche Weise zeigt man, daß die
Formel (27) auch gilt für alle Werthe x vom absoluten Betrage
$\frac{\pi}{2}$ außer $x = \pm \frac{1}{2} \pi$. Daraus folgt dann von selbst das Nämliche bezüglich der Formel (28).

13. Die Functionen $\cot x$, $\tan x$, $\operatorname{cosec} x$, $\sec x$ gestatten
zufolge des 3. Satzes in V. 20 auch Entwickelungen nach
ganzen positiven und negativen Potenzen von x. Das
kann man mit Hilfe ihrer Partialbruchentwickelungen leicht
einsehen.

Betrachten wir z. B. $\tan x$ für die Werthe von x,
deren absoluter Betrag zwischen $\frac{1}{2}\pi$ und $\frac{3}{2}\pi$ liegt.
Setzt man in (13)

$$\frac{8x}{\pi^2 - 4x^2} = -\frac{2}{x \left(1 - \frac{\pi^2}{4x^2}\right)} = -\sum_0^\infty \frac{\pi^{2s}}{2^{2s-1} x^{2s+1}}$$

$$\frac{8x}{(2r-1)^2 \pi^2 - 4x^2} = \sum_1^\infty \frac{2^{2s+1} x^{2s-1}}{(2r-1)^{2s} \pi^{2s}} \quad (r = 2, 3 \ldots),$$

so darf man die Reihe (13) wegen ihrer gleichmäßigen Convergenz für alle die genannten Werthe von x nach Potenzen
von x ordnen (V. 16). Somit ergiebt sich, wenn

$$\tfrac{1}{2}\pi < |x| < \tfrac{3}{2}\pi$$

ist, die Gleichung

$$\tan x = - \sum_{0}^{\infty} \cdot \frac{\pi^{2s}}{2^{2s-1} x^{2s+1}} + \sum_{1}^{\infty} \frac{2^{2s+1}}{\pi^{2s}} x^{2s-1} \sum_{2}^{\infty} \frac{1}{(2r-1)^{2s}} \cdot$$

Mit Hilfe der Formel (26) findet man für den Coefficienten des allgemeinen Gliedes im zweiten Theile

$$\frac{2^{2s+1}}{\pi^{2s}} \sum_{2}^{\infty} \frac{1}{(2r-1)^{2s}} = \frac{T_s}{(2s-1)!} - \frac{2^{2s+1}}{\pi^{2s}} \cdot$$

Die vieldeutigen Functionen $\log \sin x$, $\log \cos x$ lassen sich mit Hilfe der Formeln (7) und (9) in ähnlicher Weise entwickeln, es tritt aber zu den ganzen Potenzen von x noch ein Glied mit $\log x$.

VIII. Abschnitt.

Die Kettenbrüche.

1. Ein Ausdruck von der Form

$$b_0 + \cfrac{a_1}{b_1 + \cfrac{a_2}{b_2 + \cfrac{a_3}{b_3 + \cdots}}} \qquad\qquad + \cfrac{a_m}{b_m} \qquad (1)$$

heifst ein Kettenbruch, $a_1\, a_2 \ldots a_m$ seine Theilzähler, $b_1\, b_2 \ldots b_m$ seine Theilnenner. Die Brüche $\frac{a_1}{b_1}, \frac{a_2}{b_2} \ldots \frac{a_m}{b_m}$ heifsen der Reihe nach das erste, zweite $\ldots m^{\text{te}}$ Glied des Kettenbruches (1). Er wird auch mit

$$b_0 + \frac{a_1}{b_1} \dotplus \frac{a_2}{b_2} \dotplus \cdots \dotplus \frac{a_m}{b_m}$$

bezeichnet, wo die über das Zeichen $+$ (oder $-$) gesetzten Punkte andeuten, dafs das Folgende zu dem jedesmal vorhergehenden Nenner gehört. Die $a_n\, b_n$ sind beliebige reelle oder complexe Zahlen, nur soll keiner der Theilzähler Null sein und es dürfen den Theilzählern und Theilnennern keine solchen Werthe beigelegt werden, dafs der Ausdruck (1) unmöglich ist. Um zu ermitteln, ob der Ausdruck einen Sinn hat, sucht man ihn in einen gewöhnlichen Quotienten zu verwandeln. Man hat, wenn b_m nicht Null ist,

$$b_{m-1} + \frac{a_m}{b_m} = \frac{b_{m-1}\, b_m + a_m}{b_m},$$

ferner, wenn $b_{m-1}\, b_m + a_m$ nicht Null ist,

$$b_{m-2} + \frac{a_{m-1}}{b_{m-1}} \dotplus \frac{a_m}{b_m} = \frac{b_{m-2}\,b_{m-1}\,b_m + b_{m-2}\,a_m + b_m\,a_{m-1}}{b_{m-1}\,b_m + a_m}$$

u. s. f. Man wandelt die Brüche

$$V_{n,\,m} = b_n + \frac{a_{n+1}}{b_{n+1}} \dotplus \frac{a_{n+2}}{b_{n+2}} \dotplus \cdots \dotplus \frac{a_m}{b_m} \quad (m-1 \geqq n \geqq 0) \quad (2)$$

nach einander rein formell um d. h. man beschränkt sich auf die Anwendung der Regeln

$$a + \frac{b}{c} = \frac{ac+b}{c} \qquad a : \frac{b}{c} = \frac{ac}{b}$$

und unterläfst, einen der dabei auftretenden Brüche dadurch umzugestalten, dafs man Zähler und Nenner mit derselben Zahl dividirt oder multiplicirt. Die auf diese Weise zu Stande gebrachten Zähler und Nenner von $V_{n,\,m}$ seien mit $Z_{n,\,m}$ $N_{n,\,m}$ bezeichnet. Es ist aus dem Vorstehenden ersichtlich, dafs der Kettenbruch (2) oder $V_{n,\,m}$ dann und nur dann eine Bedeutung hat, wenn keiner der Ausdrücke b_m, $Z_{m-1,\,m}, Z_{m-2,\,m} \ldots Z_{n+1,\,m}$ verschwindet — und der Kettenbruch (1) oder $V_{0,\,m}$ insbesondere dann und nur dann, wenn b_m, $Z_{m-1,\,m}, \ldots Z_{1,\,m}$ von Null verschieden sind.

Aus der Gleichung

$$V_{n,\,m} = b_n + a_{n+1} : \frac{Z_{n+1,\,m}}{N_{n+1,\,m}} \qquad (n \leq m-2)$$

ergeben sich demnach die Formeln

$$Z_{n,\,m} = b_n\,Z_{n+1,\,m} + a_{n+1}\,N_{n+1,\,m} \quad N_{n,\,m} = Z_{n+1,\,m}, \quad (3)$$

woraus man schliefst

$$Z_{n,\,m} = b_n\,Z_{n+1,\,m} + a_{n+1}\,Z_{n+2,\,m}. \quad (4)$$

Führt man noch die Bezeichnungen

$$Z_{m,\,m} = b_m \quad N_{m,\,m} = 1 \quad V_{m,\,m} = b_m,$$
$$Z_{m+1,\,m} = 1 \quad N_{m+1,\,m} = 0$$

ein, so gelten die Formeln (3) auch für $n = m-1$ und m, (4) auch für $n = m-2$ und $m-1$.

Man findet in der That

$$N_{m,\,m} = Z_{m+1,\,m} = 1 \quad N_{m-1,\,m} = Z_{m,\,m} = b_m$$
$$N_{m-2,\,m} = Z_{m-1,\,m} = b_{m-1}\,b_m + a_m$$
$$N_{m-3,\,m} = Z_{m-2,\,m} = b_{m-2}\,b_{m-1}\,b_m + b_{m-2}\,a_m + a_{m-1}\,b_m. \quad (5)$$

Die Formel (4) dient dann zur recurrirenden Entwickelung von $Z_{n,m}$ für $n \geq m - 3$. Durch den Schluß von n auf $n + 1$ wird man leicht finden, daß in $Z_{n,m}$ das Glied $b_n\, b_{n+1} \ldots b_m$ vorkommt, während alle übrigen mindestens einen Theilzähler als Factor enthalten. — Durch die successive Berechnung der Zahlen $Z_{m-1,m}$, $Z_{m-2,m} \ldots Z_{n,m}$ erfährt man, ob der Ausdruck (1) möglich ist und gelangt, falls dem in der That so ist, auf die kürzeste Weise zur Kenntniß seines Werthes. Die folgenden Untersuchungen haben hinsichtlich der endlichen Kettenbrüche zunächst nur den Zweck, Zahlen zu gewinnen, welche ihren Werthen auf leicht zu beurtheilende Weise sich nähern.

Manchmal gebraucht man anstatt $Z_{n,m}\ N_{n,m}$ die Zähler und Nenner $Z'_{n\,m}\ N'_{n\,m}$, welche sich bei rein formeller Umwandlung der Brüche

$$E_{n,m} = \frac{a_n}{b_n} \dotplus \frac{a_{n+1}}{b_{n+1}} \dotplus \cdots \dotplus \frac{a_m}{b_m} \quad (m \geq n > 1) \qquad (6)$$

ergeben. Da

$$E_{n,m} = a_n : \frac{Z_{n,m}}{N_{n,m}}$$

ist, so hat man

$$Z'_{n,m} = a_n N_{n,m} \quad N'_{n,m} = Z_{n,m}. \qquad (7)$$

Man fügt hinzu

$$Z'_{m+1,m} = 0 \quad N'_{m+1,m} = 1 \quad E_{m+1,m} = 0.$$

2. Aus der Grundformel (4) läßt sich eine Relation ableiten, vermittelst welcher $Z_{n,m}$ aus $Z_{n,m-2}$ und $Z_{n,m-1}$ berechnet werden kann, so daß man bei Verwandlung der Kettenbrüche (2) in gewöhnliche Quotienten auch von links nach rechts fortschreiten kann. Ein Blick auf die Formeln (4) und (5) zeigt, daß $Z_{n,m}$, falls $n \leq m$ ist, eine homogene lineare Function von $a_m\, b_m$ sein muß, deren Coefficienten ganze Functionen der Theilzähler und Theilnenner $a_n b_n$, $a_{n+1} b_{n+1} \ldots$ $a_{m-1} b_{m-1}$ sind. Setzt man

$$Z_{n,m} = a_m A_{n,m} + b_m B_{n,m}$$

und führt diese Bezeichnung in (4) durch, so folgt

$$a_m A_{n,m} + b_m B_{n,m} = a_m \{ b_n A_{n+1,m} + a_{n+1} A_{n+2,m} \}$$
$$+ b_m \{ b_n B_{n+1,m} + a_{n+1} B_{n+2,m} \}.$$

Bei der Willkürlichkeit von a_m b_m schließt man nach dem 4. Satze in IV. 5, daß

$$A_{n,m} = b_n A_{n+1,m} + a_{n+1} A_{n+2,m}$$
$$B_{n,m} = b_n B_{n+1,m} + a_{n+1} B_{n+2,m}$$

ist. Diese Gleichungen sind beide von derselben Form wie (4). Daraus folgt, daß wenn für einen bestimmten Werth von n

$$A_{n,m} = Z_{n,m-2} \qquad B_{n,m} = Z_{n,m-1}$$

ist, diese Gleichungen für jeden Werth von n bestehen. Es ist aber nach (5)

$$A_{m-1,m} = 1 = Z_{m-1,m-2}$$
$$B_{m-1,m} = b_{m-1} = Z_{m-1,m-1}. \qquad (7^*)$$

Demnach ergiebt sich für $n < m$ die Formel

$$Z_{n,m} = a_m Z_{n,m-2} + b_m Z_{n,m-1}, \qquad (1a)$$

welcher, da $Z_{n+1,m} = N_{n,m}$ ist, die folgende

$$N_{n,m} = a_m N_{n,m-2} + b_m N_{n,m-1} \qquad (1b)$$

an die Seite tritt. Mittelst derselben kann man aus den Werthen

$$Z_{n,n-1} = 1 \quad N_{n,n-1} = 0, \quad Z_{n,n} = b_n \quad N_{n,n} = 1$$

nacheinander

$$Z_{n,n+1} \; Z_{n,n+2} \ldots Z_{n,m}, \qquad N_{n,n+1} \; N_{n,n+2} \ldots N_{n,m}$$

berechnen.

Führt man die Bezeichnungen

$$V_{0,p} = V_p \quad Z_{0,p} = Z_p \quad N_{0,p} = N_p \qquad (p = 1, 2 \ldots m)$$
$$V_{0,0} = V_0 = b_0 \quad Z_{0,0} = Z_0 = b_0 \quad N_{0,0} = N_0 = 1 \qquad (8)$$

und

$$Z_{0,-1} = Z_{-1} = 1 \quad N_{0,-1} = N_{-1} = 0$$

ein und setzt in (Ia) und (Ib) $n = 0$ und p an die Stelle von m, so ergeben sich daraus die Formeln

$$Z_p = a_p Z_{p-2} + b_p Z_{p-1} \qquad N_p = a_p N_{p-2} + b_p N_{p-1}, \qquad (II)$$

welche zur recurrenten Bildung von Z_p und N_p dienen.[1]) Man findet nacheinander

$$Z_1 = a_1 + b_0 b_1 \qquad\qquad N_1 = b_1$$
$$Z_2 = b_0 a_2 + a_1 b_2 + b_0 b_1 b_2 \qquad N_2 = a_2 + b_1 b_2$$

. . . .

Man bezeichnet diejenigen unter den Brüchen

$$\frac{Z_0}{N_0}, \quad \frac{Z_1}{N_1} \ldots \frac{Z_{m-1}}{N_{m-1}},$$

die einen Sinn haben d. h. deren Nenner nicht Null ist, als Näherungsbrüche des Kettenbruches (1), dessen Werth $Z_m : N_m$ ist, wobei der Kettenbruch als möglich angenommen ist. In gewissen Fällen nämlich nähern sich diese Brüche dem Werthe $Z_m : N_m$ mit wachsendem Index beständig.

Die Formeln (I) und (II) können auch durch den Schluß von n auf $n + 1$ bezw. von p auf $p + 1$ bewiesen werden.

3. Verallgemeinerung der Formeln (I) und (II).

Schreibt man in (Ia) statt m p und setzt

$$Z_{n,p-1} = a_{p-1} Z_{n,p-3} + b_{p-1} Z_{n,p-2},$$

so ergiebt sich gemäß der Formeln (5)

$$Z_{n,p} = a_{p-1} b_p Z_{n,p-3} + (a_p + b_{p-1} b_p) Z_{n,p-2}$$
$$= a_{p-1} N_{p-1,p} Z_{n,p-3} + Z_{p-1,p} Z_{n,p-2}.$$

Ersetzt man hier $Z_{n,p-2}$ durch $a_{p-2} Z_{n,p-4} + b_{p-2} Z_{n,p-3}$, so folgt

$$Z_{n,p} = a_{p-2} N_{p-2,p} Z_{n,p-4} + Z_{p-2,p} Z_{n,p-3}$$

u. s. f. Man schließt daraus, daß, wenn

$$n + 1 \leq k \leq p$$

ist,

$$Z_{n,p} = a_k N_{k,p} Z_{n,k-2} + Z_{k,p} Z_{n,k-1} \qquad \text{(IIIa)}$$

sein muß. Nimmt man diese Formel als richtig an und setzt

$$Z_{n,k-1} = a_{k-1} Z_{n,k-3} + b_{k-1} Z_{n,k-2},$$

so findet man mit Hilfe der Formeln (3) sofort, daß in der That

$$Z_{n,p} = a_{k-1} N_{k-1,p} Z_{n,k-3} + Z_{k-1,p} Z_{n,k-2}$$

ist. Auf ähnliche Art wird aus (I b) die Gleichung

$$N_{n,p} = a_k N_{k,p} N_{n,k-2} + Z_{k,p} N_{n,k-1} \qquad \text{(IIIb)}$$

abgeleitet. Unter der Voraussetzung, daß keiner der Ausdrücke $Z_{k,p} Z_{k-1,p} \ldots Z_{n+1,p}$ Null ist, erweisen sich die Formeln (III) unmittelbar als Ergebniß der Anwendung der

Regeln (II) auf den Kettenbruch

$$V_{n,p} = b_n + \frac{a_{n+1}}{b_{n+1}} + \cdots + \frac{a_{k-1}}{b_{k-1}} + \frac{a_k N_{k,p}}{Z_{k,p}}.$$

Für $n = 0$ erhält man aus (III) die Formeln

$$Z_p = a_k N_{k,p} Z_{k-2} + Z_{k,p} Z_{k-1}$$
$$N_p = a_k N_{k,p} N_{k-2} + Z_{k,p} N_{k-1}, \tag{IV}$$

die, falls $k = p$ ist, in (II) übergehen.

4. Die Formeln (I) und (II) leisten zunächst nur die recurrente Entwickelung gewisser ganzer, in jedem Paare a_n b_n linearen Functionen der Theilzähler und Theilnenner des Kettenbruches (1), die identisch den Relationen (III) bezw. (IV) genügen. Wenn man auch für N_m einen von Null verschiedenen Werth erhält, so ist damit noch nicht erwiesen, dafs der Ausdruck (1) möglich ist.

Der Kettenbruch

$$b_0 + \frac{a_1}{b_1} + \frac{a_2}{b_2} + \cdots + \frac{a_p}{b_p} \quad (p \leqq m) \tag{9}$$

hat nach Nr. 1 dann und nur dann einen Sinn, wenn keine der Zahlen

$$(b_p =)\; Z_{p,p}\, Z_{p-1,p} \ldots Z_{1,p}$$

Null ist. Ist $Z_{1,p} = N_p = 0$, so ist er ebensowenig möglich, als der Bruch $Z_p : N_p$. Wenn $Z_{k,p}$ $(2 \leqq k < p)$ die erste verschwindende Zahl in der vorstehenden Reihe ist, so bemerke man, dafs nach (IV)

$$Z_p = a_k N_{k,p} Z_{k-2} \qquad N_p = a_k N_{k,p} N_{k-2}$$

ist. Wenn nun N_{k-2} nicht Null ist, so hat demnach der Bruch $Z_p : N_p$ einen Sinn, während der Ausdruck (9) unmöglich ist. Und zwar ist

$$\frac{Z_p}{N_p} = \frac{Z_{k-2}}{N_{k-2}}.$$

Ist $N_{k-2} = 0$, so ist auch $N_p = 0$. Wir gelangen somit zum Schlusse: Wenn der Ausdruck (9), welcher auch den Kettenbruch (1) umfafst, sinnlos ist, so mufs entweder die durch die Gleichungen (II) gefundene Zahl $N_p = 0$ sein oder wenn N_p nicht Null ist, so mufs der Bruch $Z_p : N_p$ einem seiner Vorgänger, der jedoch, wie auch (VI) zeigen wird, nicht der unmittelbare $Z_{p-1} : N_{p-1}$ sein kann, gleich sein. — Aehnliches gilt auch von den Ausdrücken $Z_{n,p}$ $N_{n,p}$ gegenüber dem Kettenbruche (2).

Beispiele von Kettenbrüchen, aus welchen durch Weglassung einiger Schlußglieder unmögliche Kettenbrüche von der Form (9) entstehen, während die ihnen entsprechenden N_p nicht Null sind, die bezüglichen $Z_p : N_p$ also einen endlichen Werth haben. 1) Wie bereits erwähnt, ist, falls $b_m = 0$ und a_m, N_{m-2} von Null verschieden sind, der Bruch (1) unmöglich, während zufolge der aus (II) abgeleiteten Formeln

$$Z_m = a_m Z_{m-2} \qquad N_m = a_m N_{m-2},$$

$$\frac{Z_m}{N_m} = \frac{Z_{m-2}}{N_{m-2}}$$

ist. — Ist in (1)

$$b_{n+1} = b_{n+2} = \cdots = b_{n+r} = 0 \qquad (n + r < m)$$

b_n nicht Null, so ist der Kettenbruch (9) für

$$p = n + 1, \, n + 2 \ldots n + r$$

sinnlos. Man hat jetzt nach (II), wenn man $p = n + s$ setzt,

$$Z_{n+s} = a_{n+s} Z_{n+s-2}$$
$$N_{n+s} = a_{n+s} N_{n+s-2} \qquad (s = 1, 2 \ldots r),$$

somit, wenn $2l - 1$ bezw. $2l$ r nicht übersteigt,

$$Z_{n+2l-1} = a_{n+1} a_{n+3} \cdots a_{n+2l-1} Z_{n-1}$$
$$N_{n+2l-1} = a_{n+1} a_{n+3} \cdots a_{n+2l-1} N_{n-1}$$
$$Z_{n+2l} = a_{n+2} a_{n+4} \cdots a_{n+2l} Z_n$$
$$N_{n+2l} = a_{n+2} a_{n+4} \cdots a_{n+2l} N_n.$$

Sind N_{n-1} und N_n nicht Null, so ist demnach

$$\frac{Z_{n-1}}{N_{n-1}} = \frac{Z_{n+1}}{N_{n+1}} = \cdots = \frac{Z_{n+2l-1}}{N_{n+2l-1}}$$

$$\frac{Z_n}{N_n} = \frac{Z_{n+2}}{N_{n+2}} = \cdots = \frac{Z_{n+2l}}{N_{n+2l}}.$$

2) Verkürzt man den Kettenbruch

$$\frac{1}{c_1} \cdot \frac{c_1 c_2}{c_2} \cdot \frac{c_2 c_3}{c_3} \cdot \ldots \cdot \frac{c_{m-1} c_m}{c_m} \cdot \frac{p}{q}, \qquad (\text{a})$$

worin die Zahlen $c_1 c_2 \ldots c_m$, p q von Null verschieden sind, so erhält man die sinnlosen Ausdrücke

$$\frac{1}{c_1} \cdot \frac{c_1 c_2}{c_2} \cdot \frac{c_2 c_3}{c_3} \cdot \ldots \cdot \frac{c_{r-1} c_r}{c_r} \quad (2 < r < m).$$

Es ist nämlich hier $Z_{r-1,\, r} = 0$. Dabei hat man, solange die Indices m nicht übersteigen, neben $Z_1 = 1 \quad N_1 = c_1$

$$\left. \begin{aligned} Z_{3l-1} &= (-1)^{l-1} c_2 c_3 \ldots c_{3l-1} \\ N_{3l-1} &= 0 \\ Z_{3l} &= 0 \\ N_{3l} &= (-1)^l c_1 c_2 \ldots c_{3l} \\ Z_{3l+1} &= (-1)^l c_2 c_3 \ldots c_{3l+1} \\ N_{3l+1} &= (-1)^l c_1 c_2 \ldots c_{3l+1} \end{aligned} \right\} \quad (l \gtrless 1),$$

so dafs $Z_{3l-1} : N_{3l-1}$ unmöglich, dagegen

$$\frac{Z_{3l}}{N_{3l}} = 0 \qquad \frac{Z_{3l+1}}{N_{3l+1}} = \frac{1}{c_1}$$

ist. Der Kettenbruch (a) hat im Allgemeinen einen Sinn. Wenn z. B. $m = 3k$ ist, so findet man

$$Z_{m+1} = (-1)^k c_2 c_3 \ldots c_{m-1} p$$
$$N_{m+1} = (-1)^k c_1 c_2 \ldots c_m q$$
$$\frac{Z_{m+1}}{N_{m+1}} = \frac{p}{c_1 c_m q}.$$

Also ist weder $N_{m+1} = 0$, noch falls nicht etwa $p = c_m q$ ist,

$$Z_{m+1} : N_{m+1}$$

einem seiner Vorgänger, deren Werthe entweder Null oder $1 : c_1$ sind, gleich.

Im Folgenden werden gröfstentheils solche Kettenbrüche behandelt, die sowohl selbst möglich sind, als auch bei Verkürzungen mögliche Ausdrücke liefern. Die Entwickelungen der nächsten Nr. sind jedoch von dem Umstande, ob die vorgelegten Theilzähler und Theilnenner mögliche Kettenbrüche liefern oder nicht, völlig unabhängig. Auch die Formeln (V) und (VII) sind lediglich Identitäten, welche unter den von den Recursionsformeln (I) und (II) mittelst der Formeln (7*) und (8) gelieferten Ausdrücken bestehen.

5. Differenzen der Näherungsbrüche $Z_p : N_p$.

Aus den Formeln (II) folgt unmittelbar die Relation

$$Z_p N_{p-1} - N_p Z_{p-1} = -a_p (Z_{p-1} N_{p-2} - N_{p-1} Z_{p-2}).$$

Ersetzt man hier p nacheinander durch $p-1 \ldots 1$, so ergeben sich die $p-1$ Gleichungen

$$Z_{p-1} N_{p-2} - N_{p-1} Z_{p-2}$$
$$= -a_{p-1}(Z_{p-2} N_{p-3} - N_{p-2} Z_{p-3})$$
$$\cdots \cdots \cdots \cdots \cdots$$
$$Z_1 N_0 - N_1 Z_0 = -a_1(Z_0 N_{-1} - N_0 Z_{-1}).$$

Da nach (8)

$$Z_0 N_{-1} - N_0 Z_{-1} = -1$$

ist, so erhält man durch allmälige Substitution von rückwärts die Formel

$$Z_p N_{p-1} - N_p Z_{p-1} = (-1)^{p-1} a_1 a_2 \ldots a_p$$
$$(m \geqq p \geqq 1). \tag{V}$$

Sie zeigt, daſs wenn die Theilzähler $a_1 a_2 \ldots a_p$ von Null verschieden sind, weder $Z_p N_p$ noch $N_{p-1} N_p$ zugleich verschwinden können. Ist weder N_{p-1} noch N_p Null, so folgt aus (V) die Formel

$$\frac{Z_p}{N_p} - \frac{Z_{p-1}}{N_{p-1}} = \frac{(-1)^{p-1} a_1 a_2 \ldots a_p}{N_{p-1} N_p}. \tag{VI}$$

Die vorstehenden Formeln lassen sich verallgemeinern. Schreibt man in (IV) statt k $k+1$ $(k \geqq 0)$ und hierauf statt p $k+r$ $(r \geqq 1)$, so ergiebt sich

$$Z_{k+r} = a_{k+1} N_{k+1, k+r} Z_{k-1} + Z_{k+1, k+r} Z_k$$
$$N_{k+r} = a_{k+1} N_{k+1, k+r} N_{k-1} + Z_{k+1, k+r} N_k, \tag{10}$$

woraus man erhält

$$Z_{k+r} N_k - N_{k+r} Z_k = -a_{k+1} N_{k+1, k+r} \{Z_k N_{k-1} - N_k Z_{k-1}\},$$

somit nach (3) und (V)

$$Z_{k+r} N_k - N_{k+r} Z_k = (-1)^k a_1 a_2 \ldots a_{k+1} Z_{k+2, k+r}. \tag{VII}$$

Ist weder N_k noch N_{k+r} Null, so leitet man daraus die Formel

$$\frac{Z_{k+r}}{N_{k+r}} - \frac{Z_k}{N_k} = \frac{(-1)^k a_1 a_2 \ldots a_{k+1} Z_{k+2, k+r}}{N_k N_{k+r}} \quad (k > 0) \tag{VIII}$$

ab. Für $r=1$ $k=p-1$ gehen (VII) und (VIII) in (V) und (VI) über.

Ersetzt man hier N_{k+r} durch den Ausdruck (10) und

dividirt, falls $N_{k+1,\,k+r} = Z_{k+2,\,k+r}$ nicht Null ist, dadurch den Zähler und Nenner, so erhält man die Formel

$$\frac{Z_{k+r}}{N_{k+r}} - \frac{Z_k}{N_k} = \frac{(-1)^k\, a_1\, a_2 \ldots a_{k+1}}{N_k \{ a_{k+1} N_{k-1} + V_{k+1,\,k+r} N_k \}} \qquad \text{(IX)}$$

$$= \frac{(-1)^k\, a_1\, a_2 \ldots a_{k+1}}{N_k (E_{k+2,\,k+r} N_k + N_{k+1})}.$$

$V_{k+1,\,k+r}$ steht darin der Kürze halber für $Z_{k+1,\,k+r} : N_{k+1,\,k+r}$, womit jedoch nicht gesagt sein soll, dafs der Kettenbruch (2) für $n = k + 1$, $m = k + r$ stets einen Sinn hat, wenn $N_{k+1,\,k+r}$ nicht Null ist. Ferner ist im Anschlusse an (6)

$$V_{k+1,\,k+r} = b_{k+1} + E_{k+2,\,k+r}$$

gesetzt.

Setzt man in (VIII) statt k, r bez. $k - 1$, $r + 1$ und dividirt den Zähler und Nenner rechts wieder durch $N_{k+1,\,k+r}$, so gelangt man zur Formel

$$\frac{Z_{k+r}}{N_{k+r}} - \frac{Z_{k-1}}{N_{k-1}} = \frac{(-1)^{k-1}\, a_1\, a_2 \ldots a_k\, V_{k+1,\,k+r}}{N_{k-1}(a_{k+1} N_{k-1} + V_{k+1,\,k+r} N_k)}. \qquad \text{(X)}$$

Durch Division von (IX) durch (X) ergiebt sich

$$\left(\frac{Z_{k+r}}{N_{k+r}} - \frac{Z_k}{N_k} \right) : \left(\frac{Z_{k-1}}{N_{k-1}} - \frac{Z_{k+r}}{N_{k+r}} \right)$$

$$= \frac{N_{k-1}}{N_k} \; \frac{a_{k+1}}{V_{k+1,\,k+r}} = \frac{N_{k-1}}{N_k} E_{k+1,\,k+r}. \qquad \text{(XI)}$$

6. Aequivalente Kettenbrüche

d. h. solche, welche dieselbe Reihe von Näherungsbrüchen haben — etwas allgemeiner äquivalente Reihen von je $2m + 1$ Zahlen b_0, $a_1 b_1$, $a_2 b_2 \ldots a_m b_m$, d. h. solche, wofür die Paare $Z_p N_p$ (wo p irgend eine der Zahlen $0, 1 \ldots m$ sein kann) sich von einander nur durch einen constanten Factor Q_p unterscheiden. Wir bemerken zuerst den Satz:

1) „Ersetzt man $a_n b_n a_{n+1}$ $(m > n \geq 1)$ durch $c a_n$ $c b_n c a_{n+1}$ [bezw. $a_m b_m$ durch $c a_m$, $c b_m$], wo c irgend eine von Null verschiedene Zahl bedeutet, so geht die Reihe b_0, $a_1 b_1$, $\ldots a_m b_m$ in eine äquivalente über,

bezw. der Kettenbruch (1) in einen äquivalenten.
Denn man hat für die neue Reihe

$$Z_p' = cZp \qquad N_p' = cN_p$$
$$(p = n, n+1 \ldots m).\text{``}$$

Zufolge der Formeln (II) findet man zunächst

$$Z_n' = cZ_n \qquad N_n' = cN_n$$
$$Z_{n+1}' = ca_{n+1}Z_{n-1} + b_{n+1}Z_n'$$
$$N_{n+1}' = ca_{n+1}N_{n-1} + b_{n+1}N_n',$$

also

$$Z_{n+1}' = cZ_{n+1} \qquad N_{n+1}' = cN_{n+1}$$

und nun offenbar auch

$$Z_{n+2}' = cZ_{n+2} \qquad N_{n+2}' = cN_{n+2}$$

u. s. f.

2) Durch wiederholte Anwendung dieses Satzes folgt,
dafs der Kettenbruch

$$b_0 + \frac{a_1}{b_1} \dotplus \frac{a_2}{b_2} \dotplus \frac{a_3}{b_3} \dotplus \cdots \dotplus \frac{a_m}{b_m} \tag{1}$$

(bezw. die Reihe $b_0, a_1 b_1 \ldots a_m b_m$) äquivalent ist mit

$$b_0 + \frac{c_1 a_1}{c_1 b_1} \dotplus \frac{c_1 c_2 a_2}{c_2 b_2} \dotplus \frac{c_2 c_3 a_3}{c_3 b_3} \dotplus \cdots \dotplus \frac{c_{m-1} c_m a_m}{c_m b_m} \tag{11}$$

(bezw. $b_0, c_1 a_1 \; c_1 b_1, \ldots c_{m-1} c_m a_m \quad c_m b_m$), wo die $c_1 c_2 \ldots c_m$
beliebige von Null verschiedene Zahlen sind. Und zwar hat
man im zweiten Bruche

$$Z_p' = c_1 c_2 \ldots c_p Z_p \quad N_p' = c_1 c_2 \ldots c_p N_p \quad (p = 1, 2 \ldots m).$$

Durch geeignete Annahme der Factoren $c_1 \ldots c_m$ können
die Theilzähler des Bruches (11) irgend welche gegebene
Werthe mit Ausschlufs von Null erhalten z. B. alle der positiven oder alle der negativen Einheit gleich werden. Bedeutet $\varepsilon \; + 1$ oder $- 1$ und setzt man

$$c_1 a_1 = \varepsilon \quad c_1 c_2 a_2 = \varepsilon \ldots c_{m-1} c_m a_m = \varepsilon,$$

so folgt $c_1 = \varepsilon : a_1$ und

$$c_{2k} = \frac{a_1 a_3 \ldots a_{2k-1}}{a_2 a_4 \ldots a_{2k}}$$

$$c_{2k+1} = \frac{\varepsilon a_2 a_4 \ldots a_{2k}}{a_1 a_3 a_5 \ldots a_{2k+1}} \qquad (k = 1, 2 \ldots). \tag{12}$$

Die der Annahme $\varepsilon = -1$ entsprechende Umgestaltung von (1) hat Seidel[2]) die reducirte Form dieses Kettenbruches genannt.

Nimmt man in (11) $c_1 = c_2 = \cdots = c_m = c$, so verwandelt sich (1) in den Kettenbruch

$$b_0 + \frac{c a_1}{c b_1} \dotplus \frac{c^2 a_2}{c b_2} \dotplus \frac{c^2 a_3}{c b_3} \dotplus \cdots \dotplus \frac{c^2 a_m}{c b_m}. \qquad (13)$$

3) Seidel hat ferner bemerkt, daſs wenn umgekehrt die Reihe $b_0', a_1' b_1' \ldots a_m' b_m'$ der Reihe $b_0, a_1 b_1 \ldots a_m b_m$ äquivalent sein d. i. den Bedingungen

$$Z_0' = Z_0, \quad Z_p' = Q_p Z_p \quad N_p' = Q_p N_p,$$
$$(p = 1, 2 \ldots m), \qquad (14)$$

worin $Q_1 Q_2 \ldots Q_m$ sämmtlich nicht Null sein dürfen, genügen soll, neben $b_0' = b_0$ die Beziehungen

$$a_p' = c_{p-1} c_p a_p \quad b_p' = c_p b_p \quad (p = 1, 2 \ldots m)$$

bestehen müssen, wobei

$$c_0 = 1 \quad c_1 = Q_1 \quad c_p = Q_p : Q_{p-1} \quad (p = 2, \ldots m)$$

ist. — Wenn $b_1 b_2 \ldots b_m$ nicht Null sind, so kann die Aequivalenz der beiden Reihen durch die Relationen

$$b_0' = b_1 \quad \frac{b_1'}{a_1'} = \frac{b_1}{a_1} \quad \frac{b_{p-1}' b_p'}{a_p'} = \frac{b_{p-1} b_p}{a_p} \quad (p = 2, \ldots m) \qquad (15)$$

ausgedrückt werden.

Dieser Satz ergiebt sich unmittelbar durch Auflösung der folgenden Aufgabe.

4) Aufgabe. „Es sind bei gegebenem b_0' $2m$ Zahlen

$$a_1' b_1', \quad a_2' b_2' \ldots a_m' b_m'$$

so zu bestimmen, daſs die Zähler und die Nenner des ersten, zweiten $\ldots$ m^{ten} Näherungsbruches bez. die gegebenen Werthe

$$Z_1' Z_2' \ldots Z_m', \quad N_1' N_2' \ldots N_m'$$

annehmen, welche nur so gewählt sind, daſs keine der Determinanten

$$Z_p' N_{p-1}' - N_p' Z_{p-1}' \quad (p = 1, 2 \ldots m),$$

worin $Z_0' = b_0'$ $N_0' = 1$ zu denken ist, verschwindet.“

Wir setzen zunächst $b_1' = N_1'$ $a_1' = Z_1' - b_0' N_1'$. Für $a_p b_p$ $(p \geq 2)$ ergeben sich nach (II) die Gleichungen

$$a_p \, Z'_{p-2} + b_p \, Z'_{p-1} = Z'_p$$
$$a_p \, N'_{p-2} + b_p \, N'_{p-1} = N'_p,$$

woraus man erhält

$$a'_p = \frac{Z'_{p-1} \, N'_p - N'_{p-1} \, Z'_p}{Z'_{p-1} \, N'_{p-2} - N'_{p-1} \, Z'_{p-2}}$$

$$b'_p = \frac{Z'_p \, N'_{p-2} - N'_p \, Z'_{p-2}}{Z'_{p-1} \, N'_{p-2} - N'_{p-1} \, Z'_{p-2}}.$$

Sollen nun die Zahlen $b'_0, \; a'_1 \, b'_1 \ldots a'_m \, b'_m$ die Relationen (14) erfüllen, so muſs demnach

$$b'_0 = Z_0, \quad a'_1 = Q_1 a_1 \quad b'_1 = Q_1 b_1$$

und nach (V) und (VII), wo $k = p - 2, \; r = 2$ zu setzen ist,

$$a'_p = \frac{Q_p \, a_p}{Q_{p-2}} \qquad b'_p = \frac{Q_p \, b_p}{Q_{p-1}}$$

sein.

Ist keine der Zahlen $N'_1 \ldots N'_m$ Null, so dürfen auch die Werthe des ersten, zweiten $\ldots m^{\text{ten}}$ Näherungsbruches als gegeben vorausgesetzt werden. Sollen sie bez. den Zahlen $V'_1 \, V'_2 \ldots V'_m$ gleich werden, so hat man nur oben

$$Z'_p = V'_p \, N'_p \quad (p = 1, 2 \ldots m)$$

zu setzen. Sind auſserdem von den $V'_1 \ldots V'_m$ keine zwei einander gleich, so kann man zufolge des Satzes in Nr. 4 sicher sein, daſs der Kettenbruch

$$b'_0 + \frac{a'_1}{b'_1} \dotplus \frac{a'_2}{b'_2} \dotplus \cdots \dotplus \frac{a'_n}{b'_n}$$

einen Sinn hat.

Einen besonderen Fall der Aufgabe bildet die Contraction der gegebenen Reihe $b_0, a_1 \, b_1 \ldots a_m \, b_m$, bezw. des Kettenbruches (1)[3]) d. i. die Aufstellung einer neuen Reihe $b'_0, a'_1 \, b'_1, a'_2 \, b'_2 \ldots$, wofür die Ausdrücke

$$Z_0, \; Z'_1 \, N'_1, \; Z'_2 \, N'_2 \ldots$$

bez. gleich sind den zur ursprünglichen Reihe gehörigen Ausdrücken

$$Z_{m_0} N_{m_0}, \quad Z_{m_1} N_{m_1}, \quad Z_{m_2} N_{m_2} \ldots$$

Dabei sind die Indices $m_0, \; m_1, \; m_2 \ldots$ als steigend zu betrachten. Man braucht nur in den obigen Formeln für $a'_p \, b'_p$

$Z'_p N'_p$ durch $Z_{m_p} N_{m_p}$ zu ersetzen, worauf man die Formel (VII) anwenden kann.

Beispiel. Die Reihe $b_0, a_1 b_1 \ldots a_m b_m$, worin

$$b_{n+1} = b_{n+2} = \cdots = b_{n+r} = 0$$

ist, läfst sich im Falle dafs $n + r < m$ und b_{n+r+1} nicht Null ist, in folgender Art contrahiren. Die $2n + 1$ Anfangsglieder $b_0, a_1 b_1, \ldots a_n b_n$ bleiben ungeändert. Dagegen soll

$$Z'_{n+h} = Z_{n+h+r} \quad N'_{n+h} = N_{n+r+h} \quad (h = 1, 2 \ldots m - n - r)$$

werden. Dann hat man jedenfalls

$$a'_{n+h} = a_{n+r+h} \quad b'_{n+h} = b_{n+r+h} \quad (h = 3, 4 \ldots m - n - r).$$

Für $h = 1$ und 2 lauten die neuen Theilzähler und Theilnenner verschieden, je nachdem r gerade oder ungerade ist. Im ersten Falle ist

$$a'_{n+1} = a_{n+1} a_{n+3} \cdots a_{n+r-1} a_{n+r+1}$$
$$b'_{n+1} = a_{n+2} a_{n+4} \cdots a_{n+r} b_{n+r+1}$$
$$a'_{n+2} = a_{n+2} a_{n+4} \cdots a_{n+r+2} \qquad b'_{n+2} = b_{n+r+2};$$

im zweiten

$$a'_{n+1} = a_{n+1} a_{n+3} \cdots a_{n+r} b_{n+r+1}$$
$$b'_{n+1} = a_{n+2} a_{n+4} \cdots a_{n+r-1} a_{n+r+1}$$
$$a'_{n+2} = - a_{n+2} a_{n+4} \cdots a_{n+r+1} a_{n+r+2} : b_{n+r+1}$$
$$b'_{n+2} = (b_{n+r+1} b_{n+r+2} + a_{n+r+2}) : b_{n+r+1}.$$

In dem letzteren Falle kann man zufolge des 1. Satzes

$$a'_{n+2} \quad b'_{n+2} \quad a'_{n+3}$$

bezw. durch

$$b_{n+r+1} a'_{n+2}, \quad b_{n+r+1} b'_{n+2}, \quad b_{n+r+1} a'_{n+3}$$

ersetzen.

7. Unendliche Kettenbrüche.

Liegen zwei endlose Reihen $a_1 a_2 \ldots, b_0 b_1 b_2 \ldots$ vor, so kann man fragen, welches Verhalten der Bruch

$$V_n = b_0 + \frac{a_1}{b_1} + \frac{a_2}{b_2} + \cdots + \frac{a_n}{b_n}$$

bei unbegrenzt wachsendem n zeigt. Je nachdem V_n bei $\lim n = +\infty$ einen endlichen Grenzwerth hat oder nicht, heifst der unendliche Kettenbruch

$$b_0 + \frac{a_1}{b_1} + \frac{a_2}{b_2} + \cdots + \frac{a_n}{b_n} + \cdots \qquad (16)$$

convergent oder divergent. Sind im letzteren Falle die Unbestimmtheitsgrenzen von V_n bei $\lim n = +\infty$ von einander verschieden, so sagt man, dafs er zwischen ihnen schwanke. Convergirt der Kettenbruch, so wird sein Grenzwerth unter dem Symbole (16) verstanden. Im Grunde genommen haben jedoch diese Begriffe eine etwas andere Bedeutung. Man kümmert sich gar nicht darum, ob der Kettenbruch V_n als solcher einen Sinn hat, sondern fragt lediglich nach dem Verhalten der mittelst der Reihe b_0, $a_1 b_1$, $a_2 b_2 \ldots$ gebildeten Näherungsbrüche $Z_n : N_n$ bei $\lim n = +\infty$. So wird der unendliche Kettenbruch

$$\frac{a_1}{b_1} + \frac{a_2}{0} + \frac{a_3}{0} + \cdots,$$

worin die Theilnenner von b_2 an Null sind, als schwankend zwischen den Werthen $a_1 : b_1$ und Null bezeichnet, obwohl aufser V_1 keiner der endlichen Kettenbrüche V_n möglich ist. Nur die Beschränkung wird man aufnehmen müssen, dafs wenigstens von einem bestimmten Werthe von n an keiner der Nenner N_n verschwindet. Z. B. hinsichtlich des unendlichen Kettenbruches

$$\frac{1}{c_1} \cdot \frac{c_1 c_2}{c_2} \cdot \ldots \cdot \frac{c_{n-1} c_n}{c_n} \cdot \ldots,$$

wofür ebenfalls jeder der Kettenbrüche V_n aufser V_1 sinnlos wird, kann man nach Nr. 4 nur vom Verhalten der Näherungsbrüche $Z_{3l} : N_{3l}$ und $Z_{3l+1} : N_{3l+1}$ bei $\lim l = +\infty$ sprechen, indem $N_{3l-1} = 0$, also jeder Bruch $Z_{3l-1} : N_{3l-1}$ unmöglich ist.

Wenn die Nenner $N_1 \, N_2 \ldots$ sämmtlich von Null verschieden sind, so hat man nach Gleichung (VI) in Nr. 5

$$\frac{Z_n}{N_n} = b_0 + \left(\frac{Z_1}{N_1} - b_0\right) + \left(\frac{Z_2}{N_2} - \frac{Z_1}{N_1}\right) + \cdots + \left(\frac{Z_n}{N_n} - \frac{Z_{n-1}}{N_{n-1}}\right)$$

$$= b_0 + \frac{a_1}{N_1} - \frac{a_1 a_2}{N_1 N_2} + \cdots + \frac{(-1)^{n-1} a_1 a_2 \ldots a_n}{N_{n-1} N_n}. \qquad (17)$$

Es läfst sich mithin die Untersuchung des Verhaltens von $Z_n : N_n$ bei $\lim n = +\infty$ auf die der unendlichen Reihe mit dem allgemeinen Gliede $(-1)^{n-1} a_1 a_2 \ldots a_n : N_{n-1} N_n$ zurückführen. Wenn die N_n erst von $n = m$ an nicht Null sind, so tritt an die Stelle von (17) die Formel

$$\frac{Z_n}{N_n} = \frac{Z_m}{N_m} + \frac{(-1)^m a_1 a_2 \ldots a_{m+1}}{N_m N_{m+1}} + \cdots + \frac{(-1)^{n-1} a_1 a_2 \ldots a_n}{N_{n-1} N_n}.$$

Die in Rede stehende Untersuchung wird manchmal dadurch erleichtert, dafs man den Kettenbruch (16) durch einen äquivalenten d. h. einen solchen, der mit ihm die Reihe der Näherungsbrüche gemein hat, ersetzt. Nach der Formel (11) ist mit (16) äquivalent jeder Kettenbruch .

$$b_0 + \frac{c_1 a_1}{c_1 b_1} + \frac{c_1 c_2 a_2}{c_2 b_2} + \cdots + \frac{c_{n-1} c_n a_n}{c_n b_n} + \cdots, \qquad (17^*)$$

wo die c_n beliebige von Null verschiedene Zahlen bedeuten und zwar nur ein solcher. Zu jedem unendlichen Kettenbruche giebt es, wie aus den Formeln (12) sofort folgt, einen äquivalenten, dessen Theilzähler sämmtlich gleich $+1$ und einen, dessen Theilzähler sämmtlich -1 sind. Der letztere heifst nach Seidel die reducirte Form desselben.

Sind die Theilzähler und Theilnenner eines Kettenbruches beliebige Zahlen — nur soll keiner der ersteren Null sein —, so führt die Verwandlung desselben in einen äquivalenten, dessen Theilzähler sämmtlich $+1$ sind, wenigstens in einem Falle sicher zur Entscheidung über seine Beschaffenheit. Es ist nämlich der Kettenbruch

$$h_0 + \frac{1}{h_1} + \frac{1}{h_2} + \cdots$$

stets divergent, wenn die Reihe $h_1 + h_2 + \cdots$ absolut convergirt. Denn nunmehr convergirt das unendliche Product $\Pi(1 + |h_r|)$ und da, wie leicht ersichtlich ist,

$$|N_n| \leqq \prod_1^n (1 + |h_r|) < \prod_1^\infty (1 + |h_r|)$$

ist, so divergirt die Reihe (17) d. i.

$$h_0 + \frac{1}{N_1} - \frac{1}{N_1 N_2} + \frac{1}{N_2 N_3} - \cdots.$$

So erkennt man z. B., dafs der Kettenbruch

$$a - \frac{x}{a} \cdot \frac{x^2}{a} \cdot \frac{x^3}{a} \cdot \cdots$$

divergirt, wenn $|x| > 1$ ist.

Aufser diesem allgemeinen Satze giebt es für nicht-periodische Kettenbrüche keinen anderen. Die bisher aufgestellten Sätze von allgemeinerem Charakter beziehen sich nur auf den Fall, dafs die Theilzähler und Theilnenner reell und zwar die einen wie die anderen von einem bestimmten Gliede an gleichbezeichnet sind. Da der Kettenbruch (16) auch mit dem folgenden

$$b_0 + \frac{c\,a_1}{c\,b_1} \dotplus \frac{c^2 a_2}{c b_2} \dotplus \cdots \dotplus \frac{c^2 a_n}{c b_n} \dotplus \cdots$$

äquivalent ist, so genügt es anzunehmen, dafs die Theilnenner alle positiv sind. Wir werden daher nur zwei Fälle von nicht-periodischen unendlichen Kettenbrüchen betrachten: 1) Alle Theilzähler und alle Theilnenner sind positiv; 2) die ersteren sind negativ, die letzteren positiv.

8. Zunächst sei ein Umstand hervorgehoben, wodurch sich die unendlichen Kettenbrüche von den unendlichen Reihen und Producten unterscheiden. Läfst man von einer unendlichen Reihe oder einem unendlichen Producte, worin kein Factor Null ist, eine endliche Anzahl von Gliedern bezw. Factoren z. B. die m ersten weg, so erhält man einen mit dem gegebenen gleichartigen d. h. mit ihm zugleich convergenten oder divergenten Ausdruck (V. 2, VII. 2). Das gilt von den unendlichen Kettenbrüchen nicht unbedingt.[4]) So kann von den Kettenbrüchen (16) und

$$b_{k+1} + \frac{a_{k+2}}{b_{k+2}} \dotplus \frac{a_{k+3}}{b_{k+3}} \dotplus \cdots$$

der eine convergiren, der andere divergiren. Die Formel (IX) in Nr. 5 zeigt in der That, dafs wenn bei $\lim r = +\infty$

$$\lim V_{k+1,\,k+r} = - a_{k+1} N_{k-1} : N_k$$

ist, $\lim (Z_{k+r} : N_{k+r})$ unendlich, wenn aber

$$\lim_{r=+\infty} V_{k+1,\,l+r} = \pm\infty$$

ist, $\lim (Z_{k+r} : N_{k+r})$ endlich ist. Löst man die Gleichung (IX) nach $V_{k+1, k+r}$ auf, so wird man finden, daß wenn

$$\lim_{r=+\infty} (Z_{k+r} : N_{k+r}) = Z_k : N_k$$

ist, $\lim V_{k+1, k+r}$ unendlich und wenn der erstere Grenzwerth unendlich ist, der letztere endlich ist. — Die in Rede stehende Eigenthümlichkeit kommt bei den in Nr. 9, 10, 12 betrachteten unendlichen Kettenbrüchen nicht vor. Dagegen hat man z. B. nach Nr. 11

$$2 - \frac{3}{3} \cdot \frac{4}{4} \cdot \frac{5}{5} - \cdots = +0,$$

also für die unendlichen Kettenbrüche

$$\frac{2}{2} \cdot \frac{3}{3} \cdot \frac{4}{4} \cdot \cdots$$

$$\frac{1}{1} \cdot \frac{2}{2} \cdot \frac{3}{3} \cdot \frac{4}{4} \cdot \cdots$$

bezw. die Grenzwerthe $+\infty$ und -0.

Unendliche Kettenbrüche mit positiven Theilzählern und positiven Theilnennern.

9. Daß in diesem Falle die Brüche $V_{n, m}$ in (2) und insbesondere die verkürzten Brüche V_n selbst, stets einen Sinn haben, sowie daß alle N_n und wenn b_0 nicht negativ ist, auch alle Z_n positiv sind, leuchtet unmittelbar ein. Mittelst der Relationen (VI), (VIII), wovon die Formel

$$V_{n+2} - V_n = \frac{(-1)^n a_1 a_2 \cdots a_{n+1} b_{n+2}}{N_n N_{n+2}}$$

einen besonderen Fall darstellt, erkennt man, daß jeder Näherungsbruch mit geradem Index kleiner ist als jeder mit ungeradem, daß die Näherungsbrüche mit geradem Index $V_0 V_2 V_4 \ldots$ eine steigende, die mit ungeradem Index $V_1 V_3 V_5 \ldots$ eine fallende Reihe bilden und daß jeder Näherungsbruch zwischen je zwei aufeinander folgenden seiner Vorgänger liegt. Da also

$$V_{2l} < V_{2k+1} \qquad V_{2k} < V_{2l+1}$$

ist, so ist ersichtlich, dafs bei $\lim l = +\infty$ die Brüche V_{2l} einem positiven endlichen Grenzwerthe A steigend, die V_{2l+1} einem solchen Grenzwerthe B fallend sich nähern. Die Zahlen A B, beide zwischen je zwei aufeinander folgenden Näherungsbrüchen gelegen, sind die Unbestimmtheitsgrenzen von V_n bei $\lim n = +\infty$. Ist $A = B$, so convergirt der unendliche Kettenbruch (16) und zwar ist A sein Grenzwerth; sind A und B ungleich, so schwankt er zwischen den Grenzen A B. — Im Falle der Convergenz ist der Grenzwerth A des Kettenbruches (16) größer als jeder Näherungsbruch mit geradem, kleiner als jeder mit ungeradem Index.

Ob der Kettenbruch (16) convergirt oder divergirt, läfst sich in dem vorliegendem Falle stets mit Hilfe einer allgemeinen Regel entscheiden. Wenn wir zunächst annehmen, dafs die Theilzähler desselben sämmtlich gleich 1 sind, also $a_n = 1$ $b_n = h_n$ setzen, so besteht der

Satz:[5] „Der unendliche Kettenbruch

$$h_0 + \frac{1}{h_1} + \frac{1}{h_2} + \cdots + \frac{1}{h_n} + \cdots \qquad (18)$$

convergirt oder schwankt zwischen endlichen Grenzen, je nachdem die unendliche Reihe

$$h_1 + h_2 + \cdots + h_n + \cdots \qquad (19)$$

divergirt oder convergirt oder, was auf dasselbe hinauskommt, je nachdem von den beiden Reihen

$$h_1 + h_3 + h_5 + \cdots, \quad h_2 + h_4 + h_6 + \cdots \qquad (20)$$

eine oder keine divergirt."

Beweis. Aus (VI) in Nr. 5 folgt nunmehr die Formel

$$V_{2l-1} - V_{2l} = \frac{1}{N_{2l-1} N_{2l}}. \qquad (21)$$

Jede der Zahlen N_{2l-1}, N_{2l} hat bei $\lim l = +\infty$ einen positiven Grenzwerth, denn nach der Formel

$$N_n = N_{n-2} + h_n N_{n-1}$$

ist $N_n > N_{n-2}$. Aus (21) kann man sohin durch den Grenzübergang $\lim l = +\infty$ schliefsen, dafs $B - A$ Null oder positiv ist, je nachdem von den Zahlen N_{2l-1} N_{2l} eine oder keine den Grenzwerth $+\infty$ hat. Bildet man mit Hilfe der zuletzt erwähnten Formel die Nenner der Näherungsbrüche

$$N_1 = h_1$$
$$N_2 = 1 + h_1 h_2$$
$$N_3 = h_1 + h_3 + h_1 h_2 h_3$$
$$N_4 = 1 + h_1 h_2 + h_1 h_4 + h_3 h_4 + h_1 h_2 h_3 h_4$$
$$\cdots \cdots \cdots \cdots \cdots \cdots \cdots \cdots \cdots \cdots \cdots,$$

so findet man ohne Mühe, dafs

$$N_{2l} > 1 \qquad N_{2l+1} > h_1 + h_3 + \cdots + h_{2l+1} \qquad (l \geqq 1)$$

und dafs wenn $n \geqq 2$ ist,

$$0 < N_n < (1 + h_1)(1 + h_2)\cdots(1 + h_n) - h_2 - h_4 - \cdots - h_{2l}$$

ist, wo $2l$ jede gerade Zahl $\leqq n$ sein darf. Aus der ersteren Ungleichung folgt, dafs wenn die unendliche Reihe

$$h_1 + h_3 + h_5 + \cdots$$

divergirt, $\lim N_{2l+1}$ bei $\lim l = +\infty$ auch $+\infty$, also der Kettenbruch (18) convergent ist. Divergirt nun die Reihe (19), so divergirt entweder die erste der Reihen (20) oder nicht. Im ersten Falle convergirt, wie eben bemerkt ist, der Kettenbruch (18). Im zweiten Falle mufs die zweite der Reihen (20) divergiren, also der Kettenbruch

$$h_1 + \frac{1}{h_2} + \frac{1}{h_3} + \frac{1}{h_4} + \cdots$$

convergiren, somit, da sein Grenzwerth eine endliche positive Zahl ist, auch der Bruch (18).

Wenn die Reihe (19) convergirt, so convergirt das unendliche Product $(1 + h_1)(1 + h_2)(1 + h_3)\ldots$ Ist P sein Grenzwerth, so hat man jedenfalls

$$\lim_{l=+\infty} N_{2l-1} < P \qquad \lim_{l=+\infty} N_{2l} < P,$$

also nach (21)

$$B - A > 1 : P^2;$$

es schwankt also der unendliche Kettenbruch (18) zwischen A und B.

Wenn die Theilzähler des Kettenbruches

$$b_0 + \frac{a_1}{b_1} + \frac{a_2}{b_2} + \cdots + \frac{a_n}{b_n} + \cdots \tag{16}$$

nicht sämmtlich 1 sind, so läfst sich ihm nach den Formeln (12) ein äquivalenter an die Seite stellen, welcher dieser Bedingung genügt. Seine Theilnenner werden durch die Formeln

$$h_1 = b_1 : a_1$$

$$h_{2l} = \frac{a_1 a_3 \ldots a_{2l-1}}{a_2 a_4 \ldots a_{2l}} b_{2l}$$

$$h_{2l+1} = \frac{a_2 a_4 \ldots a_{2l}}{a_1 a_3 \ldots a_{2l-1}} \cdot \frac{b_{2l+1}}{a_{2l+1}} \qquad (l \geq 1) \qquad (22)$$

gegeben. Man hat demnach

$$\frac{h_{2l+2}}{h_{2l}} = \frac{a_{2l+1}}{a_{2l+2}} \cdot \frac{b_{2l+2}}{b_{2l}} \qquad \frac{h_{2l+3}}{h_{2l+1}} = \frac{a_{2l+2}}{a_{2l+3}} \cdot \frac{b_{2l+3}}{b_{2l+1}}.$$

Mittelst dieser Formeln beweist man z. B. die Convergenz des Kettenbruches

$$\frac{a^2}{b} + \frac{(a+b)^2}{b} + \frac{(a+2b)^2}{b} + \frac{(a+3b)^2}{b} + \cdots,$$

worin a b positive Zahlen bedeuten.

Corollare. 1) „Divergirt die Reihe

$$\frac{b_0 b_1}{a_1} + \frac{b_1 b_2}{a_2} + \cdots + \frac{b_{n-1} b_n}{a_n} + \cdots, \qquad (23)$$

so convergirt der Kettenbruch (16)."

Wenn die Kettenbrüche (16) und (18) äquivalent sein sollen, so mufs nach Gl. (15) in Nr. 6

$$\frac{b_{n-1} b_n}{a_n} = h_{n-1} h_n \qquad (n \geq 2)$$

sein. Wäre der Kettenbruch (16) divergent, so müfsten beide Reihen (20), folglich die Reihen

$$h_0 h_1 + h_2 h_3 + h_4 h_5 + \cdots \qquad h_1 h_2 + h_3 h_4 + h_5 h_6 + \cdots$$

und also auch die Reihe (23) convergiren. Somit convergirt der in Rede stehende Kettenbruch.

2) Wenn im Kettenbruche (16) von einem bestimmten Werthe von $n : n = m$ an $b_n \geq a_n$ ist und die unendliche Reihe

$$b_1 + b_2 + \cdots + b_n + \cdots$$

divergirt, so convergirt er. Ist $b_0 = 0$, so ist sein Grenzwerth positiv und kleiner als 1."

Da nun von $n = m$ an

$$\frac{b_{n-1}b_n}{a_n} \geq b_{n-1}$$

ist, so divergirt die Reihe (23) und es convergirt der Kettenbruch (16).

3) Aus dem obigen allgemeinen Satze über das Verhalten des Kettenbruches (18) bezw. (16) ergiebt sich leicht, dafs in dem hier betrachteten Falle aus dem unendlichen Kettenbruche (16) durch Weglassung einer endlichen Anzahl von Gliedern immer ein gleichartiger unendlicher Kettenbruch erzeugt wird. (Vgl. Nr. 8).

4) Wenn der Kettenbruch (16) convergirt, so liegt sein Grenzwerth A zwischen je zwei aufeinander folgenden Näherungsbrüchen. Um zu entscheiden, welchem von ihnen er näher liegt, kann man die folgende Formel gebrauchen, welche aus (XI) in Nr. 5 durch den Grenzübergang $\lim r = +\infty$ folgt. Wie soeben bemerkt wurde, convergirt hier jeder unendliche Kettenbruch

$$\frac{a_{k+1}}{b_{k+1}} \dotplus \frac{a_{k+2}}{b_{k+2}} \dotplus \cdots \qquad .$$

Bezeichnet man seinen Grenzwerth mit E_{k+1}, so findet man aus (XI) die Gleichung

$$\frac{A - V_k}{V_{k-1} - A} = \frac{N_{k-1}}{N_k} E_{k+1} . \qquad (24)$$

10. Regelmäfsige Kettenbrüche.

Sind in einem endlichen oder unendlichen Kettenbruche sämmtliche Theilzähler $+1$, die Theilnenner natürliche Zahlen h_n und ist $b_0 = h_0$ eine ganze Zahl, so heifst er regelmäfsig oder einfach. Solche Kettenbrüche haben folgende besondere Eigenschaften.

1) „Die Nenner N_n der Nährungsbrüche sind natürliche Zahlen, die mit dem Index n beständig wachsen. Dasselbe gilt von den Zählern Z_n derselben, falls h_0 nicht negativ ist. Ist h_0 negativ, so sind die Z_n negative ganze Zahlen, die ihrem absoluten Betrage nach mit n beständig und ins Unendliche wachsen." — Das folgt aus den Formeln

$$N_n = N_{n-2} + h_n N_{n-1} \qquad Z_n = Z_{n-2} + h_n Z_{n-1}$$

unmittelbar. Ist $h_0 < 0$, so sind $Z_0 = h_0$ und $Z_1 = 1 + h_0 h_1$ negativ, folglich auch Z_n.

2) Der Zähler und Nenner eines jeden Näherungs-bruches sind relative Primzahlen. Denn jeder gemein-same Theiler derselben müfste nach der Formel (V) Theiler von 1 sein.

3) „Jeder regelmäfsige unendliche Kettenbruch convergirt. Sein Grenzwerth A ist positiv oder negativ, je nachdem h_0 nicht negativ oder negativ ist. Ist $h_0 = 0$, so ist $A < 1$.“

4) Jeder Näherungsbruch liegt einem späteren Näherungsbruche, sowie dem Grenzwerthe A, näher, als irgend einer seiner Vorgänger. — Folgt aus (XI), bezw. (24), indem jetzt $N_{k-1} < N_k$ und sowohl $E_{k+1,\,k+r}$ als auch E_{k+1} kleiner als 1 ist.

5) Jeder gemeine Bruch $r : s$, der zwischen zwei aufeinander folgenden Näherungsbrüchen $V_{n-1}\ V_n$ liegt, hat einen Nenner, der gröfser als N_n ist. — Da nach (VI)

$$0 < \left| \frac{r}{s} - V_{n-1} \right| < \left| V_n - V_{n-1} \right| = \frac{1}{N_{n-1} N_n}$$

sein mufs, so findet man durch Multiplication mit $s N_{n-1}$

$$\left| r N_{n-1} - s Z_{n-1} \right| < s : N_n.$$

Weil die linke Seite eine natürliche Zahl ist, so ist $s > N_n$.

6) Der Grenzwerth eines jeden regelmäfsigen unendlichen Kettenbruches ist irrational. — Hätte nämlich der Kettenbruch (18) einen rationalen Grenzwerth $r : s$, so müfste, — da $r : s$ zwischen V_{n-1} und V_n liegen würde —, wie grofs n auch sein mag, $s > N_n$ sein, was unmöglich ist, da N_n mit n ins Unendliche wächst.

7) Der Nenner eines jeden gemeinen Bruches $r : s$, der dem Näherungswerthe $V_{n+p}\,(p > 0)$, bezw. dem Grenzwerthe A eines unendlichen regelmäfsigen Kettenbruches näher liegt als V_n, mufs gröfser als N_n sein. — Denn da sowohl V_{n+p}, als auch A zwischen V_{n-1} und V_n, so mufs $r : s$ zwischen V_{n-1} und V_n liegen.

8) Jede gebrochene rationale Zahl läfst sich in

einen und nur einen endlichen, jede irrationale Zahl in einen und nur einen unendlichen regelmäfsigen Kettenbruch entwickeln. Dabei ist natürlich gemeint, dafs im ersten Falle der letzte Theilnenner von 1 verschieden ist.

Soll irgend eine reelle Zahl ξ, welche nicht ganz ist, gleich einem endlichen oder unendlichen einfachen Kettenbruche

$$h_0 + \frac{1}{h_1} \dotplus \frac{1}{h_2} \dotplus \cdots$$

sein, so mufs $h_0 < \xi < h_0 + 1$ sein, wodurch die ganze Zahl h_0 mit Nothwendigkeit sich ergiebt. Setzt man

$$\xi = h_0 + \xi_1, \quad \text{wo} \quad 0 < \xi_1 < 1$$

ist, so soll

$$\xi_1 = \frac{1}{h_1} \dotplus \frac{1}{h_2} \dotplus \cdots, \quad \frac{1}{\xi_1} = h_1 + \frac{1}{h_2} \dotplus \cdots$$

sein, also mufs

$$h_1 < \frac{1}{\xi_1} < h_1 + 1$$

sein, wodurch die natürliche Zahl h_1 völlig bestimmt ist. Setzt man

$$\frac{1}{\xi_1} = h_1 + \xi_2, \quad \text{wo} \quad 0 < \xi_2 < 1$$

ist, so soll

$$\xi_2 = \frac{1}{h_2} \dotplus \frac{1}{h_3} \dotplus \cdots \quad \frac{1}{\xi_2} = h_2 + \frac{1}{h_3} \dotplus \cdots$$

sein, so dafs

$$h_2 < \frac{1}{\xi_2} < h_2 + 1$$

sein mufs, woraus sich h_2 ergiebt. U. s. f.

Ist ξ ein rationaler Bruch und zwar in reducirter Form gleich $r : s$ ($s > 0$), so findet man demnach $h_0, h_1 \cdots$ durch die Divisionen

$$\frac{r}{s} = h_0 + \frac{r_1}{s} \quad (0 < r_1 < s)$$

$$\frac{s}{r_1} = h_1 + \frac{r_2}{r_1} \quad (0 < r_2 < r_1)$$

$$\cdot \quad \cdot \quad \cdot \quad \cdot \quad \cdot \quad \cdot \quad \cdot \quad \cdot$$

$$\frac{r_{n-1}}{r_n} = h_n + \frac{r_{n+1}}{r_n} \quad (0 < r_{n+1} < r_n).$$

Da die natürlichen Zahlen $r_1 \, r_2 \ldots r_n \ldots$ beständig abnehmen, so muſs eine, r_m, die letzte sein. Sie genügt den Gleichungen

$$\frac{r_{m-2}}{r_{m-1}} = h_{m-1} + \frac{r_m}{r_{m-1}} \qquad \frac{r_{m-1}}{r_m} = h_m,$$

wobei $h_m > 1$ ist. Aus den vorstehenden Formeln folgt die Gleichung

$$\frac{r}{s} = h_0 + \frac{1}{h_1} \dotplus \frac{1}{h_2} \dotplus \dots \dotplus \frac{1}{h_m}.$$

Wenn ξ irrational ist, so bricht die Reihe der Gleichungen

$$\frac{1}{\xi_1} = h_1 + \xi_2 \qquad \frac{1}{\xi_2} = h_2 + \xi_3 \dots \qquad \frac{1}{\xi_n} = h_n + \xi_{n+1} \dots$$

niemals ab. Daſs der auf diese Art ermittelte unendliche Kettenbruch

$$h_0 + \frac{1}{h_1} \dotplus \frac{1}{h_2} \dotplus \dots$$

den Grenzwerth ξ hat, bedarf noch des Beweises.

Es ist aber

$$\xi = h_0 + \frac{1}{h_1} \dotplus \frac{1}{h_2} \dotplus \dots \dotplus \frac{1}{h_n + \xi_{n+1}} = \frac{\xi_{n+1} Z_{n-1} + Z_n}{\xi_{n+1} N_{n-1} + N_n}$$

$$\xi - V_n = \frac{(-1)^n \xi_{n+1}}{N_n (\xi_{n+1} N_{n-1} + N_n)},$$

woraus, da $0 < \xi_{n+1} < 1$ ist und N_n zugleich mit n ins Unendliche wächst, folgt, daſs bei $\lim n = +\infty$ $\lim V_n = \xi$ ist.

Wie man vorzugehen hat, um mit Hilfe von unvollständigen Decimalzahlen einige Anfangsglieder der Reihe $h_0 \, h_1 \, h_2 \dots$ im regelmäſsigen Kettenbruche für ξ zu ermitteln[6]), wird aus dem nachstehenden Beispiele ersichtlich werden. Es sei der Anfang des Kettenbruches für die Ludolph'sche Zahl mit Hilfe der Angabe

$$\pi = 3,1415296 + \alpha : 10^7 \qquad (0 < \alpha < 1)$$

zu berechnen. Man entwickelt den Bruch

$$\frac{r_1}{s} = \frac{1415296 + \alpha}{10000000}$$

in einen Kettenbruch, was folgende Rechnung erheischt.

$$r_1 = 1415926 + \alpha$$
$$10000000 : r_1 = 7 + (88518 - 7\alpha) : r_1 \qquad h_1 = 7$$
$$r_2 = 88518 - 7\alpha$$
$$r_1 : r_2 = 15 + (88156 + 106\alpha) : r_2 \qquad h_2 = 15$$
$$r_3 = 88156 + 106\alpha$$
$$r_2 : r_3 = 1 + (362 - 113\alpha) : r_3 \qquad h_3 = 1$$
$$r_4 = 362 - 113\alpha$$

Der Quotient $88156 : 362$ ist dreiziffrig und beginnt mit 2. Läfst man den Quotienten $r_3 : r_4$ mit 200 beginnen, so ist der erste Rest $15756 + 22706\,\alpha$. Da er für $\alpha = 1$ in 38462 übergeht, so kann h_4 möglicherweise mit 3 beginnen. Unsere Rechnung liefert also von dem gesuchten Kettenbruche nur das Stück

$$\pi = 3 + \frac{1}{7} + \frac{1}{15} + \frac{1}{1} + \cdots$$

nebst der Bemerkung, dafs h_4 dreiziffrig ist und mit 2 oder 3 beginnt. Mittelst genauerer Näherungswerthe findet man $h_4 = 292$. — Um die wirklichen Theilnenner h_n zu erhalten, verwandle man zwei Decimalbrüche, wovon der eine nicht um eine Einheit der letzten Stelle kleiner, der andere nicht um eine Einheit von derselben Ordnung gröfser als die gegebene Zahl ξ ist, in regelmäfsige Kettenbrüche. Der beiden gemeinsame Anfang gehört auch dem ξ entsprechenden Kettenbruche an.

Unendliche Kettenbrüche mit negativen Theilzählern und positiven Theilnennern.

11. Eine allgemeine Regel zur Entscheidung der Frage, ob ein solcher Kettenbruch convergirt oder divergirt, ist bis jetzt nicht aufgestellt worden. Es giebt unter diesen Kettenbrüchen, wie der folgende Satz lehrt, eine umfassende Classe von convergenten.

Satz.[7] „Wenn in dem Kettenbruche

$$\frac{a_1}{b_1} \div \frac{a_2}{b_2} \div \cdots \div \frac{a_n}{b_n} \div \cdots, \qquad (25)$$

worin die a_n b_n positive Zahlen sind, durchaus

$$b_n \geqq a_n + 1 \qquad (26)$$

ist, so convergirt er. Ist stets

$$b_n = a_n + 1,$$

so hat N_n bei $\lim n = +\infty$ entweder einen endlichen positiven Grenzwerth $\nu > 1$ oder den Grenzwerth $+\infty$, je nachdem die unendliche Reihe

$$1 + a_1 + a_1 a_2 + \cdots + a_1 a_2 \cdots a_n + \cdots \qquad (27)$$

convergirt oder divergirt. Im ersten Falle ist der Grenzwerth des Kettenbruches (25) $(\nu - 1) : \nu$, im zweiten 1.

Falls in (26) nicht durchweg das Zeichen $=$ steht, so ist der Grenzwerth von (25) ein positiver ächter Bruch."

Der Beweis des Satzes beruht auf der folgenden Bemerkung. Bestehen die Relationen (26), so sind die Z_n von Z_1 an, sowie alle N_n positive Zahlen, die zugleich mit dem Index beständig wachsen. Wenn durchaus $b_n = a_n + 1$ ist, so hat man $N_n - Z_n = 1$; sonst ist von demjenigen Werthe von n: $n = m$, wofür zuerst $b_n > a_n + 1$ ist, an

$$N_n - Z_n > N_{n-1} - Z_{n-1} \geq 1.$$

Alles das ist leicht durch Induction zu zeigen. Da

$$Z_0 = 0 \quad Z_1 = a_1 \quad Z_2 = a_1 b_2 \cdots$$

ist, so ist $0 < Z_1 < Z_2 \ldots$ Nimmt man nun an, es sei

$$0 < Z_{n-2} < Z_{n-1} \quad (n \geq 3),$$

so ergiebt sich vermöge der Formel

$$Z_n = b_n Z_{n-1} - a_n Z_{n-2} = (b_n - a_n) Z_{n-1} + a_n (Z_{n-1} - Z_{n-2}),$$

dafs auch $Z_n > Z_{n-1}$ ist. Auf ähnliche Art folgt aus den Formeln

$$N_0 = 1 \quad N_1 = b_1 \quad N_2 = b_1 b_2 - a_2 \cdots$$
$$N_n = b_n N_{n-1} - a_n N_{n-2}$$
$$= (b_n - a_n) N_{n-1} + a_n (N_{n-1} - N_{n-2}),$$

dafs N_n zugleich mit n beständig wüchst. Man hat ferner

$$N_0 - Z_0 = 1 \quad N_1 - Z_1 = b_1 - a_1$$
$$N_2 - Z_2 = (b_1 - a_1) b_2 - a_2 \cdots$$
$$N_n - Z_n = (b_n - a_n)(N_{n-1} - Z_{n-1})$$
$$+ a_n \{ N_{n-1} - Z_{n-1} - (N_{n-2} - Z_{n-2}) \}.$$

Wenn nun

$$b_1 - a_1 = b_2 - a_2 = \cdots = b_{m-1} - a_{m-1} = 1$$

ist, so findet man nacheinander

$$N_1 - Z_1 = N_2 - Z_2 = \cdots = N_{m-1} - Z_{m-1} = 1.$$

Falls durchaus $b_n = a_n + 1$ ist, so ist somit stets

$$N_n - Z_n = 1.$$

Falls jedoch $b_m > a_m + 1$ ist, so hat man $N_m - Z_m > 1$ und neben

$$N_{n-1} - Z_{n-1} > N_{n-2} - Z_{n-2} \geq 1$$

auch
$$N_n - Z_n > N_{n-1} - Z_{n-1}.$$ (27*)

Da nun nach (VI)
$$\frac{Z_n}{N_n} - \frac{Z_{n-1}}{N_{n-1}} = \frac{a_1\, a_2\, \ldots\, a_n}{N_{n-1}\, N_n},$$

also positiv ist, so wachsen die Näherungsbrüche $Z_n : N_n$ zugleich mit n beständig, woraus man zunächst nach Nr. 4 erkennt, dafs jeder Bruch
$$V_n = \frac{a_1}{b_1} - \frac{a_2}{b_2} \cdot \ldots : \frac{a_n}{b_n} = \frac{Z_n}{N_n}$$

einen Sinn hat. Es ist aber wegen
$$Z_n \leq N_n - 1 \qquad V_n < 1;$$

also convergirt V_n bei $\lim n = +\infty$ zu einem positiven Grenzwerthe ≤ 1.

Wenn durchaus $b_n = a_n + 1$ ist, so hat man
$$N_n - Z_n = 1,$$

also nach (V)
$$Z_n N_{n-1} - N_n Z_{n-1} = N_n - N_{n-1} = a_1 a_2 \ldots a_n.$$

Setzt man hier nacheinander statt n $1, 2 \ldots n - 1$ und addirt alle Gleichungen, so folgt
$$N_n = 1 + a_1 + a_1 a_2 + \cdots + a_1 a_2 \ldots a_n.$$

Somit hat N_n bei $\lim n = +\infty$ entweder einen endlichen positiven Grenzwerth v oder den Grenzwerth $+\infty$, je nachdem eben die aus positiven Gliedern bestehende Reihe (27) convergirt oder divergirt. Diesen Möglichkeiten entsprechend schliefst man aus der Formel
$$V_n = \frac{N_n - 1}{N_n} = 1 - \frac{1}{N_n}$$

$$\lim_{n = +\infty} V_n = 1 - \frac{1}{v} \qquad \text{bezw.} \quad 1.$$

Z. B. der periodische Kettenbruch
$$\frac{a}{a+1} \cdot - \frac{a}{a+1} \cdot - \frac{a}{a+1} \cdot - \cdots \qquad (a > 0)$$

hat den Grenzwerth a oder 1, je nachdem a kleiner als 1 ist oder nicht.

Ist $b_n = a_n + 1$ $(n = 1, 2 \ldots m - 1)$, $b_m > a_m + 1$, so ist der Grenzwerth von V_n bei $\lim n = + \infty$ kleiner als 1. Man betrachte neben V_n die Brüche

$$V'_n = \frac{Z'_n}{N'_n} = \frac{a_1}{a_1 + 1} \cdot \frac{a_2}{a_2 + 1} \cdot \cdots \cdot \frac{a_n}{a_n + 1}.$$

Da für $n \geq m + 1$ die durch den Schluſs von $n - 1$ auf n zu beweisende Relation

$$N_n - N'_n > N_{n-1} - N'_{n-1} > 0$$

besteht, also neben

$$N_m > N'_m \quad N_n > N'_n$$

ist, so wird man mit Hilfe von Formel (17) leicht finden, daſs

$$V_n < V'_n \quad \text{und} \quad \lim_{n = +\infty} V_n \; < \; \lim_{n = +\infty} V'_n \leq 1$$

ist.

Was diejenigen unendlichen Kettenbrüche von der Form (25), die unzählige Glieder besitzen, worin $b_n < a_n + 1$ ist, betrifft, so hat Seidel bemerkt[8]), daſs es unter den Brüchen von der reducirten Form

$$\frac{1}{k_1} \cdot \frac{1}{k_2} \cdot \frac{1}{k_3} \cdot \cdots,$$

wo die $k_1 \; k_2 \ldots$ positive Zahlen sind, die sich steigend dem Grenzwerthe 2 nähern, convergente und divergente gebe, ja er hat die Existenz eines convergenten Kettenbruchs von dieser Gestalt nachgewiesen, dessen Theilnenner k_n bei $\lim n = + \infty$ den Grenzwerth $\sqrt{2}$ haben. Stern hat gezeigt[9]), daſs der Kettenbruch

$$b_0 - \frac{a_1}{b_1} \cdot \frac{a_2}{b_2} \cdot \cdots$$

convergirt und einen positiven Grenzwerth hat, wenn für jeden Werth von n die Relation

$$\frac{a_1}{b_0 b_1} + \frac{a_2}{b_1 b_2} + \cdots + \frac{a_n}{b_{n-1} b_n} < 1$$

besteht.

Da der unendliche Kettenbruch

$$\frac{a_1}{a_1} \cdot \frac{a_2}{a_2} \cdot \cdots \cdot \frac{a_n}{a_n} \cdots \quad (a_n > 0)$$

äquivalent mit dem folgenden

$$\frac{1}{1} \cdot \frac{1}{a_1} \cdot \frac{a_1}{a_2} \cdot \cdots \cdot \frac{a_{n-1}}{a_n} \cdot \cdots$$

ist [man setze nach Formel (17*)

$$c_1 = 1 : a_1 \quad c_n = a_{n-1} : a_n \quad (n = 2, 3 \ldots)],$$

so convergirt er, wenn für $n \geq 1$

$$a_{n+1} \geq a_n + 1$$

und der Kettenbruch

$$a_1 \div \frac{a_1}{a_2} \div \dots$$

nicht gleich 1 ist. — Insbesondere sind die Kettenbrüche

$$\frac{a}{a} \div \frac{a+1}{a+1} \div \frac{a+2}{a+2} \div \dots$$

und

$$\frac{1}{1} \div \frac{1}{a} \div \frac{a}{a+1} \div \frac{a+1}{a+2} \div \dots$$

äquivalent. Falls $a > 0$ ist, so hat der Kettenbruch

$$\frac{a}{a+1} \div \frac{a+1}{a+2} \div \dots$$

den Grenzwerth $+1$, folglich der erstgenannte den Grenzwerth $\frac{a-1}{a-2}$. Ausgenommen ist jedoch die Annahme $a = 2$, welche ihn divergent macht (vgl. Nr. 8).

12. Ueber die Kettenbrüche von der Form (25), deren Theilzähler und Theilnenner sämmtlich der Relation (26) genügen,

mögen noch die folgenden Bemerkungen hier Platz finden.

1) „Wenn

$$b_n = a_n + 1 \quad (n = 1, 2 \dots m - 1), \quad b_m > a_m + 1$$

ist und die unendliche Reihe (27) divergirt, so wächst sowohl Z_n als auch N_n mit dem Index n ins Unendliche." Es ist nämlich für $n \geq m \geq 1$ (mit Ausnahme von $n = m = 1$)

$$Z_n - Z_{n-1} > a_1 a_2 \dots a_n.$$

In der That hat man

$$Z_n - Z_{n-1} = (b_n - a_n - 1) Z_{n-1}$$
$$+ a_n (Z_{n-1} - Z_{n-2}),$$

also, da $Z_{m-1} - Z_{m-2} = a_1 a_2 \dots a_{m-1}$ ist,

$$Z_m - Z_{m-1} > a_1 a_2 \dots a_m$$
$$Z_{m+1} - Z_m > a_1 a_2 \dots a_{m+1}$$

u. s. f.

Daraus ergiebt sich nach (27*)

$$N_n - N_{n-1} > a_1 a_2 \dots a_n \quad (n \geq m). \tag{28}$$

2) Da die V_n in einem Sinne und zwar wachsend dem Grenzwerthe A_1 des Kettenbruches (25) sich nähern, so ist es wünschenswerth, eine Reihe von Zahlen kennen zu lernen, welche beständig abnehmend ebenfalls dem Grenzwerthe A_1 zustreben. Im Falle dafs die Reihe (27) divergirt, nehmen die Zahlen

$$V_n = \frac{a_1}{b_1} \cdot \frac{a_2}{b_2} \cdot \cdots \cdot \frac{a_n}{b_n - 1} \quad (n \geq 1)$$

bei wachsendem n stets ab und es ist $\lim V_n = A_1$. Sie heifsen nach Stern mittelbare Näherungsbrüche von A_1. — Man hat nämlich

$$v_n = \frac{- a_n Z_{n-2} + (b_n - 1) Z_{n-1}}{- a_n N_{n-2} + (b_n - 1) N_{n-1}} = \frac{Z_n - Z_{n-1}}{N_n - N_{n-1}}$$

$$v_{n+1} = \frac{(b_{n+1} - 1) Z_n - a_{n+1} Z_{n-1}}{(b_{n+1} - 1) N_n - a_{n+1} N_{n-1}}$$

$$Z_n N_{n-1} - N_n Z_{n-1} = a_1 a_2 \ldots a_n$$

$$v_n - v_{n+1} = \frac{(b_{n+1} - a_{n+1} - 1) a_1 a_2 \ldots a_n}{(N_{n+1} - N_n)(N_n - N_{n-1})}$$

$$v_n - V_n = \frac{a_1 a_2 \ldots a_n}{N_n (N_n - N_{n-1})}.$$

Aus diesen Formeln folgt

$$v_{n+1} < v_n, \quad V_n < v_n$$

und vermöge (28), dafs bei $\lim n = + \infty$ $\lim v_n = \lim V_n$ ist. — Wenn $\lim (v_n - V_n)$ nicht Null ist, was z. B. eintritt, falls durchweg $b_n = a_n + 1$ ist und die Reihe (27) convergirt, so haben die Brüche v_n keine Bedeutung.

3) „Läfst man aus dem Kettenbruche (25), worin

$$b_n \geq a_n + 1$$

ist, Glieder in endlicher oder unendlicher Anzahl weg, so bleibt ein convergenter Kettenbruch zurück."

4) Bezeichnet man den Grenzwerth des Kettenbruches

$$\frac{a_k}{b_k} \cdot \frac{a_{k+1}}{b_{k+1}} \cdot \cdots \quad (k \geq 1)$$

in dem in Rede stehenden Falle mit A_k, so findet man aus (IX) in Nr. 5 für $k = n$ bei $\lim r = + \infty$

$$A_1 - V_n = \frac{a_1 \, a_2 \ldots a_{n+1}}{N_n(N_{n+1} - A_{n+2}N_n)} \, .$$

Da, wenn A_1 nicht gleich 1 ist, $A_k \leq 1$ ist, so ergiebt sich hieraus mit Hilfe von (28) die Ungleichung

$$0 < A_1 - V_n < 1 : N_n \, .$$

Unter den hier betrachteten Kettenbrüchen sind wichtig die reducirten d. i. die von der Form

$$k_0 - \frac{1}{k_1} \cdot \frac{1}{k_2} \div \ldots \div \frac{1}{k_n} \div \ldots,$$

worin k_0 eine ganze, $k_1, k_2 \ldots k_n \ldots$ ganze positive Zahlen > 2 bedeuten. Sie haben folgende besondere Eigenschaften.

1) Die Nenner N_n der Näherungsbrüche sind natürliche Zahlen, die mit dem Index n beständig wachsen. Dasselbe gilt von den absoluten Beträgen ihrer Zähler Z_n; die Z_n selbst sind positiv oder negativ, je nachdem k_0 positiv ist oder nicht.

2) Z_n und N_n sind relative Primzahlen.

3) Jeder unendliche Kettenbruch von der in Rede stehenden Beschaffenheit convergirt. Sein Grenzwerth A ist positiv oder negativ, je nachdem k_0 positiv ist oder nicht, und stets, wie in Nr. 13 gezeigt werden wird, irrational.

4) Die Näherungsbrüche $V_n = Z_n : N_n$ convergiren bei wachsendem n beständig abnehmend zum Grenzwerthe A, während die mittelbaren Näherungsbrüche

$$v_n = (Z_n - Z_{n-1}) : (N_n - N_{n-1})$$

steigend demselben Werthe A zustreben.

5) Jeder gemeine Bruch $r : s$, der zwischen zwei aufeinander folgenden Näherungsbrüchen $V_{n-1} V_n$ liegt, hat einen Nenner, der größer als N_n ist.

6) Jede gebrochene rationale Zahl läßt sich in einen und nur einen endlichen, jede irrationale Zahl in einen und nur einen unendlichen Kettenbruch von der obigen Form entwickeln.

Soll irgend eine reelle nicht-ganze Zahl ξ einem endlichen oder unendlichen reducirten Kettenbruche

$$k_0 \div \frac{1}{k_1} \div \frac{1}{k_2} \div \ldots$$

worin k_0 eine ganze, k_1 k_2 ... ganze positive Zahlen $\geq$ 2 sind, gleich sein, so muß

$$k_0 > \xi > k_0 - 1$$

sein, wodurch k_0 bestimmt ist. Setzt man

$$\xi = k_0 - \xi_1 \qquad (0 < \xi_1 < 1),$$

so soll

$$\frac{1}{\xi_1} = k_1 - \frac{1}{k_2} \div \cdots$$

sein, also muß

$$k_1 > 1 : \xi_1 > k_1 - 1$$

sein, wodurch k_1 völlig bestimmt ist. Dabei ist $k_1 > 1$. Hierauf setzt man

$$1 : \xi_1 = k_1 - \xi_2 \qquad (0 < \xi_2 < 1)$$

und verfährt ähnlich, u. s. f.

Ist ξ ein rationaler Bruch und zwar in reducirter Form gleich $r : s$ ($s > 0$): so findet man demnach $k_0, k_1, \ldots$ durch die Divisionen

$$\frac{r}{s} = k_0 - \frac{s_1}{s} \qquad (0 < \ s_1 \ < s)$$

$$\frac{s}{s_1} = k_1 - \frac{s_2}{s_1} \qquad (0 < \ s_2 \ < s_1)$$

. . . .

$$\frac{s_{n-1}}{s_n} = k_n - \frac{s_{n+1}}{s_n} \qquad (0 < s_{n+1} < s_n).$$

Da die natürlichen Zahlen s_1 s_2 ... s_n ... beständig abnehmen, so muß eine s_m die letzte sein. Sie genügt den Gleichungen

$$\frac{s_{m-2}}{s_{m-1}} = k_{m-1} - \frac{s_m}{s_{m-1}} \qquad \frac{s_{m-1}}{s_m} = k_m ,$$

wobei $k_m > 1$ sein muß. Aus den vorstehenden Formeln folgt die Gleichung

$$\frac{r}{s} = k_0 - \frac{1}{k_1} \cdot \frac{1}{k_2} \div \cdots \div \frac{1}{k_m} .$$

Wenn ξ irrational ist, so bricht die Reihe der Gleichungen

$$\frac{1}{\xi_1} = k_1 - \xi_2 \cdots \frac{1}{\xi_n} = k_n - \xi_{n+1} \cdots$$

niemals ab. Daß der so ermittelte Kettenbruch

$$k_0 - \frac{1}{k_1} \div \frac{1}{k_2} \div \cdots$$

den Grenzwerth ξ hat, wird so bewiesen. Man hat zunächst

$$\xi = k_0 - \frac{1}{k_1} - \frac{1}{k_2} - \cdots - \frac{1}{k_n - \xi_{n+1}} \qquad (0 < \xi_{n+1} < 1).$$

$$= \frac{Z_n - \xi_{n+1} Z_{n-1}}{N_n - \xi_{n+1} N_{n-1}}$$

$$V_n - \xi = \frac{\xi_{n+1}}{N_n(N_n - \xi_{n+1} N_{n-1})}.$$

Da

$$N_n - \xi_{n+1} N_{n-1} > N_n - N_{n-1} > 1$$

ist und N_n zugleich mit n ins Unendliche wächst, so ergiebt sich in der That

$$\lim_{n = +\infty} V_n = \xi.$$

13. Die Irrationalität gewisser unendlicher Kettenbrüche. [10]

Satz. „Sind im endlichen Kettenbruche

$$\frac{a_1}{b_1} \dotplus \frac{\varepsilon a_2}{b_2} \dotplus \cdots \dotplus \frac{\varepsilon a_n}{b_n} \dotplus \cdots, \qquad \text{(a)}$$

wo ε gleich $+1$ oder -1 ist, die Theilzähler a_n und die Theilnenner b_n sämmtlich natürliche Zahlen, welche von einem bestimmten Werthe von n: $n = m$ an, falls $\varepsilon = +1$, der Relation $b_n \geqq a_n$, falls $\varepsilon = -1$ ist, der Relation

$$b_n \geqq a_n + 1$$

genügen, jedoch so, daſs in der letzteren für unzählige Werthe von n das obere Zeichen gilt; so ist der Grenzwerth des Kettenbruches eine irrationale Zahl.“

Beweis. Wir wollen zunächst annehmen, daſs die erwähnten Relationen von $n = 1$ an gelten. Hätte der Kettenbruch (a) einen positiven rationalen Grenzwerth, $m_1 : m_0$ in reducirter Gestalt, so muſs auch der Kettenbruch

$$\frac{a_2}{b_2} \dotplus \frac{\varepsilon a_3}{b_3} \dotplus \cdots \dotplus \frac{\varepsilon a_n}{b_n} \dotplus \cdots$$

gleich einer positiven rationalen Zahl sein, die wir mit $\mu_2 : m_1$ bezeichnen, wobei es zunächst unentschieden bleibt, ob μ_2 ganz oder gebrochen ist. So fortfahrend, setzen wir nacheinander

$$\frac{a_n}{b_n} \dotplus \frac{\varepsilon a_{n+1}}{b_{n+1}} \dotplus \cdots = \frac{\mu_n}{\mu_{n-1}} \quad (n = 3, 4 \ldots),$$

sodafs μ_3, μ_4 ... positive rationale Zahlen bedeuten. Daraus folgt aber

$$\frac{\mu_{n-1}}{\mu_{n-2}} = \frac{a_{n-1}}{b_{n-1} + \varepsilon \dfrac{\mu_n}{\mu_{n-1}}} \qquad (n = 2, 3 \ldots),$$

wobei statt μ_0 μ_1, m_0 m_1 zu schreiben ist, und weiter, dafs

$$\varepsilon \mu_2 = a_1 m_0 - b_1 m_1 \qquad \varepsilon \mu_3 = a_2 m_1 - b_2 \mu_2$$

$$\varepsilon \mu_n = a_{n-1} \mu_{n-2} - b_{n-1} \mu_{n-1} \qquad (n = 4, 5 \ldots)$$

ist. Somit müfsten auch μ_2, μ_3 ... μ_n ... natürliche Zahlen sein:

$$\mu_n = m_n \qquad (n = 2, 3 \ldots).$$

Die Brüche

$$\frac{m_1}{m_0} \quad \frac{m_2}{m_1} \ldots \frac{m_n}{m_{n-1}} \ldots$$

sind sämmtlich ächt (vgl. Nr. 9, 11), so dafs $m_n < m_{n-1}$ sein mufs. Das ist jedoch unmöglich, da die Reihe $m_0 m_1 \ldots m_n \ldots$ ohne Ende fortläuft. Der Grenzwerth des Kettenbruches (a) mufs also irrational sein. — Falls die Relation $b_n \gtreqless a_n$ bezw. $b_n \gtreqless a_n + 1$ nicht von $n = 1$ an besteht, so wird der Satz mit Hilfe der Formel (IX) in Nr. 5 bewiesen.

Der vorstehende Satz ist die Umkehrung des folgenden. „Versteht man unter $a_1 a_2 \ldots a_n \ldots$ eine endlose, genau definirte Reihe von natürlichen Zahlen, so läfst sich jede irrationale Zahl ξ verwandeln sowohl in einen unendlichen Kettenbruch von der Form

$$b_0 + \frac{a_1}{b_1} + \frac{a_2}{b_2} + \cdots + \frac{a_n}{b_n} + \cdots$$

worin die b_n von $n = 1$ an natürliche Zahlen, die der Relation $b_n > a_n$ genügen, bezeichnet, als auch in einen von der Form

$$b_0 - \frac{a_2}{b_1} \cdot - \frac{a_1}{b_2} \cdot - \cdots - \frac{a_n}{b_n} \cdot ,$$

worin die b_n von $n = 1$ an natürliche Zahlen, die der Relation $b_n \gtreqless a_n + 1$ genügen, bezeichnen. b_0 kann in beiden Fällen irgend eine ganze Zahl sein." — Der Beweis des ersten Theiles des Satzes wird so wie der des Satzes in Nr. 10, welcher einen besonderen Fall desselben bildet, geführt, der des zweiten Theiles so wie der des darin enthaltenen Schlufssatzes von Nr. 12.

Periodische Kettenbrüche.

14. Entsteht ein unendlicher Kettenbruch dadurch, daſs von einem gewissen Gliede an eine aus einer bestimmten Anzahl von Gliedern gebildete Folge, welche die Periode heiſst, fortwährend wiederholt wird, so heiſst er periodisch und zwar rein-periodisch, wenn die Periode beim ersten Gliede beginnt, gemischt-periodisch, wenn ihr Glieder vorangehen, wozu jedenfalls die additive Zahl b_0 zu rechnen ist. Es genügt offenbar, sich mit den rein-periodischen Kettenbrüchen zu befassen. Wir legen uns demnach den unendlichen Kettenbruch

$$\frac{a_1}{b_1} + \frac{a_2}{b_2} + \cdots + \frac{a_m}{b_m} + \frac{a_1}{b_1} + \cdots \qquad (29)$$

vor, worin die m ersten Glieder die Periode bilden. Die Theilzähler $a_1 \ldots a_m$ und die Theilnenner $b_1 \ldots b_m$ können beliebige, reelle oder complexe, Werthe haben, nur soll keiner der ersteren verschwinden. Wenn der Kettenbruch (29) convergirt, so muſs der Grenzwerth x der quadratischen Gleichung

$$x = \frac{a_1}{b_1} + \frac{a_2}{b_2} + \cdots + \frac{a_m}{b_m + x}$$

genügen. Bezeichnen wir die dem Kettenbruche

$$\frac{a_1}{b_1} + \frac{a_2}{b_2} + \cdots + \frac{a_m}{b_m}$$

zugehörigen Zähler und Nenner der Näherungsbrüche mit $Z_n N_n$, so findet man hieraus

$$x = \frac{x Z_{m-1} + Z_m}{x N_{m-1} + N_m} \qquad (29^*)$$

d. i.

$$N_{m-1} x^2 + (N_m - Z_{m-1}) x - Z_m = 0. \qquad (30)$$

Mit voller Strenge ergiebt sich (29*) aus den Formeln (10) in Nr. 5.

Nun ist noch zu untersuchen, welche der Wurzeln dieser Gleichung der Grenzwerth von (29) ist. Diese und die Frage nach der Convergenz von (29) läſst sich in einigen

Fällen leicht erledigen. Sind z. B. die Theilzähler und Theilnenner von (29) sämmtlich reell und positiv, so ist der Bruch (29) stets convergent, indem die unendliche Reihe (23) in Nr. 9 als eine periodische gewifs divergirt. Sein Grenzwerth ist die einzige positive Wurzel von (30). Auch im Falle, dafs die Theilzähler sämmtlich negativ sind und

$$b_n + a_n \geq 1$$

ist, wird man mit dem bisher Vorgetragenen ausreichen. Um allgemeine Sätze zu erhalten, betrachte man die Näherungsbrüche von (29) unmittelbar.[11])

Wir bezeichnen die Zähler und Nenner der Näherungsbrüche des Kettenbruches (29) durchweg mit Z_n und N_n. Dann ist nach den Formeln (IV) in Nr. 3 für

$$p = hm + r \qquad k = hm + 1$$

$$Z_{hm+r} = Z_r Z_{hm-1} + N_r Z_{hm}$$
$$N_{hm+r} = Z_r N_{hm-1} + N_r N_{hm}$$
$$(r = 1, 2 \ldots m). \qquad (31)$$

Wir brauchen nur independente Formeln für die vier Ausdrücke Z_{hm-1} N_{hm-1} Z_{hm} N_{hm}, wobei vier Fälle zu unterscheiden sind.

I. Es sei N_{m-1} nicht Null und die Wurzeln (a, b) der Gleichung (30) verschieden.

Wir führen anstatt N_{m-1} N_m die Zahlen

$$N_m + a N_{m-1} = c$$
$$N_m + b N_{m-1} = d$$

ein, so dafs

$$(a - b) N_{m-1} = c - d \qquad (a - b) N_m = ad - bc$$

ist. Mit Hilfe der Formeln

$$\left. \begin{aligned} Z_{m-1} - N_m &= (a + b) N_{m-1} \\ Z_m &= - ab N_{m-1} \end{aligned} \right\} \qquad (32)$$

finden wir dann

$$(a - b) Z_{m-1} = ac - bd$$
$$(a - b) Z_m = ab (d - c).$$

Hieraus folgt noch

$$Z_m N_{m-1} - Z_{m-1} N_m = - cd, \qquad (32^*)$$

so dafs weder c noch d Null sein kann.

Den Gleichungen

$$\left.\begin{aligned}
Z_{(h+1)m-1} &= Z_{m-1}Z_{hm-1} + N_{m-1}Z_{hm}\\
N_{(h+1)m-1} &= Z_{m-1}N_{hm-1} + N_{m-1}N_{hm}\\
Z_{(h+1)m} &= Z_m\ Z_{hm-1} + N_m\ Z_{hm}\\
N_{(h+1)m} &= Z_m\ N_{hm-1} + N_m\ N_{hm}
\end{aligned}\right\} \tag{33}$$

genügen identisch die Ausdrücke ($h \geqq 1$)

$$\left.\begin{aligned}
(a-b)Z_{hm-1} &= ac^h &- bd^h\\
(a-b)N_{hm-1} &= c^h &- d^h\\
(a-b)Z_{hm} &= ab\,(d^h \div c^h)\\
(a-b)N_{hm} &= ad^h &- bc^h
\end{aligned}\right\}. \tag{34}$$

II. Es sei N_{m-1} nicht Null und die Wurzeln $a\,b$ von (30) einander gleich. Wenn $b = a$ ist, so ergiebt sich mit Hilfe von (32) und der Annahme

$$N_m + aN_{m-1} = c \qquad Z_{m-1} = c + aN_{m-1}$$
$$Z_m = -a^2 N_{m-1} \qquad N_m = c - aN_{m-1}.$$

Hieraus folgt noch, daß

$$Z_m N_{m-1} - Z_{m-1} N_m = -c^2,$$

so daß c nicht Null sein kann.

Den Gleichungen (33) genügen identisch die Ausdrücke ($h > 1$)

$$\left.\begin{aligned}
Z_{hm-1} &= c^{h-1}(c + haN_{m-1})\\
N_{hm-1} &= hc^{h-1}N_{m-1}\\
Z_{hm} &= -hc^{h-1}a^2 N_{m-1}\\
N_{hm} &= c^{h-1}(c - haN_{m-1})
\end{aligned}\right\}. \tag{35}$$

III. $N_{m-1} = 0$, $N_m - Z_{m-1}$ nicht Null. Z_{m-1}, N_m sind nicht Null. Bezeichnet man die Wurzel von (30) mit a, so ist

$$(N_m - Z_{m-1})a = Z_m.$$

Den Gleichungen (33) genügen identisch die Ausdrücke ($h \geqq 1$)

$$\left.\begin{aligned}
Z_{hm-1} &= Z_{m-1}^h & N_{hm-1} &= 0\\
Z_{hm} &= a\{N_m^h - Z_{m-1}^h\} & N_{hm} &= N_m^h
\end{aligned}\right\} \tag{36}$$

IV. $N_{m-1} = 0$ $N_m - Z_{m-1} = 0$. Z_{m-1} ist nicht Null. Den Gleichungen (33) genügen identisch die Ausdrücke $(h > 1)$

$$Z_{h\,m-1} = N_m^h \qquad N_{h\,m-1} = 0$$
$$Z_{h\,m} = h Z_m N_m^{h-1} \qquad N_{h\,m} = N_m^h. \tag{37}$$

Gestützt auf die vorstehenden Formeln wird man die zur Convergenz des periodischen Kettenbruches (27) nothwendige und hinreichende Bedingung leicht auffinden.

Satz. „Der Kettenbruch (29) convergirt im Falle I. dann und nur dann, wenn der absolute Betrag des Quotienten $c:d$ nicht gleich 1 und, falls $m > 2$ ist, keine der Zahlen

$$Z_r - b N_r \qquad (r = 0, 1, \ldots m - 2)$$

Null ist. Dabei sind die Bezeichnungen $a\,b$ so verwendet, daſs $|c| > |d|$ ist. a ist der Grenzwerth des periodischen Kettenbruches (29).

Im Falle II. convergirt der Kettenbruch (29) und zwar ist sein Grenzwerth die einzige Wurzel von (30) $a = b$.“

Unter allen übrigen Umständen z. B. in den Fällen III und IV divergirt der Kettenbruch.“

Beweis. Die Convergenz des in Rede stehenden Kettenbruches setzt voraus, daſs von einem bestimmten Werthe von n an kein Nenner N_n verschwindet. Aus (34) ist ersichtlich, daſs es Werthe von h, wofür $N_{h\,m-1} = 0$ ist und die gröſser als irgend eine gegebene Zahl G sind, dann und nur dann giebt, wenn $d:c$ gleich einer von $+1$ verschiedenen Einheitswurzel ist. $d:c = 1$ ist nämlich unmöglich. Die Nenner der übrigen Näherungsbrüche sind nach (31)

$$(a - b) N_{h\,m+r} = (Z_r - b N_r) c^h - (Z_r - a N_r) d^h$$
$$(r = 0, 1 \ldots m - 2).$$

Dieser Ausdruck ist für den bestimmten Werth $h = k$ Null, falls

$$d : c = \sqrt[k]{(Z_r - b N_r) : (Z_r - a N_r)}$$

ist, wobei $Z_r - a N_r$ als von Null verschieden angesehen ist. Damit ergiebt sich für $h = kn$

$$(a - b) \cdot N_{knm+r} = c^{kn} \cdot (Z_r - bN_r) \left\{ 1 - \left(\frac{Z_r - bN_r}{Z_r - aN_r} \right)^{n-1} \right\},$$

welcher Ausdruck dann und nur dann verschwindet, wenn

$$n - 1 = pl \quad \text{und} \quad (Z_r - bN_r) : (Z_r - aN_r)$$

eine l^{te} Einheitswurzel ist. Nunmehr ist $d : c$ eine kl^{te} Einheitswurzel. — Wir bilden jetzt

$$\frac{Z_{hm+r}}{N_{hm+r}} = \frac{(Z_r - bN_r) ac^h - (Z_r - aN_r) bd^h}{(Z_r - bN_r) c^h - (Z_r - aN_r) d^h} \quad (r = 0, 1 \ldots m-1).$$

Der Ausdruck rechts umfaßt alle Näherungsbrüche, da

$$Z_0 = 0 \quad N_0 = 1 \quad Z_{m-1} - aN_{m-1} = d$$
$$Z_{m-1} - bN_{m-1} = c$$

ist. Wenn die Bezeichnung a so gewählt ist, daß

$$|d| : |c| < 1$$

ist, so findet man aus der vorstehenden Formel

$$\lim_{h = +\infty} \frac{Z_{hm+r}}{N_{hm+r}} = a.$$

Nur darf auch für keinen der Werthe

$$r = 0, 1 \ldots m - 2 \quad Z_r - bN_r = 0$$

sein. Denn für einen solchen hat man

$$\frac{Z_{hm+r}}{N_{hm+r}} = b,$$

so daß $Z_n : N_n$ bei $\lim n = +\infty$ keinen Grenzwerth hat.[11*]

Im Falle II. ist

$$N_{hm+r} = \{ h(Z_r - aN_r) N_{m-1} + N_r c \} c^{h-1}$$
$$(r = 0, 1 \ldots m - 1).$$

Dieser Ausdruck könnte für unzählige Werthe von h nur in der Art verschwinden, daß

$$Z_r - aN_r = 0 \quad \text{und} \quad N_r = 0$$

ist. Das ist jedoch unmöglich, da $N_r Z_r$ nie zugleich Null sind. Aus der Formel

$$\frac{Z_{hm+r}}{N_{hm+r}} = \frac{h(Z_r - aN_r) aN_{m-1} + Z_r c}{h(Z_r - aN_r) N_{m-1} + N_r c}$$

folgt

$$\lim_{h=+\infty} \frac{Z_{hm+r}}{N_{hm+r}} = a,$$

auch wenn $Z_r - a N_r = 0$ sein sollte.

15. Beispiele zum Satze der vorigen Nummer.

Dabei mögen sämmtliche Theilzähler und Theilnenner reell sein.

1) Sind im Falle I. die Wurzeln der Gleichung (30) complex, so sind sie nunmehr conjugirt. Also sind auch $c\,d$ conjugirte Zahlen, so dafs $|c:d| = 1$ ist. Der periodische Kettenbruch ist mithin divergent. — Da die Theilzähler und Theilnenner eines Kettenbruches stets so bestimmt werden können, dafs $Z_{m-1}\,N_{m-1}\,Z_m\,N_m$ beliebige Werthe erhalten, so mögen $a\,b\,c\,d$ willkürlich sein, nur darf wegen (32*) weder c noch d verschwinden. Es wird also auch solche periodische Kettenbrüche mit reellen Theilzählern und Theilnennern geben, wofür $c + d = 0$ ist. Ein jeder von ihnen ist divergent, während die ihm entsprechende Gleichung (30) reelle Wurzeln haben kann. Kettenbrüche dieser Art mit zweigliederiger Periode lassen sich stets auf die Form

$$\frac{B}{1} - \frac{(B^2 + A):B}{A:B} + \cdots$$

bringen, zu welcher die Gleichung $x^2 - 2Bx = A$ gehört. Dabei ist

$$c = -d = \sqrt{B^2 + A}.$$

2) Der rein-periodische Kettenbruch mit der Periode

$$\frac{1}{-1} + \frac{1}{\frac{5}{2}} + \frac{1}{-1} + \frac{1}{-1} + \frac{1}{-1} + \frac{1}{4}$$

führt auf die quadratische Gleichung $5x^2 + 27x + 36 = 0$, deren Wurzeln $-\frac{12}{5}$ und -3 sind. Hierbei ist $a = -\frac{12}{5}$ $b = -3$ $c = 2$ $d = \frac{1}{3}$. Da $Z_3 - bN_3 = 0$ ist, so divergirt der in Rede stehende periodische Kettenbruch und zwar hat man

$$\lim_{h=+\infty} \frac{Z_{6h+r}}{N_{6h+r}} = -\frac{5}{12} \quad (r = 0,\,1,\,2,\,4,\,5) \qquad \frac{Z_{6h+3}}{N_{6h+3}} = -3.$$

3) Sind $a_1 \ldots a_m$, $b_1 \ldots b_m$ sämmtlich positiv, so sind Z_r, N_r positiv. Die Gleichung (30) hat entgegengesetzt bezeichnete Wurzeln. Es ist $cd = (-1)^m\, a_1 a_2 \ldots a_m$ nach (32*) und

$$c - d = N_{m-1}(a - b) \qquad c + d = Z_{m-1} + N_m. \tag{38}$$

Nimmt man $a > 0$ an, so ist c positiv und $c > |d|$. Da außerdem wegen $b < 0$ $Z_r - bN_r > 0$, so ist in dem betrachteten Falle der Kettenbruch (29) convergent und die positive Wurzel der Gleichung (30) sein Grenzwerth. — So ist der Grenzwerth des unendlichen Kettenbruches

$$\frac{A}{2B} \dotplus \frac{A}{2B} \dotplus \frac{A}{2B} \dotplus \cdots \quad (A > 0 \quad B > 0)$$

die Wurzel $a = \sqrt{B^2 + A} - B$ der Gleichung $x^2 + 2Bx - A = 0$.

4) Sind $a_1 \ldots a_m$ negativ, $b_1 b_2 \ldots b_m$ positiv, so schreiben wir statt a_r $-a_r$, statt Z_r $-Z_r$. Ist dann wie in Nr. 11

$$b_r \geqq a_r + 1 \quad (r = 1, 2 \ldots m),$$

so ist $N_r > 0$ $Z_r > 0$. Die Gleichung (30) hat entweder zwei negative Wurzeln oder die einzige Wurzel $x = -1$, was nur im Falle, daß durchweg $b_r = a_r + 1$ ist, eintreten kann. Es ist

$$x = -\frac{N_m + Z_{m-1}}{2N_{m-1}} \pm \sqrt{\left(\frac{N_m + Z_{m-1}}{2N_{m-1}}\right)^2 - \frac{Z_m}{N_{m-1}}},$$

$$(N_m + Z_{m-1})^2 - 4N_{m-1}Z_m$$
$$= (N_m - Z_{m-1})^2 - 4(Z_m N_{m-1} - N_m Z_{m-1})$$
$$= (N_m - Z_{m-1})^2 - 4a_1 a_2 \ldots a_m.$$

Nach Nr. 11 und 12 hat man

$$N_{m-1} - Z_{m-1} \geqq 1 \qquad N_m - N_{m-1} \geqq a_1 a_2 \ldots a_m,$$

also

$$(N_m - Z_{m-1})^2 - 4a_1 a_2 \ldots a_m \geqq (N_m - Z_{m-1})^2$$
$$- 4(N_{m-1} - Z_{m-1})(N_m - N_{m-1})$$

$$(N_m - Z_{m-1})^2 - 4a_1 a_2 \ldots a_m \geqq (N_m + Z_{m-1} - 2N_{m-1})^2. \quad (39)$$

Nur falls das untere Zeichen in dieser Formel steht, also wenn durchaus $b_r = a_r + 1$ ist, kann die Discriminante der Gleichung (30) Null sein — und zwar dann, wenn

$$N_m + Z_{m-1} - 2N_{m-1} = 0$$

ist. In diesem Falle hat die Gleichung nur die Wurzel $x = -1$; der periodische Kettenbruch convergirt und sein Grenzwerth ist -1.

Sind die Wurzeln von Gleichung (30) verschieden, so gebrauchen wir die Hilfszahlen c d, die nun gleichbezeichnet sind. Da $N_m > Z_{m-1}$ ist, so sind nach (38) c d positiv und es muß a die algebraisch größere der Wurzeln von (30) sein. Somit ist

$$b = -\frac{N_m + Z_{m-1}}{2N_{m-1}} - \sqrt{\left(\frac{N_m - Z_{m-1}}{2N_{m-1}}\right)^2 - \frac{a_1 a_2 \ldots a_m}{N_{m-1}^2}},$$

woraus hervorgeht, daſs $|\,b\,| \geqq 1$ ist. Das versteht sich von selbst, falls

$$N_m + Z_{m-1} \geqq 2\,N_{m-1}$$

ist. Wenn aber $N_m + Z_{m-1} < 2\,N_{m-1}$ ist, so hat man nach (39)

$$- b \geqq \frac{N_m + Z_{m-1}}{2\,N_{m-1}} + \left(1 - \frac{N_m + Z_{m-1}}{2\,N_{m-1}}\right) = 1.$$

Die Ausdrücke

$$- Z_r - b\,N_r = N_r - Z_r - (1 + b)\,N_r \quad (r = 0,\ 1 \ldots m - 2)$$

sind also positiv. Es ergiebt sich hierdurch, daſs der Kettenbruch (29) convergirt und daſs sein Grenzwerth a ist.

5) Daſs in dem zuletzt betrachteten Falle der periodische Kettenbruch auch dann convergiren kann, wenn nicht durchaus $b_r > a_r + 1$ ist, zeigt sich an dem unendlichen Kettenbruch

$$- \frac{A}{2B} \cdot\!\!- \frac{A}{2B} \cdot\!\!- \frac{A}{2B} \cdot\!\!- \cdots \quad (A > 0,\ B > 0).$$

Die Gleichung (30) geht nun in $x + 2Bx + A = 0$ über. Wenn $B^2 - A > 0$ ist, so sind ihre Wurzeln $a\ b$ reell und negativ. Ist $a > b$, so hat man $c = -b\ \ d = -a$. Der vorstehende Kettenbruch convergirt demnach und sein Grenzwerth ist

$$a = - B + \sqrt{B^2 - A},$$

so daſs

$$\sqrt{B^2 - A} = B - \frac{A}{2B} \cdot\!\!- \frac{A}{.2B} \cdot\!\!- \cdots$$

ist. — Auch wenn $B^2 - A = 0$ ist, so convergirt der Kettenbruch; sein Grenzwerth ist $- B$.[12])

Sind die Theilzähler und Theilnenner eines convergenten periodischen Kettenbruches ganze oder rationale Zahlen, so ist sein Grenzwerth Wurzel einer ganzzahligen quadratischen Gleichung. Wir sahen soeben, daſs man umgekehrt eine der reellen Wurzeln einer solchen Gleichung $x^2 + 2Bx = \pm A$, wo $A\ B$ rationale Zahlen seien, in einen rein-periodischen Kettenbruch verwandeln kann; für die andere findet man dann hieraus einen gemischt-periodischen. Es läſst sich aber auch zeigen, — worauf jedoch hier nicht eingegangen werden soll[13]) — daſs sich jede reelle Wurzel einer ganzzahligen quadratischen Gleichung in einen einfachen periodischen Kettenbruch und in einen solchen von reducirter Form, dessen Theilnenner sämmtlich natürliche Zahlen $\geqq 2$ sind, entwickeln läſst.

6) **Besondere** Berücksichtigung verdient der einfachste aller periodischen Kettenbrüche

$$\frac{1}{1} + \frac{1}{1} + \frac{1}{1} + \cdots \tag{40}$$

Dafür ist $N_{-1} = Z_0 = 0$ $N_0 = Z_1 = 1$, also allgemein $N_{h+1} = Z_h$ ($h \geqq 0$). Die quadratische Gleichung (30) geht über in

$$x^2 + x = 1.$$

Der Grenzwerth des Kettenbruches (40) ist die positive Wurzel derselben

$$a = \tfrac{1}{2}(\sqrt{5} - 1).$$

Zugleich ist

$$b = -\tfrac{1}{2}(\sqrt{5} + 1)$$

$$c = N_1 + N_0 a = \tfrac{1}{2}(\sqrt{5} + 1) \qquad d = N_1 + N_0 b = \tfrac{1}{2}(1 - \sqrt{5}).$$

Man hat daher nach (34) für $m = 1$

$$\sqrt{5} \cdot Z_h = \left(\frac{1 + \sqrt{5}}{2}\right)^h - \left(\frac{1 - \sqrt{5}}{2}\right)^h.$$

Die Zahlen Z_h, wofür $Z_h = Z_{h-2} + Z_{h-1}$ ist, d. i.

$$Z_0 = 0 \quad Z_1 = 1 \quad Z_2 = 1 \quad Z_3 = 2 \quad Z_4 = 3 \quad Z_5 = 5 \ldots$$

heißen die **Schimper**'schen oder **Lamé**'schen Zahlen. Z_h giebt die Anzahl der Glieder des Zählers des h^{ten} Näherungsbruches, falls $b_0 = 0$ ist, sowie des Nenners des $(h-1)^{\text{ten}}$, bei unbestimmten Theilzählern und Theilnennern an. Denn setzt man durchaus $a_n = 1$ $b_n = 1$, so wird ein jedes Glied dieser Ausdrücke gleich 1.

16. Verwandlung von unendlichen Reihen in unendliche Kettenbrüche.[14])

Die Aufgabe, einen n-gliederigen Kettenbruch aufzustellen, dessen aufeinander folgende Näherungsbrüche gleich den gleichvielten Partialsummen des aus $(n + 1)$ Gliedern bestehenden Aggregates

$$w_0 + w_1 - w_2 + w_3 - \cdots + (-1)^{n-1} w_n \tag{a}$$

sind, bildet einen besonderen Fall der in Nr. 6 behandelten Aufgabe 4. Wir lassen die Nenner $N_1, N_2 \ldots N_n$ vorderhand unbestimmt und setzen

$$Z_0 = w_0 \qquad Z_p = \left\{ w_0 + \sum_1^p (-1)^{s-1} w_s \right\} N_p$$

$$(p = 1, 2 \ldots n).$$

Dann hat man

$$b_0 = w_0 \qquad a_1 = w_1 N_1 \qquad b_1 = N_1$$

$$a_p = \frac{w_p N_p}{w_{p-1} N_{p-2}} \qquad b_p = \frac{(w_{p-1} - w_p) N_p}{w_{p-1} N_{p-1}},$$

wobei $N_0 = 1$ zu setzen ist. — Zunächst wollen wir die $a_p \, b_p$ zu ganzen Functionen der w_p machen, wozu die Annahmen

$$N_1 = 1 \qquad N_p = w_1 w_2 \ldots w_{p-1} \qquad (p = 2, 3 \ldots n)$$

ausreichen. Dadurch wird $a_2 = w_2 \quad b_2 = w_1 - w_2$

$$a_p = w_{p-2} w_p \qquad b_p = w_{p-1} - w_p \qquad (p = 3 \ldots n),$$

so dafs man die Gleichung erhält

$$w_0 + w_1 - w_2 + \cdots + (-1)^{n-1} w_n$$

$$= w_0 + \frac{w_1}{1} + \frac{w_2}{w_1 - w_2} + \frac{w_1 w_3}{w_2 - w_3} + \cdots + \frac{w_{n-2} w_n}{w_{n-1} - w_n}. \quad \text{(A)}$$

Wenn $w_0 = 0$, $w_p = x^p : c_p$ ist, so mag man setzen

$$N_p = c_1 c_2 \ldots c_p \qquad (p = 1, 2 \ldots n),$$

wodurch man neben $a_1 = x \quad b_1 = c_1$ für $p = 2, 3 \ldots n$

$$a_p = c_{p-1}^2 x \qquad b_p = c_p - c_{p-1} x$$

erhält. Es ist also

$$\frac{x}{c_1} - \frac{x^2}{c_2} + \cdots + (-1)^{n-1} \frac{x^n}{c_n}$$

$$= \frac{x}{c_1} + \frac{c_1^2 x}{c_2 - c_1 x} + \frac{c_2^2 x}{c_3 - c_2 x} + \cdots + \frac{c_n^2 x}{c_n - c_{n-1} x}. \quad \text{(B)}$$

Ist endlich $w_0 = 0 \quad w_p = x^p : d_1 d_2 \ldots d_p$, so setze man

$$N_p = d_1 d_2 \ldots d_p \qquad (p = 1, 2 \ldots n),$$

wodurch sich die Umformung

$$\frac{x}{d_1} - \frac{x^2}{d_1 d_2} + \cdots + (-1)^{n-1} \frac{x^n}{d_1 d_2 \ldots d_n}$$

$$= \frac{x}{d_1} + \frac{d_1 x}{d_2 - x} + \frac{d_2 x}{d_3 - x} + \cdots + \frac{d_{n-1} x}{d_n - x} \quad \text{(C)}$$

ergiebt.

Aus den Formeln (A) — (C) ist ersichtlich, dafs wenn man die Reihe links und den Kettenbruch rechts ohne Ende fortlaufen läfst, die bez. unendliche Reihe und der unendliche Kettenbruch äquivalent sind, d. h. jede Partialsumme der

ersteren gleich dem ebensovielten Näherungsbruche des letzteren
ist. Convergirt insbesondere der eine von beiden Ausdrücken,
so auch der andere und es haben beide denselben Grenzwerth.

Beispiele. 1) Nach (D) ergiebt sich für alle Werthe von x,
deren absoluter Betrag 1 nicht übersteigt, mit Ausnahme von $x = -1$,

$$l(1+x) = x - \frac{x^2}{2} + \frac{x^3}{3} - \cdots$$

$$= \frac{x}{1} + \frac{x}{2-x} + \frac{2^2 x}{3-2x} + \frac{3^2 x}{4-3x} + \cdots \qquad (b)$$

Für alle anderen Werthe von x divergiren beide Seiten dieser Gleichung.
Neben äquivalenten Reihen und Kettenbrüchen giebt es auch solche,
deren Convergenzbereiche nur theilweise übereinstimmen. Die Function

$$\frac{x}{l(1+x)} = 1 : \left(1 - \frac{x}{2} + \frac{x^2}{3} - \cdots\right)$$

läfst sich für alle x, deren absoluter Betrag kleiner als 1 ist, in eine
Potenzreihe und somit nach der Formel (B) in einen äquivalenten
Kettenbruch entwickeln. Aus (b) findet man für dieselbe Reihe die
Darstellung

$$\frac{x}{l(1+x)} = 1 + \frac{x}{2-x} + \frac{2^2 x}{3-2x} + \frac{3^2 x}{4-3x} + \cdots$$

Die Potenzreihe links divergirt für alle Werthe von x, wofür $|x| > 1$
ist, während der Kettenbruch rechts sicher für die reellen darunter
convergirt und zwar den Grenzwerth Null hat.

2) Ebenfalls nach (B) erhält man für alle x, deren absoluter
Betrag 1 nicht übersteigt, aufser $x = \pm i$

$$\text{arc tan } x = \frac{x}{1} + \frac{x^2}{3-x} + \frac{3^2 x^2}{5-3x} + \frac{5^2 x^2}{7-5x} + \cdots$$

3) Mit Hilfe von (C) ergiebt sich für jeden endlichen Werth
von x

$$e^x = 1 + \frac{x}{1} \cdot \frac{x}{2+x} \cdot \frac{2x}{3+x} \cdot \cdots \cdot \frac{(n-1)x}{n+x} \cdot \cdots$$

17. Verwandlung des Quotienten zweier Potenzreihen in einen Kettenbruch.[15]

Es seien $F_0(x)$ $F_1(x)$ Reihen nach ganzen positiven
Potenzen von x, wobei x zugleich einen Werth in ihrem
gemeinsamen Convergenzbereiche bezeichnet. Ist $F_1(0)$ nicht
Null, so ist

$$F_0(x) - \frac{F_0(0)}{F_1(0)} F_1(x)$$

eine gewöhnliche Potenzreihe nach x ohne x-freies Glied.

Nehmen wir an, daſs sie mit dem Gliede mit x beginnt und bezeichnen wir $F_0(0) : F_1(0)$ mit b_0, so können wir

$$F_0(x) = b_0 F_1(x) + a_1 x F_2(x)$$

setzen, worin a_1 irgend eine von Null verschiedene Zahl sein kann und $F_2(x)$ eine Potenzreihe nach x bedeutet. Ist $F_2(0)$ nicht Null, so hat man auf ähnliche Art

$$b_1 = F_1(0) : F_2(0) \qquad F_1(x) = b_1 F_2(x) + a_2 x F_3(x),$$

wo a_2 irgend eine von Null verschiedene Zahl sein kann. Sind $F_3(0)$, $F_4(0) \ldots$ nicht Null, so darf man setzen

$$b_n = F_n(0) : F_{n+1}(0)$$
$$F_n(x) = b_n F_{n+1}(x) + a_{n+1} x F_{n+2}(x), \qquad (n = 3, 4 \ldots)$$

worin a_3, $a_4 \ldots$ beliebige Zahlen sein dürfen, nur keine gleich Null. Da mithin, wenn nur x ein solcher Werth ist, daſs keine der Functionen $F_1(x)$, $F_2(x) \ldots$ verschwindet,

$$\frac{F_0(x)}{F_1(x)} = b_0 + \frac{a_1 x}{F_1(x) : F_2(x)}$$

$$\frac{F_1(x)}{F_2(x)} = b_1 + \frac{a_2 x}{F_2(x) : F_3(x)} \cdots$$

ist, so erhält man für $F_0(x) : F_1(x)$ zunächst den endlichen Kettenbruch

$$\frac{F_0(x)}{F_1(x)} = b_0 + \frac{a_1 x}{b_1} \dotplus \frac{a_2 x}{b_2} \dotplus \cdots \qquad \text{(b*)}$$
$$\dotplus \frac{a_n x}{b_n} \dotplus \frac{a_{n+1} x F_{n+2}(x)}{F_{n+1}(x)} \, .$$

Damit man von dieser Formel, worin, wie wir annehmen, n jede natürliche Zahl sein darf, zur Entwickelung des Quotienten $F_0(x) : F_1(x)$ in einen endlosen Kettenbruch

$$\frac{F_0(x)}{F_1(x)} = b_0 + \frac{a_1 x}{b_1} \dotplus \frac{a_2 x}{b_2} \dotplus \cdots \dotplus \frac{a_n x}{b_n} \dotplus \cdots \qquad \text{(D)}$$

übergehen darf, ist nothwendig und hinreichend, daſs der rechts stehende Kettenbruch convergirt und den Grenzwerth $F_0(x) : F_1(x)$ hat. Wird $F_n(x) : F_{n+1}(x)$ $(n > 1)$ mit $P_n(x)$, der n^{te} Näherungsbruch des Kettenbruches

$$b_0 + \frac{a_1 x}{b_1} \dotplus \frac{a_2 x}{b_2} \dotplus \cdots \dotplus \frac{a_n x}{b_n} \dotplus \cdots \qquad \text{(c)}$$

mit $Z_n : N_n$ bezeichnet, so hat man nach den Formeln (II)

$$\frac{F_0'(x)}{F_1'(x)} = \frac{a_{n+1}x\,Z_{n-1} + P_{n+1}(x)Z_n}{a_{n+1}x\,N_{n-1} + P_{n+1}(x)N_n}$$

$$\frac{F_0'(x)}{F_1'(x)} - \frac{Z_n}{N_n} = \frac{a_{n+1}x\,N_{n-1}}{a_{n+1}x\,N_{n-1} + P_{n+1}(x)N_n}\left\{\frac{Z_{n-1}}{N_{n-1}} - \frac{Z_n}{N_n}\right\}. \qquad (d)$$

Convergirt der Kettenbruch (c), so hat der zweite Factor rechts bei $\lim n = +\infty$ den Grenzwerth Null. Bleibt der absolute Betrag des ersten Factors

$$\frac{a_{n+1}x\,N_{n-1}}{a_{n+1}x\,N_{n-1} + P_{n+1}(x)N_n} \qquad (e)$$

für alle Werthe von n unter einer bestimmten Zahl, so ist sicher

$$\lim (Z_n : N_n) = F_0(x) : F_1(x). \qquad (f)$$

Ist x reell und sind $b_1\ b_2\ldots$; $a_1 x\ a_2 x \ldots P_1(x)\ P_2(x)\ldots$ sämmtlich positiv, so liegt der Ausdruck (e) zwischen 0 und 1 und es besteht die Relation (f), wofern nur der Kettenbruch (c) convergirt.

Ist $x = x_0$ ein Werth, wofür

$$F_1(x),\ F_2(x)\ldots F_{p-1}(x) \quad (p \geqq 2)$$

von Null verschieden, $F_p(x) = 0$ ist, so bricht der Kettenbruch auf der rechten Seite von (D) beim Gliede $a_{p-2}x_0 : b_{p-2}$ ab. Besteht aber die Gleichung

$$0 = b_p + \frac{a_{p+1}x_0}{b_{p+1}} + \frac{a_{p+2}x_0}{b_{p+2}} + \cdots,$$

so gilt auch die Formel (D) für $x = x_0$. Das folgt aus (X) in Nr. 5 unmittelbar bei $\lim r = +\infty$.

18. Anwendungen.[16])

Betrachten wir die Potenzreihen

$$F_0(x) = 1 + \frac{x}{\gamma} + \frac{x^2}{2!\,\gamma(\gamma+1)}$$
$$+ \cdots + \frac{x^m}{m!\,\gamma(\gamma+1)\ldots(\gamma+m-1)} + \cdots$$
$$F_n(x) = \frac{1}{\gamma(\gamma+1)\ldots(\gamma+n-1)}$$
$$+ \sum_1^\infty{}^m \frac{x^m}{m!\,\gamma(\gamma+1)\ldots(\gamma+n+m-1)} \quad (n = 1, 2\ldots),$$

welche, falls γ nicht Null oder eine negative ganze Zahl ist, für jeden endlichen Werth von x convergiren, so finden wir sofort die Relationen

$$F_n(x) - (\gamma + n) F_{n+1}(x) = x F_{n+2}(x) \quad (n = 0, 1, 2 \ldots).$$

Wenden wir nun die Entwickelung der vorigen Nr. an, so entsteht die Frage, ob der Quotient $F_0(x) : F_1(x)$ dem unendlichen Kettenbruche

$$\gamma + \frac{x}{\gamma + 1} \dotplus \frac{x}{\gamma + 2} \dotplus \cdots \dotplus \frac{x}{\gamma + n} \dotplus \cdots \tag{g}$$

gleich ist. Ist x reell und γ positiv, so sind zwei Fälle zu unterscheiden.

1) Wenn x positiv ist, so verschwindet weder $F_0(x)$, noch eine der Functionen $F_n(x)$. Der Kettenbruch (g) convergirt nach dem 2. Corollare in Nr. 9, daher hat man zufolge der Schlufsbemerkung in Nr. 17 für $x \geq 0$

$$\frac{F_0(x)}{F_1(x)} = \gamma + \frac{x}{\gamma + 1} \dotplus \frac{x}{\gamma + 2} \dotplus \cdots \dotplus \frac{x}{\gamma + n} \dotplus \cdots \tag{E}$$

Setzt man hier $\gamma = \frac{1}{2}$ und $x = \frac{1}{4} y^2$, so dafs

$$F_0(x) = 1 + \frac{y^2}{2!} + \frac{y^4}{4!} + \cdots = \frac{e^y + e^{-y}}{2}$$

$$F_1(x) = 2 + \frac{2y^2}{3!} + \frac{2y^4}{5!} + \cdots = \frac{e^y - e^{-y}}{y}$$

ist, so ergiebt sich die für jedes reelle y giltige Kettenbruchentwickelung

$$\frac{e^y - e^{-y}}{e^y + e^{-y}} = \frac{y}{1} \dotplus \frac{y^2}{3} \dotplus \frac{y^2}{5} \dotplus \cdots \dotplus \frac{y^2}{2n + 1} \dotplus \cdots.$$

Ist y eine rationale Zahl $r : s$ (wo r eine ganze, s eine natürliche Zahl ≥ 1 bedeutet), so geht diese Formel über in

$$\frac{e^{\frac{r}{s}} - e^{-\frac{r}{s}}}{e^{\frac{r}{s}} + e^{-\frac{r}{s}}} = \frac{r}{s} \dotplus \frac{r^2}{3s} \dotplus \frac{r^2}{5s} \dotplus \cdots \dotplus \frac{r^2}{(2n + 1)s} \dotplus \cdots$$

Hieraus ist der Satz zu entnehmen, dafs jede rationale Potenz von e eine irrationale Zahl ist (woraus von selbst folgt, dafs der natürliche Logarithmus einer jeden rationalen Zahl irrational sein mufs). Wäre nämlich $e^{\frac{r}{s}}$ rational, so wäre es auch ·

$$(e^{\frac{r}{s}} - e^{-\frac{r}{s}}) : (e^{\frac{r}{s}} + e^{-\frac{r}{s}}).$$

Das ist unmöglich, denn der für diesen Quotienten erhaltene Kettenbruch hat zufolge des Satzes von Nr. 13 einen irrationalen Grenzwerth.

Setzt man in der letzten Gleichung $r = 1$ $s = 2$, so findet man die Entwickelung

$$\frac{e-1}{e+1} = \frac{1}{2} + \frac{1}{6} + \cdots + \frac{1}{4n+2} + \cdots$$

Daraus folgt, daß e nicht Wurzel einer ganzzahligen quadratischen Gleichung

$$ax^2 + bx + c = 0$$

sein kann. [17] Denn wäre das der Fall, so würde auch $(e-1):(e+1)$ einer solchen Gleichung genügen, müßte also einen periodischen einfachen Kettenbruch liefern, was jedoch, wie man sieht, nicht zutrifft.

2) Wenn x einen negativen Werth erhält, so kann dafür eine der Functionen $F_1(x)$, $F_2(x)\ldots$ verschwinden. Von einem gewissen Werthe von n: $n = p$ an wird jedoch keine der Functionen $F_n(x)$ mehr Null sein. In der That ist nun

$$1 > \gamma(\gamma+1)\ldots(\gamma+n-1)\,F_n(x) > 1 + \frac{x}{\gamma+n}, \qquad \text{(h)}$$

wenn

$$\gamma + n + x \geqq 0$$

ist, somit $F_n(x) > 0$; es genügt also, für p die kleinste ganze Zahl zu nehmen, wofür

$$\gamma + p + x \geqq 1$$

ist. Dann convergirt auch nach Nr. 11 der unendliche Kettenbruch

$$\gamma + p - 1 + \frac{x}{\gamma+p} + \frac{x}{\gamma+p+1} + \cdots$$

mit negativen Theilzählern und positiven Theilnennern. Bezeichnen wir seine Näherungsbrüche mit $V_{p-1,n}$ und ihre Nenner mit $N_{p-1,n}$, so finden wir entsprechend der Formel (d)

$$\frac{F_{p-1}(x)}{F_p(x)} - V_{p-1,n} = \frac{x\,N_{p-1,n-1}}{x\,N_{p-1,n-1} + P_{n+1}(x)\,N_{p-1,n}}$$

$$\times (V_{p-1,n-1} - V_{p-1,n}). \qquad \text{(i)}$$

Bringen wir den ersten Factor auf die Form

$$(-1):\left(-\frac{P_{n+1}(x)}{x}\cdot\frac{N_{p-1,\,n}}{N_{p-1,\,n-1}}-1\right),$$

so hat sein Nenner bei $\lim n = +\infty$ den Grenzwerth $+\infty$. Es ist nämlich nach Nr. 11

$$N_{p-1,\,n} > N_{p-1,\,n-1} > 0$$

und nach (h)

$$P_{n+1}(x) = F_{n+1}(x):F_{n+2}(x) > \gamma + n + x + 1,$$

somit

$$\frac{P_{n+1}(x)}{-x}\cdot\frac{N_{p-1,\,n}}{N_{p-1,\,n-1}}-1 > \frac{\gamma+n+2x+1}{-x}.$$

Der absolute Betrag des ersten Factors in (i) bleibt somit für alle Werthe $n \geqq p$ unter einer endlichen Zahl, so dafs sich die Relation

$$\lim_{n=+\infty} V_{p-1,\,n} = F_{p-1}(x):F'_p(x)$$

ergiebt.

Aus dem Vorstehenden folgt weiter, dafs auch für negative x, wenn x nicht eine Wurzel der Gleichung $F_1(x) = 0$ ist, die Formel (E) gilt. Denn der Grenzwerth von (g) ist der Kettenbruch

$$\gamma + \frac{x}{\gamma+1} + \cdots + \frac{x}{\gamma+p-2} + \frac{x F'_p(x)}{F_{p-1}(x)},$$

welcher nach (b*) den Werth $F_0(x):F_1(x)$ hat.

Setzt man nun $\gamma = \frac{1}{2}$ $x = -y^2:4$, sodafs

$$F_0(x) = \cos y \qquad F_1(x) = 2\sin y : y$$

ist, so ergiebt sich aus (E) die Formel ·

$$\tan y = \frac{y}{1} \cdot \frac{y^2}{3} \cdot \frac{y^2}{5} \cdot \cdots, \qquad (k)$$

welche für alle reellen Werthe von y, die nicht ungerade Vielfache von $\pm\frac{\pi}{2}$ sind, gilt. Läfst man y wie oben eine rationale Zahl $r:s$ sein, so findet man die Kettenbruchentwickelung

$$\tan\frac{r}{s} = \frac{r}{s} \cdot \frac{r^2}{3s} \cdot \frac{r^2}{5s} \cdot \cdots,$$

woraus nach Nr. 13 unmittelbar hervorgeht, dafs zu einem rationalen Argumente eine irrationale Tangente gehört. Demnach mufs die Zahl π irrational ·sein; denn wäre π

rational, so wäre es auch $\frac{1}{4}\pi$, somit $\tan\frac{1}{4}\pi$ irrational, während doch $\tan\frac{1}{4}\pi = 1$ ist.

Aus (k) kann man noch schließen, daß π^2 irrational ist. Da

$$\tan\pi = 0$$

ist, so muß

$$\frac{\pi^2}{5} \div \frac{\pi^2}{7} \div \frac{\pi^2}{9} \div \ldots = 3$$

sein. Wäre π^2 eine rationale Zahl $r:s$, so müßte

$$\frac{r}{5\,s} \div \frac{r}{7} \div \frac{r}{9\,s} \div \frac{r}{11} \div \ldots = 3$$

sein. Eine solche Gleichung ist aber unmöglich, da nach dem Satze in Nr. 13 die linke Seite irrational ist.

Bis in die neueste Zeit hat man über die Natur der Zahlen e und π nicht mehr gewußt, als im Vorstehenden angeführt ist. Heute ist Dank den Untersuchungen von Ch. Hermite und F. Lindemann bekannt, daß beide Zahlen transcendent sind d. h. keine von ihnen Wurzel einer ganzzahligen algebraischen Gleichung ist. Es kann also keine von beiden mit Hilfe von algebraischen Curven und Flächen construirt werden: die Quadratur des Kreises ist unmöglich. [16])

Anmerkungen und Nachträge.

Zum I. Abschnitte.

[1]) Die Entwickelungen von Nr. 1—5 verdankt man Weierstrafs (vgl. Pincherle saggio etc. in Battaglini G. XVIII p. 203—210).

[2]) Vgl. Weierstrafs Crelle J. Bd. 52 p. 289 und Pincherle l. c. p. 211.

[3]) Argand Gergonne Ann. V p. 208.

[4]) Die Definitionen und Sätze von Nr. 9 sind mit Ausnahme der von J. Thomae herrührenden dritten Definition (vgl. Abrifs e. Theor. d. complexen Functionen 1870 p. 41) von H. Grassmann gegeben worden (vgl. die Ausdehnungslehre 1862 p. 3, 20, 233). Der Fall, dafs die Einheitsproducte sich in der Form der Gleichungen (b) i. T. auf die ursprünglichen Einheiten zurückführen lassen, ist von ihm nicht ausdrücklich erwähnt.

[5]) Nr. 10—12 ist zumeist aus der Abhandlung von Weierstrafs: „Zur Theorie der aus n Haupteinheiten gebildeten complexen Gröfsen" (Göttinger Nachr. 1884 p. 385—419) entnommen. Hierzu, sowie zu der unt. erwähnten Arbeit von Dedekind hat B. Berloty in seiner Doctordissertation: „Theorie des quantités complexes à n unités principales" (Paris 1886) einen eingehenden Commentar geliefert, der auch einen Abschnitt über die Algebra dieser complexen Gröfsen enthält.

[6]) Hankel, Theorie der complexen Zahlensysteme 1867 p. 106.

[7]) Der Satz ist leicht zu beweisen. Z. B. ein Zahlensystem mit den drei Elementen $e \, j \, e_1$ wo $j \cdot j = - e$ ist, ist undenkbar, da die Gleichung

$$(j \cdot j) \cdot e_1 = j \cdot (j \cdot e_1)$$

unter diesen Umständen nicht bestehen kann.

[8]) Gauss' Werke II, p. 178.

[9]) Dedekind „Zur Theorie der aus n Haupteinheiten gebildeten complexen Gröfsen" in den Göttinger Nachr. 1885 p. 141—159.

[10]) Dedekind zeigt a. a. O., dafs man aus jedem Systeme von n^2 reellen oder gemeinen complexen Zahlen $e_r^{(s)}$, dessen Deter-

minante nicht Null ist, Werthe der Coefficienten $\lambda_{r,s}^{(t)}$ in den Gleichungen (b) ableiten könne, welche allen Gleichungen (f) und (h) in
Nr. 9 Genüge leisten und daſs umgekehrt jedem Systeme $\lambda_{r,s}^{(t)}$ (wenn
nur eine gewisse Determinante, deren Elemente aus den $\lambda_{r,s}^{(t)}$ zu bilden
sind, nicht verschwindet) ein System $c_r^{(s)}$ sich zuordnen lasse. — Zu
den in den Producten der i. T. erwähnten Elemente g_0 g_1 g_2 ... g_{n-1}
vorkommenden Coefficienten $\lambda_{r,s}^{(t)}$ gelangt man nach Dedekind durch
die Annahme

$$e_r^{(s)} = x_r^{s-1},$$

wo x_1 x_2 ... x_n die Wurzeln der Gleichung (i) bezeichnen.

[11]) H. A. Schwarz hat bewiesen (Gött. Nachr. 1884 p. 516), daſs
man dieselben Theilsysteme erhält, wie man die Zahl g auch wählen
mag, wenn sie nur die i. T. aufgestellten Forderungen erfüllt. O. Höl-
der hat gezeigt (ebenda 1886 p. 241), daſs jede Schaar irgendwie bestimmter Theilsysteme, welche die nämlichen Eigenschaften besitzt,
wie die i. T. ermittelte Reihe $\mathfrak{G}_1$, $\mathfrak{G}_2$ ... $\mathfrak{G}_k$, damit übereinstimmen muſs

Zum II. Abschnitte.

[1]) Vgl. Gauss' Werke III p. 6 Note.

[2]) Vgl. Gauss' Werke II p. 171 f.

[3]) Vgl. R. Argand: Essai sur une manière de représenter les
quantités imaginaires etc. 2. Ausgabe mit Vorrede von J. Hoüel u.
Anhang. Paris 1874.

[4]) Vgl. Hoüel, Sur la méthode d'analyse géométrique de M. Bel-
lavitis in Nouv. Ann. de Math. 2. Sér. T. 8 (1869). Im 12. und 13.
Bande der 2. Serie derselben Zeitschrift findet sich eine auch separat
erschienene Uebersetzung der Abhandung von Bellavitis aus dem
Jahre 1854: „Sposizione del metodo delle equipollenze" von Laisant.
Diese Schrift ist von uns mehrfach benutzt.

Mancher der von uns vorgeführten Anwendungen der geometrischen Theorie der complexen Zahlen begegnet man auch in der älteren
deutschen Litteratur über diesen Gegenstand, von der wir H. Scheff-
ler: Ueber das Verhältniſs der Arithmetik zur Geometrie, Braun-
schweig 1846; F. Riecke: Die Rechnung mit Richtungszahlen, Stutt-
gart 1856 erwähnen.

[5]) Vgl. insbesondere A. F. Möbius: Abhandlungen in den Ber.
d. kgl. sächs. Ges. d. Wiss. 1852—55 und die zusammenfassende Darstellung derselben in Witzschel's Grundlinien der neueren Geometrie 1858.

[6]) Bellavitis nennt solche Strecken äquipollent und drückt
ihre Beziehung durch ein eigenes Zeichen aus, was nach 1. 4. d. I. T.
nicht zweckmäſsig ist.

[7]) Cauchy, C. d'Analyse p. 180.

[7*]) Hankel l. c. p. 79.

[8]) Wenn die gleichlangen Strecken ϵ i den Winkel ω einschliefsen, wenn also

$$X\widehat{O}Y = E\widehat{O}J = \omega$$

ist, wobei die positive Drehungsrichtung in der Constructionsebene als gegeben vorausgesetzt ist, so hat man

$$i \cdot i = - \epsilon + (2 \cos \omega)\, i.$$

[9]) Gauss' Werke II. p. 103.

[10]) Argand, Gergonne Ann. V. p. 208. Cauchy (C. d'Analyse p. 183) nannte $\cos \theta + i \sin \theta$ „l'expression reduite".

[11]) Die von Gauss empfohlenen (vgl. Grunert, Arch. 38. Bd. p. 366) und angewandten Schreibweisen $\cos \alpha^n$ statt $(\cos \alpha)^n$, $\cos (\alpha^n)$ u. s. w. scheinen mir zu einigen anderen, wie dx^2 für $(dx)^2$ dagegen $d(x^2)$, $f(x^2)$, besser zu passen als die gegenwürtig mehr verbreiteten $\cos^n \alpha$, $\cos \alpha^n$ statt $\cos (\alpha^n)$ u. s. w.

[12]) Ueber die Entwickelung von $\cos \theta^m \sin \theta^n$ vgl. Hermite C. d'Analyse I (1873) p. 38.

[13]) Nr. 15 und 16 nach Möbius, Ber. d. kgl. Ges. d. Wiss. zu Leipzig 1852 p. 41 und 1853 p. 14.

[14]) M. Ohm, Versuch e. vollk. cons. Systems etc. II. p. 386.

[15]) Vgl. Cauchy, C. d'Analyse p. 263.

[16]) Vgl. Cauchy l. c. p. 222.

[17]) Vgl. Schlömilch, Handb. d. alg. Anal. § 54.

Zum III. Abschnitte.

[1]) Vgl. Siebeck in Crelle J. Bd. 55 (1858) p. 242.

[2]) Vgl. Cauchy, Compt. rend. T. 32 (1851) p. 161.

[3]) Die erste Bezeichnung rührt von Weierstrafs her, die zweite ist von Briot und Bouquet entlehnt. Vgl. V. Note 9*).

[4]) Monatsber. d. kgl. Acad. d. Wiss. zu Berlin 1880 p. 728.

[5]) Vgl. Riemann Werke p. 39.

[6]) Die Definitionen der Grenzwerthe von Functionen complexer Veränderlichen rühren von Weierstrafs her.

[7]) Die nothwendige und hinreichende Bedingung dazu, dafs eine reelle Function zweier reellen Veränderlichen $\xi\eta : \varphi(\xi\eta)$ bei den von einander unabhängigen Grenzübergängen

$$\lim \xi = \alpha \qquad \lim \eta = \beta$$

einen endlichen Grenzwerth hat (vgl. IX. 20 d. I. T.), besteht darin, dafs zu jeder Zahl $\epsilon > 0$ Zahlen $\delta > 0$ $\delta' > 0$ gehören, derart, dafs wenn $\xi\eta$, $\xi'\eta'$ dem vorgeschriebenen Bereiche von $\xi\eta$ angehörige Werthsysteme bezeichnen, welche den Ungleichungen

$$|\xi - \alpha| < \delta \qquad |\eta - \beta| < \delta',$$
$$|\xi' - \alpha| < \delta \qquad \eta' - \beta| < \delta'$$

genügen,

$$|\varphi(\xi', \eta') - \varphi(\xi, \eta)| < \varepsilon$$

ist. Der Satz wird auf ähnliche Art bewiesen, wie der entsprechende für Functionen einer Veränderlichen in IX. 8. d. I. T.

⁸) Nach Weierstraſs. Vgl. Pincherle Saggio etc. Battaglini G. XVIII. p. 246.

⁹) Vgl. Möbius, Ber. d. kgl. Ges. d. Wiss. zu Leipzig 1853 p. 14, 176 und Siebeck l. c.

Zum IV. Abschnitte.

¹) Cauchy, C. d'Analyse p. 86.

²) Cauchy l. c. p. 95. Weierstraſs nach Pincherle l. c. p. 319.

³) Dieser Beweis des Fundamentalsatzes der Algebra rührt im Wesentlichen von Argand her (vgl. Essai 2. édition p. 118). Die von ihm zu Grunde gelegte Annahme, daſs $P(\xi\eta)$ seine untere Grenze $\varkappa$ erreiche, läſst sich nach dem i. T. benutzten Satze von Weierstraſs als zutreffend erweisen.

⁴) Gauss in seiner Doctordissertation 1799 (Werke III).

⁵) Beweis nach Argand Essai p. 38.

⁶) Nach Raabe, Crelle J. 42 B. — H. Kinkelin (vgl. VI. 12) und B. Imschenetzky bezeichnen das Polynom $\varphi_m(x) : m!$ als Function von Jacob Bernoulli (vgl. Mém. de l'Acad. de St. Pétersbourg 7. sér. T. 31. 1883). Daselbst findet sich auch ein directer Beweis für die Relation $d_{\varkappa k} = 0$. Als erste Bernoulli'sche Function $\varphi_1(x)$ wird passender $x - 1$ statt x gewählt.

⁷) Die analoge Formel für ganze Functionen von zwei Veränderlichen giebt Cauchy C. d'Analyse p. 96.

⁸) Gauss' Werke III. p. 276.

⁹) Aus der Formel (16) in XI. 5 d. I. T. ergeben sich die Ungleichungen:

$$(0 < x \leqq 1) \qquad x - \tfrac{1}{2}x^2 < l(1 + x) < x \qquad \text{(a)}$$

$$(0 < x < 1) \qquad x < - l(1 - x) < x + \frac{x^2}{2(1-x)}, \qquad \text{(b)}$$

die letzte nach (2) in X. 32 d. I. T. Die Relationen (a) gelten aber für jedes positive x, wie sich auf die folgende Art ergiebt. Es ist

$$- l\left(1 - \frac{x}{1+x}\right) = l(1 + x),$$

somit, da bei positivem x

$$0 < x : (1 + x) < 1$$

ist, nach (b)

$$\frac{x}{1+x} < l(1+x) < \frac{x}{1+x} + \tfrac{1}{2}\frac{x^2}{1+x} = x \cdot \frac{1+\tfrac{1}{2}x}{1+x}.$$

Da der letzte Ausdruck kleiner als x, $x:(1+x)$, falls $x>1$ ist, größer als $x-\tfrac{1}{2}x^2$ ist, so gelten die Formeln (a) auch wenn $x>1$ ist.

Zum V. Abschnitte.

[1]) Abel, Oeuvres par Lie et Sylow I. p. 221.

[2]) Eisenstein, Math. Abhandl. 1847 p. 225.

[3]) Cauchy, C. d'Analyse p. 547.

[4]) Vgl. Catalan; Traité él. d. Séries (1860) p. 32, Dirichlet, Vorlesungen über Zahlentheorie § 143.

[5]) Vgl. Weierstrafs, Crelle J. 51 Bd. (1856) p. 22—33.

[6]) Weierstrafs l. c. p. 29.

[7]) Pringsheim, Math. Ann. XXV. p. 419.

[8]) In dem allgemeinen Falle, dafs x_0 nicht auf Or liegt, ist der Satz vom Verfasser gezeigt worden vgl. Schlömilch Z. 29 Bd. p. 127.

[9]) Vgl. Cauchy, Resumés analytiques 1833 p. 161.

[9*]) Cauchy (Compt. rend. T. 32 p. 484) bezeichnet eine Function $f(x)$, welche in einem zusammenhängenden Ebenenstück $\mathfrak{F}$ eindeutig, stetig und mit einer endlichen und stetigen Ableitung $f'(x)$ begabt ist, als monogen in $\mathfrak{F}$, Briot und Bouquet (Théor. d. fontions ellipt. 2. éd. 1875 p. 14) als homolorph in $\mathfrak{F}$. Nach dem i. T. erwähnten Satze von Cauchy ist diese Function in jedem Punkte von $\mathfrak{F}$ vom Character der ganzen Functionen.

[9**]) Hinsichtlich des Verhaltens der Reihe (8) i. T. in den Punkten des Kreises k vom Mittelpunkte x_0, welcher den Convergenzkreis der Reihe (1) von Innen berührt, bestehen die folgenden Sätze:

1) „Es bezeichne x_1 den Berührungspunkt der beiden Kreise (Fig. 22). Convergirt die Reihe (1) für $x=x_1$, so convergirt dafür auch die Reihe (8) und hat den nämlichen Grenzwerth." Der Beweis ist vom Verfasser geliefert in Schlömilch Z. Bd. XX p. 373. Der umgekehrte Satz gilt ebenfalls, da man die Reihe (1) als aus der Reihe (8) für den Punkt $x=0$ abgeleitet betrachten darf, sei es unmittelbar oder durch Einschaltung von Punkten auf Ox_1, deren Abstände kleiner als $|x_0 x_1|$ sind. — Mit denselben Mitteln wie den Satz 1) beweist man den folgenden:

2) „Convergirt die Reihe (1) für $x=x_1$ absolut, so convergirt die Reihe (8) in allen Punkten des Kreises k und hat überall die nämliche Summe wie die Reihe (1)." — Endlich ergiebt sich mit Hilfe des 4. Satzes in Nr. 18 noch der Satz:

3) „Hat die Summe $f(x)$ der Reihe (1) in dem Punkte $x=x_1$ den Character einer ganzen Function, so convergirt die Reihe (8) in allen Punkten des Kreises k absolut und hat überall die nämliche

Summe wie die Reihe (1)." Da die Summen der Reihen (1) und (8) in allen Punkten innerhalb k übereinstimmen, so verliert die Summe von (8) in keinem Punkte des Kreises k den Character einer ganzen Function; dieser Kreis kann also nicht ihr Convergenzkreis sein. Ist aber der Convergenzradius von (8) größer als $|x_0 x_1|$, so convergirt diese Reihe in allen Punkten des Kreises k absolut.

[10]) Nach Weierstraß (vgl. Pincherle l. c. p. 349).

[11]) Der Satz wurde von Cauchy mit Hilfe der Integralrechnung bewiesen. Der hier gegebene Beweis rührt nach Serret (Handbuch d. höh. Algebra I. Nr. 204) im Wesentlichen v. E. Rouché her.

[12]) Vgl. Weierstraß, Monatsber. d. Berl. Acad. 1880 p. 723. — Der Verfasser hat in den Mathem. Ann. (Bd. 24 p. 169) gezeigt, daß unter den im Satze gemachten Voraussetzungen die Doppelreihe mit dem allgemeinen Gliede $a_{m,n} x^n$ convergirt (vgl. p. 247 d. I. T.).

[13]) Solche Ausdrücke hat zuerst Weierstraß angegeben (vgl. III. 5) Der i. T. mitgetheilte rührt im Wesentlichen von J. Tannery her (vgl. Monatsber. d. Berl. Acad. 1881 p. 228 und A. Pringsheim Mathem. Annal. XXII. p. 109). Den Ausdruck (20) hat Pringsheim a. a. O. gegeben.

[14]) Weierstraß nach Pincherle l. c. p. 350.

[15]) Die den i. T. angeführten Sätzen entsprechenden von Cauchy und Laurent sind allgemeiner, indem darin für $f(x)$ lediglich die Monogeneität (s. o. 9*)) von $f(x)$ innerhalb eines Kreises, bezw. Kreisringes gefordert ist.

[16]) Den Beweis des 3. Satzes i. T. hat L. Scheeffer geliefert (Acta math. IV. p. 375). Ebenda p. 80 findet man einen elementaren Beweis desselben von G. Mittag-Leffler.

Zum VI. Abschnitte.

[1]) Zu Nr. 1—4 vgl. Cauchy, C. d'Analyse p. 301. Ohm, Vers. e. Systemes d. Math. (1822) II. p. 313. — Die Bezeichnung „Hauptwerth" der n^{ten} Wurzel, des Logarithmus, der Potenz stammt von Weierstraß. Cauchy gebrauchte dafür die von E. G. Björling vorgeschlagenen Namen: „racine, logarithme, puissance principale" (vgl. des Letzteren Artikel in Grunert A. XXI. p. 1). Er bestimmte sie zuerst nach der i. T. gegebenen Regel, änderte dieselbe aber später dahin ab, daß die Neigung α der Zahl a nicht außerhalb des Intervalles $(-\pi, +\pi)$ anzusetzen sei, sodaß es zwei Hauptwerthe für den Logarithmus u. s. w. einer negativen Zahl giebt. Der Verfasser hat es jedoch für zweckmäßig erachtet, die Symbole la a^x auch für reelle, negative Werthe von a eindeutig zu definiren.

[2]) Die Euler'sche Methode, die Binomialreihe zu summiren, wurde von Cauchy (C. d'Analyse p. 291) auf complexe Werthe der Veränderlichen x und von Abel (Oeuvres par Lie et Sylow I. p. 226) auch auf complexe Werthe des Exponenten s ausgedehnt. — Die Entwickelung von $l(1 + x)$ nach Cauchy a. a. O. p. 545.

³) Abel, Oeuvres I. p. 248.

⁴) Vgl. Lehmann in Grunert's Arch. 21. Bd. p. 121.

⁵) Die hier gegebene Ableitung der Formeln (18)—(20) findet sich in J. Thomae's elem. Theor. d. analyt. Functionen § 133. Die Convergenzbedingungen für dieselben hat bei reellem s Cauchy angegeben (C. d'Analyse Note VIII).

⁶) Kinkelin, Allg. Theor. der harmonischen Reihen 1862 p. 8.

Zum VII. Abschnitte.

¹) Vgl. G. Mittag-Leffler, Acta math. IV. p. 30.

²) U. Dini, Annali di Mat. 2. ser. II. p. 35. Weierstraſs nach Pincherle a. a. O. p. 228.

³) Nach Weierstraſs (vgl. Pincherle a. a. O. p. 231).

³*) Vgl. G. Mittag-Leffler, Acta math. IV. p. 31.

⁴) Der von Cauchy gegebene besondere Fall des Satzes steht C. d'Analyse p. 563. Für reelle a_n und gerade m fand den Satz F. Arndt (Grunert Arch. XXI. 1853 p. 86). Die im Zusatze ausgesprochene Verallgemeinerung des Satzes rührt von A. Pringsheim her (vgl. Mathem. Ann. XXII. p. 482). Daselbst sind auch die Werthveränderungen bedingt convergenter Producte bei Umstellung der Factoren untersucht.

⁴*) Vgl. Arndt l. c. Daselbst weitere Beispiele.

⁵) Die unendlichen Producte für den Sinus und Cosinus rühren von Euler her (Introductio in Anal. infin. 1748, I. § 156 f.). Er geht von der Formel

$$e^x - e^{-x} = \lim_{n=+\infty} \left\{ \left(1 + \frac{x}{n}\right)^n - \left(1 - \frac{x}{n}\right)^n \right\}$$

aus und zerlegt zunächst die hinter dem Zeichen lim stehende ganze Function n^{ten} Grades von x in lineare Factoren. Führt man in der so erhaltenen Gleichung den Grenzübergang $\lim x = 0$ durch, so gelangt man zur Gleichung

$$\frac{1}{2x} \left\{ \left(1 + \frac{x}{n}\right)^n - \left(1 - \frac{x}{n}\right)^n \right\} = \prod_{1}^{k} \left(1 + \left[\frac{x}{n \tan \frac{r\pi}{n}} \right]^2 \right) = Q_n$$

$$(n = 2k + 1).$$

Hieraus folgt bei

$$\lim n = +\infty$$

die Gleichung

$$\frac{e^x - e^{-x}}{2x} = \lim_{n=+\infty} Q_n,$$

welche der Formel (2) i. T. entspricht. Die weitere Entwickelung bis zu der für jeden Werth von x geltenden Schluſsformel

$$\frac{e^x - e^{-x}}{2} = x \prod_{1}^{\infty} \left(1 + \frac{x^2}{r^2 \pi^2} \right)$$

verläuft vollständig parallel der von der Formel (2) bis (7) i. T., nur im Einzelnen etwas einfacher. Das Euler'sche Verfahren ist dem i. T. gegebenen vorzuziehen, welches sich an Cauchy (C. d'Analyse p. 565) und Thomae (El. Theor. d. anal. Funct. p. 95) anschliefst. — Blofs mit Benutzung der Formel

$$\sin 2x = 2 \sin x \cos x$$

gelangt man zu einer der Formel (2) äquivalenten nach H. Schröter (Schlömilch Z. XIII. p. 257).

⁶) Euler stellt u. a. O. § 155 die Function $(e^x - 1) : x$ durch den Ausdruck

$$\lim_{n = +\infty} \prod_{1}^{k} \left\{ 1 + \frac{x}{n} + \frac{x^2}{4 r^2 \pi^2} \right\} \qquad (n = 2k + 1)$$

dar, welcher von geringer Bedeutung ist. Die i. T. aufgeführte Zerlegung derselben rührt von Cauchy her (Exerc. d. Math. IV. p. 200). — Die Aufgabe, die ganzen transcendenten Functionen in Primfunctionen zu zerlegen, ist erst von Weierstrafs vollständig gelöst worden (vgl. seine Abh. „zur Theorie d. eindeut. anal. Functionen" 1877). Nach W. hat man

$$\sin \pi x = \pi x \prod \left(1 - \frac{x}{r} \right) e^{\frac{x}{r}},$$

wo r alle ganzzahligen Werthe aufser Null durchläuft. Das Product rechts convergirt nämlich unbedingt, wie nach dem 3. Satze in Nr. 5 leicht zu zeigen ist.

⁷) Euler, Introductio I. § 171 f. Es sind jedoch a. a. O. bedingt convergirende Producte benutzt, wodurch die Resultate unsicher werden. Andere elementare Methoden, die Partialbruchentwickelung von cot x etc. herzustellen, sind von Schröter (l. c. p. 254) und von Thomae (l. c. p. 90) gegeben. — Das wahre Wesen der Partialbruchzerlegung der eindeutigen analytischen Functionen ist erst von Mittag-Leffler und Weierstrafs erkannt worden (vgl. des Ersteren Noten in den C. R. 1882).

⁸) Euler l. c. I. § 198. Inst. calc. diff. II. § 124.

⁹) Stern, Borchardt J. 88. Bd. p. 85. — Von T_3 an ist jeder Tangentencoefficient durch 16 theilbar, wie sich leicht durch den Schlufs von 3, 4 ... $s - 1$ auf s ergiebt. Uebrigens sind schon die Zahlen

$$2 (2^{2s} - 1) B_s$$

ganz und zwar ungerade (Catalan C. R. LVIII p. 1105).

¹⁰) Ueber diesen und andere Sätze über die Euler'schen Zahlen vgl. Stern, Borchardt J. 79. Bd. p. 67. — Jede Euler'sche Zahl ist von der Form $4k + 1$ (Sylvester in C. R. LII.). Beweis durch

Schluſs von $1, 2 \ldots s-1$ auf s. Unter Voraussetzung, daſs E_1 $E_2 \ldots E_{s-1}$ ganze Zahlen von der Form $4k+1$ sind, läſst sich E_s mittelst der Recursionsgleichung i. T. auf die Form bringen

$$E_s = 4K + L,$$

wo $K L$ ganze Zahlen und zwar letztere   .

$$L = \sum_r^{s-1} (-1)^{r-1} \binom{2s}{2r}$$

ist. $1 - L$ ist aber der reelle Theil von $(1+i)^{2s}$. Man hat nun

$$1 + i = \sqrt{2} \cdot e^{\frac{1}{4}\pi i} \qquad (1+i)^{2s} = 2^s \, e^{\frac{1}{2}s \pi i},$$

also je nachdem s ungerade oder gerade $(= 2l)$ ist, $1 - L$ gleich Null oder $(-1)^l 2^{2l}$ d. i. L hat die Form $4K' + 1$, wo K' eine ganze Zahl bedeutet.

[11]) Euler, Introductio I. § 191 f.

Zum VIII. Abschnitte.

[1]) Euler, Introductio in Anal. inf. I. § 361.

[2]) Vgl. Seidel in d. Abh. der bayr. Acad. 2. Cl. VII. Bd. (1855) p. 566. Daselbst ist auch Satz 3) bemerkt.

[3]) Vgl. Seidel l. c. p. 567.

[4]) Vgl. Stern, Lehrb. der algebr. Analysis p. 307.

[5]) Dieser Satz wurde von L. Seidel und M. A. Stern gefunden. Vgl. Seidel l. c. p. 562.

[6]) Vgl. Lambert, Beiträge II. p. 72.

[7]) Vgl. Seidel l. c. p. 582; Stern, Lehrb. d. alg. Analysis p. 299.

[8]) Vgl. Seidel l. c. p. 585 f.

[9]) Vgl. Stern, Göttinger Nachrichten 1863 p. 143.

[10]) Vgl. Legendre, Élémens de Géométrie 4. Note.

[11]) Die Formeln (34) sind im Falle $m = 1$ $a_1 = 1$ von Clausen im 3. Bd. von Crelle's J. aufgestellt worden; S. Günther hat sie für jeden eingliederig-periodischen Kettenbruch gegeben (vgl. Darstell. d. Näherungsw. von Kettenbrüchen, Erlangen 1873 p. 51). — Daſs die Näherungsbrüche V_{hm+r} eines periodischen Kettenbruches für alle Werthe von r mit Ausnahme eines einzigen $r = s$ bei $\lim h = +\infty$ die eine Wurzel a der quadratischen Gleichung (30) zum Grenzwerthe haben können, während V_{hm+s} durchaus gleich ihrer anderen Wurzel b ist, hat Thiele hervorgehoben (vgl. Fortschr. d. Math. XI. p. 150).

[11*]) Wenn $|d| = |c|$, $d:c$ jedoch keine Einheitswurzel ist, so divergirt der Kettenbruch (29), wie aus der Formel für $Z_{hm+r} : N_{hm+r}$ hervorgeht. Convergenz desselben wäre jetzt nur möglich, wenn entweder $Z_r - a N_r$ oder $Z_r - b N_r$ für alle Werthe $r = 1, 2 \ldots m$ verschwinden würde. Das kann aber nicht eintreten, so lange alle Zähler a_r von Null verschieden sind.

^{12}) Dafs die absolut kleinere Wurzel der Gleichung

$$x^2 + 2Bx + A = 0,$$

falls nur $B^2 > A$ ist, dem i. T. angegebenen Kettenbruche gleich ist, hat A. F. Möbius gezeigt (Crelle J. VI. 1830 p. 234).

^{13}) Wir verweisen auf das 2. Cap. d. I. T. v. Sorret's höherer Algebra.

^{14}) Euler, Introductio in Anal. inf. I. § 368—373.

^{15}) Dieses Verfahren ist von Legendre l. c. zu den Entwickelungen in Nr. 18 benutzt worden, ferner von Gaufs in der Theorie der hypergeometrischen Reihe (W. III. p. 134). Die Convergenzbetrachtung nach Schlömilch, algebr. Anal. § 67.

^{16}) Die Irrationalität von e^x bei rationalem x und von π hat Lambert (Beiträge II. 1. p. 159) zuerst gezeigt. Seinem Beweise fehlt zur völligen Strenge noch der Satz von Nr. 13, den Legendre l. c. hinzufügte. Letzterer bemerkte auch, dafs π^2 irrational ist.

^{17}) Stern, Algebr. Anal. p. 342.

^{18}) Vgl. Ch. Hermite, sur la fonction exponentielle, Paris 1874; F. Lindemann, Math. Ann. XX. p. 213; Weierstrafs, Sitzungsb. d. Acad. d. W. z. Berlin 1885 p. 1067.

Berichtigungen.

Zum ersten Theile.

S. 1, Z. 2 v. u. st. „die mit einem Dinge" l. „von denen je zwei mit einander".

S. 5 l. Z. st. „V. 1" l. „V. 2".

S. 11, Z. 6 st. „$B = B'$" l. „$B \geq B'$".

S. 45, Z. 5 v. u. st. „$\alpha' + \beta'$" l. „$\alpha' + \beta$".

S. 49, Z. 2 v. u. st. „γ" l. „δ".

S. 66, Z. 11 v. u. nach „nicht" schalte ein „beständig".

S. 103, 2. Satz st. „Bedingung bezw. Relation (f) l. „Convergenzbedingung".

S. 112, Z. 2 fehlt nach „Zahl" „e".

S. 119, Z. 11 u. 10 v. u. st. „c" l. „c". — Z. 8 v. u. st. „2" l. „1".

S. 122, Z. 16 v. u. st. „$<$" l. „$>$".

S. 154, Z. 2 v. u. st. „$= e^x$" l. „$e^x =$".

S. 164, Z. 4 st. „$>$" l. „$<$".

S. 173, Formel (d) st. „$—$" l. „$=$".

S. 183, l. Z. fehlt die Marke „(p)".

S. 192, Z. 2 v. u. nach „Werthe" schalte ein: „der unabhängigen Veränderlichen x, auf der zweiten die Werthe".

S. 213, Z. 15 v. u. l. „$f_1(x)^{\mu_1} f_2(x)^{\mu_2} \ldots f_n(x)^{\mu_n}$ ".

S. 220, Z. 7 v. u. st. „denselben" l. „einen".

S. 229, Z. 7 st. „$a_0^{(1)}$" l. „$a_1^{(0)}$".

S. 247, Z. 13 v. u. st. „absolute" l. „nothwendige und hinreichende Bedingung der unbedingten".

S. 266, Z. 10 u. 11 füge nach „und" zu „eine", st. „Functionen" l. „Function", und st. „sind" l. „bilden".

S. 274, Z. 8 nach „nimmt" fehlt „man".

S. 278, Z. 9 v. u. st. „$\dfrac{r - r'}{r + r'} = \alpha$" l. „$\dfrac{r - r'}{r + r'}\, \varepsilon = \alpha\varepsilon$".

S. 280, Z. 5 füge zu „bei lim $x = r - 0$".

S. 286, Z. 11 st. „$A_{m,n}$" l. „$C_{m,n}$". — Statt Z. 2 v. u. „es zwischen" bis S. 287, Z. 3 „so daſs" l. „„$|f(0)| < S$ ist, so daſs eine positive Zahl $A < R$ sich so bestimmen läſst, daſs für alle Werthe von x, deren absoluter Betrag kleiner als A ist, $|f(x)| < S$ ist, die".

S. 287, Z. 4 st. „Also" l. „Auch".

S. 289, Z. 11 v. u. st. „$f'(x_0),\ f''(x_0)$" l. „$f'(x),\ f''(x)$".

S. 300, Z. 7 st. „$=$" l. „$\leqq$".

S. 309, Z. 6 st. „$<$" l. „$>$".

S. 318, zw. Z. 6 u. 7 ist die Gleichung einzuschalten

$$\log 100 = \log 9 + \log 11 + 2M\left\{\frac{1}{199} + \tfrac{1}{3}\left(\frac{1}{199}\right)^3 + \cdots\right\}.$$

Zu Nr. 7. Das hier entwickelte Verfahren wurde zuerst von Briggs, hierauf von Leonelli gefunden (vgl. Leonelli Supplément logarithmique. Herausgegeben von Houël, 2. éd. 1876 p. 60).

S. 327, Z. 14 u. 24 st. „log" l. „l".

S. 333 fehlt die Note „^{6}) Der Beweis des 3. Satzes ausgenommen, nach Duhamel, Des methodes dans les sciences de raisonnement II. p. 445 f.".

S. 337, Z. 15 v. u. st. „φ_n" „12" l. „(φ_n)" „11".

Zum zweiten Theile.

S. 25, Z. 3 v. u. st. „$g_r \cdot g_s$" l. „$g^s \cdot g^r$".

S. 35, Z. 1 st. „neuen Gröſsen" l. „den neuen Gröſsen entsprechenden Zahlen".

S. 123, Z. 10 v. u. fehlt die Marke „(1)".

Verlag von B. G. Teubner in Leipzig.

Harnack, Dr. Axel, o. Professor der Mathematik an dem Polytechnikum zu Dresden, die Elemente der Differential- und Integralrechnung. Zur Einführung in das Studium dargestellt. Mit Figuren im Text. [VIII u. 409 S.] gr. 8. 1881. geh. n. $\mathcal{M}$ 7.60.

Der Verfasser hat sich aus Herausgabe dieser Darstellung entschlossen, welche das System der Differential- und Integralrechnung in seinen Grundzügen enthalten und in einer Weise erörtern soll, welche dem Anfänger das Verständnis erleichtert. Die Anwendungen auf Probleme der Geometrie, auf die Bestimmung der Maxima und Minima etc. sind fortgelassen; dagegen ist eine gewisse Vollständigkeit in allen Rechnungen, besonders bei der Ermittelung von Integralen erstrebt worden. Das Buch wünscht eine Ergänzung der vorhandenen Lehrbücher zu sein, indem es sich bemüht, die den Rechnungen zu Grunde liegenden Begriffe zu erklären und die bei den Lehrsätzen notwendigen Voraussetzungen hervorzuheben. Die Umgrenzung des Inhaltes ist durch die algebraischen Funktionen und die elementaren Transcendenten gegeben; die Untersuchung führt bis zu den neuen Funktionen, welche aus der Integralrechnung entstehen. Die Arbeit ist in 4 Bücher geteilt, von denen die ersten beiden die reellen und komplexen Funktionen nebst ihren Differentialquotienten, die beiden anderen das reelle und das komplexe Integral behandeln.

Legendre, Adrien-Marie, Zahlentheorie. Nach der dritten Ausgabe ins Deutsche übertragen von H. Maser. 2 Bände. gr. 8. geh. à n. $\mathcal{M}$ 11.60.

Dieses im Jahre 1830 in dritter Ausgabe unter dem Titel „Théorie des nombres" erschienene Werk von Legendre nimmt unstreitig unter den Erzeugnissen geistiger Forschung auf mathematischem Gebiete einen sehr hervorragenden Platz ein. In eleganter, leicht verständlicher Sprache behandelt dasselbe alle bis zu jener Zeit von allen Gelehrten, vor allen aber von Legendre selbst entdeckten Eigenschaften der Zahlen. Dabei werden größere Digressionen auf verwandte Gebiete, sei es um die nötigen Hilfsmittel für die Beweisführung zu gewinnen, sei es um die Bedeutung der Zahlentheorie für andere mathematische Disziplinen zu erweisen, nicht vermieden. In dieser Beziehung sind namentlich einerseits die Lehre von den Kettenbrüchen und die numerische Auflösung der Gleichungen, andrerseits die mit großer Ausführlichkeit im Anschlusse an Gaußsche Untersuchungen behandelte Theorie der Kreisteilungsgleichungen zu erwähnen. Wenn nun auch das nur wenige Jahre nach der ersten Ausgabe des Legendreschen Werkes erschienene Gaußsche Werk „Disquisitiones arithmeticae" viele der in ersterem enthaltenen Eigenschaften der Zahlen von einem höheren Gesichtspunkte aus betrachtet, wie denn überhaupt das Gaußsche Werk in methodischer Beziehung große Vorzüge vor dem Legendreschen aufweist und hierin für spätere Arbeiten maßgebend gewesen ist, so darf deshalb das Studium des letztgenannten noch nicht als überflüssig erachtet werden. Vielmehr enthält dieses Werk des Interessanten und Belehrenden noch so viel, daß dasselbe, zumal die in ihm in Anwendung gebrachten Hilfsmittel und Methoden höchst einfacher und elementarer Natur sind, allen denen, welche sich eingehender mit der Theorie der Zahlen beschäftigen wollen, gewissermaßen zum Vorstudium für die Arbeiten von Gauß und neuerer Forscher nicht dringend genug empfohlen werden kann. Deshalb dürfte es kein unnützes Beginnen sein, dieses Werk, welches heutzutage kaum mehr oder nur nach Aufwendung bedeutender Mittel zu erhalten ist, durch eine deutsche Übersetzung wieder einem größeren Leserkreise zugänglich zu machen. Anmerkungen und Zusätze sind aber dieser Übersetzung absichtlich nicht beigefügt, noch weniger sind Änderungen innerhalb des Textes selbst vorgenommen worden.

Matthiessen, Dr. Ludwig, Professor an der Universität zu Rostock, Grundzüge der antiken und modernen Algebra der litteralen Gleichungen. [XVI u. 1001 S.] gr. 8. 1878. geh. n. $\mathcal{M}$ 20.—

Dieses Werk kann in mehrfacher Beziehung als eine Neubearbeitung und vollständige Ausgabe der im Jahre 1866 in demselben Verlage erschienenen kleinen Schrift: „Die algebraischen Methoden der Auflösung der litteralen quadratischen, cubischen und biquadratischen Gleichungen" angesehen werden. Dasselbe liefert in seinem jetzigen Umfange einen vollständigen Abriß der Theorie und Geschichte der algebraischen Gleichungen, speziell der Gleichungen der ersten vier Grade. Bei dem reichhaltigen Stoffe, welchen das Werk nicht sowohl den Algebraisten von Studium und Fach, als insbesondere dem Historiker darbietet, fehlt hier der Raum, eine Detaillierung des gesamten Inhaltes zu geben; wir beschränken uns darauf, Inhalt und Anordnung der Hauptabschnitte summarisch anzudeuten. Zum allgemeinen Verständnis der Tendenz des Werkes muß vorweg bemerkt werden, daß durchaus und selbst in denjenigen Partieen des Werkes, in welchen die Resultate der Forschungen der sogenannten modernen Algebra, von Hesse und Aronhold begründet, von Cayley, Salmon und Clebsch zur vollständigen Theorie ausgebildet, die gebührende Berücksichtigung finden, immer das Hauptproblem der antiken Algebra in den Vordergrund gestellt worden ist, nämlich diejenigen Werte der Variablen zu bestimmen, welche einer gegebenen Funktion den Wert Null geben. Denn bekanntlich haben es die Untersuchungen der sogenannten modernen Algebra im strengen Sinne dieser Disziplin nur selten mit Gleichungen zu thun und werden die Methoden ihrer Auflösung nur nebensächlich behandelt; vielmehr ist der Hauptgegenstand dieses neuen Zweiges der algebraischen Analysis die Entdeckung derjenigen Eigenschaften einer binären Form, welche insbesondere durch lineare Transformationen unveränderlich bleiben, deren genaue Kenntnis aber für ein 1eferes Studium der Theorie der algebraischen Gleichungen in ihrer gegenwärtigen Ausbildu⌐₃ unerläfslich ist.

Was Inhalt und Anordnung des in acht Kapitel zergliederten Werkes anbetrifft, so enthält

der erste Abschnitt eine Darstellung der allgemeinen Eigenschaften der Gleichungen mit einer Unbekannten und der Cayleyschen binären Formen;

der zweite Abschnitt die Lehre von den verschiedenen Transformationen und den symmetrischen Funktionen der Wurzeln, sowie die Darstellungsmethoden der Varianten, Retrovarianten, Geminanten und Diskriminanten;

der dritte Abschnitt die direkte Auflösung der partikulären Gleichungen;

der vierte Abschnitt ist dem Hauptgegenstande des Werkes gewidmet, nämlich einer systematischen Darstellung aller seit den ältesten Zeiten entdeckten Methoden der direkten Auflösung der Gleichungen der ersten vier Grade bei Anwendung der Substitution und der Reduzenten, untermischt mit historischen Durchblicken auf die Entwicklung der Disziplin und unter steter Hervorhebung des gemeinsamen die Methoden innerlich mit einander verknüpfenden Prinzips. In diesem Kapitel finden selbstverständlich die Erfindungen der modernen Algebraisten in ausführlicher Weise ihre Berücksichtigung.

In den folgenden drei Abschnitten sind dann die Methoden der Wurzeltypen oder die Kombinationsmethoden, sowie die goniometrischen und geometrischen Methoden der Auflösung der Gleichungen in entsprechender teils systematischer, teils historischer Anordnung entwickelt. Welch einer mannigfaltigen Behandlung die Algebra der Gleichungen fähig ist, mag aus dem Umstande entnommen werden, dafs in den letzterwähnten vier Abschnitten weit über zwei Centurien von Methoden ihrer Auflösung beschrieben werden.

Das Werk schliefst mit dem achten Abschnitte, welcher ein chronologisch geordnetes Verzeichnis aller auf diesem Gebiete seit den ältesten Zeiten erschienenen Werke und Abhandlungen enthält, die die Theorie der Gleichungen in irgend einer Beziehung bereichert haben. Diese Gesamtlitteratur, von welcher grundsätzlich alle Handbücher der Algebra ausgeschlossen sind, umfafst allein einen Raum von über zwei Druckbogen, indem aufser den Schriften, welche sich auf die litteralen Gleichungen der ersten vier Grade sowie auf die partikulären Gleichungen beziehen, auch noch in zwei besonderen Abteilungen die Schriften über die Behandlung der numerischen sowie die Gleichungen fünften Grades auf geführt sind.

Pasch, Dr. **Moritz**, Professor an der Universität zu Giessen, Einleitung in die Differential- und Integral-Rechnung. [VIII u. 188 S.] Mit Figuren im Text. gr. 8. 1882. geh.
n. *M.* 3. 20.

Vielleicht wird für manche Zwecke eine Darstellung brauchbar sein, welche, wie die vorliegende, über die einleitenden Teile der Differential- und Integralrechnung nicht hinausgeht, ihren Gegenstand jedoch möglichst genau und ausführlich zu behandeln sucht. Die Schrift ist im Anschlufs an Vorlesungen über Infinitesimalrechnung und Funktionentheorie (hauptsächlich im Wintersemester 1878/79) ausgearbeitet worden. Da sie nur als Ergänzung zu Vorlesungen oder Lehrbüchern dienen soll, wurde der Stoff entsprechend begrenzt; so blieben z. B. die Differentialquotienten höherer Ordnung aufser Betracht, ebenso die Anwendungen der Theorie; die Tangenten der ebenen Kurven, sowie Quadratur und Rektifikation sind nur herangezogen, um die Begriffsbildung zu erläutern. Für die trigonometrischen Funktionen kann die elementargeometrische Definition bei der analytischen Untersuchung nicht den Ausgangspunkt bilden; indem jene Funktionen aus dem Kreisbogenintegral erzeugt wurden, bot sich zugleich Gelegenheit, den Begriff des Integrationsweges zu erweitern und die Periodizität ohne Zuziehung von komplexen Variabeln zu erklären. Zum Schlufs werden die unendlichen Reihen, insbesondere die Potenzreihen besprochen und die Reihenentwickelungen der elementaren Funktionen gegeben.

Schröder, Dr. **E.**, Professor an der technischen Hochschule in Karlsruhe, Lehrbuch der Arithmetik und Algebra für Lehrer und Studirende. I. Band: Die sieben algebraischen Operationen. [X u. 360 S.] gr. 8. 1873. geh.
n. *M.* 8.—

Dieser erste Band bildet ein in sich abgeschlossenes Ganzes und soll (ebenso wie jeder folgende) auf selbständigen Wert Anspruch haben, wenngleich er aufserdem bestimmt ist, ein ausführliches Werk über die Anfangsgründe des rein analytischen Teils der Mathematik einzuleiten.

Ein zweiter Band wird die Lehre von den natürlichen Zahlen enthalten, spezieller: die wissenschaftliche Begründung der gemeinen Arithmetik, die Elemente der Zahlentheorie, der Kombinatorik und der Gröfsenlehre; ein dritter Band soll dann die analytischen Zahlen behandeln und ein vierter überhaupt die Analysis des Endlichen zum Abschlufs bringen.